财务会计

CAIWU KUAIJI

主　编 ● 洪　娟　柳　志　周　慧
副主编 ● 赵媛媛　钟彩霞　周永丽
孙　玲　刘梦洁

西南财经大学出版社
Southwestern University of Finance & Economics Press
中国 · 成都

图书在版编目(CIP)数据

财务会计/洪娟,柳志,周慧主编.—成都:西南财经大学出版社,2020.3
(2024.7重印)
ISBN 978-7-5504-4316-7

Ⅰ.①财… Ⅱ.①洪…②柳…③周… Ⅲ.①财务会计 Ⅳ.①F234.4

中国版本图书馆CIP数据核字(2019)第293885号

财务会计

主　编:洪娟　柳志　周慧

责任编辑:李特军
责任校对:王　琴
封面设计:张姗姗
责任印制:朱曼丽

出版发行	西南财经大学出版社(四川省成都市光华村街55号)
网　　址	http://cbs.swufe.edu.cn
电子邮件	bookcj@swufe.edu.cn
邮政编码	610074
电　　话	028-87353785
照　　排	四川胜翔数码印务设计有限公司
印　　刷	郫县犀浦印刷厂
成品尺寸	185 mm×260 mm
印　　张	22.375
字　　数	512千字
版　　次	2020年3月第1版
印　　次	2024年7月第2次印刷
印　　数	2001—3000册
书　　号	ISBN 978-7-5504-4316-7
定　　价	45.80元

前言

QIANYAN

高等职业教育是我国职业教育体系的重要组成部分，其教材建设是推动高等职业教育发展的重要因素。为了适应高等职业教育“财务会计”课程的教学特点和教学改革，我们编写了本书。

本书以企业典型工作任务为主线，将财务会计各项目的知识点贯穿起来，实现“教、学、做”合一。其特点如下：

（1）教材内容理论与实践一体化。本教材的理论知识和实践操作的关系，是理论随着实践走，知识随着操作走。

（2）教材内容与学生考证相组合。本教材以职业任职资格的获得为目标，尽力做到传授知识与培养岗位技能的有机结合，课证融通，真正实现所学与所用的无缝对接。

（3）业务核算能力项目化。本教材通过分析企业经济业务的特点，将企业的业务进行分解，按业务实现过程编排教学内容，将会计岗位工作进行职能归纳，以应用为目标，体现对职业核心能力进行培养的思路。

（4）教材体现了“教、学、做”一体化。本教材是以工作过程为线索，通过任务来实现知识的学习。这样在教学中，就能实现教师在做中教，学生在做中学，充分体现“教、学、做”一体化。

本书的项目一、项目二由孙玲编写；项目三、项目十、项目十三、项目十四由周慧编写，项目四由赵媛媛编写，项目五、项目七任务三、项目十二由洪娟编写，项目六由李玄编写，项目七任务一由毛政珍编写，项目七任务二由柳志编写，项目八由何芳玲编写，项目九由黄贝编写，项目十一由刘梦洁编写，项目十五由汤文思编写，项目十六由周永丽编写，项目十七由钟彩霞编写。本书在编写过程中参考了有关专家、教授编写的教材和专著，在此表示衷心感谢。

由于时间及编者水平有限，书中难免有疏漏和不当之处，敬请使用本书的师生与读者批评指正，以便修订时改进。

编者

2020 年 1 月

目录

MULU

项目一　会计业务流程

本项目为财务会计课程的基本项目，通过学习，学生要明白财务会计课程的两大任务：一是掌握会计岗位操作技能；二是处理会计业务，编制会计报表。

【项目工作目标】

⊙知识目标

理解财务会计的目标，掌握会计的基本假设，会计基础、会计信息质量要求、会计要素、财务报告的相关概念和内容。

⊙技能目标

通过本项目的学习，学生要明白本课程的两大任务：编制企业会计报表、掌握会计岗位操作技能。

【任务导入】

常言道："没有规矩不成方圆。"你了解会计业务的游戏规则吗？即将学习财务会计业务的你，是否在对未来会计工作充满期望的同时，也在考虑自己如何能在未来的会计工作岗位上得心应手，大展宏图。本项目将告诉你：会计工作的第一步就是掌握和了解会计的操作规则和业务流程。

【进入任务】

任务一　会计业务规范

任务二　会计业务规则

任务三　会计业务流程

任务一　会计业务规范

在中国，车辆靠右行；在日本，则靠左行。这无关对错，然而一旦选定，这个交通规则就必须遵守。至于这个规则是否绝对正确，并不是问题的所在，没有人会坚持说只有靠右侧通行才是最正确的。财务会计的成立，也基于同样的道理。从事财务会计工作不能随心所欲，因为，财务会计并不像自然科学那样追求一种绝对的真理，而是追求一种建立在既定规则之上的、相对的真实。这就要求会计工作无论是在工作程序和工作形式上，还是在会计所反映的实质内容上，都必须按照公认的会计规范来进行。

一、会计核算的基本前提与会计基础

（一）会计基本前提

会计核算的基本前提也称会计假设，是指为了保证会计工作的正常进行和会计信息的质量，对会计核算的范围、内容、基本程序和方法所做的基本限定。我国财政部公布并实施的《企业会计准则》中，明确规定了四项基本前提，包括会计主体、持续经营、会计分期、货币计量。

1. 会计主体

会计主体又称会计实体、会计个体，它是指会计人员所核算和监督的特定单位。会计主体是指经营上或经济上具有独立性或相对独立性的单位。比如它可以是股份公司、一个合伙企业或独资企业，也可以是一个企业的某一特定部分，如分公司、内部部门、销售区域、零售点等，关键要明确会计人员是在核算谁的业务。

会计核算时，必须首先明确会计主体。会计主体前提是持续经营前提、会计分期前提和全部会计准则的基础。因为，如果不限定会计的空间范围，会计工作就无法进行，《企业会计准则》明确指出："会计核算应当以企业发生的各项经济业务为对象，记录和反映企业本身的各项生产活动。"会计只记录会计主体的账，只核算和监督会计主体所涉及的经济业务。会计主体通常是指独立核算的企业或企业的一部分。

会计主体不同于法律主体，一般来说，法律主体必然是一个会计主体，会计主体不一定是法律主体。法律主体是指在政府部门注册登记，有独立的财产，能够承担民事责任的法律实体，它强调企业与各方面的经济法律关系。会计主体则是按照正确处理所有者与企业的关系，以及正确处理企业内部关系的要求而设立的。尽管所有经营法人都是会计主体，但有些会计主体就不一定是法人。

2. 持续经营

《企业会计准则》规定："会计核算应当以企业持续、正常的生产经营活动为前提。"有了持续经营这个前提条件，对资产按实际成本（历史成本）计价，折旧、费用的分期摊销才能正常进行。否则，资产的评估、费用在受益期分配、负债按期偿还，以及所有者权益和经营成果将无法确认。

持续经营是指会计主体的生产经营活动在可预见的未来，将无限期地延续下去，即会计主体在可预见的未来不会破产清算，它所拥有的资产，将按既定的目标投入正常的营运，所承担的债务责任将如期履行。它界定会计工作的时间界限。

3. 会计分期

《企业会计准则》规定："会计核算应当划分会计期间，分期结算账目和编制会计报表。会计期间分为年度、季度和月份。年度、季度和月份的起讫日期采用公历日期。"中外各国都以会计年度作为会计期间，其起讫日一般与本国的财政预算年度相同。

会计分期前提是持续经营前提的补充，会计核算方法和原则只有建立在持续经营的前提下，按照会计期间分期记录、计算、汇总和报告，才能达到会计预定的目标。

会计分期是指把企业连续不断的经营活动过程，合理地划分为若干较短的、等间距的"区间"。它是对会计主体时间范围的具体划分的假定。这种确定企业进行结账和编制财务报告所规定的起讫日期，称为会计期间。

会计分期的目的在于定期（月末、季末、半年末、年末）反映企业的财务状况和经营成果并进行各期之间的比较。有了会计期间划分，才产生了本期与非本期的区别。由于对跨越两个以上会计期间的经济业务要进行摊配，从而产生了权责发生制和收付实现制。

4. 货币计量

货币计量是指在会计核算中，以货币作为统一计量单位。根据《企业会计准则》的规定，"会计核算以人民币为记账本位币。业务收支以外币为主的企业，也可以选择某种外币作为记账本位币，但编制的会计报表应当折算为人民币反映。"

会计核算和监督必须借助货币作为衡量手段，但货币作为一种特殊商品，其自身价值也在不断变化，而会计核算很难根据货币自身的变化及时做出反应，这就自然提出了假设币值稳定不变的会计核算前提，因此，在会计核算和会计报表体系中不考虑币值变化的因素。

上述会计核算的四项基本前提，具有相互依存、相互补充的关系。会计主体确立了会计核算的空间范围，持续经营与会计分期确立了会计核算的时间长度，而货币计量则为会计核算提供了必要手段。没有会计主体，就不会有持续经营；没有持续经营，就不会有会计分期；没有货币计量，就不会有现代会计。

（二）会计基础

企业会计的确认、计量和报告应当以权责发生制为基础。

权责发生制又称应收应付制，它是以款项收付是否应计入本期为标准来确定本期的收入和费用的一种技术处理方法。企业应当以权责发生制为基础进行会计确认、计量和报告。

采用这种方法处理时，凡是当期已经实现的收入和已经发生或应当负担的费用，不论款项是否收付，都应当作为当期的收入和费用，计入利润表；凡不属于当期的收入和费用，即使款项已于当期收付，也不应当作为当期的收入和费用。

收付实现制又称实收实付制。它是以款项的实际收付为标准来确定本期收入和费用的一种技术处理方法。采用这种方法处理时，凡当期收到的收入和支付的费用，不论是否归属本期，都作为本期的收入和费用处理；凡本期未收到的收入和未支付的费用，不论是否归属本期，均不作为本期的收入和费用处理。由于款项的收付实际上以现金收付为准，所以一般称之为现金制或实收实付制。

二、会计信息质量要求

会计信息质量要求是对企业财务报告中所提供的会计信息质量的基本要求，是使财务报告中所提供的会计信息对使用者决策有用所应具备的基本特征。它包括可靠性、相关性、可理解性、可比性、实质重于形式、重要性、谨慎性和及时性等。

（一）可靠性

企业应当以实际发生的交易或者事项为依据进行会计确认、计量和报告，如实反映符合确认和计量要求的各项会计要素及其他相关信息，保证会计信息真实可靠、内容完整。

（二）相关性

企业提供的会计信息应当与财务会计报告使用者的经济决策需要相关，有助于财务会计报告使用者对企业过去、现在或者未来的情况做出评价或者预测。

（三）可理解性

企业提供的会计信息应当清晰明了，便于财务会计报告使用者理解和使用。

（四）可比性

可比性要求企业提供的会计信息应当具有可比性，主要包括两层含义：

（1）同一企业不同时期可比。这要求同一企业不同期间发生的相同或者相似的交易或者事项，应当采用一致的会计政策，不得随意变更；确需变更的，应当在附注中说明。

（2）不同企业相同会计期间可比。这要求不同企业同一会计期间发生的相同或者相似的交易或者事项，应当采用规定的会计政策，确保会计信息口径一致、相互可比。

（五）实质重于形式

企业应当按照交易或者事项的经济实质进行会计确认、计量和报告，不应仅以交易或者事项的法律形式为依据。如果企业仅仅以交易或者事项的法律形式为依据进行会计确认、计量和报告，那么就容易导致会计信息失真，无法如实反映经济现实和实际情况。

在实务中，交易或者事项的法律形式并不总能完全真实地反映其实质内容。所以，会计信息要想反映其所应反映的交易或事项，就必须根据交易或事项的实质和经济现实来进行判断，而不能仅仅根据它们的法律形式。

（六）重要性

企业提供的会计信息应当反映与企业财务状况、经营成果和现金流量等有关的所有重要交易或者事项。

重要性的应用需要依赖职业判断，企业应当根据其所处环境和实际情况，从项目的性质和金额两方面加以判断。

（七）谨慎性

企业对交易或者事项进行会计确认、计量和报告应当保持应有的谨慎，不应高估资产或者收益、低估负债或者费用。

在市场经济环境下，企业的生产经营活动面临着许多风险和不确定性，如应收款项的可收回性、固定资产的使用寿命、无形资产的使用寿命、售出存货可能发生的退货或者返修等。企业在面临不确定性因素的情况下做出职业判断时，要保持应有的谨慎，充分估计各种风险和损失，即不高估资产或者收益、低估负债或者费用。

但是，谨慎性的应用并不允许企业设置秘密准备，如果企业故意低估资产或者收益，或者故意高估负债或者费用，将不符合会计信息的可靠性和相关性要求，损害会计信息质量，扭曲企业实际的财务状况和经营成果，从而对使用者的决策产生误导，这是会计准则所不允许的。

（八）及时性

企业对于已经发生的交易或者事项，应当及时进行会计确认、计量和报告，不得提前或者延后。

会计信息的价值在于帮助使用者做出经济决策，因此具有时效性。即使是可靠、相关的会计信息，如果不及时提供，就会失去时效性，其对于使用者的效用就大大降低，甚至不再具有任何意义。

在会计确认、计量和报告的过程中贯彻及时性，一是要求及时收集会计信息；二是要求及时处理会计信息；三是要求及时传递会计信息。

三、会计要素

我国《企业会计准则》将会计要素规定为“资产”“负债”“所有者权益”“收入”“费用”“利润”六大类。

其中：资产、负债、所有者权益反映企业的财务状况，是静态会计要素，这三个要素构成了资产负债表；收入、费用、利润反映企业在一定时期的经营成果，是动态会计要素，这三个要素构成了利润表。

（一）资产

1. 定义

资产是指由企业过去的交易、事项形成的并由企业拥有或控制的、预期会给企业带来经济利益的资源。

2. 特征

（1）资产能够直接或间接地给企业带来经济利益。

作为企业的资产，无论是厂房、设备、存货还是债权，都应能直接地（通过销售手段）或间接地（通过成本价值的转移）给企业带来经济利益。而那些长期无法收回的款项、严重损坏而无法使用的设备等，不能为企业带来经济利益的，就不能再作为资产列支了。因此，资产要能够直接或间接地给企业带来经济利益。

(2) 资产是为企业所拥有或控制的。

有些资产企业并不拥有“所有权”，但可以“控制”它，如融资租入的固定资产，根据“实质重于形式”原则，它也属于企业的资产。

(3) 资产是由过去的交易或事项形成的。

强调“过去”发生，谈判中的交易或事项不能作为企业的资产。

3. 分类

为了更好地对企业的资产进行管理和核算，我们还将企业的资产做了以下的分类。

企业的资产按其流动性，通常可分为流动资产和非流动资产。

所谓流动资产，是指现金以及其他能在一年或超过一年的一个营业周期内变现或被耗用的资产。所谓营业周期是指企业自投入资金—购买原料—制成产品—销售产品—再收回资金的过程。大部分行业一年有几个营业周期，则其资产按年划分为流动资产和非流动资产；而某些特殊行业，如造船、重型机械等，其营业周期往往超过一年，则其资产按营业周期划分。

流动资产通常包括库存现金、银行存款、交易性金融资产、应收票据、应收账款、库存商品等。

所谓非流动资产是指在 1 年或超过 1 年的一个营业周期以上才能变现或被耗用的资产。

非流动资产通常包括长期股权投资、固定资产、无形资产和其他资产等。

(二) 负债

如果说，资产是企业的权利，那么，负债就是企业的义务。

1. 定义

负债是企业过去的交易、事项形成的现时义务，履行该义务预期会导致经济利益流出企业。负债是筹资的主要渠道。

2. 特征

(1) 负债的清偿预期会导致经济利益流出企业。

清偿负债导致经济利益流出企业的形式多种多样，如用现金偿还或以实物资产偿还；以提供劳务偿还；转移资产偿还；将负债转为所有者权益，如我国目前试行的国有企业债转股业务。

(2) 负债是由过去的交易或事项形成的。

不能根据谈判中的交易或事项或计划中的经济业务来确认负债。

3. 分类

按照流动性对负债进行分类，可以分为流动负债和非流动负债。

流动负债，是指将在 1 年（含 1 年）或者超过 1 年的一个营业周期内偿还的债务，包括短期借款、应付票据、应付账款、预收账款、应付职工薪酬、应付股利、应交税费、其他暂收应付款项和一年内到期的长期借款等。

非流动负债是指偿还期在 1 年或超过 1 年的一个营业周期以上的各种债务，通常包括长期借款、应付债券、长期应付款等。各项长期负债应当分别进行核算，并在资产负债表中分列项目反映。将于 1 年内到期偿还的长期负债，在资产负债表中应当作为一项流动负债，单独反映。

（三）所有者权益

1. 定义

所有者权益是指企业资产扣除负债后由所有者享有的剩余权益，即企业的净资产。对股份有限公司来说，所有者权益又称为股东权益。

2. 特征

（1）它是一种剩余权益。

（2）除非发生减资、清算，企业不需要偿还所有者权益。企业清算时，只有在清偿所有的负债后，所有者权益才返还给所有者。

（3）所有者凭借所有者权益能够参与利润的分配。所有者权益在性质上体现为所有者对企业资产的剩余权益，在数量上也就体现为资产减去负债后的余额。

3. 所有者权益的来源构成

所有者权益包括实收资本（或股本）、资本公积、其他综合收益、盈余公积和未分配利润。

（1）实收资本（或股本）是指投资者按照企业章程或者协议的约定，实际投入企业的资本。它是企业注册成立的基本条件之一，也是企业承担民事责任的财力保证。

（2）资本公积是企业收到投资者投入的超出其在注册资本或股本中所占份额的投资，以及其他资本公积等。资本公积包括资本溢价（或股本溢价）和其他资本公积。

（3）其他综合收益是指企业根据企业会计准则的规定未在当期损益中确认的各项利得和损失。它包括以后会计期间不能重分类进损益的其他综合收益和以后会计期间满足规定条件时将重分类进损益的其他综合收益两类。

（4）盈余公积是指企业按照有关规定从税后利润中提取的各种公积金，包括法定盈余公积、任意盈余公积等。

（5）未分配利润是指企业留存于以后年度分配或本年度待分配的利润。

其中，盈余公积和未分配利润又合称为留存收益。

4. 所有者权益与负债有着本质的不同

（1）负债要偿还，而所有者权益不需偿还。

（2）负债要支付报酬，所有者权益不需支付。

（3）清算时，负债要优先于所有者权益。

（4）所有者权益参与企业经营决策及利润分配，而负债不能参与其中。

（四）收入

1. 定义

收入是指企业在日常活动中所形成的、会导致所有者权益增加的、与所有者投入资本无关的经济利益的总流入。

2. 特征

（1）收入是从企业的日常经营活动中产生，而不是从偶发的交易或事项中产生。后者称之为利得，如出售固定资产的净收益、因其他企业违约收取的罚款、接受政府补助等，不属于收入范畴。

（2）收入可能表现为企业资产的增加，或负债的减少，或二者兼而有之。如商品销售的货款部分用于抵债，部分收取现款。

（3）收入能引起企业所有者权益的增加。

（4）收入只包括本企业经济利益的流入，而不包括为第三方或客户代收的款项。

3. 分类

（1）按照企业所从事日常活动的性质，收入有三种来源：一是销售商品，取得现金或者形成应收款项；二是提供劳务；三是让渡资产使用权，主要表现为对外贷款、对外投资或者对外出租等。

（2）按照日常活动在企业所处的地位，收入可分为主营业务收入和其他业务收入。

（五）费用

1. 定义

费用是指企业日常活动中所发生的、会导致所有者权益减少的、与向所有者分配利润无关的经济利益的总流出。

2. 特征

（1）费用是企业在日常活动中发生的经济利益的流出，而不是从偶发的交易或事项中发生的经济利益的流出。

（2）费用可能表现为资产的减少，或负债的增加，或二者兼而有之。

（3）费用将引起所有者权益的减少。

3. 分类

费用按用途分为生产成本和期间费用。

（1）生产成本：直接费用、间接费用。

（2）期间费用：管理费用、财务费用、销售费用。

（六）利润

1. 定义

利润是企业在一定会计期间的经营成果，也就是收入费用配比后的差额。因此，利润往往是评价企业管理层业绩的一项重要指标，也是投资者等财务报告使用者进行决策时的重要参考。利润包括收入减去费用后的净额、直接计入利润的利得和损失等。其中收入减去费用后的净额反映的是企业的日常活动的业绩，直接计入利润的利得和损失反映的是企业的非日常活动的业绩。

2. 分类

利润按其形成的来源不同，现行制度将其分为营业利润和营业外收支净额。

营业利润=营业收入-营业成本-税金及附加-销售费用-管理费用-财务费用-研发费

用+其他收益+投资收益（-投资损失）+公允价值变动收益（-公允价值变动损失）-资产减值损失-信用减值损失+资产处置收益（-资产处置损失）

利润总额=营业利润+营业外收入-营业外支出

净利润=利润总额-所得税费用

四、会计要素计量属性

会计计量是为了将符合确认条件的会计要素登记入账并列报于财务报表而确定其金额的过程。企业应当按照规定的会计计量属性进行计量，确定相关金额。从会计角度，计量属性反映的是会计要素金额的确定基础，主要包括历史成本、重置成本、可变现净值、现值和公允价值等。

（一）历史成本

历史成本，又称为实际成本，就是取得或制造某项财产物资时所实际支付的现金或其他等价物。在历史成本计量下，资产按照其购置时支付的现金或者现金等价物的金额，或者按照购置资产时所付出的对价的公允价值计量。负债按照其因承担现时义务而实际收到的款项或者资产的金额，或者承担现时义务的合同金额，或者按照日常活动中为偿还负债预期需要支付的现金或者现金等价物的金额计量。

（二）重置成本

重置成本又称现行成本，是指按照当前市场条件，重新取得同样一项资产所需支付的现金或现金等价物金额。在重置成本计量下，资产按照现在购买相同或者相似资产所需支付的现金或者现金等价物的金额计量。负债按照现在偿付该项债务所需支付的现金或现金等价物金额计量。在实务中，重置成本多应用于盘盈固定资产的计量等。

（三）可变现净值

可变现净值是指在正常生产经营过程中，以预计售价减去进一步加工成本和销售费用所必需的预计税金费用后的净值。在可变现净值计量下，资产按照其正常对外销售所能收到现金或者现金等价物的金额扣减该资产至完工时估计将要发生的成本、估计的销售费用以及相关税金后的金额计量。可变现净值通常应用于存货资产减值情况下的后续计量。

（四）现值

现值是指对未来现金流量以恰当的折现率进行折现后的价值，是考虑货币时间价值的一种计量属性。在现值计量下，资产按照预计从其持续使用和最终处置中所取得的未来净现金流入量的折现金额计量。负债按照预计期限内需要偿还的未来净现金流出量的折现金额计量。

（五）公允价值

公允价值是指在公平交易中，熟悉情况的交易双方自愿进行资产交换或者债务清偿的金额。在公允价值计量下，资产和负债按照在公平交易中，熟悉情况的交易双方自愿进行资产交换或者债务清偿的金额计量。

任务二　会计业务规则

一、会计凭证的填制规则

会计凭证是记录经济业务、明确经济责任，作为记账依据的书面证明。

正确填制和严格审核会计凭证是会计核算的一种专门方法，会计核算就是从编制凭证开始的。

（一）原始凭证的填制要求

要做好原始凭证的填制工作，首先，要使所有经办人员都能充分认识到原始凭证在经营管理中的重要作用。其次，要加强经营管理上的责任制，促使有关人员都能严格按财务会计制度和手续办事。

为了正确、完整、及时记录各项经济业务，有必要对原始凭证的填制提出明确要求。概括起来，填制要求有以下几点：

1. 记录真实

记录真实，就是要实事求是地填写经济业务，原始凭证填制日期、业务内容、数量、金额等必须与实际情况相一致，确保凭证所记录的内容真实可靠。

2. 内容完整

原始凭证上各项内容要逐项填制齐全，不得遗漏。

3. 填制及时

相关人员应根据经济业务发生或完成情况及时填制，不能提前，也不能事后补办。

4. 书写清楚

填写原始凭证要字迹清晰，易于辨认，大小写金额填写要符合规定，发生差错要按规定的方法更正。涉及现金、银行存款收付的原始凭证，如发票、收据、支票等，都有连续编号，应按编号连续使用，这类凭证如有填写错误，应予作废重填，并在填错的凭证上加盖“作废”戳记，与存根一起保存，不得任意销毁。

金额的填写要符合下列规范：

（1）小写金额的填写。阿拉伯数字应一个一个地写，不得连笔写。阿拉伯金额数字前面应写货币符号，货币符号与阿拉伯金额数字之间不得留有空白。凡阿拉伯数字前写有货币符号的，数字后面不再写“元”字。

所有以元为单位的阿拉伯数字，除表示单价等情况外，一律填写到角分，无角分的应写“00”，有角无分，分位应写“0”，不得用符号“-”代替。

（2）汉字大写金额数字，一律用正楷字或行书字体书写，不得任意编造简化字。大写金额数字满拾元而不足贰拾元的，应在“拾”字前加写“壹”字；大写金额数字到元或角为止的，在“元”或“角”字之后应写“整”字。

（3）阿拉伯金额数字中间有“0”时，汉字大写金额要写“零”字。

（4）凡填有大写和小写金额的原始凭证，大写和小写金额必须相符。

（二）记账凭证的填制要求

各种记账凭证必须按规定及时、准确、完整地填制。基本要素填写要求如下：

1. 日期的填写

现金收付记账凭证的日期以办理收付现金的日期填写；银行付款业务的记账凭证，一般以财会部门开出付款单据的日期或承付的日期填写；银行收款业务的记账凭证，一般按银行进账单或银行受理回执的戳记日期填写；月末结转的业务，按当月最后一天的日期填制。

2. 摘要的填写

填写的摘要，一要真实准确，其内容与经济业务的内容和所附原始凭证的内容相符；二要简明扼要，书写整齐清洁。

3. 会计科目的填写

会计科目的填写应填写会计科目的全称或会计科目的名称和编号，不得简写或只填会计科目的编号而不填名称。需填明细科目的，应在“明细科目”栏填写明细科目的名称。

4. 金额的填写

记账凭证的金额必须与原始凭证的金额相符。在记账凭证的“合计”行填列合计金额；阿拉伯数字的填写要规范；在合计数字前应填写货币符号，不是合计数字前不应填写货币符号。一笔经济业务因涉及会计科目较多，需填写多张记账凭证的，只在最末一张记账凭证的“合计”行填写合计金额。

5. 记账凭证附件张数的计算

记账凭证一般附有原始凭证。附件张数的计算方法有两种：一是按构成记账凭证金额的原始凭证（或原始凭证汇总表）计算张数，如转账业务的原始凭证张数计算。二是以所附原始凭证的自然张数为准，即凡与经济业务内容相关的每一张凭证，都作为记账凭证的附件。凡属收付款业务的，原始凭证张数计算均以自然张数为准。但对差旅费、市内交通费、医疗费等报销单据，可贴在一张纸上，作为一张原始凭证（报销清单）附件。

当一张或几张原始凭证涉及几张记账凭证时，可将原始凭证附在一张主要的记账凭证后面，在摘要栏说明“本凭证附件包括××号记账凭证业务”字样，在其他记账凭证上注明“原始凭证在××号记账凭证后面”字样。

6. 会计分录的填制

不同类型的经济业务不得填制在一张记账凭证中，也不得对同类经济业务采取大汇总的办法填制记账凭证。转账凭证和通用记账凭证应按先“借”后“贷”的顺序填列。不得填制“有借无贷”或“有贷无借”的会计分录。

7. 记账凭证的编号

会计人员应及时对记账凭证予以编号。记账凭证无论是全部作为一类编号，还是按收、付、转编号，均应按月从“1”开始顺序编号，不得跳号、重号。业务量大的单位，可使用“记账凭证编号销号单”，在装订凭证时应将销号单放在记账凭证汇总表之后，使记账凭证的编号、张数一目了然，以便查考。一组会计分录使用两张以上记账凭证，应按顺序用“带分数”编列分号，两张凭证之间不要填写“过次页”“承前页”。例如，第8号会计事项有三张记账凭证，编号分别为8 1/3号、8 2/3号、8 3/3号。

8. 签名或盖章

记账凭证上规定有关人员的签名或盖章，应全部签章齐全，以明确责任。财会人员较少的单位，在收、付记账凭证上，至少应有两人（会计和出纳）签章。一张记账凭证涉及几个会计记账的，凡记账的会计均应在“记账”签章处签章。会计主管对未审阅过的记账凭证，可以不签章，但仍应对其合法性、准确性负责，收、付款记账凭证还应由出纳人员签章。

9. 对空行的要求

记账凭证不准跳行或留有余行。填制完毕的记账凭证如有空行的，应在金额栏画一斜线或“S”形线注销。划线应从金额栏最后一笔金额数字下面的空行划到合计数行的上面一行，并注意斜线或“S”形线两端都不能划到有金额数字的行次上。

10. 填写要求

填制记账凭证可用蓝黑墨水或碳素墨水；金额按规定需用红字表示的，数字可用红色墨水，但不得以“负数”表示。下列两种情况，金额可用红色墨水填写（红字记账凭证）：

（1）记账后发现记账凭证有错误，需采用红字更正法的；

（2）会计核算制度规定采用红字填制记账凭证的特定会计业务。

收款凭证是根据货币资金收入业务的原始凭证编制的记账凭证。付款凭证是根据货币资金付出业务的原始凭证编制的记账凭证。它们既是登记现金日记账、银行存款日记账的依据，也是出纳人员收付款项的依据。这里，要指出的是，对于从银行提取现金或将现金存入银行的业务，一般只编制付款凭证，以免重复。转账凭证是对于不涉及货币资金收支的经济业务根据原始凭证或原始凭证汇总表所编制的记账凭证。

二、会计账簿的登记规则

（一）登记账簿的一般规则

（1）会计人员应根据审核无误的会计凭证及时地登记会计账簿。

（2）会计人员按各单位所选用的会计核算形式来确定登记总账的依据和具体时间。

（3）对于各种明细账，会计人员可逐笔逐日进行登记，也可定期（三天或五天）登记。但债权债务类和财产物资类明细账应当每天进行登记。

（4）对于现金和银行存款日记账，会计人员应当根据办理完毕的收付款凭证，随时逐笔顺序进行登记，最少每天登记一次。

（二）登记账簿的具体要求

（1）必须用蓝黑色墨水钢笔书写，禁止用铅笔或圆珠笔记账。

（2）应当将会计凭证的日期、编号、业务内容摘要、金额和其他有关资料逐项记入账内。同时要在记账凭证上签章并注明已经登账的标记（如打√等），以避免重登或漏登。

（3）应按账户页次顺序连续登记，不得跳行、隔页。如果发生跳行、隔页现象，应在空行、空页处用红色墨水画对角线注销，注明“此页空白”或“此行空白”字样，并由记账人员签章。

（4）账簿中书写的文字或数字不能顶格书写，一般只应占格距的二分之一，以便留有改错的空间。

（5）记账除结账、改错、冲销记录外，不能用红色墨水。因为在会计工作中，红色数字表示对蓝色数字的冲销或表示负数。

（6）对于登错的记录，不得刮擦、挖补、涂改或用药水消除字迹等手段更正错误，也不允许重抄。应采用正确的错账更正规则进行更正。

（7）各账户在一张账页登记完毕结转下页时，应当结出本页合计数和余额，写在本页最后一行和下页第一行有关栏内，并在本页最后一行的“摘要”栏内注明“转次页”字样，在下一页第一行的“摘要”栏内注明“承前页”字样。对“转次页”的本页合计数的计算，一般分三种情况：

①需要结出本月发生额的账户，结计“转次页”的本页合计数应当为自本月初起至本页末止的发生额合计数，如现金日记账及采用“账结法”下的各损益类账户；

②需要结计本年累计发生额的账户，结计“转次页”的本页合计数应当为自年初起至本页末止的累计数，如采用“表结法”下的各损益类账户；

③既不需要结计本月发生额也不需要结计本年累计发生额的账户，可以只将每页末的余额结转次页，如债权、债务结算类账户和财产物资类账户等。

任务三　会计业务流程

一、会计循环

从企业发生的经济业务或会计事项起，到编制出会计报表止的一系列会计处理程序叫会计循环。

（1）根据审核无误的原始凭证编制记账凭证。

（2）根据记账凭证登记相关账簿。

（3）编制结账前的试算平衡表。

（4）编制账项调整分录。

（5）将账项调整分录过到相关账簿账户中。

（6）编制结账后试算平衡表。

（7）编制财务报告。

二、账务处理程序

账务处理程序是指填制会计凭证，根据凭证登记各种账簿，根据账簿记录编制会计报表提供会计信息这一整个过程的步骤和方法。

在会计工作中，会计人员不仅要了解会计凭证的填制、账簿的设置和登记，以及会计报表的编制，还必须明确规定各种会计凭证、各种账簿和会计报表之间的关系，把它们科学地组织起来，使之构成一个有机的整体。而凭证、账簿和报表之间的一定的组织形式，就形成了不同的账务处理程序。

账务处理程序有多种形式，并可根据情况进行适当调整。目前我国常用的主要账务处理程序有：记账凭证账务处理程序、科目汇总表账务处理程序、汇总记账凭证账务处理程序、多栏式日记账账务处理程序和日记总账账务处理程序。

1. 记账凭证账务处理程序

记账凭证账务处理程序是最基本的账务处理程序，其他各种账务处理程序基本上是在它的基础上发展形成的。它的特点是直接根据各种记账凭证逐笔登记总分类账的一种账务处理程序。

2. 科目汇总表账务处理程序

科目汇总表账务处理程序，是对发生的经济业务，根据原始凭证或者原始凭证汇总表编制记账凭证，根据记账凭证定期编制科目汇总表，然后根据科目汇总表登记总分类账的一种账务处理程序。

3. 汇总记账凭证账务处理程序

汇总记账凭证账务处理程序，是对发生的经济业务，根据原始凭证或者原始凭证汇总表编制记账凭证，再根据记账凭证定期编制汇总记账凭证，最后根据汇总记账凭证登记总分类账的一种账务处理程序。

【本项目工作小结】

我国财政部公布并实施的《企业会计准则》中，明确规定了四项基本前提，包括会计主体、持续经营、会计分期、货币计量。会计信息质量要求是对企业财务报告中所提供的会计信息质量的基本要求，是使财务报告中所提供会计信息对使用者决策有用所应具备的基本特征。它包括可靠性、相关性、可理解性、可比性、实质重于形式、重要性、谨慎性和及时性等。我国《企业会计准则》将会计要素规定为“资产”“负债”“所有者权益”“收入”“费用”“利润”六大类。会计计量是为了将符合确认条件的会计要素登记入账并列报于财务报表而确定其金额的过程。从会计角度，计量属性反映的是会计要素金额的确定基础，主要包括历史成本、重置成本、可变现净值、现值和公允价值等。会计凭证是记录经济业务、明确经济责任，作为记账依据的书面证明。正确填制和严格审核会计凭证是会计核算的一种专门方法，会计核算就是从编制凭证开始的。接下来会计人员应根据审核无误的会计凭证及时地登记相关的会计账簿。账务处理程序是指填制会计凭证，根据凭证登记各种账簿，根据账簿记录编制会计报表提供会计信息这一整个过程的步骤和方法。目前我国常用的主要账务处理程序有：记账凭证账务处理程序、汇总记账凭证账务处理程序、科目汇总表账务处理程序、多栏式日记账账务处理程序和日记总账账务处理程序。

◆仿真操作

练习以下主要经济业务记账凭证的书写：①采购材料一批，买价10 000元，增值税率13%，货款已付。②销售产品一批，售价20 000元，增值税率13%，货款已收到。③从银行提取现金1 000元备用。

◆岗位业务认知

1. 利用节假日，去当地的一些企业，了解企业采用的是哪种账务处理程序。
2. 查阅企业的相关财务报告等相关财务资料。

◆工作思考

1. 会计的基本假设有哪些?
2. 会计信息质量要求包括哪些?
3. 会计要素是什么？各要素的定义是什么?
4. 会计的计量属性有哪些？常用的是哪种计量属性?
5. 什么是账务处理程序？我国主要的账务处理程序有哪些?

项目二　货币资金业务

货币资金是企业生产经营过程中以货币形态存在的那部分资产，流动性是最强的，在企业的各项经济活动中，也起着非常重要的作用。企业的货币资金包括库存现金、银行存款及其他货币资金。本项目涉及的主要会计岗位是出纳岗位，作为该岗位的会计人员，应了解出纳岗位的职责，掌握出纳工作相关的基础知识、银行结算特点、各种结算凭证的填写及结算程序，理解现金管理的有关规定和出纳日常业务的核算。

【项目工作目标】

⊙知识目标

掌握库存现金管理制度及现金的核算；掌握银行的结算方式的处理流程及银行存款的核算；掌握其他货币资金的核算。

⊙技能目标

学生通过本项目的学习，了解货币资金的内容；能对库存现金、银行存款和其他货币资金进行日常账务处理；能处理库存现金清查发现的溢余或短缺；能进行银行存款的清查，编制“银行存款余额调节表”。

【任务导入】

湖南沙沙门业有限公司出纳员王宏由于刚参加工作不久，对货币资金业务管理和核算的相关规定不甚了解，所以出现了一些不应有的错误，其中有两件事情让他印象深刻，至今记忆犹新。第一件事是在2019年12月8日和10日两天的现金业务结束后例行的现金清查中，分别发现现金短缺50元和现金溢余20元的情况，对此他经过反复思考也弄不明白原因。为了保全自己的面子和息事宁人，同时又考虑到两次账实不符的金额又很小，他决定采取下列办法进行处理：现金短缺50元，自掏腰包补齐；现金溢余20元，暂时收起。第二件事是湖南沙沙门业有限公司经常对其银行存款的实有数额心中无数，甚至有时会影响到公司日常业务的结算，公司经理因此指派有关人员检查一下王宏的工作，结果发现，他每次编制银行存款余额调节表时，只根据公司银行存款日记账的余额加或减对账单中企业的未达账项来确定公司银行存款的实有数，而且每次做完此项工作以后，王宏就立即将这些未达账项的款项登记入账。王宏对上述两项业务的处理是否正确？为什么？你认为面对这些情况，应该怎么处理？

【进入任务】

任务一　库存现金的核算

一、库存现金的概述

在会计上，现金有广义和狭义之分。狭义的现金仅指企业的库存现金，广义现金包括库存现金、银行存款和其他货币资金。我国会计上现金概念仅指狭义现金，包括企业库存人民币现金和外币现金。

（一）库存现金管理制度

1. 库存现金的使用范围

国务院颁发的《现金管理暂行条例》规定，允许企业使用的现金范围是：

（1）职工工资、津贴；

（2）个人劳务报酬；

（3）根据国家规定颁发给个人的科学技术、文化艺术、体育等各种奖金；

（4）各种劳动保障、福利费用以及国家规定的对个人的其他支出；

（5）向个人收购农副产品和其他物资的价款；

（6）出差人员必须随身携带的差旅费；

（7）结算起点（1 000 元）以下的零星支出；

（8）中国人民银行确定需要支付现金的其他支出。

2. 库存现金限额管理

库存现金限额管理原则上为该企业 3~5 天零星开支的需要，边远地区和交通不发达地区的库存现金限额可以适当放宽，但最多不得超过 15 天零星开支的需要。库存现金限额由企业根据日常零星现金开支情况提出并报经开户银行核准。

3. 现金收支的日常管理

坐支是指企业在经营活动中发生的现金收入，直接用于支出。企业不得坐支现金。

企业不得用不符合财务制度的凭证顶替库存现金，即不得“白条顶库”，不准谎报用途套取现金，不准将单位收入的现金以个人名义存入储蓄，不准开设小金库，不准保留账外公款。

二、库存现金的核算

为了总括反映企业库存现金收入、支出和结存情况，应设置“库存现金”科目，该科目的借方登记库存现金的增加，贷方登记库存现金的减少，期末余额在借方，反映企业实际持有的库存现金金额。

【实务 2-1】2019 年 12 月 8 日，公司派职工王丽出差，王丽预借差旅费 3 000 元，则会计处理如下：

借：其他应收款——王丽　　3 000

　贷：库存现金　　3 000

【实务 2-2】承上例，2019 年 12 月 15 日王丽出差回来，报销差旅费 2 800 元，余款以现金交回。则会计处理如下：

借：管理费用　　2 800

　　库存现金　　200

　贷：其他应收款——王丽　　3 000

三、库存现金的清查

（一）库存现金清查的方法

企业如何对现金进行清查呢？我们知道现金是存放在单位的保险柜里的，所以在对现金进行清查时只需要先清点保险柜中的库存现金数，然后再与现金日记账的账面余额进行核对，就可以查明账实是否相符了。这种清查方法我们通常称之为实地盘点法。

下面我们先来了解一下在对现金清查时需要注意的几方面问题：

（1）因为出纳人员是库存现金的保管者，所以在对现金清查时出纳员要保证到场，以明确经济责任。

（2）在现金清查过程中，应注意相关人员是否遵守现金管理制度规定，有无不具有法律效力的借条、收据、白条抵充现金等情况。

（3）现金盘点以后，应根据盘点的结果，填制“现金盘点报告表”，此表也是重要的原始凭证，它既起着“盘存单”的作用，又起着“实存账存对比表”的作用。此表必须由盘点人员和出纳员共同签章才能生效。

（二）库存现金清查的核算

我们通常把现金的盘盈称为“长款”，把现金的盘亏称为“短款”。清查中发现现金长款或短款时，应及时根据“现金盘点报告单”进行账务处理。

具体的处理方法如下：

（1）库存现金盘盈：借记“库存现金”科目，贷记“待处理财产损溢”科目，批准处理后属于支付给有关人员或单位的，记入“其他应付款”科目；属于无法查明原因的，记入“营业外收入”科目。

【实务 2-3】公司 12 月份在现金清查中，发现长款 150 元。

借：库存现金　　150

　贷：待处理财产损溢——待处理流动资产损溢　　150

经反复核查，公司发现少支付员工李芳 100 元工资，其余 50 元未查明原因，报经批准后做如下处理：

借：待处理财产损溢——待处理流动资产损溢　　150

　贷：其他应付款——李芳　　100

　　　营业外收入　　50

（2）库存现金盘亏：借记“待处理财产损溢”科目，贷记“库存现金”科目，批准处理后属于应由责任人赔偿或保险公司赔偿的部分，记入“其他应收款”科目；属于无法查明原因的，记入“管理费用”科目。

【实务 2-4】公司 12 月份在现金清查中，发现短款 80 元。

借：待处理财产损溢——待处理流动资产损溢　　80

　贷：库存现金　　80

经核实，其中 50 元属于出纳员王丽的责任，应由出纳员赔偿，另 30 元原因不明，批准予以转销。

借：其他应收款——出纳员王丽　　50

　　管理费用　　30

　贷：待处理财产损溢——待处理流动资产损溢　　80

任务二　银行存款支付结算方式及核算

银行存款是指存放在银行和其他金融机构的各种存款。

一、银行存款的管理制度

企业通过银行办理收付结算时，应当认真执行国家结算办法和结算制度，执行国家票据法。企业应当根据业务需要，按照规定在其所在地银行开设账户，运用所开设的账户，进行存款、取款以及各种收支转账业务的结算。

银行存款账户分为基本存款账户、一般存款账户、临时存款账户和专用存款账户。

基本存款账户指存款人因办理日常转账结算和现金收付需要开立的银行结算账户，是主办账户，且只有一个基本存款账户。一般存款账户指存款人因借款或其他结算需要，在基本存款账户开户银行以外的银行开立的银行结算账户，不得办理现金支取。专用存款账户指按照法律、行政法规和规章，对其特定用途资金进行专项管理和使用而开立的银行结算账户。临时存款账户指存款人因临时需要并在规定期限内使用而开立的银行结算账户。

二、银行结算方式

银行存款收支业务是指企业通过银行办理与往来单位的款项收支业务。由于往来单位有的与本企业在同一地区，有的与本企业不在同一地区，并且企业与各往来单位收付款项的内容也有所不同，因此，企业应当根据具体情况选择不同的结算方法进行款项的收付。中国人民银行《支付结算办法》规定，单位、个人在社会经济活动中可使用票据、托收承付、汇兑、委托收款、信用卡等结算方式进行货币给付及资金清算，其中票据包括银行汇票、商业汇票、银行本票、支票四种。企业在进行与其他单位和个人往来款项的结算时，可选择采用的结算方式共八种。

（一）支票

支票是由出票人签发的，委托办理支票存款业务的银行在见票时无条件支付确定金额给收票人或持票人的票据。

支票分为“现金支票”“转账支票”和“普通支票”三种。现金支票只能用于支付现金。转账支票只能用于转账。普通支票可以用于支付现金，又可以用于转账。普通支票左上角划两条平行线的，为划线支票，划线支票只能用于转账，不能用于支付现金。支票在同一票据交换区域内使用，起点金额 100 元，支票的提示付款期自出票日起 10 天。企业不得签发空头支票，转账支票可以在票据交换区域内背书转让。要素填写齐全的支票允许挂失止付。

企业进行账务处理时，付款单位依据支票存根联，借记有关科目，贷记“银行存款”科目；收款单位收到支票正本联时，应填制进账单，连同支票正本联到银行办理进账后，取回进账单回单联，借记“银行存款”科目，贷记有关科目。

（二）银行本票

银行本票是银行签发的，承诺自己在见票时无条件支付票面确定金额给收款人或持票人的票据。

银行本票分为定额本票和不定额本票。定额本票面值为 1 000 元、5 000 元、10 000 元、50 000 元四种。银行本票只能在同一票据交换区域内使用。银行本票的提示付款期自出票日起最长不超过两个月。填明“现金”字样的银行本票可以挂失止付，未填明“现金”字样的银行本票不得挂失止付。

在进行账务处理时，依据银行本票申请书存根联、支票存根联，借记“其他货币资金——银行本票存款”科目，贷记“银行存款”科目。付款单位购进材料后，依据购进发票，借记“材料采购”等科目，“应交税费——应交增值税”科目，贷记“其他货币资金——银行本票存款”科目；收款单位收到银行本票时，应填制进账单，连同银行本票到银行办理进账后，取回进账单回单联，借记“银行存款”科目，贷记有关科目。

（三）银行汇票

银行汇票是由出票银行签发的，承诺自己在见票时按照票面注明的实际结算金额无条件支付给收款人或持票人的票据。

银行汇票一般用于转账，注明“现金”的银行汇票，也可以用于支付现金。银行汇票的提示付款期自出票日起一个月。

（四）汇兑

汇兑是汇款人委托银行将款项支付给收款人的结算方式，用于异地之间的款项结算。

付款单位应填制汇款凭证，作为银行划拨款项的依据。根据取回的汇款凭证回单联，借记有关科目，贷记“银行存款”科目；收款单位收到汇款凭证收款通知联，借记“银行存款”科目，贷记有关科目。

（五）委托收款

委托收款是收款人（销售方）委托银行向付款人收取款项的结算方式。这种结算方式适应于各种款项同城和异地之间的结算。

采用委托收款方式，收款方应向银行提供债权证明，填制委托收款结算凭证，依据取回的回单联，借记“应收账款”科目，贷记有关科目；收到银行转回的委托收款的收款通知联及款项时，借记“银行存款”科目，贷记“应收账款”科目。付款单位收到对方填制的由银行转来的委托收款付款通知联时，借记“材料采购”等科目，贷记“银行存款”科目。

（六）托收承付

托收承付是根据购销合同由收款人（销售方）发货后委托银行向异地付款人收取款项、由付款人向银行承认付款的结算方式。办理托收承付必须是商品交易及因商品交易而产生的劳务供应款项。代销、寄销、赊销商品款项，不得办理托收承付结算。

收款单位销售商品及相应劳务后，填制托收承付结算凭证，连同销售发票、相关劳务单据以及发运证件送至银行办理托收，取回回单联，借记“应收账款”科目，贷记“主营业务收入”等科目；收到银行转回的托收承付收款通知联及款项时，借记“银行存款”科目，贷记“应收账款”科目。付款单位收到对方填制的由银行转来的托收承付付款通知联时，借记“材料采购”等科目，贷记“银行存款”科目。

（七）商业汇票

商业汇票是由出票人签发的委托付款人在指定日期无条件支付确定的金额给收款人或持票人的票据。

商业汇票用于有真实交易关系的债权债务结算。商业汇票的付款期最长不得超过 6 个月，商业汇票的提示付款期为自票据到期日起 10 天内。商业汇票可以背书转让。符合条件的商业汇票的持票人可以持未到期的商业汇票向银行申请贴现。

商业汇票按承兑人不同，可以分为商业承兑汇票和银行承兑汇票两种。

1. 商业承兑汇票

商业承兑汇票是由付款人承兑的商业汇票。销货单位应在提示付款期内通过开户银行委托收款或直接向付款人提示付款，购进单位应在收到委托收款凭证付款通知联或于票据到期日及时通过银行将货款划给销货单位。如果付款单位无力支付，银行不负责任。

付款单位用商业承兑汇票购进材料时，借记“材料采购”科目，借记“应交税费——

应交增值税”科目，贷记“应付票据”科目；于到期日付款时，借记“应付票据”科目，贷记“银行存款”科目。收款单位销售商品时，借记“应收票据”科目，贷记“主营业务收入”科目，贷记“应交税费——应交增值税”科目。汇票到期，销货企业将票据交存开户银行办理收款手续，收到银行收款通知时，编制收款凭证，进行账务处理，借记“银行存款”科目，贷记“应收票据”科目。

2. 银行承兑汇票

银行承兑汇票是由付款人开户银行承兑的商业汇票。承兑时，承兑方需交付万分之五的手续费。购货单位将银行承兑汇票交给销货单位后，应于汇票到期前将款项交存其开户银行，销货企业应于汇票到期前将汇票连同自己填制的进账单送交开户银行办理进账。如果付款单位于到期日不能支付款项或未能足额支付款项，则由付款单位开户银行全额承兑，付款单位不足部分作企业逾期贷款，按每天万分之五计收罚息。

收款单位销售商品时，借记“应收票据”科目，贷记“主营业务收入”科目，贷记“应交税费——应交增值税”科目。收款单位于商业汇票到期前将银行承兑汇票连同自己填制的进账单送交开户银行办理进账后，借记“银行存款”科目，贷记“应收票据”科目。付款单位用银行承兑汇票购进材料时，借记“材料采购”科目，借记“应交税费——应交增值税”科目，贷记“应付票据”科目；于到期日付款时，借记“应付票据”科目，贷记“银行存款”科目。如果到期日不能支付款项或未能足额支付款项，则借记“应付票据”科目，贷记“短期借款”科目。

（八）信用卡

信用卡是银行、金融机构向信誉良好的单位、个人提供的，能在指定的银行提取现金，或在指定的商店、饭店、宾馆等购物和享受服务时进行记账结算的一种信用凭证。信用卡是银行卡的一种，信用卡按使用对象分为单位卡和个人卡等，按信用等级分为金卡和普通卡，按是否向银行交存备用金分为贷记卡和准贷记卡。

（九）信用证

信用证结算方式是国际结算的一种主要方式。经中国人民银行批准经营结算业务的商业银行总行以及商业银行总行批准开办信用证结算业务的分支机构，也可以办理国内企业之间商品交易的信用证结算业务。

三、银行结算业务的核算

为了总括地反映和监督银行存款的收入、付出和结存情况，需设立“银行存款”科目，对银行存款进行总分类核算。

【实务 2-5】2019 年 12 月 11 日，湖南沙沙门业有限公司采用支票结算方式购入一批材料，价款 20 000 元，增值税 2 600 元，材料已经验收入库。

借：原材料	20 000	
应交税费——应交增值税（进项税额）	2 600	
贷：银行存款		22 600

【实务 2-6】2019 年 12 月 18 日，湖南沙沙门业有限公司销售产品一批，开出增值税专用发票上注明销售价款 30 000 元，增值税 4 800 元，收到对方开出的 34 800 元的转账支票一张，已送存银行。

借：银行存款　　34 800

　贷：主营业务收入　　30 000

　　应交税费——应交增值税（销项税额）　　4 800

四、银行存款账的核对

在实际工作中，企业的开户银行会定期（通常在每月月末）给企业寄来一份银行对账单，上面详细记载了本期企业在该行的银行存款增减变动和结余情况。所以企业可以将本单位的银行存款日记账与开户银行对账单进行逐笔核对，以查明账实是否相符。这种方法称之为核对账目法。

那么企业银行存款日记账余额为什么会与银行对账单余额不一致？这里有两方面的原因：一是双方本身记账有误；二是出现了未达账项。我们在进行账目核对之前首先应消除记账方面的错误，如果排除了记账方面的错误双方账目仍不一致，则说明存在未达账项。

所谓未达账项是指企业与银行之间，由于结算凭证传递的时间不同，出现了一方已经登记入账，而另一方尚未接到有关结算凭证，而未登记入账的款项。未达账项存在四种情况：

（1）企业已付款入账，而银行尚未付款入账；

（2）企业已收款入账，而银行尚未收款入账；

（3）银行已付款入账，而企业尚未付款入账；

（4）银行已收款入账，而企业尚未收款入账。

【实务 2-7】湖南沙沙门业有限公司 2019 年 12 月 31 日银行存款日记账的余额为 9 000 元，银行对账单的余额为 10 000 元，假设双方记账均无误，核对银行对账单所列各项收支活动并与企业银行存款日记账比较，发现有下列事项：

（1）12 月 29 日，公司开出转账支票一张 1 000 元，支付某单位货款。公司已经根据支票存根、发票及收料单位等凭证登记银行存款减少，银行尚未接到支付款项的凭证，尚未登记减少。

（2）12 月 30 日，银行代公司支付电费 500 元，银行已经登记减少，公司尚未接到付款结算凭证，未登记减少。

（3）12 月 30 日，公司存入一张银行汇票 2 500 元，已经登记银行存款增加，银行尚未登记增加。

（4）12 月 30 日，银行收到购货单位汇来的货款 3 000 元，银行已经登记增加，公司未接到收款凭证，尚未登记增加。

分析：

我们看到 2019 年 12 月 31 日企业银行存款日记账余额和银行对账单余额不一致。因为双方记账均无误，所以不一致的原因只有一个，即存在未达账项。

事项（1）属于企业已付款入账，而银行尚未付款入账。

事项（2）属于银行已付款入账，而企业尚未付款入账。

事项（3）属于企业已收款入账，而银行尚未收款入账。

事项（4）属于银行已收款入账，而企业尚未收款入账。

通过这个例子我们可以看到未达账项一般有以上四种情况。

根据上例编制的银行存款余额调节表如表 2-1 所示。

表 2-1　银行存款余额调节表

2019 年 12 月 31 日　　单位：元

项　目	余额	项　目	余额
企业银行存款日记账余额	9 000	银行对账单余额	10 000
加：银行已记收 企业尚未记收	3 000	加：企业已记收 银行尚未记收	2 500
减：银行已记付 企业尚未记付	500	减：企业已记付 银行尚未记付	1 000
调节后的存款余额	11 500	调节后的存款余额	11 500

经过上述调整后的银行存款余额，表示企业可动用的银行存款数额。需要注意的是："银行存款余额调节表"只起到对账的作用，不能作为调节账面余额的凭证。对于因未达账项而使双方账面余额出现的差异，企业无须作账面调整，待结算凭证到达后再进行账务处理，登记入账。

任务三　其他货币资金的核算

其他货币资金包括外埠存款、银行本票存款、银行汇票存款、信用卡存款、信用证保证金存款、存出投资款。它与银行存款在存放地点和用途不同。

一、外埠存款的核算

外埠存款，是指企业到外地进行临时或者零星采购时，汇往采购地银行开立采购专户的款项。企业汇出款项存入外地时，借记"其他货币资金——外埠存款"科目，贷记"银行存款"科目。支取该存款使用报销后，借记"在途物资"等科目，"应交税费——应交增值税"科目，贷记"其他货币资金——外埠存款"科目。

【实务 2-8】湖南沙沙门业有限公司 2019 年 12 月 13 日，委托当地银行汇款 8 000 元给采购地银行开立临时采购专户，用于购进一批材料。根据汇款凭证，公司会计处理如下：

借：其他货币资金——外埠存款　　8 000

　贷：银行存款　　8 000

【实务 2-9】承上例，假如公司收到采购员交来的供应单位发票账单等报销凭证，注明材料价款 5 000 元，增值税 800 元，余款转回当地银行，材料尚未验收入库。公司会计处理如下：

借：在途物资　　5 000

　　应交税费——应交增值税（进项税额）　　800

　贷：其他货币资金——外埠存款　　5 800

借：银行存款　　2 200

　贷：其他货币资金——外埠存款　　2 200

二、银行本票存款的核算

银行本票存款是指企业为取得银行本票，按照规定存入银行的款项。

企业将款项送交银行，依据银行本票申请书存根联、支票存根联，借记“其他货币资金——银行本票存款”科目，贷记“银行存款”科目。企业购进材料后，依据购进发票，借记“材料采购”等科目，“应交税费——应交增值税”科目，贷记“其他货币资金——银行本票存款”科目；收款单位收到银行本票时，应填制进账单，连同银行本票到银行办理进账后，取回进账单回单联，借记“银行存款”科目，贷记有关科目。

【实务 2-10】湖南沙沙门业有限公司 2019 年 12 月 3 日申请办理银行本票 10 000 元，公司向银行提交了本票申请书，并将款项交存银行取得银行本票。

借：其他货币资金——银行本票存款　　10 000

　贷：银行存款　　10 000

三、银行汇票存款的核算

银行汇票存款是指企业为取得银行汇票，按照规定存入银行的款项。

企业使用银行汇票支付款项后，应根据发票账单及开户银行转来的银行汇票有关副联等凭证，借记“材料采购”“应交税费——应交增值税”科目，贷记“其他货币资金——银行汇票存款”科目。如实际采购支付后银行汇票有余额，多余部分应借记“银行存款”科目，贷记“其他货币资金——银行汇票存款”科目。汇票因超过付款期限或其他原因未曾使用而退还款项时，应借记“银行存款”科目，贷记“其他货币资金——银行汇票存款”科目。

【实务 2-11】湖南沙沙门业有限公司 2019 年 12 月 1 日申请办理银行汇票 10 000 元，取得银行汇票后，根据银行盖章退回的委托存根联，做如下会计处理：

借：其他货币资金——银行汇票存款　　10 000

　贷：银行存款　　10 000

【实务 2-12】承上例，12 月 10 日，公司收到采购员交来的供应单位增值税专用发票等凭证，注明货款 8 000 元，增值税 1 280 元，材料已验收入库。余款已转回当地银行，则公司会计处理如下：

借：原材料　　8 000
　　应交税费——应交增值税（进项税额）　　1 280
　　银行存款　　720
　贷：其他货币资金——银行汇票存款　　10 000

四、信用卡存款的核算

信用卡存款是指企业为取得信用卡按照规定存入银行的款项。企业开出支票连同进账单送存银行时，借记“其他货币资金——信用卡存款”科目，贷记“银行存款”科目。支取该存款用后报销时，借记有关科目，贷记“其他货币资金——信用卡存款”科目。

【实务 2-13】湖南沙沙门业有限公司在中国工商银行申请领用信用卡，按要求于 2019 年 12 月 10 日向银行交存备用金 20 000 元，12 月 30 日用信用卡支付该月份电话费 3 600 元。则公司会计处理如下：

（1）12 月 10 日向银行交存备用金开立信用卡时。

借：其他货币资金——信用卡存款　　20 000
　贷：银行存款　　20 000

（2）12 月 30 日用信用卡支付电话费时。

借：管理费用　　3 600
　贷：其他货币资金——信用卡存款　　3 600

五、信用证保证金存款的核算

信用证保证金存款，是指企业为取得信用证按照规定存入银行的保证金。企业向银行缴纳保证金，根据银行退回的进账单第一联编制付款凭证，借记“其他货币资金——信用证保证金”科目，贷记“银行存款”科目；根据开证银行交来的信用证通知书及有关单据标明的金额，借记“材料采购”等科目，贷记“其他货币资金——信用证保证金”科目；企业未用完的信用证保证金余额转回开户银行时，根据收款通知，借记“银行存款”科目，贷记“其他货币资金——信用证保证金”科目。

六、存出投资款的核算

存出投资款，是指企业存入证券公司但尚未进行投资的款项。

企业开出支票向证券公司划拨款项时，借记“其他货币资金——存出投资款”科目，贷记“银行存款”科目。支取该存款用于投资后，借记“交易性金融资产”等科目，贷记“其他货币资金——存出投资款”科目。

【实务 2-14】湖南沙沙门业有限公司根据发生的有关存出投资款的业务，进行了如下会计处理：

（1）2019 年 12 月 5 日，将银行存款 1 000 000 元存入证券公司，以备购买有价证券。

借：其他货币资金——存出投资款 1 000 000

贷：银行存款 1 000 000

（2）2019 年 12 月 6 日，用存出投资款 1 000 000 元购入股票作为交易性金融资产。

借：交易性金融资产 1 000 000

贷：其他货币资金——存出投资款 1 000 000

【本项目工作小结】

在会计上，现金有广义和狭义之分。狭义的现金仅指企业的库存现金，广义现金包括库存现金、银行存款和其他货币资金。我国会计上现金概念仅指狭义现金，包括企业库存人民币现金和外币现金。学生应了解库存现金管理制度，掌握库存现金的核算以及库存现金的清查及处理；了解银行存款的管理制度以及结算方式，掌握银行存款的核算以及清查后银行存款余额调节表的编制。其他货币资金包括外埠存款、银行本票存款、银行汇票存款、信用卡存款、信用证保证金存款、存出投资款。学生应掌握其他货币资金的核算。

◆仿真操作

根据【实务 2-1】至【实务 2-14】编写有关的记账凭证。

◆岗位业务认知

利用节假日，寻找实习单位，进行出纳岗位的实习。

◆工作思考

1. 如果你是企业的出纳，谈谈如何才能保管好库存现金、有价证券以及有关印章、空白支票、空白收据，以确保企业财产安全。
2. 银行存款日记账账面余额与银行对账单余额之间出现不一致的原因主要有哪些？应如何进行处理？
3. 银行结算方式有哪几种？各有什么特点？哪些结算方式可以通过“其他货币资金”科目进行核算？
4. 为什么期末对账时会出现未达账项？发现未达账项应如何处理？
5. 如果编制银行存款余额调节表后双方的余额仍不相符，则应如何处理？
6. 其他货币资金包括哪些内容？
7. 银行支付结算方式有哪几种？

项目三　往来款项核算业务

往来结算是企业日常购销业务中不可缺少的环节，也是企业会计工作的重要环节。本项目涉及的主要会计岗位是往来结算岗位。在企业一方面负债水平居高不下，另一方面又沉淀大量债权资产的情况下，作为企业的财会人员，尤其是往来核算岗位上的工作人员，应熟悉往来结算管理的策略与技术，掌握往来结算账务处理的具体方法，加强往来款项的管理，合理调配往来款项之间的关系，及时催收与清算，为企业获取更大的经济效益和社会效益。

【项目工作目标】

⊙知识目标

掌握应收账款、应收票据、预付账款和其他应收款的核算内容及方法；掌握应付账款、预收账款和其他应付款的核算内容及方法；能依据相关资料准确计提坏账准备金；能依据相关资料准确计算票据贴现息；能独立完成往来结算相关业务的会计处理。

⊙技能目标

学生通过本项目的学习，会分析和处理应收账款、应收票据、预付账款和其他应收款的经济业务；会分析和处理坏账的经济业务；会分析和处理应付账款、预收账款和其他应付款的经济业务。

【任务导入】

湖南沙沙门业有限公司是一家上市公司，华远公司系湖南沙沙门业有限公司控股70%的子公司，华远公司尚处于筹建期，正在进行大规模的基础建设。

注册会计师张岚在对湖南沙沙门业有限公司的审计中，通过企业贷款信息，以及以向银行发函询证的形式了解存款情况、借款情况、担保情况和相关票据的开具情况等后发现，贷款信息中反映公司有开具银行票据的情况，但企业账面并没有反映；同时在对华远公司的审核中，发现账面记载华远公司对一公司有大额应付款项，公司解释为企业间的资金拆借，并有相关的借款合同，经查验记账凭证后所附的原始凭证，发现款项系由银行直接划入，同时附有银行开具的票据贴现单据。

思考与分析：（1）华远公司该项大额应付款项的资金从何而来？该公司的大额应付款

与湖南沙沙门业有限公司开具的银行票据有何联系？(2) 湖南沙沙门业有限公司的处理存在什么问题？

【进入任务】

子项目一　应收及预付款项

应收及预付款项是指企业在日常生产经营过程中发生的各项债权，包括应收款项和预付款项。应收款项包括应收票据、应收账款和其他应收款等；预付款项则是指企业按照合同规定预付的款项，如预付账款等。

任务一　应收票据业务

一、应收票据概述

（一）应收票据的含义

应收票据是指企业因销售商品、提供劳务等而收到的商业汇票。在我国，除商业汇票外，大部分票据都是即期票据，即可以立刻收款或存入银行成为货币资金，不需要作为应收票据。因此，我国应收票据即指商业汇票。商业汇票是一种由出票人签发的，委托付款人（银行或企业）在指定日期无条件支付确定金额给收款人或者持票人的票据。商业汇票的付款期限最长不超过 6 个月。商业汇票的提示付款期限，自汇票到期日起 10 日。

（二）应收票据的分类

（1）根据承兑人不同，商业汇票分为商业承兑汇票和银行承兑汇票。

商业承兑汇票是指由付款人签发并承兑，或由收款人签发交由付款人承兑的汇票。

银行承兑汇票是指由在承兑银行开立存款账户的存款人（这里也是出票人）签发，由承兑银行承兑的票据。企业申请使用该汇票，应向承兑银行按票面金额的万分之五缴纳手续费。

（2）根据是否带息，商业汇票分为不带息应收票据和带息应收票据。

二、应收票据的核算

为了总括反映和监督企业的应收票据的取得、收回、贴现等业务，企业应当设置“应收票据”科目。该科目借方登记取得的应收票据的面值，贷方登记到期收回票款或者到期前向银行贴现的应收票据的票面余额，期末余额在借方，反映企业持有的商业汇票的票面金额。

（一）取得应收票据和收回到期票款

应收票据取得的原因不同，其会计处理亦有所区别。因债务人抵偿前欠货款而取得的应收票据，借记“应收票据”科目，贷记“应收账款”科目；因企业销售商品、提供劳务等而收到、开出承兑的商业汇票，借记“应收票据”科目，贷记“主营业务收入”“应交税费——应交增值税（销项税额）”等科目。

商业汇票到期收回款项时，应按实际收到的金额，借记“银行存款”科目，贷记“应收票据”科目。

【实务 3-1】湖南沙沙门业有限公司 2019 年 9 月 1 日向乙公司销售一批产品，货款为 1 500 000 元，尚未收到，已办妥托收手续，适用的增值税税率为 13%。则湖南沙沙门业有限公司会计处理如下：

借：应收账款	1 695 000	
贷：主营业务收入		1 500 000
应交税费——应交增值税（销项税额）		195 000

【实务 3-2】12 月 15 日，湖南沙沙门业有限公司收到乙公司寄来的一张 3 个月到期的商业承兑汇票，面值为 1 695 000 元，抵扣产品货款。则湖南沙沙门业有限公司会计处理如下：

借：应收票据	1 695 000	
贷：应收账款		1 695 000

【实务 3-3】12 月 15 日，湖南沙沙门业有限公司上述应收票据到期收回票面金额 1 690 000 元存入银行。则湖南沙沙门业有限公司会计处理如下：

借：银行存款	1 695 000	
贷：应收票据		1 695 000

（二）应收票据的背书转让

在实务中，企业可以将自己持有的商业汇票背书转让。背书是指在票据的背面或粘单上记载有关事项并签章的票据行为。

企业将持有的商业汇票背书转让以取得所需物资时，按应计入取得物资成本的金额，借记“材料采购”“原材料”“库存商品”等科目，按增值税专用发票上注明的可抵扣的增值税额，借记“应交税费——应交增值税（进项税额）”科目，按商业汇票的票面金额，贷记“应收票据”科目，如有差额，借记或贷记“银行存款”等科目。

【实务 3-4】承【实务 3-2】，假定湖南沙沙门业有限公司于 12 月 25 日将上述应收票据背书转让，以取得生产经营所需的 A 材料，该材料价款为 1 500 000 元，适用的增值税税率为 13%。则湖南沙沙门业有限公司会计处理如下：

借：原材料	1 500 000	
应交税费——应交增值税（进行税额）	195 000	
贷：应收票据		1 695 000

【实务 3-5】若【实务 3-4】中材料金额是 1 000 000 元，适用的增值税税率为 13%，差额部分已收到并存入银行。则湖南沙沙门业有限公司会计处理如下：

借：原材料	1 000 000	
应交税费——应交增值税（进项税额）	130 000	
银行存款	565 000	
贷：应收票据		1 695 000

【实务 3-6】若【实务 3-4】中材料金额是 1 600 000 元，适用的增值税税率为 13%，差额部分以银行存款支付。则湖南沙沙门业有限公司会计处理如下：

借：原材料	1 600 000	
应交税费——应交增值税（进项税额）	208 000	
贷：应收票据		1 695 000
银行存款		113 000

（三）应收票据的贴现

贴现是指企业将尚未到期的应收票据转让给银行，由银行按票据的到期价值扣除贴现日至票据到期日止的利息后，将余额付给企业的融资行为。其实质是银行按票据的到期价值对企业发放的抵押贷款，但预先扣除了贷款的利息，而不是等到贷款归还时才扣除贷款利息。应收票据的贴现根据票据的风险是否转移分为两种情况，一种带追索权，贴现企业在法律上负连带责任；另一种不带追索权，企业将应收票据上的风险和未来经济利益全部转让给银行。

1. 应收票据贴现净额的计算

贴现息＝票据到期值×贴现率×贴现期

贴现净额＝票据到期值－贴现息

其中：票据到期值＝票据面值（不带息票据）

　　　　　　　　＝票据面值＋利息（带息票据）

贴现期为从贴现日至票据到期日前一天的时期，贴现率为银行统一制定的利率。

2. 应收票据贴现的核算

（1）带追索权的票据贴现。

企业以取得的应收票据向银行等金融机构申请贴现，如企业与银行等金融机构签订的协议中规定，在贴现的应收债权到期，债务人未按期偿还时，申请贴现的企业负有向银行等金融机构还款的责任，这种贴现为带追索权的票据贴现。根据实质重于形式的原则，该类贴现从实质上看，与所贴现应收债权有关的风险和报酬并未转移，应收债权可能产生的风险仍由申请贴现的企业承担，属于以应收债权为质押取得的借款，申请贴现的企业应按照以应收债权为质押取得借款的规定进行会计处理，

贴现时的基本会计处理为借记“银行存款”“财务费用（实际支付的手续费）”科目，贷记“短期借款”科目。

【实务 3-7】湖南沙沙门业有限公司收到购货单位交来 2019 年 12 月 31 日签发的不带息商业票据一张，金额 900 000 元，承兑期限 5 个月。2020 年 1 月 31 日企业持汇票向银行申请贴现，带追索权，年贴现率 5%。则湖南沙沙门业有限公司会计处理如下：

到期值 = 900 000（元）

贴现息 = 900 000×5%×4/12 = 15 000（元）

贴现净额 = 900 000−15 000 = 885 000（元）

借：银行存款	885 000	
财务费用	15 000	
贷：短期借款		900 000

【实务 3-8】承【实务 3-7】若为带息票据，票面利率为 4%。其余条件相同。则湖南沙沙门业有限公司会计处理如下：

2020 年 1 月 31 日期末计提利息

借：应收票据	3 000	
贷：财务费用		3 000

到期值 = 900 000×（1+4%×5/12）= 915 000（元）

贴现息 = 915 000×5%×4/12 = 15 250（元）

贴现净额 = 915 000−15 250 = 899 750（元）

借：银行存款	899 750	
财务费用	15 250	
贷：短期借款		915 000

这里是比照以取得的应收账款等应收债权向银行等金融机构申请贴现的会计处理，因为到期承兑人无力支付款项，银行要收取的款项是 915 000 元，故先将贴现息作财务费用处理更加符合会计核算原则。

票据到期，承兑人按期付款。基本会计处理应为借记“短期借款”科目，贷记“应收票据（应收票据账面价值）”“财务费用（未结算入账的利息）”科目。

【实务 3-9】承【实务 3-8】中票据到期，承兑人按期付款。2020 年 2~4 月已计提应

收票据利息。2020 年 5 月 31 日尚未计提应收票据利息。则湖南沙沙门业有限公司会计处理如下：

2020 年 2~4 月计提应收票据利息基本会计处理同【实务 3-8】，每月计提利息 3 000 元冲减财务费用。票据到期，承兑人按期付款的基本会计处理应为：

借：短期借款　　915 000
　贷：应收票据（应收票据账面价值）　　912 000
　　财务费用（未结算入账的利息）　　3 000

若到期承兑人无力支付款项，银行将支款通知随同汇票、付款人未付票款通知书送交申请贴现的企业，贴现企业有义务将有关款项按票据的到期值支付给银行。此时借记“应收账款（面值与票据利息之和）”科目，贷记“应收票据（应收票据账面价值）”“财务费用（未结算入账的利息）”科目，同时借记“短期借款”科目，贷记“银行存款（银行扣款金额）”科目。

【实务 3-10】承【实务 3-7】中票据到期时，因承兑人的银行账户不足支付，企业现已收到银行退回的应收票据、支款通知和付款人未付票款通知书。2020 年 1~5 月已计提应收票据利息。则湖南沙沙门业有限公司会计处理如下：

2020 年 2~5 月已计提应收票据利息基本会计处理同【实务 3-8】，每月计提利息 3 000 元冲减财务费用。票据到期，承兑人无力支付款项的基本会计处理应为：

借：应收账款（面值与票据利息之和）　　915 000
　贷：应收票据（应收票据账面价值）　　915 000

同时不再计提应收票据利息。

借：短期借款　　915 000
　贷：银行存款（银行扣款金额）　　915 000

【实务 3-11】承【实务 3-9】中如果该企业“银行存款”账户余额仅为 500 000 元。其余条件相同。则湖南沙沙门业有限公司会计处理如下：

借：应收账款（面值与票据利息之和）　　915 000
　贷：应收票据（应收票据账面价值）　　915 000
借：短期借款　　500 000
　贷：银行存款　　500 000

（2）不带追索权的票据贴现。

如果企业与银行等金融机构签订的协议中规定，在贴现的应收债权到期，债务人未按期偿还，申请贴现的企业不负有任何偿还责任时，应视同应收债权的出售。企业将应收票据上的风险和未来经济利益全部转让给银行，冲减应收票据的账面价值，应收票据贴现值（贴现所得金额）与账面价值之差额计入“财务费用”（可能在借方，也可能在贷方）。

协议中没有约定预计将发生的销售退回和销售折让（包括现金折扣）的金额。贴现时的基本会计处理应为借记“银行存款（贴现所得金额）”科目，借或贷记“财务费用（贴现所得金额与账面价值之差额）”科目，贷记“应收票据（应收票据的账面价值）”

科目。

【实务 3-12】湖南沙沙门业有限公司收到购货单位交来 2019 年 9 月 30 日签发的带息商业票据一张，票面利率为 4%，金额 900 000 元，承兑期限 5 个月。不带追索权，2019 年 10 月 31 日企业持汇票向银行申请贴现，年贴现率 5%。湖南沙沙门业有限公司会计处理如下：

到期值＝900 000×（1+4%×5/12）＝915 000（元）

贴现息＝915 000×5%×4/12＝15 250（元）

贴现净额＝915 000－15 250＝899 750（元）

2019 年 10 月 31 日期末计提利息：

借：应收票据 3 000

　贷：财务费用 3 000

贴现时：

借：银行存款 899 750

　　财务费用 3 250

　贷：应收票据 903 000

协议中约定预计将发生的销售退回和销售折让（包括现金折扣）的金额。贴现时的基本会计处理应为借记“银行存款（贴现所得金额）”“其他应收款（协议中约定预计将发生的销售退回和销售折让，包括现金折扣）”科目，借或贷记“财务费用（贴现所得金额加上预计将发生的销售退回和销售折让与账面价值之差额）”科目，贷记“应收票据（应收票据的账面价值）”科目。

对已贴现的不带追索权的商业汇票到期，因贴现企业不承担连带偿付责任，不做任何会计处理。

任务二　应收账款业务

一、应收账款概述

（一）应收账款的含义

应收账款是指企业因销售商品、提供劳务等经营活动，应向购货单位或接受劳务单位收取的款项，主要包括企业销售商品或提供劳务等应向有关债务人收取的价款及代购货单位垫付的包装费、运杂费等。

（二）应收账款的入账价值

应收账款的入账价值包括销售商品或提供劳务从购货方或接受劳务方应收的合同或协议价款（应收的合同或协议价款不公允的除外）、增值税销项税额，以及代购货单位垫付的包装费、运杂费等。但在商业活动中，经常会存在商业折扣、现金折扣条件，这两种情况的入账价值为：存在商业折扣时，按折扣后的应收金额入账；存在现金折扣时，按原应收金额入账，收回金额小于应收金额，差额作财务费用处理。

二、应收账款的核算

为了反映和监督应收账款的增减变动及其结存情况，企业应设置“应收账款”科目，不单独设置“预收账款”科目的企业，预收的账款也在“应收账款”科目核算。“应收账款”科目借方登记应收账款的增加，贷方登记应收账款的收回及确认的坏账损失，期末余额一般在借方，反映企业尚未收回的应收账款；如果期末余额在贷方，则反映企业预收的账款。

（一）应收账款的一般核算

企业销售商品等发生应收款项时，借记“应收账款”科目，贷记“主营业务收入”“应交税费——应交增值税（销项税额）”等科目；收回应收账款时，借记“银行存款”等科目，贷记“应收账款”科目。

企业代购货单位垫付包装费、运杂费时，借记“应收账款”科目，贷记“银行存款”等科目；收回代垫费用时，借记“银行存款”科目，贷记“应收账款”科目。

如果企业应收账款改用应收票据结算，在收到承兑的商业汇票时，借记“应收票据”科目，贷记“应收账款”科目。

【实务 3-13】湖南沙沙门业有限公司采用托收承付结算方式向乙公司销售商品一批，货款 300 000 元，增值税额 39 000 元，以银行存款代垫运杂费 6 000 元，已办理托收手续。则湖南沙沙门业有限公司会计处理如下：

借：应收账款	345 000	
贷：主营业务收入		300 000
应交税费——应交增值税（销项税额）		39 000
银行存款		6 000

湖南沙沙门业有限公司实际收到款项时，应编制如下会计分录：

借：银行存款	345 000	
贷：应收账款		345 000

企业应收账款改用应收票据结算，在收到承兑的商业汇票时，借记“应收票据”科目，贷记“应收账款”科目。

【实务 3-14】湖南沙沙门业有限公司收到丙公司交来商业承兑汇票一张，面值 10 000 元，用以偿还其前欠货款。则湖南沙沙门业有限公司会计处理如下：

借：应收票据	10 000	
贷：应收账款		10 000

（二）商业折扣

商业折扣是对商品价目单中所列的商品价格，根据批发、零售、特约经销等不同销售对象，给予一定的折扣优惠。商业折扣通常用百分数表示，如 5%、10%等，扣减商业折扣后的价格才是商品的实际售价。一般情况下，商业折扣都直接从商品的价目单价中扣减，购买单位应付的货款和销售单位所应收的货款，都直接根据扣减商业折扣以后的价格来计算。因此，商业折扣对企业的会计记录没有影响，在存在商业折扣的情况下，企业应按扣除商业折扣后的实际售价，确认收入。

【实务 3-15】湖南沙沙门业有限公司向湖南丁公司销售商品一批，售价金额 10 000 元，商业折扣 10%，折扣金额 1 000 元，增值税率 13%。则湖南沙沙门业有限公司会计处理如下：

借：应收账款——丁公司　　10 170

　贷：主营业务收入　　9 000

　　　应交税费——应交增值税（销项税额）　　1 170

（三）现金折扣

现金折扣是企业为了鼓励客户提前偿付货款而规定的债务人在不同期限内付款可享受不同比例的折扣。一般用符号“折扣/付款期限”表示，如 2/10 表示 10 天内付款可按售价给予 2%的折扣。

现金折扣实际上是一种信用政策，发生在销售业务成立之后，也就是说，现金折扣不影响销售发票上开具的销售价格，只影响实际收回的货款的数额。因此，现金折扣的存在不会影响收入的确认，在有现金折扣的情况下，我国会计实务中通常采用总价法，即按未扣除现金折扣前的应收账款全额入账，付款企业在折扣期内付款，销售企业给予对方的现金折扣作为当期的财务费用，计入当期损益。

【实务 3-16】湖南沙沙门业有限公司于 2019 年 9 月 5 日向 A 公司销售商品一批，售价金额 100 000 元，增值税 13%，双方约定采用现金折扣方式，折扣条件 2/10，1/20，0/30，增值税享受现金折扣。则湖南沙沙门业有限公司会计处理如下：

（1）赊销时。

借：应收账款——A 公司　　113 000

　贷：主营业务收入　　100 000

　　　应交税费——应交增值税（销项税额）　　13 000

（2）若公司于 9 月 15 日收到 A 有限公司货款。

借：银行存款　　110 740

　　财务费用　　2 260

　贷：应收账款——A 有限公司　　113 000

（3）若公司于 9 月 25 日收到湖南沙沙门业有限公司货款。

借：银行存款　　111 870

　　财务费用　　1 130

　贷：应收账款——A 公司　　113 000

任务三　预付账款业务

一、预付账款概述

预付账款是指企业按照有关合同，预先支付给供货方（包括提供劳务者）的款项。预付账款和应收账款都属于企业的短期债权，但二者产生的原因不同。应收账款是企业销售后应收的销货款；预付账款是预先支付给供货企业的购货款。应收账款债权的实现方式是收回相应的货币；预付账款债权的实现方式则是收回相应的货物。

二、预付账款的核算

企业应当设置“预付账款”科目，核算预付账款的增减变动及其结存情况，预付款项情况不多的企业，可以不设置“预付账款”科目，而直接通过“应付账款”科目核算。

预付账款的核算包括预付款项和收到货物两个方面。

（1）企业根据购货合同的规定向供应单位预付款项时，借记“预付账款”科目，贷记“银行存款”科目。

（2）企业收到所购物资，按应计入购入物资成本的金额，借记“材料采购”或“原材料”“库存商品”“应交税费——应交增值税（进项税额）”等科目，贷记“预付账款”科目；当预付货款小于采购货物所需支付的款项时，应将不足部分补付，借记“预付账款”科目，贷记“银行存款”科目；当预付货款大于采购货物所需支付的款项时，对收回的多余款项应借记“银行存款”科目，贷记“预付账款”科目。

【实务 3-17】湖南沙沙门业有限公司是一般纳税人，向乙公司采购材料 5 000 千克，每千克单价 10 元（不含税），增值税率为 13%，所需支付的税价总额 56 500 元。按照合同规定向乙公司预付货款的 50%，验收货物后补付其余款项。则湖南沙沙门业有限公司会计处理如下：

（1）预付 50%的货款时。

借：预付账款——乙公司	28 250	
贷：银行存款		28 250

（2）收到乙公司发来的材料，验收无误，增值税专用发票记载的货款为 50 000 元，增值税额为 6 500 元。湖南沙沙门业有限公司以银行存款补付款项所欠 28 250 元。则湖南沙沙门业有限公司会计处理如下：

借：原材料	50 000	
应交税费——应交增值税（进项税额）	6 500	
贷：预付账款——乙公司		56 500
借：预付账款——乙公司	28 250	
贷：银行存款		28 250

任务四　其他应收款业务

一、其他应收款的概述

其他应收款是指企业除应收票据、应收账款、预付账款等以外的其他各种应收及暂付款项。其主要内容包括：

（1）应收的各种赔款、罚款，如因企业财产等遭受意外损失而应向有关保险公司收取的赔款等；

（2）应收的出租包装物租金；

（3）应向职工收取的各种垫付款项，如为职工垫付的水电费、应由职工负担的医药费、房租费等；

（4）存出保证金，如租入包装物支付的押金；

（5）其他各种应收、暂付款项。

二、其他应收款的核算

为了反映其他应收款的增减变动及其结存情况，企业应当设置“其他应收款”科目进行核算。“其他应收款”科目的借方登记其他应收款的增加，贷方登记其他应收款的收回，期末余额一般在借方，反映企业尚未收回的其他应收款项。

企业发生其他应收款时，借记“其他应收款”科目，贷记“库存现金”“银行存款”等科目；收回或转销其他应收款时，借记“库存现金”“银行存款”“应付职工薪酬”等科目，贷记“其他应收款”科目。

【实务 3-18】湖南沙沙门业有限公司在采购过程中发生材料毁损，按保险合同规定，应由保险公司赔偿损失 30 000 元，赔款尚未收到。则湖南沙沙门业有限公司会计处理如下：

借：其他应收款——保险公司	30 000	
贷：材料采购		30 000

【实务 3-19】承【实务 3-18】，上述保险公司赔款如数收到。则湖南沙沙门业有限公司会计处理如下：

借：银行存款	30 000	
贷：其他应收款——保险公司		30 000

【实务 3-20】湖南沙沙门业有限公司以银行存款替副总经理垫付应由其个人负担的医疗费 5 000 元，拟从其工资中扣回。则湖南沙沙门业有限公司会计处理如下：

（1）垫支时。

借：其他应收款	5 000	
贷：银行存款		5 000

（2）扣款时。

借：应付职工薪酬　　5 000

　贷：其他应收款　　5 000

【实务 3-21】 湖南沙沙门业有限公司租入包装物一批，以银行存款向出租方支付押金 10 000 元。则湖南沙沙门业有限公司会计处理如下：

借：其他应收款——存出保证金　　10 000

　贷：银行存款　　10 000

【实务 3-22】 承【实务 3-21】租入包装物按期如数退回，湖南沙沙门业有限公司收到出租方退还的押金 10 000 元，已存入银行。则湖南沙沙门业有限公司会计处理如下：

借：银行存款　　10 000

　贷：其他应收款——存出保证金　　10 000

任务五　应收款项的减值

一、应收款项减值

（一）应收款项减值损失的确认

企业的各种应收款项，可能会因购货人拒付、破产、死亡等原因而无法收回。这类无法收回的应收款项就是坏账。因坏账而遭受的损失为坏账损失。企业应当在资产负债表日对应收款项的账面价值进行检查，有客观证据表明应收款项发生减值的，应当将该应收款项的账面价值减记至预计未来现金流量现值，减记的金额确认减值损失，计提坏账准备。确定应收款项减值有两种方法，即直接转销法和备抵法。我国企业会计准则规定采用备抵法确定应收款项的减值。

1. 直接转销法

采用直接转销法时，日常核算中应收款项可能发生的坏账损失不予考虑，只有在实际发生坏账时，才作为损失计入当期损益，同时冲销应收款项，借记“信用减值损失”科目，贷记“应收账款”科目。

【实务 3-23】 湖南沙沙门业有限公司 2019 年发生的一笔 20 000 元的应收账款，长期无法收回，于 2018 年末确认为坏账。则湖南沙沙门业有限公司会计处理如下：

借：信用减值损失——坏账损失　　20 000

　贷：应收账款　　20 000

2. 备抵法

备抵法是采用一定的方法按期估计坏账损失，计入当期费用，同时建立坏账准备，待坏账实际发生时，冲销已提的坏账准备和相应的应收款项。采用这种方法，坏账损失计入同一期间的损益，体现了配比原则的要求，避免了企业明盈实亏，在报表上列示了应收款项净额，使报表使用者能了解企业应收款项的可变现金额。

（二）坏账准备的账务处理

已确认并转销的应收款项之后又收回的，应当按照实际收到的金额增加坏账准备的账面余额。已确认并转销的应收款项之后又收回时，借记“应收账款”“其他应收款”等科目，贷记“坏账准备”科目；同时，借记“银行存款”科目，贷记“应收账款”“其他应收款”等科目。也可以按照实际收回的金额，借记“银行存款”科目，贷记“坏账准备”科目。

坏账准备可按以下公式计算：

当期应计提的坏账准备=当期按应收款项计算应提坏账准备金额-（+）“坏账准备”科目的贷方（或借方）余额

企业计提坏账准备时，按应减记的余额，借记“信用减值损失——计提的坏账准备”科目，贷记“坏账准备”科目。冲减多计提的坏账准备时，借记“坏账准备”科目，贷记“信用减值损失——计提的坏账准备”科目。

【实务 3-24】2019 年 12 月 31 日，湖南沙沙门业有限公司对应收丙公司的账款进行减值测试。应收账款余额合计为 1 000 000 元，湖南沙沙门业有限公司根据丙公司的资信情况确定应计提 100 000 元坏账准备。则湖南沙沙门业有限公司会计处理如下：

借：信用减值损失——计提的坏账准备　　100 000

　贷：坏账准备　　100 000

企业确实无法收回的应收款项按管理权限报经批准后作为坏账转销时，应当冲减已计提的坏账准备。已确认并转销的应收款项以后又收回的，应当按照实际收到的金额增加坏账准备的账面余额。企业发生坏账损失时，借记“坏账准备”科目，贷记“应收账款”“其他应收款”等科目。

【实务 3-25】湖南沙沙门业有限公司 2019 年对丙公司的应收账款实际发生了坏账损失 30 000 元，确认坏账损失。则湖南沙沙门业有限公司会计处理如下：

借：坏账准备　　30 000

　贷：应收账款　　30 000

【实务 3-26】承【实务 3-24】和【实务 3-25】，假设湖南沙沙门业有限公司 2019 年末应收丙公司的账款金额为 1 200 000 元，经减值测试，湖南沙沙门业有限公司决定应计提 120 000 坏账准备。

根据湖南沙沙门业有限公司坏账核算方法，其“坏账准备”科目应保持的贷方余额为 120 000 元；计提坏账准备前，“坏账准备”科目的实际余额为贷方 70 000（100 000-30 000）元，因此本年末应计提的坏账准备金额为 50 000（120 000-70 000）元。则湖南沙沙门业有限公司会计处理如下：

借：信用减值损失——计提的坏账准备　　50 000

　贷：坏账准备　　50 000

已确认并转销的应收款项之后又被收回的，应当按照实际收到的金额增加坏账准备的账面余额。已确认并转销的应收款项之后又被收回时，借记“应收账款”“其他应收款”等科目，贷记“坏账准备”科目；同时，借记“银行存款”科目，贷记“应收账款”“其他应收款”等科目。也可以按照实际收回的金额，借记“银行存款”科目，贷记“坏账准备”科目。

【实务 3-27】湖南沙沙门业有限公司 2019 年 9 月 20 日，收到 2018 年已转销的坏账 20 000 元，已存入银行。则湖南沙沙门业有限公司会计处理如下：

借：应收账款　　20 000
　贷：坏账准备　　20 000
借：银行存款　　20 000
　贷：应收账款　　20 000
或：
借：银行存款　　20 000
　贷：坏账准备　　20 000

子项目二　应付及预收款项

任务一　应付票据业务

一、应付票据概述

应付票据是企业购买材料、商品和接受劳务供应等而开出、承兑的商业汇票，包括商业承兑汇票和银行承兑汇票。企业应当设置“应付票据备查簿”，详细登记每一应付票据的种类、号数、签发日期、到期日、票面金额、票面利率、合同交易号、收款人姓名或单位名称，以及付款日期和金额等资料。应付票据到期结清时应当在备查簿内逐笔注销。

企业应通过“应付票据”科目核算应付票据的发生、偿付等情况。该科目贷方登记开出并承兑的汇票的面值及带息票据的预提利息，借方登记支付票据的金额，余额在贷方，表示企业尚未到期的商业汇票的票面金额和应计未付的利息。

二、应付票据的核算

企业因购买材料、商品和接受劳务供应等而开出、承兑的商业汇票，应当按其票面金额作为应付票据的入账金额，借记“材料采购”“库存商品”“应付账款”“应交税费——应交增值税（进项税额）”等科目，贷记“应付票据”科目。企业支付的银行承兑汇票手续费应当计入财务费用，借记“财务费用”科目，贷记“银行存款”科目。

企业开出、承兑的带息票据，应于期末计算应付利息，计入当期财务费用，借记“财务费用”科目，贷记“应付票据”科目。

应付票据到期支付票款时，应按票面金额予以结转，借记“应付票据”科目，贷记“银行存款”科目。应付商业承兑汇票到期，如企业无力支付票款，应将应付票据按票面金额转作应付账款，借记“应付票据”科目，贷记“应付账款”科目。应付银行承兑汇票到期，如企业无力支付票款，应将应付票据的票面金额转作短期借款，借记“应付票据”科目，贷记“短期借款”科目。

【实务 3-28】湖南沙沙门业有限公司为增值税一般纳税人。该企业 2019 年 5 月 6 日，开出并承兑一张面值为 56 500 元、期限 5 个月的不带息商业承兑汇票，用以采购一批材料，材料已收到，按计划成本核算。增值税专用发票上注明的材料价款为 50 000 元，增值税税额为 6 500 元。则湖南沙沙门业有限公司会计处理如下：

借：材料采购　　50 000
　　应交税费——应交增值税（进项税额）　　6 500
　贷：应付票据　　56 500

【实务 3-29】承【实务 3-28】假设上例中的商业承兑汇票为银行承兑汇票，湖南沙沙门业有限公司已经缴纳承兑手续费 29. 25 元。则湖南沙沙门业有限公司会计处理如下：

借：财务费用　　29. 25
　贷：银行存款　　29. 25

【实务 3-30】承【实务 3-28】2018 年 10 月 6 日，湖南沙沙门业有限公司于 5 月 6 日开出的商业承兑汇票到期，该公司通知其开户银行以银行存款支付票款。则湖南沙沙门业有限公司会计处理如下：

借：应付票据　　56 500
　贷：银行存款　　56 500

【实务 3-31】承【实务 3-28】假设上述商业承兑汇票为银行承兑汇票，该汇票到期时湖南沙沙门业有限公司无力支付票款。则湖南沙沙门业有限公司会计处理如下：

借：应付票据　　56 500
　贷：短期借款　　56 500

【实务 3-32】2019 年 9 月 1 日，湖南沙沙门业有限公司开出带息商业承兑汇票一张，面值 320 000 元，用于抵付其前欠 H 公司的货款。该票面年利率 6%，期限为 3 个月。则湖南沙沙门业有限公司会计处理如下：

借：应付账款——H 公司　　320 000
　贷：应付票据　　320 000

【实务 3-33】承【实务 3-32】12 月 30 日，湖南沙沙门业有限公司计算出的带息应付票据应计利息为 1 600 元。

12 月份应计提的应付票据利息 = 320 000×6%÷12 = 1 600（元）

则湖南沙沙门业有限公司会计处理如下：

借：财务费用　　1 600
　贷：应付票据　　1 600

10 月末和 11 月末的会计处理同上。

【实务 3-34】承【实务 3-32】12 月 1 日，湖南沙沙门业有限公司开出的带息商业承兑汇票到期，企业以银行存款全额支付到期票款和 3 个月的票据利息。

该商业承兑汇票到期应偿还的金额＝本金+利息＝320 000+320 000×6%÷12×3

＝324 800（元）

则湖南沙沙门业有限公司会计处理如下：

借：应付票据　　324 800

　贷：银行存款　　324 800

【实务 3-35】承【实务 3-32】12 月 1 日，带息商业承兑汇票到期，湖南沙沙门业有限公司无力支付票款，应将应付票据的账面余额转入“应付账款”科目。则湖南沙沙门业有限公司会计处理如下：

借：应付票据　　324 800

　贷：应付账款　　324 800

任务二　应付账款业务

一、应付账款概述

应付账款是企业因购买材料、商品或接受劳务等经营活动应支付的款项。应付账款作为买卖双方在购销活动中由于取得物资与支付的时间上不致而产生的负债，它与应付票据不同，两者虽然都是由于交易而引起的负债，都属于流动负债，但应付账款是尚未结清的债务，而应付票据是一种期票，是延期付款的证明，有承诺付款的票据作为凭据。

企业应通过“应付账款”科目核算应付账款的发生、偿还、转销等情况。该科目贷方登记企业购买材料、商品和接受劳务等而发生的应付账款，借方登记偿还的应付账款，或开出商业汇票抵付应付账款的款项，或已冲销的无法支付的应付账款，余额一般在贷方，表示企业尚未支付的应付账款余额。本科目一般应该按照债权人设置明细科目进行明细核算。

二、应付账款的核算

企业购入材料、商品等或接受劳务所产生的应付账款，应按应付金额入账。购入材料、商品等验收入库，但货款尚未支付，根据有关凭证（发票账单、随货同行发票上记载的实际价款或暂估价值），借记“材料采购”“在途物资”等科目，按可抵扣的增值税额，借记“应交税费——应交增值税（进项税额）”科目，按应付的价款，贷记“应付账款”科目。企业接受供应单位提供劳务而发生的应付未付款项，根据供应单位的发票账单，借记“生产成本”“管理费用”等科目，贷记“应付账款”科目。

应付账款附有现金折扣的，应按照扣除现金折扣前的应付款总额入账。因在折扣期限内付款获得的现金折扣，应在偿付应付账款时冲减财务费用。

企业偿还应付账款或开出商业汇票抵付应付账款时，借记“应付账款”科目，贷记“银行存款”“应付票据”等科目。

企业转销确实无法支付的应付账款，应按其账面余额计入营业外收入，借记“应付账款”科目，贷记“营业外收入——其他”科目。

【实务 3-36】湖南沙沙门业有限公司为增值税一般纳税人。2019 年 9 月 1 日，从 A 公司购入一批材料，货款 100 000 元，增值税 13 000，对方代垫运杂费 1 000 元（不考虑增值税）。材料已运到并验收入库（该企业材料按实际成本计价核算），款项尚未支付。则湖南沙沙门业有限公司会计处理如下：

借：原材料	101 000	
应交税费——应交增值税（进项税额）	13 000	
贷：应付账款——A 公司		114 000

【实务 3-37】湖南沙沙门业有限公司于 2019 年 9 月 2 日，从 A 公司购入一批家电产品并已验收入库。增值税专用发票上列明，该批家电的价款为 100 万元。增值税为 13 万元。按照购货协议的规定，湖南沙沙门业有限公司如在 15 天内付清货款，将获得 1%的现金折扣（假定计算现金折扣时需考虑增值税）。则湖南沙沙门业有限公司会计处理如下：

借：库存商品	1 000 000	
应交税费——应交增值税（进项税额）	130 000	
贷：应付账款——A 公司		1 130 000

【实务 3-38】根据供电部门通知，湖南沙沙门业有限公司本月应支付电费 48 000 元。其中生产车间电费 32 000 元，企业行政管理部门电费 16 000 元，款项尚未支付。则湖南沙沙门业有限公司会计处理如下：

借：制造费用	32 000	
管理费用	16 000	
贷：应付账款——××电力公司		48 000

【实务 3-39】承【实务 3-36】2019 年 9 月 30 日，湖南沙沙门业有限公司用银行存款支付 A 公司应付账款。则湖南沙沙门业有限公司会计处理如下：

借：应付账款——A 公司	113 000	
贷：银行存款		113 000

【实务 3-40】承【实务 3-37】湖南沙沙门业有限公司于 2019 年 9 月 10 日，按照扣除现金折扣后的金额，用银行存款付清了所欠 A 公司货款。

本例中，湖南沙沙门业有限公司在 9 月 10 日（即购货后的第 8 天）付清所欠 A 公司的货款，按照购货协议可以获得现金折扣。乙百货商场获得的现金折扣 = 1 130 000×1% = 11 300（元），实际支付的货款 = 1 130 000−1 130 000×1% = 1 044 000（元）。

则湖南沙沙门业有限公司会计处理如下：

借：应付账款——A 公司　　　　1 130 000

　贷：银行存款　　　　1 118 700

　　　财务费用　　　　11 300

【实务 3-41】 2019 年 9 月 30 日，湖南沙沙门业有限公司确定一笔应付账款 4 000 元为无法支付的款项，应予转销。则湖南沙沙门业有限公司会计处理如下：

借：应付账款　　　　4 000

　贷：营业外收入——其他　　　　4 000

任务三　应付利息业务

一、应付利息的概述

应付利息核算企业按照合同约定应支付的利息，包括分期付息到期还本的长期借款、企业债券等应支付的利息。企业应当设置“应付利息”科目，按照债权人设置明细科目进行明细核算，该科目期末贷方余额反映企业按照合同约定应支付但尚未支付的利息。

二、应付利息的核算

企业采用合同约定的名义利率计算确定利息费用时，应按合同约定的名义利率计算确定的应付利息的金额，记入“应付利息”科目，实际支付利息时，借记“应付利息”科目，贷记“银行存款”等科目。

【实务 3-42】 湖南沙沙门业有限公司借入 5 年期到期还本每年付息的长期借款 5 000 000 元，合同约定年利率为 3.5%。则湖南沙沙门业有限公司会计处理如下：

（1）每年计算确定利息费用时。

借：财务费用　　　　175 000

　贷：应付利息　　　　175 000

企业每年应支付的利息 = 5 000 000×3.5% = 175 000（元）

（2）每年实际支付利息时。

借：应付利息　　　　175 000

　贷：银行存款　　　　175 000

任务四　预收账款业务

一、预收账款的概述

预收账款是企业按照合同规定向购货单位预收的款项。与应付账款不同，预收账款所形成的负债不是以货币偿付，而是以货物偿付。

企业应通过“预收账款”科目核算预收账款的取得、偿付等情况。该科目贷方登记发生的预收账款的数额和购货单位补付账款的数额，借方登记企业向购货方发货后冲销的预收账款数额和退回购货方多付账款的数额，余额一般在贷方，反映企业向购货单位预收的款项但尚未向购货方发货的数额，如为借方余额，反映企业尚未转销的款项。企业应当按照购货单位设置明细科目进行明细核算。

预收账款情况不多的，也可不设“预收账款”科目，将预收的款项直接记入“应收账款”科目的贷方。

二、预收账款的核算

企业向购货单位预收款项时，借记“银行存款”科目，贷记“预收账款”科目；销售实现时，按实现的收入和应交的增值税销项税额，借记“预收账款”科目，按照实现的营业收入，贷记“主营业务收入”科目，按照增值税专用发票上注明的增值税额，贷记“应交税费——应交增值税（销项税额）”等科目；企业收到购货单位补付的款项，借记“银行存款”科目，贷记“预收账款”科目；向购货单位退回其多付的款项时，借记“预收账款”科目，贷记“银行存款”科目。

【实务 3-43】湖南沙沙门业有限公司为增值税一般纳税人。2019 年 9 月 3 日，与乙公司签订供货合同，向其出售一批产品，货款金额共计 100 000 元，应交增值税 13 000 元。根据购货合同的规定，乙公司在购货合同签订后一周内，应当向湖南沙沙门业有限公司预付货款 60 000 元，剩余货款在交货后付清。2019 年 9 月 9 日，湖南沙沙门业有限公司收到乙公司交来的预付货款 60 000 元并存入银行，9 月 19 日湖南沙沙门业有限公司将货物发到乙公司并开出增值税专用发票，乙公司验收后付清了剩余货款。则湖南沙沙门业有限公司会计处理如下：

（1）9 月 9 日收到乙公司交来的预付货款 60 000 元。

借：银行存款　　60 000

　贷：预收账款——乙公司　　60 000

（2）9 月 19 日按合同规定，向乙公司发出货物。

借：预收账款——乙公司　　113 000

　贷：主营业务收入　　100 000

应交税费——应交增值税（销项税额）　　13 000

（3）收到乙公司补付的货款。

借：银行存款　　53 000

贷：预收账款——乙公司　　53 000

【实务 3-44】承【实务 3-43】的资料，假设湖南沙沙门业有限公司不设置“预收账款”科目，通过“应收账款”科目核算有关业务。则湖南沙沙门业有限公司会计处理如下：

（1）9 月 9 日收到乙公司交来的预付货款 60 000 元。

借：银行存款　　60 000

贷：应收账款——乙公司　　60 000

（2）9 月 19 日按合同规定，向乙公司发出货物。

借：应收账款——乙公司　　113 000

贷：主营业务收入　　100 000

应交税费——应交增值税（销项税额）　　13 000

（3）收到乙公司补付的货款。

借：银行存款　　53 000

贷：应收账款——乙公司　　53 000

任务五　其他应付款业务

一、其他应付款的内容

其他应付款是指应付、暂收其他单位或个人的款项，如应付租入固定资产和包装物的租金、存入保证金等，具体包括：①应付短期租入固定资产和包装物租金；②职工未按期领取的工资；③存入保证金（如收入包装物押金等）；④应付、暂收所属单位、个人的款项；⑤其他应付、暂收款项。

二、其他应付款的账务处理

企业发生的各种应付、暂收款项，借记“银行存款”“管理费用”等科目，贷记“其他应付款”科目；支付时，借记“其他应付款”科目，贷记“银行存款”等科目。

【本项目工作小结】

本项目主要阐述应收及预付、应付及预收的会计核算，使学生了解应收账款的核算内容，掌握应收账款的取得、收回的核算，掌握坏账的确认与坏账损失的计量和核算；了解预付账款的核算内容，掌握预付账款发生的核算；了解其他应收款的核算内容，掌握各类其他应收款的核算；了解应付账款的核算内容，掌握应付账款的会计核算；了解预收账款的核算内容，掌握预收账款的核算；了解其他应付款核算的内容，掌握其他应付款的核算。

◆仿真操作

1. 根据【实务 3-1】至【实务 3-44】编写有关的记账凭证。
2. 根据记账凭证登记往来款项的明细账和总账。

◆岗位业务认知

利用节假日，去当地的中小企业（工商企业），了解企业往来结算款项方面的基本情况，对一般企业的应收和应付款项等情况有初步的认识和掌握。

◆工作思考

1. 什么是应收票据？应收票据取得及到期时如何进行账务处理？应收票据贴现时，如何计算贴现息及进行账务处理？
2. 什么是坏账损失？对坏账损失的处理有哪几种方法？
3. 什么是商业折扣和现金折扣？在有商业折扣和现金折扣的情况下，如何对应收账款进行计价？
4. 简述应付账款和应付票据的主要区别？
5. 简述应付票据的账务处理。

项目四 存货核算业务

在企业的日常经营中，几乎每一家企业都会有库存商品、原材料等存货，存货成了每个企业缺一不可的资产。一般情况下，存货占工业企业总资产的30%左右，商品流通企业的则更高，它是反映企业流动资金运转情况的晴雨表，其管理利用情况如何，直接关系到企业的资金占用水平以及资产运作效率。因此，一个企业若要保持较高的盈利能力，应当加强存货管理。存货核算岗位的工作流程图如图 4.1 所示。

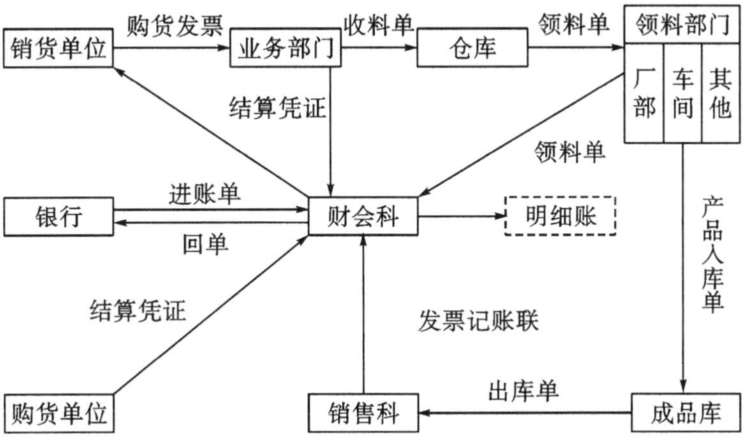

图 4.1 存货核算岗位的工作流程图

【项目工作目标】

⊙**知识目标**

了解存货的概念、确认条件、分类；掌握存货的初始计价及发出存货的计量方法；掌握原材料收发按实际成本和计划成本计价的核算；掌握周转材料的核算；掌握委托加工物资的核算；掌握库存商品的核算；掌握存货清查及减值的核算。

⊙**技能目标**

学生通过本项目的学习，能准确地确定存货的入账价值；能分别用实际成本与计划成本对原材料的收、发、存进行账务处理；能核算委托加工物资业务；会对存货盘盈、盘亏进行账务处理；会对存货期末计价进行会计处理。

【任务导入】

2019 年 12 月 6 日湖南沙沙门业有限公司对外销售一批 M2 商品，收到含税价款 226 000（其中增值税 26 000 元），该批商品成本 210 000 元，已提存货跌价准备 35 000 元。请问应计入销售成本的金额是多少？

【进入任务】

任务一　存货的确认和计量
任务二　原材料按实际成本核算
任务三　原材料按计划成本核算
任务四　周转材料的核算
任务五　委托加工物资的核算
任务六　库存商品的核算
任务七　存货的清查
任务八　存货的期末计量

任务一　存货的确认和计量

一、存货的概念

（一）存货的定义

存货是指企业在日常活动中持有以备出售的产成品或商品、处在生产过程中的在产品、在生产过程或提供劳务过程中耗用的材料和物料等。存货包括原材料、包装物、低值易耗品、在产品、半成品、产成品、商品、周转材料、委托加工物资、委托代销商品等。

（二）存货的特点

（1）存货是有形资产。存货必须有实物形态，这一点有别于无形资产。

（2）存货具有较强的流动性。存货在企业日常经营活动中不断被销售、生产或耗用，变现能力强。相对于非流动资产其周转速度较快，通常会在 1 年内变现、出售或耗用。

（3）持有的目的是为了出售或耗用。存货是企业为了销售或耗用而储备的资产，企业持有存货的目的是满足其日常生产经营活动的需要。企业在生产经营中将存货出售或耗用，从而获取相应的货币资产或其他资产。如湖南沙沙门业有限公司仓库存放的完工产品防盗门，其持有的目的是为了出售，属于存货；而其办公楼安装的防盗门，其持有的目的是经营管理使用，属于固定资产。

（三）存货的分类

企业存货按其经济内容，可以分为原材料、周转材料、在产品、半成品、产成品、商品、委托加工物资、委托代销商品等类别。

1. 原材料

原材料是指企业储备的，在生产过程中经加工改变其实物形态或性质并构成产品主要实体的各种原料及主要材料、辅助材料、外购半成品、修理备用件、包装材料、燃料等。

在生产性企业的存货中，原材料品种，规格多种多样，收发业务频繁，是企业存货核算和管理的重点。原材料按其在生产过程中作用的不同，可分为以下几类：

（1）原料及主要材料是指企业经过加工以后，能够构成产品主要实体的各种原料和材料。例如，制造机器用的金属材料（主要材料）、炼铁用的矿石和纺纱用的原棉（原料）等。

（2）辅助材料是指企业直接用于生产，有助于产品形成或便于生产的进行，但不构成产品主要实体的各种材料。辅助材料主要包括：投入生产后和主要材料结合加入产品实体，或使主要材料发生化学变化，或给予产品某种性能的辅助材料，如油漆、染料、溶剂、催化剂等；被劳动工具所消耗的辅助材料，如维护机器设备用的润滑油和防锈剂等；为创造正常劳动条件而消耗的辅助材料，如工作地点清洁用的各种用具等。

（3）外购半成品（外购件）是指企业从外部购进，需要本企业进一步加工或装配的原材料和零部件。如织布厂购进的棉纱、汽车制造厂购进的轮胎等。从能够构成产品主要实体这一点来说，外购半成品是企业的主要材料，为了加强管理，可以从原料及主要材料中分离出来单独作为一类。

（4）修理用备件（备品备件）是指企业储备的、用于本企业机器设备和运输工具所专用的各种备品备件，如轴承、齿轮等。

（5）包装材料是指为了包装本企业产品而储备的随同产品或商品对外出售的各种纸张、绳子、铁丝、铁皮等材料。

（6）燃料是指企业在生产经营过程中用来燃烧发热的各种固体、液体和气体燃料。如煤、焦炭、汽油、柴油、重油、煤气、天然气、氧气等。

2. 周转材料

周转材料是指企业能够多次使用、逐渐转移其价值但仍保持原有形态，不确认为固定资产的材料，如建造承包企业的钢模板、木模板、脚手架和其他周转材料等。工业企业、商品流通企业的低值易耗品和包装物也称为周转材料。低值易耗品是指不作为固定资产管理和核算的各种用具物品，如工具、管理用具、玻璃器皿、劳动保护用品以及在经营过程中周转使用的容器等。包装物是指为了包装本企业的产品而储存的各种包装容器，如桶、箱、瓶、坛、袋等。

3. 在产品

在产品是指企业正在制造尚未完工的生产物，包括正在各个生产工序加工的产品和已加工完毕但尚未检验或已检验但尚未办理入库手续的产品。

4. 半成品

半成品是指经过一定生产过程并已检验合格交付半成品仓库保管，但尚未制造完工成为产品，仍需进一步加工的中间产品，但不包括从一个生产车间转给另一个生产车间继续加工的自制半成品以及不能单独计算成本的自制半成品，这类自制半成品属于在产品。

5. 产成品

产成品是指制造企业已经完成全部生产过程并验收入库，可以按照合同规定的条件送交订货单位，或者可以作为商品对外销售的产品。企业接受外来原材料加工制造的代制品和为外单位加工修理的代修品，制造和修理完成验收入库后，应视同企业的产成品。

【实务 4-1】 2019 年 12 月 17 日，湖南沙沙门业有限公司接受长沙华升公司的委托加工包装木箱。按照加工合同，12 月 20 日沙沙门业公司收到华升公司木材一批，价值 60 万元。截至 12 月 30 日，沙沙门业公司为加工此批包装木箱，领用辅助材料 3 万元，发生加工成本 10 万元。沙沙门业公司 12 月末应计入存货成本金额是多少？

分析：沙沙门业公司 12 月末计入存货成本金额 = 3+10 = 13（万元）。加工中委托方提供的原材料所有权属于华升公司，故不能计入沙沙门业公司的存货成本，只能进行备查登记。

房地产开发企业销售的或为销售而正在开发的商品房或土地，其性质类似于制造企业在产品、产成品，是房地产企业的开发产品，应当作为存货处理。

6. 商品

商品是指商品流通企业外购或委托加工完成验收入库用于销售的各种商品。

7. 委托加工物资

委托加工物资是指企业因技术或经济原因而委托外单位加工的各种材料、商品等物资。

8. 委托代销商品

委托代销商品是指企业委托其他单位代销的商品。

二、存货的确认

在满足存货定义的前提下，同时满足下列两个条件才能予以确认：

（1）与该存货有关的经济利益很可能流入企业；

（2）该存货的成本能够可靠地计量。

在存货确认的两个条件中，“与该存货有关的经济利益很可能流入企业”是从物品的所有权是否转移来考虑的。也就是说，在盘存日期，凡是法定所有权属于企业的物品，不论其存放地点在哪里或出于何种状态，都应当确认为企业的存货；凡是法定所有权不属于企业的物品，即使存放于企业，也不应当确认为企业的存货。例如美的公司委托国美电器代销美的空调，虽然代销的美的空调存放在国美电器的商场里，但国美电器对其不拥有法定所有权，故不能作为国美电器的存货。在美的空调未销售出去之前，美的空调所有权属于美的公司，应纳入美的公司存货的盘点范围。

三、存货的初始计量

存货初始计量是指如何确认存货的入账价值。存货应当按照成本进行初始计量，即存货初始计量的基础是存货的历史成本或者叫作实际成本。

存货成本包括采购成本、加工成本和其他成本。采购成本是指外购存货的成本；加工成本是指存货加工过程中发生的直接人工和制造费用；其他成本是指除外购存货采购成本以外的、使存货达到目前场所和状态所发生的其他支出，如可以直接认定的产品设计费用等。

（一）外购存货的成本

企业外购存货应当以其实际采购成本作为入账价值。存货的采购成本包括购买价款、相关税费、运输费、装卸费、保险费以及其他可归属于存货采购成本的费用，不包括可以用以抵扣的增值税额。

（1）购买价款指供货单位开出的发票上载明的价款。一般纳税人企业存货购买价款中不包括增值税专用发票中载明的、可以抵扣的增值税额。一般纳税人采购过程中发生的可抵扣的增值税，应计入“应交税费——应交增值税（进项税额）”进行抵扣。

（2）相关税费指外购存货应负担的进口关税、消费税、资源税和其他税金（包括不能抵扣的增值税金）以及相关的其他费用。

（3）运输费指外购存货运输途中所发生的运输费用，不包括可以抵扣的增值税额。

（4）装卸费指外购存货运到企业仓库验收所发生的装卸费用，不包括可以抵扣的增值税额。

（5）保险费指外购存货支付的运输保险费，不包括可以抵扣的增值税额。

（6）其他可归属于存货采购成本的费用，指除上述各项以外的其他可归属于存货采购成本的费用，不包括可以抵扣的增值税额。包括外购存货采购过程中发生的仓储费、包装费、运输途中的合理损耗、入库挑选整理费用等。运输途中的合理损耗是指商品在运输途中，因商品性质、自然条件及技术设备等因素所发生的自然或不可避免的损耗。挑选整理费用是指挑选整理过程中发生的人工费用支出以及必要的损耗。

【实务 4-2】湖南沙沙门业有限公司为增值税一般纳税人，2019 年 12 月 20 日购入一批油漆，取得增值税专用发票记载价款 10 万元、增值税 1.3 万元，另支付运输费 0.109 万元，取得增值税专用发票上注明运费 0.1 万元，增值税 0.009 万元。

油漆的采购成本＝10+0.1＝10.1（万元）

【实务 4-3】湖南沙沙门业有限公司 2019 年 12 月 20 日从中石化购入柴油 30 吨，合同约定不含税单价 0.5 万元，支付货款 16.95 万元，取得增值税专用发票记载价款 15 万元、增值税 1.95 万元，另支付运输费 1.09 万元和保险费 0.53 万元：运输费增值税专用发票上注明运费 1 万元，增值税 0.09 万元，保险费增值税专用发票上注明保险费 0.5 万元，增值税 0.03 万元。9 月 26 日运抵企业后，验收入库柴油 29.7 吨，短少的 0.3 吨系运输途中的合理损耗。

柴油的采购成本 = 15+1+0.5=16.5（万元）

柴油的单位成本 = 16.5÷29.7=0.555 6（万元/吨）

小规模纳税人采购存货时所支付的增值税不能抵扣，应计入采购的存货成本。

【实务 4-4】天天超市为小规模纳税人，本月购进牛奶一批，取得增值税专用发票注明价款 2 万元、增值税税额 0.26 万元，另外取得装卸费增值税专用发票注明装卸费 0.1 万元、增值税 0.006 万元。

牛奶的采购成本 = 2 + 0.26+ 0.1 + 0.006 = 2.366（万元）

商品流通企业在采购商品过程中发生的运输费、装卸费、保险费以及其他可归属于存货采购成本的进货费用，可选择以下方式处理：

①计入存货采购成本。

②进货费用可以先进行归集，期末根据所购商品的存销情况进行分摊。对于已售商品的进货费用，计入当期损益（主营业务成本）；对于未售商品的进货费用，计入期末存货成本。

③商品流通企业采购商品的进货费用金额较小的，可以在发生时直接计入当期损益（销售费用）。

（二）自制存货的成本

产成品、在产品、半成品等自制完成的存货的成本，由采购成本、加工成本以及使存货达到目前场所和状态所发生的其他支出构成。

存货的加工成本，包括直接人工（存货加工人员的薪酬）以及按照一定方法分配的制造费用。制造费用是指企业为生产产品和提供劳务而发生的各项间接费用，包括生产车间管理人员的职工薪酬、折旧费、办公费、水电费等。

（三）委托加工存货的成本

委托加工存货成本按实际成本计算，包括实际耗用的材料物资的采购成本、支付的加工费、往返过程中运杂费等，以及按规定应计入成本的税金。

（四）投资者投入存货的成本

投资者投入存货的成本，企业应当按照投资合同或者协议约定的价值确定，但合同或者协议约定价值不公允的除外。在投资合同或者协议约定的价值不公允的情况下，按照该项存货的公允价值作为其入账价值。

（五）接受捐赠存货的成本

企业接受捐赠的存货，如果捐赠方提供了有关凭据的，按照凭据上标明的金额，加上应支付的相关税费作为存货实际成本；如果捐赠方没有提供有关凭据的，应当参照同类存货或类似存货的市场价格估计其金额，加上应支付的相关税费作为其入账价值。

（六）盘盈存货的成本

企业盘盈的材料、商品等存货，应当按照其重置成本作为入账价值。

在存货成本的确定过程中，企业应注意下列费用不应计入存货成本，而应在其发生时计入当期损益：

（1）非正常消耗的直接材料、直接人工和制造费用，应在发生时计入当期损益，不应计入存货成本。例如，由于自然灾害而发生的直接材料、直接人工和制造费用，由于这些费用的发生无助于使该存货达到目前场所和状态，不应计入存货成本，而应确认为当期损益。

（2）仓储费是指企业在存货采购入库后发生的储存费用，应在发生时计入当期损益。但是，在生产过程中为达到下一个生产阶段所必需的仓储费应计入存货成本。例如，某种酒类产品生产企业为使生产的酒达到规定的产品质量标准而必须发生的仓储费用，应计入酒的成本，而不应计入当期损益。

（3）不能归属于使存货达到目前场所和状态的其他支出，应在发生时计入当期损益，不得计入存货成本。

四、发出存货的计价

实务中，企业发出存货可以按照实际成本核算，也可以按照计划成本核算。企业采用实际成本进行存货日常核算的，可以采用先进先出法、加权平均法或者个别计价法核算发出存货的成本。企业应当根据各类存货的实物流转方式、企业管理的要求、存货的性质等实际情况，合理地确定企业发出存货的计价方法。

对于性质和用途相似的存货，企业应当采用相同的成本计算方法确定发出存货的成本。发出存货成本计算方法一经确定，不得随意变更；如需变更，应当按照规定履行有关批准和备案手续。企业应当在财务报表附注中披露存货发出的计价方法。

（一）先进先出法

先进先出法是指以假定先入库的存货先发出（销售或耗用）为前提，并根据这种假定的存货实物流转顺序，计算发出存货成本的方法。也就是说，采用先进先出法，先购入的存货成本在后购入存货成本之前转出，并据此确定发出存货和期末存货的成本。具体方法如下：收到存货时，逐笔登记收入存货的数量、单价和金额；发出存货时，按照先进先出法的原则逐笔登记存货的发出成本和结存金额。

【实务 4-5】湖南沙沙门业有限公司 2019 年 12 月份有关 A 材料收入、发出和结存的资料见表 4-1。

表 4-1 A 原材料收入、发出明细表

实物计量单位：千克 金额单位：元

19 年		凭证字号	摘要	收入			发出			结存		
月	日			数量	单价	金额	数量	单价	金额	数量	单价	金额
12	1		月初结存							400	5.00	2 000
	6	略	购入	800	5.50	4 400				1 200		
	8	略	领用				800			400		
	18	略	购入	1 000	5.60	5 600				1 400		

表4-1(续)

19年		凭证字号	摘要	收入			发出			结存		
月	日			数量	单价	金额	数量	单价	金额	数量	单价	金额
	19	略	领用				800			600		
	30	略	购入	400	5.70	2 280				1 000		
	30		本月合计	2 200		12 280	1 600			1 000		

根据资料，采用先进先出法计算A材料发出材料和期末结存材料成本，有关计算过程如下：

2019年12月发出原材料成本=400×5+400×5.5+400×5.5+400×5.6=8 640（元）

2019年12月结存原材料成本=600×5.6+400×5.7=5 640（元）

或2019年12月结存原材料成本=2 000+12 280−8 640=5 640（元）

企业原材料明细账登记情况见表4-2。

表4-2　A原材料明细账（先进先出法）

实物计量单位：千克　金额单位：元

19年		凭证字号	摘要	收入			发出			结存		
月	日			数量	单价	金额	数量	单价	金额	数量	单价	金额
12	1		月初结存							400	5.00	2 000
	6	略	购入	800	5.50	4 400				400 800	5.00 5.50	2 000 4 400
	8	略	领用				400 400	5.00 5.50	2 000 2 200	400	5.50	2 200
	18	略	购入	1 000	5.60	5 600				400 1 000	5.50 5.60	2 200 5 600
	19	略	领用				400 400	5.50 5.60	2 200 2 240	600	5.60	3 360
	30	略	购入	400	5.70	2 280				600 400	5.60 5.70	3 360 2 280
	30		本月合计	2 200		12 280	1 600		8 640	600 400	5.60 5.70	3 360 2 280

从表4-2可以看到，采用先进先出法，结存材料和发出的材料可能有两种或两种以上不同的单位成本。

采用先进先出法计算发出存货成本，优点是可以随时结转发出存货的实际成本，但较烦琐。如果存货收发业务较多且存货单价不稳定时，其工作量较大。在物价持续上升时，期末结存存货的成本接近市价，而发出成本偏低，会高估企业当期利润和库存存货价值；反之，会低估企业存货价值和当期利润。

（二）加权平均法

加权平均法可分为月末加权平均法和移动加权平均法。

1. 月末一次加权平均法

月末一次加权平均法，是以当月全部进货的成本加上期初库存存货的成本，除以全部进货的数量与期初库存存货的数量之和，计算出存货加权平均单位成本，并以此为基础，计算当月发出存货成本和期末结存存货成本的一种方法。月末一次加权平均法的计算如下：

$$\text{本期存货加权平均单位成本}=\frac{\text{期初存货总成本}+\text{本期入库存货总成本}}{\text{期初存货总量}+\text{本期入库存货总量}}$$

$$\text{本期发出存货实际总成本}=\text{本期发出存货数量}\times\text{该种存货加权平均单位成本}$$

$$\text{期末存货实际总成本}=\text{期初存货总成本}+\text{本期入库存货总成本}-\text{本期发出存货实际总成本}$$

【实务4-6】湖南沙沙门业有限公司2019年12月份有关A材料收入、发出和结存的资料见表4-1。根据资料，采用月末一次加权平均法计算A材料本月加权平均单位成本以及发出材料和期末结存材料总成本，有关计算过程如下：

$$\text{A材料本月加权平均单位成本}=\frac{2\ 000+800\times5.50+1\ 000\times5.60+400\times5.70}{400+800+1\ 000+400}$$

$$=5.49$$

本月发出A材料总成本 = 1 600×5.49 = 8 784（元）

月末结存A材料总成本 = 2 000+12 280−8 784 = 5 496（元）

上述计算结果在A材料明细账中的登记见表4-3。

表4-3　A原材料明细账（月末一次加权平均法）

实物计量单位：千克　金额单位：元

19年		凭证字号	摘要	收入			发出			结存		
月	日			数量	单价	金额	数量	单价	金额	数量	单价	金额
12	1		月初结存							400	5.00	2 000
	6	略	购入	800	5.50	4 400				1 200		
	8	略	领用				800			400		
	18	略	购入	1 000	5.60	5 600				1 400		
	19	略	领用				800			600		
	30	略	购入	400	5.70	2 280				1 000		
	30		本月合计	2 200		12 280	1 600	5.49	8 784	1 000	5.50	5 496

2. 移动加权平均法

移动加权平均法是指以每次进货的成本加上原有库存存货的成本，除以每次进货的数量与原有库存存货的数量之和，计算出存货加权平均单位成本，作为在下次进货前计算发出存货成本依据的一种方法。移动加权平均法的计算公式如下：

$$存货移动加权平均单位成本 = \frac{原有库存存货成本 + 本次进货实际成本}{原有存货数量 + 本次进货数量}$$

【实务 4-7】 湖南沙沙门业有限公司 2019 年 12 月份有关 A 材料收入、发出和结存的资料见表 4-1。根据资料，采用移动加权平均法计算 A 材料移动加权平均单位成本以及每次发出材料和结存材料的成本，有关计算过程如下：

$$12月6日购入原材料后的平均单价 = \frac{2\ 000 + 4\ 400}{400 + 800} = 5.33(元)$$

$$12月18日购入原材料后的平均单价 = \frac{2\ 136 + 5\ 600}{400 + 1\ 000} = 5.53(元)$$

$$12月30日购入原材料后的平均单价 = \frac{3\ 312 + 2\ 280}{600 + 400} = 5.59(元)$$

2019 年 12 月发出原材料的成本 = 800×5.33+800×5.53 = 8 688（元）

2019 年 12 月结存原材料的成本 = 2 000 + 12 280−8 688 = 5 592（元）

上述计算结果在 A 材料明细账中的登记见表 4-4。

表 4-4　A 材料原材料明细账（移动加权平均法）

实物计量单位：千克　金额单位：元

19 年		凭证字号	摘要	收入			发出			结存		
月	日			数量	单价	金额	数量	单价	金额	数量	单价	金额
12	1		月初结存							400	5.00	2 000
	6	略	购入	800	5.50	4 400				1 200	5.33	6 400
	8	略	领用				800	5.33	4 264	400	5.34	2 136
	18	略	购入	1 000	5.60	5 600				1 400	5.53	7 736
	19	略	领用				800	5.53	4 424	600	5.52	3 312
	30	略	购入	400	5.70	2 280				1 000	5.59	5 592
	30		本月合计	2 200		12 280	1 600		8 688	1 000	5.59	5 592

月末一次加权平均法比先进先出法简便，有利于简化发出存货成本的计算工作，但不能随时结转发出存货的实际成本，不利于存货成本的日常管理和控制。移动加权平均法可以随时结转发出存货的实际成本，但仍比较烦琐，当企业存货收发业务较多时，计算的工作量比较大。

（三）个别计价法

个别计价法又称个别认定法、具体辨认法、分批实际法，它假设存货具体项目的实物流转与成本流转相一致，按照各种存货逐一辨认各批发出存货和期末存货所属的购进批别或生产批别，分别按其购入或生产时所确定的单位成本计算各批发出存货和期末存货成本的方法。

采用个别计价法，以每一种存货的实际成本作为计算发出存货成本和期末结存存货成本的基础，计算的发出存货成本和期末结存存货成本最为准确。但是，个别计价法实务操作的工作量繁重、困难较大。因为采用这种方法必须具备两个条件：一是存货项目必须是可以辨别认定的；二是必须对每一特定存货的具体情况进行详细记录。

个别计价法主要适用于不能替代使用的存货、为特定项目专门购入或制造的存货以及提供的劳务，如不能替代使用的贵重材料以及珠宝、名画等。当企业计算机信息系统比较完备时，个别计价法也可以广泛应用于发出存货的计价。

任务二　原材料按实际成本核算

原材料的日常核算，可以采用计划成本，也可以采用实际成本。具体采用哪一种方法，由企业根据具体情况自行决定。

企业采用实际成本进行原材料核算时，材料的收发及结存，无论总分类核算还是明细分类核算，均按照实际成本计价。

一、账户设置

企业采用实际成本法进行原材料核算时，一般需设置“原材料”“在途物资”两个账户。

1.“原材料”账户

采用实际成本进行材料日常核算的企业，“原材料”账户用来核算企业库存的各种材料，包括原料及主要材料、辅助材料、外购半成品（外购件）、修理用备件（备品备件）、包装材料、燃料等的实际成本。

“原材料”账户借方登记企业已经验收入库的材料的实际成本；贷方登记发出（领用或销售、委托加工发出等）材料的实际成本；期末余额在借方，反映企业期末库存材料的实际成本。

“原材料”账户应按材料的保管地点（仓库）、材料的类别、品种和规格等设置材料明细账，进行材料的明细核算。

2.“在途物资”账户

在途物资是指企业已经支付货款，但尚在运输途中或已经抵达企业尚未验收入库的各种外购材料和外购商品等。

“在途物资”账户的借方登记企业在途的物资的实际成本；贷方登记验收入库材料、商品的实际成本；期末余额在借方，反映尚未到达或尚未验收入库的在途材料、商品等物资的采购成本。

为了便于查对，“在途物资”账户按供应单位和物资品种开设明细账户，进行明细核算。

企业专门购入为固定资产新建工程、改扩建工程、大修理工程等准备的材料物资，应当另行设置“工程物资”账户进行核算，不通过“在途物资”或“材料采购”账户核算。

二、购入原材料的核算

企业外购原材料，由于结算方式和采购地点的不同，原材料入库的时间与付款的时间可能一致，也可能不一致，因此企业在账务处理上也有所不同。

1. 单货同到

企业外购材料时，发票账单与材料同时到达，材料已验收入库，应通过“原材料”账户核算，对于一般纳税人增值税专用发票上记载的可抵扣的增值税进项税额，不计入存货的成本，应记入“应交税费——应交增值税（进项税额）”；对于小规模纳税人材料采购时支付的增值税，应计入存货的成本。

【实务 4-8】2019 年 12 月 3 日，湖南沙沙门业有限公司从市内青州公司采购 A 材料 1 000 千克，增值税专用发票载明价款 11 000 元，增值税额 1 430 元，发票账单已收到，款项已用转账支票结算，材料已验收入库。根据有关发票账单、银行结算凭证和收料单等，编制会计分录如下：

借：原材料——A 材料　　11 000
　　应交税费——应交增值税（进项税额）　　1 430
　贷：银行存款　　12 430

除特别指明外，本章所举例题的企业均指一般纳税人企业。

【实务 4-9】2019 年 12 月 8 日，湖南沙沙门业有限公司从外地青江公司采购 A 材料 4 000 千克，增值税专用发票载明价款 39 500 元，增值税额 5 135 元，运输费增值税专用发票载明运输费 3 000 元，增值税额 270 元，款项均已采用银行汇票结算方式结算，银行汇票多余款 2 095 元已收入银行结算户，材料已验收入库。根据有关发票账单、银行结算凭证和收料单等，编制会计分录如下：

借：原材料——A 材料　　42 500
　　应交税费——应交增值税（进项税额）　　5 405
　　银行存款　　2 095
　贷：其他货币资金——银行汇票存款　　50 000

【实务 4-10】2019 年 12 月 12 日，湖南沙沙门业有限公司从青园公司采购 A 材料 5 000 千克，增值税专用发票载明价款 50 000 元，增值税额 6 500 元，款项合计 56 500 元已开出商业承兑汇票，同时用汇兑结算方式支付运输费 4 360 元（已取得运输费增值税专用发票，运费 4 000 元，增值税 360 元）。A 材料运抵企业后，验收入库原材料为 4 980 千克，短少 20 千克为运输途中合理损耗。根据有关发票账单、银行结算凭证和收料单等，编制会计分录如下：

借：原材料——A 材料　　54 000
　　应交税费——应交增值税（进项税额）　　6 860

贷：应付票据　56 500
　　银行存款　4 360

本例中，A 材料运输途中的合理损耗 20 千克应计入采购成本，其不影响外购存货的采购成本，但会影响 A 材料入库的单位成本（54 000÷4 980＝10.84）。

【实务 4-11】2019 年 12 月 16 日，湖南沙沙门业有限公司从青丰公司采购 A 材料 2 000 千克，并已验收入库，收到的增值税专用发票载明购买价款 20 000 元，增值税额 2 600 元，款项合计 22 600 元尚未支付。根据有关发票账单和收料单等，编制会计分录如下：

借：原材料　20 000
　　应交税费——应交增值税（进项税额）　2 600
　贷：应付账款——青丰公司　22 600

2. 单到货未到

企业外购材料，已收到相关的发票、运输费单据，材料尚未到达或尚未验收入库，应通过“在途物资”账户核算；待材料验收入库后，再根据收料单，由“在途物资”转入“原材料”。

【实务 4-12】2019 年 12 月 25 日，湖南沙沙门业有限公司向青海公司采购 B 材料 4 000 千克，增值税专用发票载明购买价款 75 000 元，增值税额 9 750 元，发票账单已到并已通过电汇方式支付全部款项，材料尚未运到企业。根据有关发票账单和银行结算凭证等，编制会计分录如下：

借：在途物资——B 材料（青海公司）　75 000
　　应交税费——应交增值税（进项税额）　9 750
　贷：银行存款　84 750

【实务 4-13】2020 年 1 月 4 日，湖南沙沙门业有限公司向青海公司采购的 B 材料已如数验收入库。根据有关收料凭证，编制会计分录如下：

借：原材料——B 材料　75 000
　贷：在途物资——B 材料（青海公司）　75 000

3. 货到单未到

对于已验收入库但发票尚未到达的原材料，平时不做账务处理，待发票到达后再处理。对于月末仍未收到发票账单的原材料，按暂估价值先入账，借记“原材料”，贷记“应付账款——暂估应付款”。下月初应用红字作同样的会计记账凭证，予以冲回，以便在下月收到发票账单，再按照实际金额记账。

【实务 4-14】2019 年 12 月 28 日，湖南沙沙门业有限公司收到青华公司 B 材料 2 000 千克，材料已验收入库，月末发票账单尚未收到也无法确定其实际成本，暂估价值 36 000 元。编制会计分录如下：

借：原材料——B 材料（青华公司）　36 000
　贷：应付账款——暂估应付款　36 000

下月初，用红字冲销的暂估入账金额：

借：原材料——B 材料（青华公司） -36 000

贷：应付账款——暂估应付款 -36 000

承上例，2020 年 1 月 5 日，湖南沙沙门业有限公司收到青华公司 B 材料的发票账单，增值税专用发票上注明价款项 35 000 元，增值税 4 550 元，已用银行存款付讫。根据有关发票、银行结算账单、收料凭证，编制会计分录如下：

借：原材料——B 材料 35 000

应交税费——应交增值税（进项税额） 4 550

贷：银行存款 39 550

4. 货款已预付，材料尚未验收入库

【实务 4-15】2019 年 12 月 28 日，湖南沙沙门业有限公司根据与青云公司的购销合同规定，为购买 B 材料，已通过电汇方式向青云公司预付的 45 000 元。根据有关购销合同、银行结算凭证等，编制会计分录如下：

借：预付账款——青云公司 45 000

贷：银行存款 45 000

承上例，2020 年 1 月 3 日，湖南沙沙门业有限公司收到青云公司发运来的 B 材料 5 000 千克，已验收入库，增值税专用发票上记载该批货物的价款 90 000 元，增值税税额 11 700 元，以银行存款支付余款。根据有关发票、银行结算账单、收料凭证，编制会计分录如下：

（1）材料入库时。

借：原材料——B 材料 90 000

应交税费——应交增值税（进项税额） 11 700

贷：预付账款——青云公司 101 700

（2）补付货款时。

借：预付账款——青云公司 56 700

贷：银行存款 56 700

5. 外购材料短缺或毁损的处理

企业外购材料在验收时发现短缺或毁损，应当及时查明原因，分清责任，按不同情况处理。

（1）属于运输途中的合理损耗（即定额内损耗），应计入材料实际采购成本（会计上不必做会计记账凭证，只是相应提高了材料的实际平均单位成本）。

（2）属于供应单位负责的，如果货款尚未支付，应按实收数量付款或全部拒付；如果货款已经支付，则应填制赔偿请求单，要求供应单位退款或补货，退款通过“应付账款”账户核算，请求补货可以保留在“在途物资”账户中。

（3）属于运输机构或过失人责任的，应填制赔偿请求单，请求赔偿，通过“其他应收款”账户核算。短缺或毁损的材料所负担的增值税税额应自“应交税费——应交增值税

（进项税额）”科目随同“在途物资”科目转入相对应科目。

（4）因遭受意外灾害发生的损失和尚待查明原因的途中损耗，应先记入“待处理财产损溢”科目，查明原因后再作处理。如属于意外灾害造成的损失，应按扣除残料价值和保险公司赔偿后的净损失，从“待处理财产损溢”科目转入“营业外支出——非常损失”科目；属于无法收回的其他损失，报经报准后，将其从“待处理财产损溢”科目转入“管理费用”科目。

【实务 4-16】假设例 4-12 中，2020 年 1 月 4 日，湖南沙沙门业有限公司验收 B 材料时实收数量为 3 800 千克，短少 200 千克。经查由供应单位青海公司负责，已同意补发材料，B 材料不含增值税的价款为 3 750（75 000÷4 000×200）元。根据有关收料凭证等，编制会计分录如下：

借：原材料——B 材料　　71 250

　贷：在途物资——青海公司　　71 250

收到青海公司补发 B 材料 200 千克，在途物资明细账登记的金额为 3 750 元。材料验收入库时，根据有关收料凭证等，编制会计分录如下：

借：原材料——B 材料　　3 750

　贷：在途物资——青海公司　　3 750

三、发出原材料的核算

由于企业发料次数频繁，凭证数量很多，为了简化核算，企业平时一般不直接根据每一张发料凭证编制记账凭证，而是在每月月末，由财会（或仓库）部门根据“领料单”或“限额领料单”，按有关领用的单位、部门等进行汇总，编制“发料凭证汇总表”，据以编制记账凭证，登记总分类账。发出材料实际成本的确定，可以由企业从先进先出法、移动加权平均法、月末一次加权平均法、个别计价法等方法中选择。

企业发出原材料，应贷记“原材料”账户，借方对应账户则应根据领料用途确定。基本生产车间产品生产直接耗用的材料，应记入“生产成本”账户；基本生产车间管理部门领用材料和车间一般消耗的材料，应记入“制造费用”账户；企业销售产品过程中领用的材料以及专设销售机构领用的材料，应记入“销售费用”账户；企业管理部门领用的材料，应记入“管理费用”账户；企业对外销售的材料，在取得收入时，登记在“其他业务收入”账户中，销售材料的成本，则应登记在“其他业务成本”账户中；委托外单位加工发出的材料，应记入“委托加工物资”账户；固定资产建造工程领用生产用的材料，应列入固定资产建造成本，记入“在建工程”账户。

【实务 4-17】湖南沙沙门业有限公司 2019 年 12 月，根据发料凭证编制“A 材料发料凭证汇总表”如下：

表 4-5　A 材料发料凭证汇总表

实物计量单位：千克

		数量	单价	金额
基本生产车间	M1 产品	700	5.49	3 843
	M2 产品	500	5.49	2 745
车间管理部门		100	5.49	549
行政管理部门		50	5.49	274.5
销售部门		50	5.49	274.5
基建工程		200	5.49	1 098
合　计		1 600		8 784

根据上述“A 材料发料凭证汇总表”，结转发出原材料的实际成本，湖南沙沙门业有限公司应编制如下会计分录：

借：生产成本——M1　　3 843
　　　　　　——M2　　2 745
　　制造费用　　549
　　管理费用　　274.5
　　销售费用　　274.5
　　在建工程　　1 098
　贷：原材料　　8 784

四、材料收发的明细核算

1.“在途物资”账户的明细核算

“在途物资”账户应当按照供货单位和材料的品种设置明细账，组织明细核算。

“在途物资”明细账的借方，应当根据审核以后的有关记账凭证及其所附原始凭证序时登记，反映每一笔在途材料的实际采购成本；贷方应当根据有关收料凭证登记。

2.“原材料”账户的明细核算

采用实际成本进行材料的明细核算，一般应设置材料明细账。

“原材料”账户的明细账按材料的品种和规格设置，同时进行数量和金额核算，用以反映各种材料的收入、发出、结存的数量和金额变动情况。材料明细账应当根据收料凭证和发料凭证逐笔登记，一个企业至少应有一套有数量金额的材料明细账。

3. 材料总账与明细账的核对

为了保证材料核算的正确性，企业必须定期（按月）进行材料账目的核对。会计部门材料员（或材料稽核员）必须加强对材料日常收发凭证和数量核算的稽核工作；每日或定期到材料仓库，签收材料收发凭证，并检查其凭证内容和材料计价等有无问题；核对无误以后，在仓库材料明细账上签字，再将凭证带回会计部门，作为进行材料核算的依据。

月末，应将“原材料”总分类账户的借方余额，与各材料二级账户借方余额之和核对相符；原材料二级账户的借方余额，应与其所属各材料明细账户借方余额（结存金额）之和核对相符。没有设置原材料二级账户的企业，应将“原材料”总分类账户的月末借方余额，与其所属各材料明细账户月末借方余额（结存金额）之和核对相符。在途物资总分类账户与明细账户的核对与原材料账户相同。

任务三　原材料按计划成本核算

原材料按计划成本核算是指企业存货的日常收入、发出及结存，无论总分类核算还是明细分类核算，均按照计划成本计价，同时将存货实际成本与计划成本之间的差额作为材料成本差异单独反映。月末，计算本月发出材料应负担的成本差异并进行分摊，根据领用材料的用途计入相关资产的成本或当期损益，从而将计划成本调整为实际成本的方法。

一、账户设置

企业采用计划成本进行材料的日常核算，除了设置“原材料”“周转材料”（或者“包装物”“低值易耗品”）等反映库存材料计划成本的账户外，还应设置“材料采购”和“材料成本差异”账户。

1.“原材料”账户

“原材料”账户用来核算库存各种材料的收发与结存情况。在材料采用计划成本计价核算时，本账户借方登记企业已经验收入库的原材料的计划成本；贷方登记发出（领用或销售、委托加工发出等）材料的计划成本；期末余额在借方，反映企业期末材料的计划成本。

2.“材料采购”账户

用来核算企业所有外购材料的采购成本。“材料采购”账户的借方登记全部外购材料的实际采购成本；贷方登记已验收入库材料的计划成本。材料实际成本与计划成本的差异，称为材料成本差异。实际成本大于计划成本的差异，称为超支差；实际成本小于计划成本的差异，称为节约差。已经收到发票账单、货款已经支付（或已经开出商业汇票）并已验收入库材料的成本差异，应从“材料采购”账户转入“材料成本差异”账户。超支差从贷方转出；节约差从借方转出。这样，“材料采购”账户的期末余额一定在借方，反映的是企业已经收到发票账单，但尚在运输途中或未验收入库的在途材料的实际成本。

“材料采购”账户一般应按供应单位和材料的品种设置明细账，进行明细核算。

3.“材料成本差异”账户

企业应设置“材料成本差异”账户，用来核算企业各种材料（包括原材料、周转材料等）的实际成本与计划成本的差异。“材料成本差异”账户的借方，登记已经验收入库的各种材料的超支差及发出材料应负担的节约差；贷方登记已经验收入库的各种材料的节约差及发出材料应负担的超支差。该账户期末余额如果在借方，反映期末各种库存材料实际成本大于计划成本的差异（超支差）；期末余额如果在贷方，反映期末各种库存材料的实际成本小于计划成本的差异（节约差）。

“材料成本差异”账户应分“原材料”“周转材料”（或“包装物”“低值易耗品”）等，按照材料类别或品种进行明细核算。

二、购入原材料的核算

在计划成本下，购入的材料无论是否验收入库，都要先通过“材料采购”科目进行核算，以反映企业所购材料的实际成本，从而与“原材料”科目计划成本比较，计算确定材料成本差异。

材料成本差异=收入存货的实际成本-该存货的计划成本

1. 单货同到

对于原材料和发票账单同时到达的情况，企业应根据结算单据确定购入成本，借记“材料采购”“应交税费——应交增值税（进项税额）”等科目，按实际支付或应付的金额，贷记“银行存款”“其他货币资金”“应付票据”“应付账款”等科目。原材料验收入库时，根据收料凭证，按照计划成本借记“原材料”科目，贷记“材料采购”（实际成本）科目，两者的差额记入“材料成本差异”科目。

【实务 4-18】2019 年 12 月 3 日，湖南沙沙门业有限公司从青川公司采购 A 材料 1 000 千克，增值税专用发票载明购买价款 11 000 元，增值税额 1 430 元，发票已收到，款项已用转账支票结算，计划成本为 10 000 元，材料已验收入库。根据有关发票账单、银行结算凭证和收料单等，编制会计分录如下：

借：材料采购——A 材料	11 000	
应交税费——应交增值税（进项税额）	1 430	
贷：银行存款		12 430

同时：

借：原材料——A 材料	10 000	
材料成本差异——A 材料	1 000	
贷：材料采购——A 材料		11 000

在本例中，A 材料的实际成本 11 000 元，计划成本 10 000 元，实际成本大于计划成本 1 000 元（超支差异），应记入“材料成本差异”科目借方。

【实务 4-19】2019 年 12 月 8 日，湖南沙沙门业有限公司从外地青江公司采购 A 材料 4 000 千克，增值税专用发票载明价款 39 500 元，增值税额 5 135 元，运输费增值税专用发票载明运输费 3 000 元，增值税额 270 元，发票已收到，款项均已采用银行汇票结算方式支付，银行汇票多余款 880 元已收入银行结算户。原材料运抵企业后，验收入库原材料为 3 980 千克，短少 20 千克为运输途中的合理损耗，计划单位成本为 10 元/千克。根据有关发票账单、银行结算凭证和收料单等，编制会计分录如下：

借：材料采购——A 材料　　42 500
　　应交税费——应交增值税（进项税额）　　5 405
　　银行存款　　2 095
　贷：其他货币资金——银行汇票存款　　50 000

同时：

借：原材料——A 材料　　39 800
　　材料成本差异——A 材料　　2 700
　贷：材料采购——A 材料　　42 500

本例中，实际入库原材料 3 980 千克，原材料入库的计划成本为入库数量乘以计划单位成本，即 39 800（3 980×10）元；材料成本差异 = 42 500−39 800 = 2 700（元），实际采购成本大于计划成本，差额记入“材料成本差异”借方。

2. 单到货未到

对于发票账单已到而原材料未到的情况，企业应根据发票账单确定原材料成本，借记“材料采购”“应交税费——应交增值税（进项税额）”等科目，按实际支付或应付的金额，贷记“银行存款”“其他货币资金”“应付票据”“应付账款”等科目。待原材料验收入库时，再编制按计划成本入库的会计分录。

【实务 4-20】2019 年 12 月 25 日，湖南沙沙门业有限公司向青海公司采购 B 材料 4 000 千克，增值税专用发票载明购买价款 75 000 元，增值税额 9 750 元。发票账单已到并已通过电汇方式支付全部款项，计划成本 72 000 元，材料尚未运到企业。根据有关发票账单和银行结算凭证等，编制会计分录如下：

借：材料采购——B 材料（青海公司）　　75 000
　　应交税费——应交增值税（进项税额）　　9 750
　贷：银行存款　　84 750

本例中，由于湖南沙沙门业有限公司未收到 B 材料，因此，不能借记“原材料”科目，同时也不计算材料成本差异。

3. 货到单未到

对于原材料已到而发票账单尚未到的情况，其账务处理与原材料按实际成本计价核算基本相同。

【实务 4-21】2019 年 12 月 28 日，湖南沙沙门业有限公司收到青华公司 B 材料 2 000 千克，材料已验收入库，月末发票账单尚未收到，月末应按计划成本 36 000 元暂估入账。编制会计分录如下：

借：原材料——B 材料（青华公司）　　36 000
　贷：应付账款——暂估应付款　　36 000

下月初，用红字冲销的暂估入账金额：

借：原材料——B 材料（青华公司）　　−36 000
　贷：应付账款——暂估应付款　　−36 000

在实务中，采用计划成本进行材料日常核算的企业，入库材料的计划成本也可以在月末汇总后一次结转。月末汇总外购材料的收料凭证、结转材料的计划成本和成本差异。财会部门将仓库转来的外购材料收料凭证，应按计划成本和实际成本对“原材料”“周转材料”（或“包装物”“低值易耗品”）等材料账户分别汇总，并分材料账户计算出实际成本与计划成本的差异，结转入库材料的计划成本和成本差异。

【实务 4-22】 2019 年 12 月 30 日，湖南沙沙门业有限公司本月收到发票并已入库的 A 材料 4 980 千克，A 材料计划单位成本为 10 元。本月入库材料的计划成本可以汇总计算如下：

A 材料：4 980×10＝49 800（元）

月末结转入库外购材料的计划成本，根据有关收料凭证和收料凭证汇总表等，编制会计分录如下：

借：原材料——A 材料　　　49 800
　贷：材料采购　　　49 800

【实务 4-23】 2019 年 12 月 30 日，湖南沙沙门业有限公司本月外购并已入库原材料实际成本为 53 500 元，计划成本为 49 800 元，材料成本差异为超支 3 700 元。根据有关材料成本差异计算表等，月末结转入库材料成本差异，编制会计分录如下：

借：材料成本差异　　　3 700
　贷：材料采购　　　3 700

4. 外购材料短缺或毁损的处理

采用计划成本进行材料核算，对于外购材料短缺和毁损的处理，与采用实际成本进行核算相同，只是对于已付款材料的短缺或毁损，不是从“在途物资”账户中转出，而是从“材料采购”账户中转出。

【实务 4-24】 湖南沙沙门业有限公司采购的 C 材料 4 000 千克因运输途中车辆事故导致材料全部报废，原已支付的购买价款为 25 000 元，增值税额为 3 250 元，运输费为 545 元（运费 500 元，增值税额 45 元）。残料回收收入现金 1 000 元。事故调查处理结果为：应由过失人赔款 3 000 元，保险公司赔款 23 000 元。有关会计处理如下：

（1）发生事故后将实际采购成本转入“待处理财产损溢”账户，根据有关事故报告凭证，编制会计分录如下：

借：待处理财产损溢——待处理流动资产损溢（C 材料）　　　28 795
　贷：应交税费——应交增值税（进项税额转出）　　　3 295
　　　材料采购——C 材料　　　25 500

（2）登记残料回收收入和过失人、保险公司应赔款，根据有关收款凭证和事故处理凭证等，编制会计分录如下：

借：库存现金　　　1 000
　　其他应收款——××过失人　　　3 000
　　其他应收款——保险公司　　　23 000

贷：待处理财产损溢——待处理流动资产损溢（C 材料） 27 000

（3）扣除残料价值和过失人、保险公司赔款后的净损失 1 795（28 795-1 000-3 000-23 000）元，列作营业外支出，根据有关审批凭证，编制会计分录如下：

借：营业外支出——非常损失 1 795

贷：待处理财产损溢——待处理流动资产损溢（C 材料） 1 795

三、发出原材料的核算

原材料采用计划成本计价核算，在处理发出业务时，企业按事先制定的计划单位成本乘以发出材料的数量，计算出发出材料的计划成本，根据所发出的材料用途，按计划成本分别记入“生产成本”“制造费用”“管理费用”“销售费用”等账户。实务中，为了简化日常核算工作，对材料的领用、发出业务，平时只在明细账中进行登记，月末，根据领料单等编制“发料凭证汇总表”结转发出材料的计划成本。

【实务 4-25】2019 年 12 月 30 日，湖南沙沙门业有限公司根据本月 A 材料领料单进行汇总，本月共发出 A 材料 1 600 千克，其中：基本生产车间生产 M1 产品领用 700 千克，生产 M2 产品领用 A 材料 500 千克，车间管理部门领用 100 千克，行政管理部门领用 50 千克，销售部门领用 50 千克，基建工程领用 200 千克。A 材料的计划单位成本为 10 元/千克，公司应根据“发料凭证汇总表”编制如下会计分录：

借：生产成本——M1 7 000

——M2 5 000

制造费用 1 000

管理费用 500

销售费用 500

在建工程 2 000

贷：原材料——A 材料 16 000

四、材料成本差异的分摊与结转

企业采用计划成本进行材料日常核算，应当在月末将发出材料的计划成本由计划成本调整为实际成本，通过“材料成本差异”账户进行结转，按照所发出材料的用途分别记入相关的成本费用。

采用计划成本法，发出材料实际成本的计算公式如下：

$$\text{发出材料实际成本}=\text{发出材料计划成本}+\text{发出材料应负担的成本差异}$$

发出材料应负担的成本差异，是通过计算材料成本差异率来求得的，材料成本差异率通常采用月末一次加权平均法的原理计算，其计算公式如下：

$$\text{本期材料成本差异率}=\frac{\text{期初结存材料成本差异}+\text{本期收入材料成本差异}}{\text{期初结存材料计划成本}+\text{本期收入材料计划成本}}\times 100\%$$

本期发出材料应负担的成本差异 = 本期发出材料计划成本 × 本期材料成本差异率

发出材料应负担的成本差异应当按期（月）分摊，不得在季末或年末一次分摊。

【实务 4-26】 承【实务 4-18】、【实务 4-19】、【实务 4-25】湖南沙沙门业有限公司 A 材料期初库存 400 千克，计划单位成本为 10 元，材料成本差异为贷方 203 元，本期购进 A 材料 4 980 千克，实际总成本 53 500 元，发出 A 材料 1 600 千克。

本期材料成本差异＝53 500－49 800＝3 700（元）

材料成本差异率 ＝(－203+3 700)／(4 000+49 800)＝6.5%

基本生产车间 M1 产品应分摊的材料成本差异＝700×10×6.5%＝455（元）

基本生产车间 M2 产品应分摊的材料成本差异＝500×10×6.5%＝325（元）

制造费用应分摊的应分摊的材料成本差异＝100×10×6.5%＝65（元）

管理费用应分摊的应分摊的材料成本差异＝50×10×6.5%＝32.5（元）

销售费用应分摊的应分摊的材料成本差异＝50×10×6.5%＝32.5（元）

在建工程应分摊的应分摊的材料成本差异＝200×10×6.5%＝130（元）

结转发出材料的成本差异，应编制如下会计分录：

借：生产成本——M1	455	
——M2	325	
制造费用	65	
管理费用	32.5	
销售费用	32.5	
在建工程	130	
贷：材料成本差异——A 材料		1 040

12 月发出 A 材料的实际成本＝1 600×10+1 040＝17 040（元）

12 月末结存 A 材料数量＝400+4 980－1 600＝3 780（千克）

12 月末结存 A 材料计划成本＝3 780×10＝37 800（元）

12 月末结存 A 材料成本差异＝－203+3 700－1 040＝2 457（元）

12 月末结存 A 材料实际成本＝37 800+2 457＝40 257（元）

即将上述会计分录记入 A 材料明细账户后，"A 原材料"账户月末余额为 37 800 元，表示月末库存材料的计划成本；"材料成本差异"账户月末借方余额为 2 457 元，表示月末库存材料应负担的材料成本差异（超支差）；这两个账户的借方余额之和，即为月末库存原材料的实际成本 40 257 元；而月初库存材料的实际成本，则是 3 797（4 000－203）元。

五、材料收发的明细核算

采用计划成本进行材料的明细核算，包括材料采购的明细核算、材料收发的明细核算和材料成本差异的明细核算。

1.“材料采购”账户的明细核算

企业“材料采购”账户的明细账需要按照供货单位和材料的品种（或者材料）设置。为了便于按类别或品种计算外购材料的成本差异，“材料采购明细账”和“材料成本差异明细账”的明细账户名称应该一致。

“材料采购明细账”的借方应当根据审核以后的有关记账凭证及其所附原始凭证序时登记，反映每一笔业务的实际采购成本；贷方应当根据按计划成本计价的收料单登记。月终，应将借方合计数（外购材料实际成本总额，不包括在途材料实际成本）与贷方合计数（购入材料计划成本加其他转出）进行比较，计算出材料成本差异的超支额或节约额。超支额应从“材料采购明细账”的贷方一次结转到“材料成本差异明细账”的借方；节约额则相反。

2.“材料成本差异”账户的明细核算

“材料成本差异”的明细核算，应当按照材料类别或品种设置“材料成本差异明细账”。“材料成本差异明细账”每月月末根据有关记账凭证登记。其中，收入材料的成本差异包括外购材料（自“材料采购”账户转入）、自制材料（自“生产成本”账户转入）和委托加工材料（自“委托加工物资”账户转入）等；发出材料应负担的成本差异应在计算材料成本差异率后确定。

任务四　周转材料的核算

周转材料是指企业能够多次使用，逐渐转移其价值但仍保持原有形态，不确认为固定资产的材料。企业的周转材料包括低值易耗品和包装物。企业的周转材料符合存货的定义和确认条件，按照使用次数分次计入成本费用；金额较小的，可以在领用时一次计入成本费，以简化核算，但为加强实物管理，应当在备查簿上进行登记。

一、低值易耗品

低值易耗品是企业周转材料中的一种，是指不能作为固定资产管理和核算的各种用具物品，如工具、管理用具、玻璃器皿，以及在生产经营过程中周转使用的包装容器等。

低值易耗品具有单位价值较低、容易损耗的特点，会计上将其视同材料存货，列作流动资产进行管理和核算。但是，低值易耗品属于劳动资料，它可以多次参加生产过程，并保持原有的实物形态；低值易耗品在使用过程中，可能需要进行修理；低值易耗品使用一定时期后才报废，报废时可以回收一部分残值等。这些特点决定了低值易耗品的领用和报废在管理和核算上都有不同于材料的地方。

（一）账户设置

为了核算和监督企业低值易耗品的收入、发出、使用和价值摊销等情况，企业可以单独设置“低值易耗品”账户，也可以在“周转材料”账户下设置“低值易耗品”二级账户，对低值易耗品收入、发出、使用、结存进行核算。本书按在“周转材料”账户下设置“低值易耗品”二级账户讲述。

“周转材料——低值易耗品”二级账户借方登记企业购入、自制、委托外单位加工等方式取得低值易耗品的实际成本；贷方登记领用、发出低值易耗品的实际成本以及在用低值易耗品的摊销额；期末余额在借方，反映在库低值易耗品的实际成本和在用低值易耗品的摊余价值。企业采用计划成本组织低值易耗品日常核算时，该账户借方、贷方和余额都反映低值易耗品的计划成本。

“周转材料——低值易耗品”账户应当按照低值易耗品类别、品种、规格以及在库、在用、摊销等情况分别设置明细账，进行低值易耗品数量和金额明细核算。

企业购入、自制、委托外单位加工等方式取得的低值易耗品，与原材料收入的核算完全相同，本节主要说明企业低值易耗品摊销的核算。

（二）账务处理

低值易耗品摊销有一次摊销法、五五摊销法、分次摊销法。

1. 一次摊销法

一次摊销法是指在领用低值易耗品时，一次将全部价值摊入有关成本费用的方法。一次摊销法通常适用于价值较低或者极易损坏的管理用具和小型工具及某些专用工具，但为了加强实物管理，应当在备查簿上进行登记。

【实务 4-27】湖南沙沙门业有限公司低值易耗品采用计划成本法组织日常核算，本月基本生产车间领用专用工具一批，计划总成本为 8 000 元；厂部管理部门领用管理用具一批，计划总成本为 2 000 元；本月低值易耗品成本差异率为 1.8%。根据发出材料汇总表，本月领用低值易耗品应负担的成本差异为 180 元（其中，生产车间 144 元，管理部门 36 元）；实际成本为 10 180 元（其中，生产车间 8 144 元，管理部门 2 036 元）。采用一次摊销法，计算并结转低值易耗品的计划成本和应负担的成本差异，编制会计分录如下：

借：制造费用	8 144	
管理费用	2 036	
贷：周转材料——低值易耗品（在库）		10 000
材料成本差异		180

2. 五五摊销法

五五摊销法是指低值易耗品在领用和报废时，各摊销其价值的 50%。五五摊销法适用于使用期限较长、单位价值较高或一次领用数量较大的低值易耗品。

五五摊销法需要设置“周转材料——低值易耗品——在用”“周转材料——低值易耗品——在库”和“周转材料——低值易耗品——摊销”明细账户。

【实务 4-28】湖南沙沙门业有限公司低值易耗品采用实际成本法进行日常核算，本月基本生产车间领用包装容器 20 件用于生产过程中周转，实际总成本为 20 000 元。假设该批低值易耗品报废时回收残料收入现金 1 800 元。采用五五摊销法，根据有关凭证，编制会计分录如下：

（1）领用时摊销其价值的 50%，并转作在用低值易耗品。

借：周转材料——低值易耗品——在用 20 000

　贷：周转材料——低值易耗品——在库 20 000

借：制造费用 10 000

　贷：周转材料——低值易耗品——摊销 10 000

（2）报废时摊销另外的 50%，并注销在用低值易耗品及其摊销额。

借：制造费用 10 000

　贷：周转材料——低值易耗品——摊销 10 000

借：周转材料——低值易耗品——摊销 20 000

　贷：周转材料——低值易耗品——在用 20 000

（3）报废时回收残料收入冲减有关费用。

借：库存现金 1 800

　贷：制造费用 1 800

3. 分次摊销法

分次摊销法是指根据周转材料的预计使用次数平均分摊其账面价值的方法，适用于可供多次反复使用的周转材料。采用这种方法需要设置“周转材料——低值易耗品——在用”“周转材料——低值易耗品——在库”和“周转材料——低值易耗品——摊销”明细账户。比如某项低值易耗品预计使用 6 次，那么每次领用周转材料时，都按周转材料的 1/6 的账面价值进行摊销。

二、包装物

包装物是指为了包装本企业商品而储备的各种包装容器，如桶、箱、瓶、坛、袋等，具体包括：

（1）生产过程中用于包装产品作为产品组成部分的包装物。

（2）随同商品出售而不单独计价的包装物。

（3）随同商品出售单独计价的包装物。

（4）出租或出借的包装物。

（一）账户设置

为了核算和监督企业包装物的收入、发出、使用和价值摊销等情况，企业可以单独设置“包装物”账户，也可以在“周转材料”账户下设置“包装物”二级账户，组织包装物收入、发出、使用和结存的核算。本书按在“周转材料”账户下设置“包装物”二级账户讲述。

“周转材料——包装物”二级账户，借方登记企业购入、自制、委托外单位加工完成验收入库等方式收入的包装物的实际成本；贷方登记领用、发出包装物的实际成本以及出租出借包装物的摊销额；期末余额在借方，反映期末库存包装物的实际成本和出租出借包装物的摊余价值。企业采用计划成本组织包装物日常核算时，该账户借方、贷方和余额都反映包装物的计划成本。

企业应根据包装物的种类以及在库、在用（出租、出借）和摊销等情况设置明细账，进行包装物数量和金额明细核算；出租出借包装物收回后，应当设置备查簿登记。

（二）包装物摊销账务处理

包装物可以按实际成本计价核算，也可按照计划成本计价核算。购入包装物的核算方法与原材料相同，以下主要介绍包装物发出的账务处理。

1. 生产领用包装物

企业在生产和销售过程中领用包装物，出售包装物以及数量不多、金额较小且业务不频繁的出租、出借包装物，采用一次摊销法核算。生产过程中领用包装物并随同产品出售，包装物价值计入产品生产成本。

【实务 4-29】湖南沙沙门业有限公司包装物按实际成本核算，本月生产车间领用包装物实际成本为 16 000 元。湖南沙沙门业有限公司应编制会计分录如下：

借：生产成本	16 000	
贷：周转材料——包装物		16 000

2. 销售过程中领用，随同产品出售不单独计价的包装物

销售过程中领用的随同本企业产品出售而不单独计价的包装物，包装物价值包含在销售产品的价值之中，领用包装物的实际成本列作销售费用。

【实务 4-30】湖南沙沙门业有限公司销售部门本月为销售产品领用，随同产品出售不单独计价的包装物一批，实际总成本为 8 000 元。湖南沙沙门业有限公司应编制会计分录如下：

借：销售费用	8 000	
贷：周转材料——包装物		8 000

3. 销售过程中领用，随同产品出售单独计价的包装物

销售过程中领用的随同本企业产品出售并单独计价的包装物，由于出售包装物的收入没有包括在产品销售收入之中，该包装物出售收入列作企业其他业务收入，领用包装物的实际成本也列作其他业务成本。

【实务 4-31】湖南沙沙门业有限公司销售部门本月为销售产品领用，随同产品出售并单独计价的包装物一批，实际总成本为 9 000 元，增值税专用发票载明价款 10 000 元，增值税额 1 300 元，款项已收妥存入银行。根据银行收账通知和“材料发出汇总表”等有关凭证，编制会计分录如下：

借：银行存款	11 300	
贷：其他业务收入		10 000
应交税费——应交增值税（销项税额）		1 300
借：其他业务成本	9 000	
贷：周转材料——包装物		9 000

4. 出租包装物

出租包装物是指企业因销售产品的需要，将包装物租给购货单位使用，要求其按期归

还并支付租金。出租的包装物的价值通常于领用时，按照使用次数分次计入成本费用，分次摊销法参见低值易耗品的五五摊销法。出租包装物金额较小的，可以领用时一次性计入成本费用。

【实务 4-32】 2019 年 12 月 1 日，湖南沙沙门业有限公司向仓库领用一批新的包装物，实际成本 2 000 元，出租给长沙雨花有限责任公司，已收到押金 3 000 元，合同约定租期为 1 个月，应收取租金 1 000 元（含税）在退还的押金中扣除。包装物采用一次摊销法。湖南沙沙门业有限公司应编制如下会计分录：

（1）12 月 1 日领用包装物时：

借：其他业务成本　　2 000

　贷：周转材料——包装物　　2 000

（2）收到押金：

借：银行存款　　3 000

　贷：其他应付款——长沙雨花有限责任公司　　3 000

【实务 4-33】 承【实务 4-32】，2019 年 12 月 30 日，湖南沙沙门业有限公司收到长沙雨花有限责任公司退还的包装物，以转账方式退还押金。湖南沙沙门业有限公司应编制如下会计分录：

（1）12 月 30 日确认包装物出租收入：1 000/1. 13＝884. 96（元）

借：其他应付款——长沙雨花有限责任公司　　1 000

　贷：其他业务收入　　884. 96

　　　应交税费——应交增值税（销项税额）　　115. 04

（2）退还押金：3 000－1 000 ＝ 2 000（元）

借：其他应付款——长沙雨花有限责任公司　　2 000

　贷：银行存款　　2 000

企业确认应由其负担的包装物修理费用等支出，借记“其他业务成本”科目，贷记“库存现金”“银行存款”“原材料”等科目。

5. 出借包装物

包装物出借是企业根据购销合同规定，将包装物借给购买单位使用。为了促使购买单位按期归还包装物，出租出借包装物都可以收取押金，但出借包装物不收取租金。出借包装物没有收取租金，其成本列入销售费用。

任务五　委托加工物资的核算

委托加工物资是指企业向受托加工企业提供原材料和主要材料，并支付给受托加工企业一定的加工费用，待加工完成后由委托方收回的制成品。企业委托外单位加工物资的成本包括加工中实际耗用的物资成本、支付的加工费用及应负担的运杂费、支付的税费等。

一、账户的设置

为了反映和监督委托加工物资增减变动及其结存情况，企业应当设置“委托加工物资”账户。本账户借方登记委托加工物资发生的实际成本；贷方登记加工完成验收入库物资的实际成本和收回剩余材料、物资的实际成本；期末余额在借方，反映企业委托单位加工尚未完成物资的实际成本。

“委托加工物资”账户可以按照委托加工合同、受托加工单位及加工物资的品种等设置明细账户，组织明细核算。

二、账务处理

（一）发出材料

采用实际成本核算的企业，在发出材料时，按照材料的实际成本，借记“委托加工物资”科目，贷记“原材料”科目。

采用计划成本核算的企业，在发出材料时，按照材料的实际成本，借记“委托加工物资”科目，按照发出材料的计划成本，贷记“原材料”科目，同时结转材料成本差异，借记或贷记“材料成本差异”科目。

（二）发生加工费、运杂费等费用

企业实际发生的加工费、运杂费等费用支出，借记“委托加工物资”科目，贷记“银行存款”“应付账款”等科目。

（三）支付相关税费

1. 消费税

委托加工应税消费品，消费税由受托方代扣代缴。受托方代收代缴的消费税是否可以抵扣需视不同情况而定。消费税收回后用于直接销售的，记入“委托加工物资”科目；收回后用于继续加工的，记入“应交税费——应交消费税”。

2. 增值税

委托加工物资应负担的增值税，凡属于加工物资用于增值税应税项目并取得增值税专用发票的一般纳税人，其进项税额可以抵扣，借记“应交税费——应交增值税（进项税额）”科目，不计入委托加工物资的成本；否则，进项税额计入委托加工物资的成本。

（四）加工完成验收入库

采用实际成本法核算的企业，委托加工物资加工完成验收入库时，按照实际成本借记“原材料”或“库存商品”科目，贷记“委托加工物资”科目。

采用计划成本核算的企业，委托加工物资加工完成验收入库时，按照计划成本借记“原材料”或“库存商品”科目，按照实际成本，贷记“委托加工物资”科目，实际成本与计划之间的差额，记入“材料成本差异”科目。

【实务 4-34】因考虑到本公司的加工条件和权衡成本，湖南沙沙门业有限公司委托青林公司将材料加工成包装木箱。按照加工合同，从仓库发出木材一批，实际总成本为

20 000 元；以银行存款支付往返运杂费 1 090 元（增值税专用发票载明运费 1 000 元，增值税额 90 元），加工费 6 780 元（增值税专用发票载明价款 6 000 元，增值税额 780 元）；加工完成，木箱已验收入库，剩余木材的价值为 1 200 元，已交材料仓库。根据有关凭证，编制会计分录如下：

（1）发出委托加工材料。

借：委托加工物资——青林公司（包装木箱）	20 000	
贷：原材料——木材		20 000

（2）支付往返运杂费。

借：委托加工物资——青林公司（包装木箱）	1 000	
应交税费——应交增值税（进项税额）	90	
贷：银行存款		1 090

（3）支付加工费。

借：委托加工物资——青林公司（包装木箱）	6 000	
应交税费——应交增值税（进项税额）	780	
贷：银行存款		6 780

（4）加工完成，退回剩余材料。

借：原材料——木材	1 200	
贷：委托加工物资——青林公司（包装木箱）		1 200

（5）包装木箱验收入库。

借：周转材料——包装物（在库木箱）	25 800	
贷：委托加工物资——青林公司（包装木箱）		25 800

本例中，加工完成的包装木箱的实际成本为 25 800 元［(20 000−1 200)+1 000+6 000］。

【实务 4-35】因客户急需，湖南沙沙门业有限公司委托青源公司将 A 材料加工成 M1 产品（应税消费品），按照加工合同，从存货发出 A 材料一批，实际总成本为 60 000 元；以银行存款支付往返运杂费 2 180 元（增值税专用发票载明运费 2 000 元，增值税额 180 元），加工费 33 900 元（增值税专用发票载明价款 30 000 元，增值税额 3 900 元），消费税 4 842 元；加工完成，M1 产品已验收入库，没有剩余材料退回。该公司将委托加工物资收回后直接用于销售，根据有关凭证，编制会计分录如下：

（1）发出委托加工材料。

借：委托加工物资——青源公司（M1 产品）	60 000	
贷：原材料——A 材料		60 000

（2）支付往返运杂费。

借：委托加工物资——青源公司（M1 产品）	2 000	
应交税费——应交增值税（进项税额）	180	
贷：银行存款		2 180

（3）支付加工费。

借：委托加工物资——青源公司（M1 产品）　　30 000

　　应交税费——应交增值税（进项税额）　　3 900

　贷：银行存款　　33 900

（4）支付消费税

借：委托加工物资——青源公司（M1 产品）　　4 842

　贷：银行存款　　4 842

（5）加工完成，M1 产品验收入库

借：库存商品——M1 产品　　96 842

　贷：委托加工物资——青源公司（M1 产品）　　96 842

如果委托加工物资收回后用于继续生产应税消费品，所支付的消费税则应记入“应交税费——消费税”科目，委托加工物资转入库存商品的金额为 92 000（60 000+2 000+30 000）元。

任务六　库存商品的核算

一、工业企业

工业企业的库存商品主要是指产成品。产成品是指企业已经完成全部生产过程并已验收入库合乎标准规格和技术条件，可以按照合同规定的条件送交订货单位，或者可以作为商品对外销售的产品。库存商品具体包括库存产成品、外购商品、存放在门市部准备出售的商品、发出展览的商品、寄存在外的商品等。企业接受来料加工制造的代制品和为外单位加工修理的代修品，在制造和修理完成验收入库后，视同企业的产成品，也包括在库存商品中。

（一）账户设置

工业企业“库存商品”账户用来核算企业各种库存商品收入、发出和结存的实际成本。该账户的借方登记已完成生产过程（或委托加工过程、采购过程等）并已验收入库的库存商品的实际成本；贷方登记发出商品的实际成本；期末余额在借方，反映企业期末库存商品的实际成本。

企业发出产成品的实际成本，可以采用先进先出法、月末一次加权平均法、移动加权平均法和个别计价法等方法计算确定。

“库存商品”账户应按库存商品的种类、品种和规格以及存放地点等设置明细账，进行数量和金额的明细核算。企业库存商品（产成品）明细账的格式与材料明细账格式相同。

（二）账务处理

1. 验收入库商品

对于库存商品采用实际成本核算的企业，当产品完成生产并验收入库时，企业应按实际成本，借记“库存商品”科目，贷记“生产成本”科目。

【实务4-36】湖南沙沙门业有限公司基本生产车间生产M1和M2两种产成品，成品仓库汇总的产品交库单载明，本月已经验收入库的M1产品为1 000件，M2产品为1 200件；财会部门编制的产品成本计算汇总表载明，本月M1和M2两种产品的实际总成本分别为600 000元和900 000元，根据产品成本计算汇总表等资料，编制会计分录如下。

借：库存商品——M1产品　　600 000

　　　　　　——M2产品　　900 000

　贷：生产成本——基本生产车间（M1产品）　　600 000

　　　　　　　——基本生产车间（M2产品）　　900 000

2. 发出商品

企业销售商品、确认收入结转销售成本，借记“主营业务成本”等科目，贷记“库存商品”科目。

【实务4-37】湖南沙沙门业有限公司上月结存M1产品200件，实际总成本为118 000元，结存M2产品100件，实际总成本为76 000元；本月生产完工入库M1、M2产品资料见【实务4-36】；本月销售M1产品1 100件，M2产品1 200件。采用月末一次加权平均法计算并结转本月销售M1产品和M2产品的实际成本。根据有关资料，编制会计分录如下：

M1产品加权平均法单位成本=（118 000+600 000）÷（200+1 000）=598.33（元）

本月M1产品销售总成本=1 100×598.33=658 163（元）

M2产品加权平均单位成本=（76 000+900 000）÷（100+1 200）=750.77（元）

本月M2产品销售总成本=1 200×750.77=900 924（元）

借：主营业务成本　　1 559 087

　贷：库存商品——M1产品　　658 163

　　　　　　　——M2产品　　900 924

二、商品流通企业

商品流通企业的库存商品主要是指外购或委托加工完成验收入库用于销售的各种商品。商品流通企业购入商品可以采用进价或售价核算。采用售价核算的，商品售价和进价之间的差额，可通过“商品进销差异”科目核算。期末，企业应将归集的进销差价在已售商品和期末结存商品之间进行分摊，确定已售商品应负担的进销差价，将已售商品的销售成本调整为实际成本。进价核算采用进价法；售价核算主要采用毛利率法和售价金额核算法。

（一）进价法

商品流通企业购入商品采用进价核算时，企业“库存商品”账户的设置和运用与工业企业相同。购进商品的核算与工业企业外购材料按实际成本计价的核算相似，购入在途的商品通过“在途物资”账户核算；库存商品销售成本的结转与产成品销售成本结转相同，销售商品的实际成本，可以采用先进先出法、月末一次加权平均法、移动加权平均法和个别计价法等方法计算确定。

（二）售价金额核算法

售价金额核算法是指企业在日常核算中，商品的购进、加工收回、销售都按售价记账，商品售价与进价成本之间的差额通过“商品进销差价”科目核算，期末计算进销差价率和本期已销售商品应分摊的进销差价，并据以调整本期销售成本的一种方法。此方法通常适用于商品零售企业。

采用售价金额核算法，已销商品实际进价成本的计算公式如下：

已销商品实际进价成本=已销商品售价-已销商品应分摊的进销差价

公式中的商品进销差价可以按商品类别或零售柜组分别计算出商品进销差价率，再计算已销商品应分摊的进销差价。商品进销差价率的计算原理与材料成本差异率相同。

$$\text{商品进销差价率}=\frac{\text{期初库存商品进销差价}+\text{本期入库商品进销差价}}{\text{期初库存商品售价}+\text{本期入库商品售价}}\times 100\%$$

$$\text{本期销售商品应负担的进销差价}=\text{本期销售商品售价}\times\text{商品进销差异率}$$

【实务 4-38】丙商业公司食品零售柜组上月库存商品售价总额为 40 000 元，商品进销差价为 9 500 元，本月购进商品售价总额为 460 000 元，商品进销差价为 115 500 元，本月销售商品售价总额为 465 000 元。该柜组本月已销商品的进销成本可以计算如下：

本期商品进销差价率=(9 500+115 500)÷(40 000+460 000)×100%

=125 000÷500 000×100%=25%

本期已销商品应分摊的进销差价=465 000×25%=116 250（元）

本期已销商品的进价成本=465 000-116 250=348 750（元）

月末库存商品应分摊的进销差价=9 500+115 500-116 250=8 750（元）

月末库存商品的进价成本=（40 000+460 000-465 000）-8 750

=35 000-8 750=26 250（元）

如果企业的商品进销差价率各期之间比较均衡，也可以采用上期商品进销差价率分摊本期的商品进销差价。年度终了，企业应对商品进销差价进行核实调整。

（三）毛利率法

毛利率法适用于商业批发企业，是用于计算本期商品销售成本和期末库存商品成本的方法。商品流通企业由于经营商品的品种繁多，如果分品种计算商品成本，工作量将大大增加，而且一般来讲，商品流通企业同类商品的毛利率大致相同，采用这种存货计价方法既能减轻工作量，也能满足对存货管理的需要。

毛利率法是指根据本期销售净额乘以上期实际（或本期计划）毛利率匡算本期销售毛利，并据以计算发出存货和期末存货成本的一种方法。其计算公式如下：

毛利率 = 销售毛利/销售额×100%

销售净额 = 商品销售收入-销售退回与折让

销售毛利 = 销售额 × 毛利率

销售成本 = 销售额-销售毛利

期末存货成本 = 期初存货成本 + 本期购货成本 − 本期销售成本

【实务 4-39】 丙批发公司采用毛利率进行核算，2019 年 12 月初针织品库存余额 180 万元，本月购进 300 万元，本期销售收入 340 万元，上季度该类商品毛利率为 25%。本月已销商品和月末库存商品的成本计算如下：

销售毛利 = 340×25% = 85（万元）

本月销售成本 = 340−85 = 255（万元）

月末库存商品成本 = 180+300−255 = 225（万元）

任务七　存货的清查

存货清查是指对存货进行实地盘点，确定存货的实有数量，并与账面结存数核对，从而确定存货实存数与账存数是否相符的一种专门方法。

由于存货种类繁多、收发频繁，在日常收发过程中可能发生计量错误、计算错误、自然损耗、损坏变质以及贪污、盗窃等情况，因此会造成账实不符，形成存货的盘盈、盘亏。对于存货的盘盈、盘亏，企业应填写存货盘点报告（如实存账存对比表），及时查明原因，按照规定程序报批处理。

一、账户设置

为了反映和监督企业在财产清查中查明的各种存货的盘盈、盘亏和毁损情况，企业应当设置“待处理财产损溢”账户。该账户的借方登记企业在财产清查过程中查明的各种财产物资的盘亏、毁损的金额，以及按管理权限经批准转销的财产物资的盘盈金额；贷方登记各种财产物资的盘盈金额，以及按管理权限经批准转销的各种财产物资的盘亏、毁损金额。企业财产损益应当查明原因，在期末结账前处理完毕，期末处理后“待处理财产损溢”账户应无余额。

“待处理财产损溢”账户应按盘盈、盘亏的资产种类和项目进行明细核算。

二、账务处理

（一）存货盘盈的账务处理

企业发生存货盘盈时，借记“原材料”“库存商品”等科目，贷记“待处理财产损溢”科目；在按管理权限报经批准后，借记“待处理财产损溢——待处理流动资产损溢”科目，贷记“管理费用”科目。

【实务 4-40】 湖南沙沙门业有限公司在定期财产清查中，盘盈 C 材料 200 千克，同类材料的市场价格为 6 元/千克。经查明，材料盘盈为收发计量方面的差错用。根据“存货盘存盈亏报告单”编制会计分录如下：

（1）按管理权限报经批准转销前的处理。

借：原材料——C 材料　　1 200

　贷：待处理财产损溢——待处理流动资产损溢　　1 200

（2）按管理权限报经批准转销的处理

借：待处理财产损溢——待处理流动资产损溢　　1 200

　贷：管理费用　　1 200

（二）存货盘亏及毁损的账务处理

企业发生存货盘亏及毁损时，借记“待处理财产损溢”科目，贷记“原材料”“库存商品”等科目。在按管理权限报经批准后应做如下账务处理：

（1）属于正常损耗的盘亏，记入“管理费用”科目。

（2）属于自然灾害造成的盘亏或毁损，保险公司的赔偿款记入“其他应收款”科目，入库残料价值，记入“原材料”科目，扣除残料价值和应由保险公司赔偿后的净损失，记入“营业外支出——非常损失”科目。

（3）属于非正常损失造成的盘亏或毁损，其进项税额不能抵扣，应转入“待处理财产损溢”科目。保险公司或责任人的赔偿款记入“其他应收款”科目，入库残料价值记入“原材料”科目，扣除残料价值和应由保险公司、过失人赔偿后的净损失，记入“管理费用”科目。

【实务 4-41】湖南沙沙门业有限公司在定期财产清查中，盘亏 D 材料 400 千克，该材料账面实际单位成本为 10 元/千克。经查明，材料盘亏为收发计量方面的差错，应编制会计分录如下：

（1）按管理权限报经批准转销前的处理。

借：待处理财产损溢——待处理流动资产损溢　　4 000

　贷：原材料——C 材料　　4 000

（2）按管理权限报经批准转销的处理。

借：管理费用　　4 000

　贷：待处理财产损溢——待处理流动资产损溢　　4 000

【实务 4-42】湖南沙沙门业有限公司丙材料因自然灾害毁损 1 200 千克，经查，该材料账面实际单位成本为 20 元/千克，购入时支付的增值税金为 3 120 元；保险公司已同意赔款 10 000 元，残料处理收到现金 600 元。按管理权限报经批准后，净损失列作营业外支出。根据“材料毁损报告单”等有关凭证，编制会计分录如下：

（1）按管理权限报经批准转销前。

借：待处理财产损溢——待处理流动资产损溢　　24 000

　贷：原材料——丙材料　　24 000

借：库存现金　　600

　　其他应收款——应收保险赔款　　10 000

　贷：待处理财产损溢——待处理流动资产损溢　　10 600

（2）按管理权限报经批准转销。

借：营业外支出——非常损失 13 400

贷：待处理财产损溢——待处理流动资产损溢 13 400

【实务 4-43】湖南沙沙门业有限公司在财产清查中发现毁损 B 材料 300 千克，实际单位成本为 20 元/千克，购入时支付的增值税金为 780 元；经查属于材料保管员的过失造成的，由其个人赔偿 3 000 元。按管理权限报经批准后，净损失列作管理费用。根据“材料毁损报告单”等有关凭证，编制会计分录如下：

（1）按管理权限报经批准转销前。

借：待处理财产损溢——待处理流动资产损溢 6 780

贷：原材料——丙材料 6 000

应交税费——应交增值税（进项税额转出） 780

借：其他应收款——应收赔偿款 3 000

贷：待处理财产损溢——待处理流动资产损溢 3 000

（2）按管理权限报经批准转销。

借：管理费用 3 780

贷：待处理财产损溢——待处理流动资产损溢 3 780

本例中，管理不善造成的存货的毁损或短缺，应将对应的进项税转出。材料毁损净损失=原材料×（1+增值税税率）-责任人员的赔偿款=6 000×1. 13-3 000=3 780（元）。

任务八 存货的期末计量

资产负债表日，存货应当按照成本与可变现净值孰低计量。其中，成本是指期末存货的实际成本，如企业在存货成本的日常核算中采用计划成本法、售价金额核算法等简化核算方法，应调整为实际成本。可变现净值，是指在日常活动中，存货的估计售价减去至完工时估计将要发生的成本、估计的销售费用以及相关税费后的金额。可变现净值的特征表现为存货的预计未来净现金流量，而不是存货的售价或合同价。

当存货成本低于可变现净值时，存货按成本计价；当存货成本高于其可变现净值的，表明存货可能发生损失，应在存货销售之前确认这一损失，即计提存货跌价准备，计入当期损益。以前减记存货价值的影响因素已经消失的，减记的金额应当予以恢复，并在原已计提的存货跌价准备金额内转回，转回的金额冲减当期损益。

一、存货可变现净值的确定方法

存货可变现净值通常应当按照单个存货项目分别确定。在确定其可变现净值时应当考虑以下三点：

（一）产成品、商品和用于出售的材料等直接用于出售的商品存货

在正常生产经营过程中，企业应当以该存货的估计售价减去估计的销售费用和相关税费后的金额确定其可变现净值。即：

可变现净值=存货的估计售价-（估计的销售费用+相关税费）

【实务4-44】 2019年12月31日，湖南沙沙门业有限公司M1库存商品估计售价580 000元，估计销售费用和相关税费为50 000元。则：

M1库存商品可变现净值=580 000-50 000=530 000（元）

（二）用于生产的材料、在产品或自制半成品等需经过加工的存货

需要经过加工的材料存货，如原材料、在产品、委托加工材料等，由于持有该材料的目的是生产产成品，而不是出售，该材料存货的价值将体现在用于其生产的产成品上。因此，在确定需要经过加工的材料存货的可变现净值时，需要以其生产的产成品可变现净值与该产品的成本进行比较，如果该产成品的可变现净值高于其成本，则该材料应按照其成本计量。

【实务4-45】 2019年12月31日，湖南沙沙门业有限公司库存C材料账面价值100 000元，市场价格80 000元。C材料生产的M3产品售价为210 000元，生产成本为180 000元，估计销售20 000元。

M3产品可变现净值=210 000-20 000=190 000（元）

M3产品成本=180 000（元）

本例中，虽然C材料在2019年12月31日账面价值（成本）高于其市场价格。但是由于其用于生产的产成品——M1型机器的可变现净值高于其成本，即用该原材料生产的最终产品此时并没有发生价值减损。因而，在这种情况下，即使C材料的账面价值（成本）高于市场价格，也不应计提存货跌价准备，仍应按其账面价值计价，其价值为100 000元。

如果材料价格的下降表明以其生产的产成品的可变现净值低于成本，则该材料应当按可变现净值计量。其可变现净值为在正常生产经营过程中，以该材料所生产的产成品的估计售价减去至完工时估计将要发生的成本、估计的销售费用以及相关税费后的金额确定。

需经过加工的材料存货的可变现净值=产成品的估计售价-至完工估计将要发生的成本-估计的销售费用-估计相关税费

【实务4-46】 2019年12月31日，湖南沙沙门业有限公司库存C材料账面价值100 000元，市场价格70 000元。由于C材料市场销售价格下降，用C材料生产的M3产品售价由210 000元下降到180 000元，将该批C材料加工成M3产品尚需投入80 000元，估计销售M3产品20 000元。

根据上述资料，可按以下步骤确定该批C材料的账面价值：

（1）计算用C材料所生产的M1产品的可变现净值。

M1产品的可变现净值=M1产品估计售价-估计销售费用及税金=180 000-20 000
=160 000（元）

（2）用 M1 产品可变现净值与 M1 产品成本进行比较。

M1 产品成本＝100 000+80 000＝180 000（元）

M1 产品成本 180 000 高于其可变现净值 160 000 元，即 C 材料价格的下降和 M1 产品销售价格的下降表明 M1 产品的可变现净值低于成本，因此该批 C 材料应当按照可变现净值计量。

（3）计算 C 材料的可变现净值，并确定其期末价值。

C 材料可变现净值＝M1 产品估计售价－C 材料加工成 M1 产品尚需投入的成本－估计的销售费用及税金＝180 000 －80 000－20 000＝80 000（元）

C 材料的可变现净值 80 000 元小于其成本 100 000 元，因此 C 材料的期末价值应为其可变现净值 80 000 元。

（三）资产负债表日，同一项存货中一部分有合同价格约定、其他部分不存在合同价格的，应当分别确定其可变现净值

企业为执行销售合同或者劳务合同而持有的存货，其可变现净值应当以合同价格为基础，减去估计的销售费用和相关税费后的金额确定。如果企业持有的同一项存货数量多于销售合同订购数量的，应分别确定其可变现净值，并与其相对应的成本进行比较，分别确定存货跌价准备计提或转回的金额。超出合同部分的存货的可变现净值，应当以一般销售价格为基础计算。

【实务 4-47】2019 年 12 月 31 日，湖南沙沙门业有限公司与青华公司签订一份购销合同，双方约定 2020 年 1 月 5 日，公司按照每件 820 元价格向青华公司提供 M2 产品 200 件，2019 年 12 月 31 日，M2 产品 300 件，单位生产成本 750 元，市场销售价格为每件 700 元，估计销售费用每件 50 元。

由于 2019 年 12 月 31 日 M2 产品库存数量大于购销合同约定数量，因此期末 M2 产品的可变现净值应按照购销合同和无购销合同两种情况分别确定。

有购销合同的 200 件 M2 产品的可变现净值＝200×（820－50）＝154 000（元）

无购销合同的 100 件 M2 产品的可变现净值＝100×（700－50）＝65 000（元）

有购销合同的 200 件 M2 产品可变现净值为 154 000 元，按照成本与可变现净值孰低原则，则其期末成本为 150 000（750×200）元；无购销合同的 100 件 M2 产品的可变现净值 65 000 元小于成本 75 000 元，期末应当按照可变现净值计量。

企业在确定持有的各类存货的可变现净值时，应当区别如下情况以确定存货的估计售价：①为执行销售合同而持有的存货，通常应当以产成品或商品的合同价格作为其可变现净值的计算基础；②企业持有存货的数量多于销售合同订购数量，超出部分存货可变现净值应当以产成品或商品的一般销售价格为计算基础；③没有销售合同约定的存货（不包括用于出售材料），其可变现净值应当以产成品或商品的一般销售价格（市场销售价格）为计算基础；④用于出售的材料，通常以市场价格作为其可变现净值的计算基础。

二、账户设置

（一）“存货跌价准备”账户

“存货跌价准备”账户用来核算企业存货的跌价准备。该账户属于资产类账户的备抵账户，贷方登记企业按规定计提的存货跌价准备；借方登记发出存货结转的存货跌价准备，以及已计提跌价准备的存货价值之后又得以恢复时，冲减的存货跌价准备金额；期末余额在贷方，反映企业已计提但尚未转销的存货跌价准备。

“存货跌价准备”账户应当按照存货项目或类别进行明细核算。

（二）“资产减值损失”账户

“资产减值损失”属于损益类账户，用于核算企业计提各项资产减值准备所形成的损失。本账户借方登记企业计提各项资产减值准备所形成的损失金额，贷方登记转回的存货跌价准备损失及期末结转“本年利润”的金额，期末无余额。

本账户可按资产减值损失的项目进行明细核算。

三、账务处理

（一）计提存货跌价准备

当存货成本高于可变现净值时，企业应当按照存货可变现净值低于成本的差额，借记“资产减值损失——存货跌价准备”科目，贷记“存货跌价准备”科目。

【实务 4-49】2019 年 12 月 31 日，湖南沙沙门业有限公司 M1 库存商品可变现净值为 530 000 元，该项存货账面实际成本为 550 000 元，账面没有计提存货跌价准备。根据资料，有关存货跌价准备的计算和编制的会计分录如下：

本期应计提存货跌价准备＝550 000－530 000＝20 000（元）

借：资产减值损失——存货跌价损失　　　　20 000

　贷：存货跌价准备——M1　　　　20 000

（二）存货跌价准备的转回

资产负债表日，企业应当确定存货的可变现净值。以前减记存货价值的影响因素已经消失的，减记的金额应当予以恢复，并在原已计提的存货跌价准备金额内转回，转回的金额计入当期损益。转回已计提的存货跌价准备金额时，按恢复的金额，借记“存货跌价准备”科目，贷记“资产减值损失——存货跌价准备”账户。

【实务 4-50】例 4-45 中，2019 年 12 月 31 日湖南沙沙门业有限公司 M1 库存商品的可变现净值为 546 000 元，该项存货账面实际成本为 550 000 元，账面已计提存货跌价准备 20 000 元。根据资料，有关存货跌价准备转回的计算和编制的会计分录如下：

借：存货跌价准备——M1　　　　16 000

　贷：资产减值损失——存货跌价损失　　　　16 000

M1 存货期末应当计提存货跌价准备金额为 4 000（550 000－546 000）元，该项存货原来已计提存货跌价准备 20 000 元，由于该项存货期末可变现净值高于成本，不是当期其他影响因素造成的，而是以前减记存货价值的影响因素已经消失。这时需要在原已计提的存货跌价准备金额 20 000 元内转回 16 000（20 000-4 000）元。

（三）存货跌价准备的结转

企业计提了存货跌价准备，如果其中有部分存货已经销售，企业结转存货销售成本时，应同时结转对其已计提的存货跌价准备，借记“存货跌价准备”科目，贷记“主营业务成本”“其他业务成本”等账户。

【实务 4-51】 2019 年 12 月 6 日湖南沙沙门业有限公司对外销售一批 M2 商品，收到含税价款 226 000 元（其中增值税 26 000 元），该批商品成本 210 000 元，已提存货跌价准备 35 000 元。根据资料，编制会计分录如下：

（1）销售商品确认收入。

借：银行存款	226 000	
贷：主营业务收入		200 000
应交税费——应交增值税（销项税额）		26 000

（2）结转成本同时结转存货跌价准备。

借：主营业务成本	175 000	
存货跌价准备	35 000	
贷：库存商品——M2		210 000

【本项目工作小结】

存货是企业一项重要的资产，其周转速度、管控水平与企业自身的财务状况和生产经营成果息息相关，是税务机关、内部控制、外部审计检查的重点。作为企业的财务人员应掌握存货的初始计量方法及发出存货的计量方法，原材料按照实际成本、计划成本核算方法，周转材料及委托加工物资、库存商品的会计核算方法，存货期末清查及减值的会计核算方法，并配合业务部门做好存货运转流程优化，提高存货运转利用效率，从而提升公司的整体竞争力。

◆仿真操作

1. 根据【实务 4-1】至【实务 4-51】编写有关的记账凭证。
2. 登记库存商品明细账。

◆岗位业务认知

利用节假日，去当地的一些企业（工商企业），了解企业的存货收支业务，了解企业会计人员是如何进行账务处理的。

◆工作思考

1. 期末存货计价为什么采用成本与可变现净值孰低法？
2. 会计准则中允许采用的发出存货的计价方法有哪些？
3. 什么是五五摊销法？
4. 售价金额核算法适用的范围？
5. 简述存货的核算范围。

项目五　固定资产核算业务

固定资产是企业开展生产经营活动必不可少的生产资料，固定资产业务是企业的日常业务，固定资产核算业务涉及固定资产初始成本的确定、折旧的计算以及固定资产的后续计量与期末计量；本项目涉及的主要会计岗位是资产岗位。作为企业的财会人员，应该能够确定固定资产的初始成本，能选择合适的折旧方法计算固定资产的折旧额，财务人员要加强资产管理，为企业获取更大的经济效益。

【项目工作目标】

⊙知识目标

掌握固定资产的概念及初始计量；熟悉固定资产的折旧范围与折旧方法，了解固定资产的后续计量、处置及期末计量。

⊙技能目标

学生通过本项目的学习，能够对固定资产的初始成本进行计量，能采用不同的方法计算固定资产的折旧，能对固定资产处置业务进行相关的账务处理。

【任务导入】

2019 年，湖南沙沙门业有限公司为提高工作效率，将一台已提足折旧但尚可使用的设备转入报废清理。报废设备的原始价值 62 000 元，已计提折旧 59 520 元。报废时发生清理费 360 元，残值收入 450 元（残料）。该固定资产的处置损益如何账务核算？

【进入任务】

任务一　固定资产概述
任务二　固定资产初始计量
任务三　固定资产后续计量
任务四　固定资产后续支出
任务五　固定资产的处置
任务六　固定资产的清查
任务七　固定资产的期末计量

任务一　固定资产概述

一、固定资产的定义和特征

固定资产是指为生产产品、提供劳务、出租或经营管理而持有的，使用年限超过一年，单位价值较高的有形资产。

具体来说，作为企业的固定资产，其特征主要表现在以下几个方面。

（一）为生产商品、提供劳务、出租或经营管理而持有

企业持有固定资产的目的是生产商品、提供劳务、出租或经营管理，即企业持有的固定资产是企业的劳动工具或手段，而不是用于出售的产品。

（二）使用年限超过一个会计年度

固定资产的使用寿命，是指企业使用固定资产的预计期间，或者该固定资产所能生产产品或提供劳务的期限。通常情况下，固定资产的使用寿命是指使用固定资产的预计期间，比如自用房屋建筑物的使用寿命表现为企业对该建筑物的预计使用年限。

（三）固定资产是有形资产

固定资产具有实物特征，这一特征将固定资产与无形资产区别开来。虽然有些无形资产可能同时符合固定资产的其他特征，即都是为生产商品、提供劳务而持有，使用寿命超过一个会计年度的资产，但是由于其没有实物形态，所以不属于固定资产。

二、固定资产的确认条件

某一资产项目，如果要作为固定资产加以确认，除需要符合固定资产的定义外，还必须同时满足以下条件。

（一）与该固定资产有关的经济利益很可能流入企业

资产最主要的特征是预期能给企业带来经济利益，如果某一资产预期不能给企业带来经济利益，就不能确认为企业的资产。企业在确认固定资产时，需要判断该项固定资产所包含的经济利益是否很可能流入企业。如果某一固定资产包含的经济利益不是很可能流入企业，那么，即使满足固定资产确认的其他条件，企业也不应将其确认为固定资产；如果某一固定资产包含的经济利益很可能流入企业，并同时满足固定资产确认的其他条件，那么，企业应将其确认为固定资产。

在实务工作中，判断某项固定资产包含的经济利益是否很可能流入企业，主要依据是与该固定资产所有权相关的风险与报酬是否转移到了企业。通常，取得固定资产的所有权是判断与固定资产所有权相关的风险和报酬转移到企业的一个重要标志。只要所有权已属于企业，无论企业是否收到或持有该固定资产，均应将其作为企业的固定资产；反之，如果没有取得所有权，即使存放在企业，也不能作为企业的固定资产。

但是，所有权是否转移，不是判断与固定资产所有权相关的风险和报酬是否转移到企业的唯一标志。企业虽然有时不能取得固定资产的所有权，但与固定资产所有权相关的风险和报酬实质上已转移给企业，那企业就能够控制该项固定资产所包含的经济利益流入企业。例如，融资租入固定资产，企业虽然不拥有固定资产的所有权，但与固定资产所有权相关的风险和报酬实质上已转移到企业（承租方），此时，企业能够控制该项固定资产所包含的经济利益，因此，满足确认固定资产的第一个条件。

（二）该固定资产的成本能够可靠地计量

成本能够可靠地计量是资产确认的一项基本条件，固定资产作为企业资产的重要组成部分，要予以确认，且为取得固定资产而发生的支出也必须能够可靠地计量。如果固定资产的成本能够可靠地计量，并同时满足其他确认条件，就可以对固定资产加以确认；否则，企业不应加以确认。

企业在确认固定资产成本时，有时需要根据所获得的最新资料，对固定资产的成本进行合理的估计。例如，企业对于已达到预定可使用状态的固定资产，在尚未办理竣工决算时，需要根据工程预算、工程造价或者工程实际发生的成本等资料，按暂估价值确认资产的入账价值，待办理了竣工决算手续后再做调整。

三、固定资产的分类

为了加强固定资产的核算与管理，需要对固定资产进行分类。固定资产的分类主要有以下几种。

（一）固定资产按经济用途分类

固定资产按经济用途分类，可以分为生产经营用固定资产和非生产经营用固定资产。

生产经营用固定资产是指直接服务于企业生产、经营过程的各种固定资产，如生产经营用的房屋、建筑物、机器、设备、器具、工具等。

非生产经营用固定资产是指不直接服务于生产、经营过程的各种固定资产，如职工宿舍、食堂、理发室等使用的房屋、设备和其他固定资产等。

这种分类有利于企业核算和管理固定资产，发挥固定资产的作用，提高固定资产的使用效率，从而合理配置固定资产。

（二）固定资产按使用情况分类

固定资产按使用情况分类，可以分为使用中固定资产、未使用固定资产和不需用固定资产。

使用中固定资产是指正在使用中的生产经营用和非生产经营用固定资产。由于季节性或大修理等原因暂时停止使用的固定资产，仍属于企业使用中的固定资产，企业以经营租赁方式租给其他单位使用的固定资产也属于使用中的固定资产。

未使用固定资产是指已完工或已购建的、尚未交付使用的新增固定资产，以及因进行改建、扩建等原因暂时停止使用的固定资产。

不需用固定资产是指本企业多余或不适用，需要调配处理的各种固定资产。

这种分类有利于企业合理使用固定资产，加强管理固定资产，处理和盘盈固定资产。

（三）固定资产按所有权分类

固定资产按所有权分类，可以分为自有固定资产和租入固定资产。

自有固定资产是企业拥有的可供长期使用的固定资产。

租入固定资产是企业向外单位租入，供企业在一定时期内使用的固定资产。租入固定资产的所有权属于出租单位，租入固定资产可分为经营租入固定资产和融资租入固定资产。

这种分类有利于企业核算和管理固定资产，合理使用资金，提高资金使用效益。

（四）固定资产按经济用途和使用情况综合分类

固定资产按经济用途和使用情况综合分类，可以分为以下 7 类。

生产经营用固定资产是指直接使用于生产经营过程的固定资产，如生产用的房屋及建筑物、机器设备、运输设备、工具器具等。

非生产经营用固定资产是指直接使用于非生产经营过程的固定资产，如非生产经营用的职工宿舍、食堂、浴室等。

租出固定资产指企业在短期租赁方式下出租给外单位使用的固定资产。

不需用固定资产是指不适应企业生产经营需要的、等待处理的固定资产。

未使用固定资产是指已完工或已购入的尚未交付使用或尚待安装的新增加的固定资产，因改扩建等原因暂停使用的固定资产，经批准停止使用的固定资产。

土地是指过去已估价入账的土地。因征地而支付的补偿费，应计入与土地有关的房屋、建筑物的价值内，不单独作为土地价值入账。企业取得的土地使用权，应作为无形资产，而不作为固定资产。

租入固定资产指企业除短期租赁和低价值资产租赁外而租入的固定资产，在租赁期间，应视同自有固定资产进行管理。

由于企业的经营性质不同，经营规模各异，对固定资产的分类不可能完全一致，因此在实际工作中，大多数企业采用综合分类的方法作为编制固定资产目录、进行固定资产核算的依据。

任务二　固定资产初始计量

固定资产的初始计量是指固定资产初始成本的确定。固定资产应按成本进行初始计量。固定资产成本是指企业购建某项固定资产达到预定可使用状态前发生的一切合理、必要的支出。这些支出既包括直接发生的价款、相关税费、运杂费、包装费和安装成本等，也包括间接发生的其他一些费用。

一、固定资产初始成本的构成

固定资产取得的方式不同，其初始成本也各不相同。

（一）外购的固定资产

外购固定资产的成本，为实际支付的买价、进口关税等相关税费，以及为使固定资产达到预定可使用状态前发生的可直接归属于该资产的其他支出，如运输费、装卸费、安装费和专业人员服务费等。

（二）自行建造的固定资产

自行建造的固定资产的成本，为建造该项资产达到预定可使用状态前所发生的必要支出构成。符合资本化的借款费用应计入自行建造固定资产的成本。

（三）投资者投入的固定资产

投资者投入固定资产的成本，应当按照投资合同或协议约定的价值确定，但合同或协议约定的价值不公允的除外。

（四）接受捐赠的固定资产

接受捐赠的固定资产，捐赠方提供了有关凭据的，按凭据上标明的金额加上应支付的相关税费入账；如果捐赠方未提供有关凭据，则按其市价或同类、类似固定资产的市场价格估计的金额，加上由企业负担的运输费、保险费、安装调试费等入账，或按照捐赠固定资产的预计未来现金流量的现值入账。

（五）盘盈的固定资产

盘盈的固定资产，按其市价或同类、类似的固定资产的市场价格，减去按该项固定资产的新旧程度估计的价值损耗后的余额入账。

（六）经批准无偿调入的固定资产

经批准无偿调入的固定资产，按调出单位的账面价值加上发生的运输费、安装费等相关费用入账。

二、外购的固定资产

外购固定资产的成本，包括买价、进口关税等相关税费，以及为使固定资产达到预定可使用状态前发生的可直接归属于该资产的其他支出，如运输费、装卸费、安装费和专业人员服务费等。

外购固定资产分为购入不需要安装的固定资产和购入需要安装的固定资产两类。

（一）购入不需要安装的固定资产

购入时，需要按实际支付的价款，包括买价和支付的运输费、保险费、包装费等，借记“固定资产”账户。

【实务 5-1】2019 年 12 月 12 日，湖南沙沙门业有限公司购入一台不需要安装的设备，取得的增值税专用发票上注明的设备价款 100 000 元，增值税税额为 13 000 元，发生的运输费为 3 000 元，发生的保险费为 2 000 元，以银行存款转账支付。假定不考虑其他相关税费。湖南沙沙门业有限公司的账务处理如下：

借：固定资产　105 000
　　应交税费——应交增值税（进项税额）　13 000
　贷：银行存款　118 000

（二）购入需要安装的固定资产

购入需要安装的固定资产，购入后经安装调试符合要求才能交付使用。其原始价值包括实际支付的价款（包括买价、包装费、运输费等）和安装调试费用等。购入需要安装的固定资产，先通过“在建工程”账户核算，待安装调试完工交付使用后，转入“固定资产”账户核算。

【实务 5-2】2019 年 12 月 13 日，湖南沙沙门业有限公司购入一台需要安装的机器设备，取得的增值税专用发票上注明的设备价款为 150 000 元，增值税税额为 19 500 元，支付的装卸费为 1 800 元，款项已通过银行转账支付；安装设备时领用一批原材料，其账面成本为 15 200 元，未计提存货跌价准备；应支付安装工人薪酬为 3 600 元。假定不考虑其他相关税费。湖南沙沙门业有限公司的账务处理如下：

（1）支付设备价款、增值税、装卸费。

借：在建工程　151 800
　　应交税费——应交增值税（进项税额）　19 500
　贷：银行存款　171 300

（2）领用本公司原材料、支付安装工人薪酬等费用。

借：在建工程　18 800
　贷：原材料　15 200
　　　应付职工薪酬　3 600

（3）设备安装完毕达到预定可使用状态时，结转成本。

借：固定资产　170 600
　贷：在建工程　170 600

三、自行建造的固定资产

自行建造的固定资产，按建造该项资产达到预定可使用状态前所发生的必要支出作为入账价值。其中，“建造该项资产达到预定可使用状态前所发生的必要支出”包括工程用物资成本、人工成本、缴纳的相关税费、应予以资本化的借款费用及应分摊的间接费用等。自行建造的固定资产通过“在建工程”账户核算。

【实务 5-3】2019 年 9 月，湖南沙沙门业有限公司准备自行建造一座厂房，购入为工程准备的一批物资，价款为 200 000 元，支付的增值税进项税额为 26 000 元，款项以银行存款支付。工程先后领用物资为 110 000 元；剩余工程物资转为该公司的存货；领用生产原材料一批，账面成本 30 000 元，未计提存货跌价准备；辅助生产车间为工程提供的有关劳务支出为 26 000 元；应支付工程人员薪酬为 58 000 元；12 月底，工程达到预定可使用状态并交付使用。湖南沙沙门业有限公司的账务处理如下：

（1）购入为工程准备的物资。

借：工程物资　　200 000
　　应交税费——应交增值税（进项税额）　　26 000
　贷：银行存款　　226 000

（2）工程领用物资。

借：在建工程　　110 000
　贷：工程物资　　110 000

（3）工程领用原材料。

借：在建工程　　30 000
　贷：原材料　　30 000

（4）辅助生产车间为工程提供劳务支出。

借：在建工程　　26 000
　贷：生产成本——辅助生产成本　　26 000

（5）计提工程人员薪酬。

借：在建工程　　58 000
　贷：应付职工薪酬　　58 000

（6）12 月底，工程达到预定可使用状态并交付使用。

借：固定资产　　224 000
　贷：在建工程　　224 000

（7）剩余工程物资转作存货。

借：原材料　　90 000
　贷：工程物资　　90 000

四、投资者投入的固定资产

企业接受外单位以固定资产作为投资。对外单位投入的固定资产，应按投资合同或协议约定的价值作为其成本，但合同或协议约定的价值不公允的，应以公允价值计量，公允价值与合同约定价之间的差额计入资本公积。

【实务 5-4】2019 年 12 月 21 日，湖南沙沙门业有限公司接受乙公司投入的固定资产一台，乙公司记录的该项固定资产的账面原价为 90 000 元，已提折旧 10 000 元；湖南沙沙门业有限公司接受投资时，双方同意按原固定资产的净值确认投资额，但经评估该固定资产的价格为 90 000 元。

借：固定资产　　90 000
　贷：实收资本（股本）　　80 000
　　　资本公积　　10 000

五、接受捐赠的固定资产

（1）接受新固定资产捐赠。捐赠方提供了有关凭据的，按凭据上标明的金额加上应支付的相关税费，作为入账价值；捐赠方未能提供有关凭据的，应按其公允价值入账。

（2）接受旧固定资产捐赠。如接受捐赠的是旧的固定资产，则按上述方法确定该固定资产价值，减去按该项资产新旧程度估计的价值损耗后的余额，作为入账价值。

【实务 5-5】湖南沙沙门业有限公司接受 B 公司捐赠固定资产一台，其公允价值为 36 000 元。

借：固定资产　　36 000

　贷：营业外收入——捐赠利得　　36 000

任务三　固定资产后续计量

一、固定资产折旧

固定资产折旧是指在固定资产使用寿命内，按照确定的方法对应计提折旧额进行系统分摊。其中，应计折旧额是指应当计提折旧的固定资产的原价扣除其预计净残值后的金额；已计提减值准备的固定资产，还应当扣除已计提的固定资产减值准备累计金额。预计净残值是指假定固定资产预计使用寿命已满并处于寿命终了时的预期状态，企业目前从该项资产处置中获得的扣除预计处置费用后的金额。

企业应当根据固定资产的性质和使用情况，合理确定固定资产的使用寿命和预计净残值。固定资产的使用寿命、预计净残值一经确定，不得随意变更。

（一）固定资产折旧范围

《企业会计准则第 4 号——固定资产》规定，企业应对所有的固定资产计提折旧；但是，已提足折旧仍继续使用的固定资产和单独计价入账的土地除外。

提足折旧是指已经提足该项固定资产的应计折旧额。固定资产提足折旧后，不论能否继续使用，均不再计提折旧。提前报废的固定资产也不再补提折旧。

已达到预定可使用状态但尚未办理竣工决算的固定资产，应当按照估计价值确定其成本，并计提折旧；待办理竣工决算后再按实际成本调整原来的暂估价值，但不需用调整原已计提的折旧额。

处于更新改造过程中停止使用的固定资产，应将其账面价值转入在建工程，不再计提折旧。更新改造项目达到预定可使用状态转为固定资产后，再按照重新确定的折旧方法和该项固定资产尚可使用年限计提折旧。

（二）固定资产的折旧方法

企业应当根据与固定资产有关的经济利益的预期实现形式，合理选择折旧方法。固定资产折旧方法包括年限平均法、工作量法、双倍余额递减法和年数总和法等。企业选用不同的固定资产折旧方法，将影响固定资产使用寿命期间内不同时期的折旧费用，因此，固定资产的折旧方法一经确定，不得随意变更。

1. 年限平均法

年限平均法，又称直线法。它是指将固定资产的应计折旧额均衡分摊到固定资产预计使用寿命内的一种方法。采用这种方法计算的每期折旧额相等。计算公式如下：

年折旧率=(1-预计净残值)÷预计使用年限×100%

月折旧率=年折旧率/12

月折旧额=固定资产原价×月折旧率

【实务 5-6】 湖南沙沙门业有限公司有一项固定资产，该固定资产原值为 100 000 元，固定资产预计使用年限为 5 年，预计净残率为 2%。采用年限平均法计提固定资产年折旧额。

月折旧额=100 000×(1-预计净残值)÷预计使用年限/12×100%

=100 000×(1-2%)÷5/12×100%

=1 633. 33(元)

2. 工作量法

工作量法是根据实际工作量计算每期应提折旧额的一种方法。计算公式如下：

单位工作量折旧额=固定资产原价×（1-预计净残值）/预计总工作量

某项固定资产月折旧额=该项固定资产当月工作量×单位工作量折旧额

【实务 5-7】 湖南沙沙门业有限公司的运输汽车 1 辆，原值为 300 000 元，预计净残值率为 4%，预计行使总里程为 800 000 千米。该汽车采用工作量法计提折旧。某月该汽车行驶 6 000 千米。该汽车的单位工作量折旧额和该月折旧额计算如下：

单位工作量折旧额=[300 000×(1-4%)]/800 000=0. 36（元/千米）

该月折旧额=0. 36×6 000=2 160（元）

3. 双倍余额递减法

双倍余额递减法是指在不考虑固定资产预计净残值的情况下，根据每期期初固定资产原价减去累计折旧后的金额和双倍的直线法折旧率计算固定资产折旧的一种方法。应用这种方法计算折旧时，由于每年年初固定资产净值没有扣除预计净残值，所以在计算固定资产折旧时应在其折旧年限到期前两年内，将固定资产净值扣除预计净残值后的余额平均摊销。计算公式如下：

年折旧率=2/预计使用年限×100%

月折旧率=年折旧率/12

月折旧额=（固定资产原价-累计折旧）×月折旧率

【实务 5-8】 湖南沙沙门业有限公司有一台设备，原值为 50 000 元，预计残值为 2 000 元，预计使用 5 年，采用双倍余额递减法计算各年的折旧额如表 5-1。

表 5-1　折旧计算表　　单位：元

年次	年初账面净值	折旧率	折旧额	累计折旧额	期末账面净值
1	50 000	40%	20 000	20 000	30 000
2	30 000	40%	12 000	32 000	18 000
3	18 000	40%	7 200	39 200	10 800
4	10 800		4 400	43 600	6 400
5	6 400		4 400	48 000	2 000

4. 年数总和法

年数总和法，是将固定资产的原值减去预计净残值后的余额，乘以一个逐年递减的分数计算每年的折旧额，这个分数的分子代表固定资产尚可使用年限，分母代表使用年数之和。计算公式如下：

年折旧率=尚可使用年限/预计使用的年数总和×100%

月折旧率=年折旧率/12

月折旧额=（固定资产原价-预计净残值）×月折旧率

企业应当按月计提固定资产折旧，当月增加的固定资产，当月不计提折旧，从下月起计提折旧；当月减少的固定资产，当月仍计提折旧，从下月起不计提折旧。

企业计提的固定资产折旧，应当根据用途计入相关资产的成本或者当期损益。例如，基本生产车间使用的固定资产，其计提的折旧应计入制造费用；管理部门使用的固定资产，计提的折旧应计入管理费用；销售部门计提使用的固定资产，计提的折旧应计入销售费用；未使用固定资产，其计提的折旧应计入管理费用等。

【实务 5-9】湖南沙沙门业有限公司有一台设备，原值为 48 000 元，预计残值为 3 000 元，预计使用 5 年，采用年限总和法计算各年的折旧额如表 5-2。

表 5-2　折旧计算表　　单位：元

年次	原值-净残值	折旧率	折旧额	累计折旧额	期末账面净值
1	45 000	5/15	15 000	15 000	33 000
2	45 000	4/15	12 000	27 000	21 000
3	5/15	3/15	9 000	36 000	12 000
4	45 000	2/15	6 000	42 000	6 000
5	45 000	1/15	3 000	45 000	3 000

任务四 固定资产后续支出

固定资产的后续支出是指固定资产使用过程中发生的更新改造支出、修理费用等。企业的固定资产在投入使用后，为了适应新技术发展的需要，或者为维护或提高固定资产的使用效能，往往需要对现有固定资产进行维护、改建、扩建或者改良。

后续支出的处理原则为：符合固定资产确定条件的，应当计入固定资产的成本，同时将被替换部分的账面价值扣除；不符合固定资产确定条件的，应当计入当期损益。

一、资本化的后续支出

固定资产发生可资本化的后续支出时，企业一般应将该固定资产的原价、已计提的累计折旧和减值准备转销，将其账面价值转入在建工程，并停止计提折旧。发生的可资本化的后续支出，通过“在建工程”科目核算。在固定资产发生的后续支出完工并达到预定可使用状态时，再从在建工程转为固定资产，并按重新确定的使用寿命、预计净残值和折旧方法计提折旧。

【实务 5-10】湖南沙沙门业有限公司是一家门业生产企业，有关业务资料如下：

（1）2017 年 10 月，该公司自行建成了一条门业生产线并投入使用，建造成本为 600 000 元；采用年限平均法计提折旧；预计净残值率为固定资产原价的 3%，预计使用年限为 6 年。

（2）2019 年 10 月 31 日，由于生产的产品适销对路，现有这条门业生产线的生产能力已难以满足公司生产发展的需要，但若新建生产线成本过高，周期过长，于是决定对现有生产线进行扩建，以提高其生产力。假定该生产线未发生过减值。

（3）至 2019 年 12 月 30 日，完成了对这条生产线的改扩建工程，达到预定可使用状态。改扩建过程中发生以下支出：用银行存款购买工程物资一批，增值税专用发票上注明的价款为 210 000 元，增值税税额为 27 300 元，已全部用于改扩建工程；发生有关人员薪酬 84 000 元。

（4）该生产线改扩建工程达到预定使用状态后，大大提高了生产能力，预计尚可使用年限为 7 年。假定改扩建后的生产线的预计净残值率为改扩建后其账面价值的 4%；折旧方法仍为年限平均法。

假定湖南沙沙门业有限公司按年度计提固定资产折旧，为了简化计算过程，整个过程不考虑其他相关税费，湖南沙沙门业有限公司的账务处理如下：

（1）本例中，门业生产线改扩建后能力大大提高，能够为企业带来更多经济利益，改扩建的支出金额也能可靠计量，因此该后续支出符合固定资产的确定条件，应计入固定资产的成本。

固定资产后续支出发生前，该条门业生产线的应计折旧额 = 600 000×（1−3%）= 582 000（元）

年折旧额=582 000/6=97 000（元）

（2）2019 年 10 月 31 日，将该生产线的账面价值 406 000［600 000-（97 000×2）］元转入在建工程。编制会计分录如下：

借：在建工程——门业生产线　406 000
　　累计折旧　194 000
　贷：固定资产——门业生产线　600 000

（3）发生改扩建工程支出：

借：工程物资　210 000
　　应交税费——应交增值税（进项税额）　27 300
　贷：银行存款　237 300
借：在建工程——门业生产线　294 000
　贷：工程物资　210 000
　　　应付职工薪酬　84 000

（4）2019 年 12 月 30 日，生产线改扩建工程达到预定可使用状态，转为固定资产。编制会计分录如下：

借：固定资产——门业生产线　700 000
　贷：在建工程——门业生产线　700 000

（5）2019 年 12 月 30 日，转为固定资产后，按重新确定的使用寿命、预计净残值和折旧方法计提折旧。

应计折旧额=700 000×（1-4%）=672 000（元）

年折旧额=672 000/7=96 000（元）

2020 年至 2026 年每年应计提折旧额为 96 000 元，会计分录为：

借：制造费用　96 000
　贷：累计折旧　96 000

企业对固定资产进行定期检查发生的大修理费用，符合资本化条件的，可以计入固定资产成本，不符合资本化条件的，计入当期损益。

二、费用化的后续支出

一般情况下，固定资产投入使用后，由于固定资产磨损、各组成部分耐用程度不同，可能导致固定资产的局部损坏，为了维护固定资产的正常运转和使用，充分发挥其使用效能，企业会对固定资产进行必要的维护。

固定资产的日常维护支出通常不满足固定资产的确认条件，应在发生时直接计入当期损益。企业生产车间和行政管理部门等发生的固定资产修理费用等后续支出计入管理费用；企业专设销售机构的，其发生的与专设销售机构相关的固定资产修理费用等后续支出，计入销售费用。固定资产更新改造支出不满足固定资产确认条件的，也应在发生时直接计入当期损益。

任务五　固定资产的处置

一、固定资产终止确认的条件

固定资产处置，包括固定资产的出售、转让、报废和毁损、对外投资、非货币性资产交换、债务重组等。

固定资产满足下列条件之一的，应当予以终止确认：

（1）该固定资产处于处置状态；

（2）该固定资产预期通过使用或处置不能产生经济利益。

二、固定资产处置的核算业务

企业出售、转让、报废固定资产或发生固定资产毁损，应当将处置收入扣除账面价值和相关税费后的金额计入当期损益。固定资产账面价值是固定资产成本扣减累计折旧和累计减值准备后的金额。固定资产处理一般通过“固定资产清理”科目进行核算。

（一）固定资产转入清理

企业因出售、报废、毁损、对外投资、非货币性资产交换、债务重组等转出的固定资产，按该项固定资产的账面价值，借记“固定资产清理”科目；按已计提的累计折旧，借记“累计折旧”科目；按已计提的减值准备，借记“固定资产减值准备”科目；按其账面原价，贷记“固定资产”科目。

（二）发生的清理费用等

固定资产清理过程中，应支付的清理费用及其可抵扣的增值税进项税额，借记“固定资产清理”“应交税费——应交增值税（进项税额）”科目，贷记“银行存款”等科目。

（三）收回出售固定资产的价款、残料价值和变价收入等

收回出售固定资产的价款和税款，借记“银行存款”科目，按增值税专用发票上注明的价款，贷记“固定资产清理”科目；按增值税专用发票上注明的增值税销项税额，贷记“应交税费——应交增值税（销项税额）”科目。残料入库，按残料价值，借记“原材料”等科目，贷记“固定资产清理”科目。

（四）保险赔偿等的处理

应由保险公司或过失人赔偿的损失，借记“其他应收款”等科目，贷记“固定资产清理”科目。

（五）清理净损益的处理

固定资产清理完毕后，企业对清理净损益应区分不同情况进行账务处理：

（1）因固定资产已丧失使用功能或因自然灾害发生毁损等原因而报废清理产生的利得或损失应计入营业外收支。属于生产经营期间报废清理产生的处理净损失，借记“营业外

支出——非流动资产处置损失”（正常原因）或“营业外支出——非常损失”（非正常原因）科目，贷记“固定资产清理”科目；如为净收益，借记“固定资产清理”科目，贷记“营业处收入——非流动资产处置利得”科目。

（2）因出售、转让等原因产生的固定资产处置利得或损失应计入资产处置收益。确认处置净损失，借记“资产处置损益”科目，贷记“固定资产清理”科目；如为净收益，借记“固定资产清理”科目，贷记“资产处置损益”科目。

【实务 5-11】湖南沙沙门业有限公司有一台设备，因使用期满经批准报废。该设备原价为 106 800 元，累计已提折旧 98 000 元，已提减值准备 2 600 元。在清理过程中，以银行存款支付清理费用 4 800 元，残料变卖收入为 5 600 元。甲公司的账务处理如下：

（1）固定资产转入清理。

借：固定资产清理	6 200	
累计折旧	98 000	
固定资产减值准备	2 600	
贷：固定资产		106 800

（2）发生清理费用。

借：固定资产清理	4 800	
贷：银行存款		4 800

（3）收到残料变价收入。

借：银行存款	5 600	
贷：固定资产清理		5 600

（4）结转固定资产净损益。

借：资产处置损益	5 400	
贷：营业处收入——非流动资产处置利得		5 400

【实务 5-12】2019 年 12 月 8 日，湖南沙沙门业有限公司出售给 B 公司一台机器设备，设备原值 150 000 元，已计提折旧 60 000 元，已计提减值准备 20 000 元，出售时取得收入 103 000 元。假该公司是一般纳税人，该设备处置符合简易计税条件，并按 3%征收率开具了增值税专用发票。

（1）固定资产转入清理。

借：固定资产清理	70 000	
累计折旧	60 000	
固定资产减值准备	20 000	
贷：固定资产		150 000

（2）出售取得收入。

借：银行存款	103 000	
贷：固定资产清理		100 000
应交税费——简易计税		3 000

借：固定资产清理　　30 000
　贷：资产处置损益　　30 000

【实务 5-13】湖南沙沙门业有限公司为增值税一般纳税人，因遭受台风袭击毁损一座仓库，该仓库原价 4 000 000 元，已计提折旧 1 000 000 元，未计提减值准备。其残料估计价值 50 000 元，残料已办理入库。发生清理费用并取得增值税专用发票，注明的装卸费为 20 000元，增值税税额为 1 200 元，以银行存款支付。经保险公司核定应赔偿损失 1 500 000 元，增值税税额为 0 元，款项已存入银行。该公司应编制如下会计分录：

（1）将毁损的仓库转入清理时。

借：固定资产清理　　3 000 000
　　累计折旧　　1 000 000
　贷：固定资产　　4 000 000

（2）残料入库时。

借：原材料　　50 000
　贷：固定资产清理　　50 000

（3）支付清理费用时。

借：固定资产清理　　20 000
　　应交税费——应交增值税（进项税额）　　1 200
　贷：银行存款　　21 200

（4）收到保险公司理赔款项时。

借：银行存款　　1 500 000
　贷：固定资产清理　　1 500 000

（5）结转毁损固定资产发生的损失时。

借：营业外支出——非常损失　　1 470 000
　贷：固定资产清理　　1 470 000

任务六　固定资产的清查

一、盘盈的固定资产

盘盈的固定资产应作为会计差错更正来处理，在按管理权限报经批准处理前应先通过“以前年度损益调整”科目核算。

【实务 5-14】湖南沙沙门业有限公司在财产清查中，发现多出机器设备一台，其公允价值为 40 000 元，该公司所得税税率为 25%，提取法定盈余公积的比例为 10%，该公司的账务处理如下：

借：固定资产　　40 000
　贷：以前年度损益调整　　40 000
借：以前年度损益调整　　10 000
　贷：应交税费——应交所得税　　10 000
借：以前年度损益调整　　30 000
　贷：盈余公积——法定盈余公积　　3 000
　　　利润分配——未分配利润　　27 000

二、盘亏的固定资产

固定资产出现盘亏的原因主要有自然灾害、责任事故、失窃等。对不同情况出现的固定资产盘亏，企业应进行不同的账务处理。

（1）批准前：

借：待处理财产损溢——待处理固定资产损溢
　　累计折旧
　贷：固定资产

（2）批准后：

借：其他应收款
　　营业外支出
　贷：待处理财产损溢——待处理固定资产损溢

任务七　固定资产的期末计量

一、固定资产减值的核算

固定资产减值是指由于固定资产发生损坏、技术陈旧或其他经济原因，所导致的其可收回金额低于其账面价值的情况。

企业固定资产在使用过程中，由于存在有形损耗（如自然磨损）和无形损耗（如技术陈旧）及其他经济原因，发生资产价值的减值是必然的。对于已经发生的资产价值的减值如果不予以确认，必然导致资产的价值虚夸，这不符合真实性原则，也有悖于稳健性原则。因此，企业应当在期末或者至少在每年年度终了，对固定资产逐项进行检查，如发现存在下列情况，应当计算固定资产的可收回金额，以确定资产是否已经发生减值：

（1）固定资产市价大幅度下跌，其跌价幅度大大高于因时间推移或正常使用而预计的下跌，并且预计在近期内不可能恢复。

（2）企业经营所处的经济、技术或者法律环境等及资产所处的市场在当期或者将在近期发生重大变化，并对企业产生不良影响。

（3）市场利率或者其他市场投资报酬率在当期已经提高，从而影响企业计算固定资产预计未来现金流量限制的折现率，导致固定资产可收回金额大幅度降低。

（4）有证据表明固定资产已经陈旧过时或者其实体已经损坏。

（5）固定资产预计使用方式发生重大不利变化，如企业计划终止使用、提前处置资产等情形，从而对企业产生负面影响。

（6）其他有可能表明资产已发生减值的情况。

如果固定资产的可收回金额低于其账面价值，企业应当按可收回金额低于账面价值的差额计提减值准备，并设置“固定资产减值准备”科目进行核算。固定资产减值准备应按单项资产计提，计提时，借记“资产减值损失”科目，贷记“固定资产减值准备”科目。

【实务5-15】湖南沙沙门业有限公司有一台机器设备，账面原值为200 000元，已提累计折旧120 000元，经检查该设备的性能已经陈旧，预计可收回金额仅为30 000元，则对可收回金额低于其净值80 000元（200 000-120 000）的50 000元（80 000-30 000）提取减值准备如下：

借：资产减值损失　　　　50 000

　贷：固定资产减值准备　　　　50 000

企业在对固定资产检查时，如发现某项固定资产存在以下几种情况：①长期闲置不用、在可预见的未来不会再使用，且已无转让价值；②由于技术进步等原因，已不可使用；③虽尚可使用，但使用后会严重影响产品的质量；④实质上已经不能再给企业带来经济利益等，应按该项固定资产的账面价值全额提取减值准备。已全额计提减值准备的固定资产，不再计提折旧。

【本项目工作小结】

固定资产是指为生产产品、提供劳务、出租或经营管理而持有的、使用年限超过一年，单位价值较高的有形资产。学生通过本项目的学习，掌握固定资产的概念及初始计量；熟悉固定资产的折旧范围与折旧方法，了解固定资产的后续计量、处置及期末计量，能采用不同的方法计算固定资产的折旧；能对固定资产不同的处置方式正确地进行相应的账务处理。

◆仿真操作

1. 根据【实务5-1】至【实务5-15】编写有关的记账凭证。
2. 登记固定资产明细账。

◆岗位业务认知

1. 利用节假日，去当地的一些企业，了解企业的固定资产是如何分类的，一般采用什么方法计提固定资产折旧的。

2. 参与企业固定资产的清查工作。

◆工作思考

1. 什么是固定资产？在实际工作中，固定资产是如何分类的？
2. 怎样确定通过各种渠道取得固定资产的原始价值？
3. 什么是固定资产减值？什么情况下要计提固定资产减值准备？
4. 计提固定资产折旧的方法有哪些？加速折旧法对企业的资产和损益有什么影响？
5. 固定资产处置与盘亏在核算上有什么不同？

项目六　无形资产及其他资产核算业务

随着市场经济的发展和知识创新步伐的加快，无形资产在企业中的地位日益突出，已成为企业的一项重要的经济资源，在企业资产中的比重越来越大。加强对无形资产的会计核算和相关信息的披露也就显得日益重要。本项目涉及的主要会计岗位是无形资产核算岗位，作为该岗位的会计人员，一定要熟练掌握无形资产的确认、计量、处置等方面的知识和技能。

【项目工作目标】

⊙知识目标

了解无形资产的概念、种类；掌握无形资产的初始计量和后续计量，掌握无形资产的处置、清查与减值的会计核算。

⊙技能目标

学生通过本项目的学习，能对无形资产的取得、后续支出、处置、清查与减值进行账务处理。

【任务导入】

2019 年，湖南沙沙门业有限公司现有作为无形资产核算的一项商标权和一项专有技术，商标权的使用寿命为 10 年，专有技术的使用寿命不确定，请问这两项无形资产都需要摊销吗？为什么？

【进入任务】

任务一　无形资产的确认和初始计量

任务二　内部研究开发支出的确认和计量

任务三　无形资产的后续计量

任务四　无形资产的处置和报废

任务五　其他非流动资产

任务一　无形资产的确认和初始计量

一、无形资产的概念与特征

无形资产是指企业拥有或者控制的没有实物形态的可辨认非货币性资产。无形资产通常包括专利权、非专利技术、商标权、著作权、特许权、土地使用权等。

相对于其他资产，无形资产具有以下特征：

1. 无形资产不具有实物形态

无形资产是不具有实物形态的非货币性资产，它不像固定资产、存货等资产，具有实物形态。

2. 无形资产具有可辨认性

作为无形资产核算的资产，必须是能够区别于其他资产的、可单独辨认的。符合以下条件之一，则当认定为其具有可辨认性：

（1）能够从企业中分离或者划分出来，并能单独用于出售或转让等，而不需要同时处置在同一获利活动中的其他资产。商誉的存在无法与企业自身分离，不具有可辨认性，不属于本章所指无形资产。

（2）产生于合同权利或其他法定权利，无论这些权利是否可以从企业或其他权利和义务中转移或者分离。如一方签订特许权合同而获得的特许使用权、通过法律程序申请获得的商标权和专利权等。

3. 无形资产属于非货币性资产

非货币性资产是指除企业持有的货币资金和将以固定或可确定的金额收取的资产以外的其他资产。无形资产属于非货币性资产，且能够在多个会计期间为企业带来经济利益。无形资产的使用年限在一年以上，其价值将在各个受益期间逐渐摊销。

二、无形资产的内容

无形资产包括专利权、非专利技术、商标权、著作权、特许权及土地使用权等。

1. 专利权

专利权是指国家专利主管机关依法授予发明创造专利申请人，对其发明创造在法定期限内所享有的专有权利，包括发明专利权、实用新型专利权和外观设计专利权。发明专利权的期限为 20 年，实用新型专利权和外观设计专利权的期限为 10 年，均自申请日起计算。

2. 非专利技术

非专利技术也称专有技术。它是指不为外界所知、在生产经营活动中已采用了的、不享有法律保护的、可以带来经济效益的各种技术和诀窍。非专利技术一般包括工业专有技术、商业贸易专有技术、管理专有技术等。非专利技术并不是专利法的保护对象，非专利技术用自我保密的方式来维持其独占性，具有经济性、机密性和动态性等特点。

3. 商标权

商标权是用来辨认特定的商品或劳务的标记。商标权指专门在某类指定的商品或产品上使用特定的名称或图案的权利。经商标局核准注册的商标为注册商标，包括商品商标、服务商标和集体商标、证明商标，商标注册人享有商标专用权，受法律保护。注册商标的有效期为 10 年，自核准注册之日起计算。注册商标有效期满，需要继续使用的，应当在期满前 6 个月内申请续展注册，在此期间未能提出申请的，可以给予 6 个月的宽展期。宽展期满仍未提出申请的，注销其注册商标。每次续展注册的有效期为 10 年。

4. 著作权

著作权又称版权，指作者对其创作的文学、科学和艺术作品依法享有的某些特殊权利。著作权包括作品署名权、发表权、修改权和保护作品完整权，还包括复制权、发行权、出租权、展览权、表演权、放映权、广播权、信息网络传播权、摄制权、改编权、翻译权、汇编权以及应当由著作权人享有的其他权利。著作权人包括作者和其他依法享有著作权的公民、法人或者其他组织。著作权属于作者，作者是创作作品的公民。由法人或者其他组织主持，代表法人或者其他组织意志创作，并由法人或者其他组织承担责任的作品，法人或者其他组织视为作者。作者的署名权、修改权、保护作品完整权的保护期不受限制。公民的作品，其发表权、复制权、发行权、出租权、展览权、表演权、放映权、广播权、信息网络传播权、摄制权、改编权、翻译权、汇编权以及应当由著作权人享有的其他权利的保护期，为作者终生及其死亡后 50 年，截止于作者死亡后第 50 年的 12 月 31 日；如果是合作作品，截止于最后死亡的作者死亡后第 50 年的 12 月 31 日。

5. 特许权

特许权又称经营特许权、专营权，指企业在某一地区经营或销售某种特定商品的权利或是一家企业接受另一家企业使用其商标、商号、技术秘密等的权利。特许权通常有两种形式：一种是由政府机构授权，准许企业使用或在一定地区享有经营某种业务的特权，如水、电、邮电通信等专营权、烟草专卖权等。另一种指企业间依照签订的合同，有限期或无限期使用另一家企业的某些权利，如连锁店分店使用总店的名称等。特许权转让合同通常规定了特许权转让的期限、转让人和受让人的权利和义务。转让人一般要向受让人提供商标、商号等使用权，传授专有技术，并负责培训营业人员，提供经营所必需的设备和特殊原料。受让人则需要向转让人支付取得特许权的费用，开业后则按营业收入的一定比例或其他计算方法支付享用特许权费用。

6. 土地使用权

土地使用权是指国家准许某企业在一定期间内对国有土地享有开发、利用、经营的权利。根据我国土地管理法的规定，我国土地实行公有制，任何单位和个人不得侵占、买卖或者以其他形式非法转让。企业取得土地使用权的方式大致有行政划拨取得、外购取得（例如以缴纳土地出让金方式取得）及投资者投资取得几种。通常情况下，作为投资性房地产或者作为固定资产核算的土地，按照投资性房地产或者固定资产核算；以缴纳土地出让金等方式外购的土地使用权、投资者投入等方式取得的土地使用权，作为无形资产核算。

三、无形资产的确认

无形资产同时满足下列条件的，才能予以确认：

1. 与该无形资产有关的经济利益很可能流入企业

作为无形资产确认的项目，必须满足其所产生的经济利益很可能流入企业这一条件。通常情况下，无形资产产生的未来经济利益可能包括在销售商品、提供劳务的收入当中，或者企业使用该项无形资产而减少或节约了成本，或者体现在获得的其他利益当中。例如，生产加工企业在生产工序中使用了某种知识产权，使其降低了未来生产成本。

2. 该无形资产的成本能够可靠地计量

成本能够可靠地计量是确认资产的一项基本条件，对无形资产而言，这个条件显得更为重要。例如，企业内部产生的品牌、报刊名、刊头、客户名单和实质上类似项目的支出，由于不能与整个业务开发成本区分开来，成本无法可靠计量，不应确认为无形资产。

四、无形资产的初始计量

无形资产通常是按实际成本计量，即以取得无形资产并使之达到预定用途而发生的全部支出作为无形资产成本。

1. 外购无形资产的成本

外购无形资产的成本，包括购买价款、相关税费以及直接归属于使该项资产达到预定用途所发生的其他支出，比如使无形资产达到预定用途发生的专业服务费用、测试无形资产是否能够正常发挥作用的费用等。

购买无形资产的价款超过正常信用条件延期支付，实质上具有融资性质的，无形资产的成本应以购买价款的现值为基础确定。实际支付的价款与购买价款的现值之间的差额作为未确认融资费用，在付款期间内采用实际利率法进行摊销，摊销金额除满足借款费用资本化条件应当计入无形资产的成本外，均应当在信用期间内确认为财务费用，计入当期损益。

下列费用不构成无形资产的取得成本：

（1）为引入新产品进行宣传发生的广告费、管理费用及其他间接费用；

（2）无形资产达到预定用途之后发生的费用。

2. 投资者投入无形资产的成本

投资者投入无形资产的成本，应当按照投资合同或协议约定的价值确定，但合同或协议约定价值不公允的，应按无形资产的公允价值入账。

3. 非货币性资产交换方式换入

详见非货币性资产交换章节。

4. 债务重组方式换入

详见债务重组章节。

5. 土地使用权的处理

企业应按实际支付的价款加上相关税费认定土地使用权的成本。但属于投资性房地产的土地使用权，应当按投资性房地产进行会计处理。

土地使用权用于自行开发建造厂房等地上建筑物时，土地使用权的账面价值不与地上建筑物合并计算其成本，而仍作为无形资产进行核算，土地使用权与地上建筑物分别进行摊销和计提折旧。但以下的情况除外：

（1）房地产开发企业取得的土地使用权用于建造对外出售的房屋建筑物，相关的土地使用权应当计入所建造的房屋建筑物成本。

（2）企业外购房屋建筑物所支付的价款中包括土地使用权和建筑物的价值的，应当对实际支付的价款按照合理的方法在土地使用权与地上建筑物之间进行分配；如果确实无法在土地使用权与地上建筑物之间进行合理分配的，应当全部作为固定资产，按照固定资产确认和计量的原则进行会计处理。企业改变土地使用权的用途，停止自用土地使用权而用于赚取租金或资本增值时，应将其转为投资性房地产。

任务二 内部研究开发支出的确认和计量

一、研究与开发阶段的区分

研究开发项目区分为研究阶段与开发阶段。企业应当根据研究与开发的实际情况加以判断。

1. 研究阶段

研究是指为获取并理解新的科学或技术知识而进行的独创性的有计划的调查。研究阶段基本上是探索性的，为进一步开发活动进行资料及相关方面的准备，已进行的研究活动将来是否会转入开发、开发后是否会形成无形资产等均具有较大的不确定性。

研究阶段的特点在于：

（1）计划性。计划性是指研究阶段是建立在有计划的调查基础上。

（2）探索性。研究阶段基本上是探索性的，为进一步的开发活动进行资料及相关方面的准备，在这一阶段不会形成阶段性成果。

2. 开发阶段

开发是指在进行商业性生产或使用前，将研究成果或其他知识应用于某项计划或设计，以生产出新的或具有实质性改进的材料、装置、产品等。相对于研究阶段而言，开发阶段应当是已完成研究阶段的工作，在很大程度上具备了形成一项新产品或新技术的基本条件。

开发阶段具有如下特征：

（1）具有针对性；

（2）形成成果的可能性较大。

二、研究与开发支出的确认

1. 研究阶段的支出

考虑到研究阶段的探索性及其成果的不确定性，企业无法证明其能够带来未来经济利益的无形资产的存在，因此，对于企业内部研究开发项目，研究阶段的支出，应当在发生时全部费用化，计入当期损益（管理费用）。

2. 开发阶段的支出

考虑到进入开发阶段的研发项目形成成果的可能性较大，因此，如果企业能够证明开发阶段的支出符合无形资产的定义及相关确认条件，则可将其确认为无形资产。具体来讲，对于企业内部研究开发项目，开发阶段的支出同时满足下列条件的才能资本化，计入无形资产成本，否则应当计入当期损益（管理费用）。

（1）完成该无形资产以使其能够使用或出售在技术上具有可行性；

（2）具有完成该无形资产并使用或出售的意图；

（3）很可能为企业带来未来经济利益；

（4）有足够的技术、财务资源和其他资源支持，以完成该无形资产的开发，并有能力使用或出售该无形资产；

（5）归属于该无形资产开发阶段的支出能够可靠地计量。

3. 无法区分研究阶段和开发阶段的支出

无法区分研究阶段和开发阶段的支出，应当在发生时费用化，计入当期损益（管理费用）。

三、内部开发的无形资产的计量

内部研发形成的无形资产成本，由可直接归属于该资产的创造、生产并使该资产能够以管理层预定的方式运作的所有必要支出构成。可直接归属成本包括开发该无形资产时耗费的材料、劳务成本、注册费、在开发该无形资产过程中使用的其他专利权和特许权的摊销、按照借款费用的处理原则可以资本化的利息支出等。在开发无形资产过程中发生的费用、除上述可直接归属于无形资产开发活动之外的其他销售费用、管理费用等间接费用，无形资产达到预定用途前发生的可辨认的无效和初始运作损失，为运行该无形资产发生的培训支出等，不构成无形资产的开发成本。

内部开发无形资产的支出仅包括在满足资本化条件的时点至无形资产达到预定用途前发生的支出总和，对于同一项无形资产在开发过程中达到资本化条件之前已经费用化计入当期损益的支出不再进行调整。

四、取得无形资产的会计处理

为了反映和监督无形资产的取得、摊销和处置等情况，企业应当设置“无形资产”“累计摊销”等科目进行核算。

“无形资产”科目核算企业持有的无形资产成本，借方登记取得无形资产的成本，贷方登记处置无形资产转出无形资产的账面余额，期末借方余额反映企业无形资产的成本。“无形资产”科目应当按照无形资产的项目设置明细科目进行核算。

“累计摊销”科目核算企业对使用寿命有限的无形资产计提的累计摊销，该科目属于“无形资产”的调整科目。“累计摊销”科目的贷方登记企业计提的无形资产摊销，借方登记处置无形资产转出无形资产的累计摊销，期末贷方余额反映企业无形资产的累计摊销额。

此外，企业无形资产发生减值的，还应当设置“无形资产减值准备”科目进行核算。

取得的无形资产应当按照成本进行初始计量。企业取得无形资产的主要方式有外购、自行研究开发等。无形资产取得的方式不同，其会计处理也有所差别。

（一）外购无形资产

外购无形资产的成本包括购买价款、相关税费以及直接归属于使该项资产达到预定用途所发生的其他支出。其中，相关税费不包括按照现行增值税制度规定，可以从销项税额中抵扣的增值税进项税额。外购无形资产，取得增值税专用发票的，按注明的增值税进项税额，借记“应交税费——应交增值税（进项税额）”科目；取得增值税普通发票的，按照注明的价税合计金额作为无形资产的成本，其进项税额不可抵扣。

【实务 6-1】湖南沙沙门业有限公司为增值税一般纳税人，2019 年 12 月向顺达公司购入一项 A 非专利技术，取得的增值税专用发票上注明的价款为 800 000 元，税率 6%，增值税税额 48 000 元，款项暂未支付。

甲公司应编制如下会计分录：

借：无形资产——A 非专利技术	800 000	
应交税费——应交增值税（进项税额）	48 000	
贷：应付账款——顺达公司		848 000

（二）自行研究开发无形资产

企业内部研究开发项目所发生的支出应区分研究阶段支出和开发阶段支出。

企业自行开发无形资产发生的研发支出，不满足资本化条件的，借记“研发支出——费用化支出”科目，满足资本化条件的，借记“研发支出——资本化支出”科目，贷记原材料”“银行存款”“应付职工薪酬”等科目。自行研究开发无形资产发生的支出取得增值税专用发票可抵扣的进项税额，借记“应交税费——应交增值税（进项税额）”科目。

研究开发项目达到预定用途形成无形资产的，应当按照“研发支出——资本化支出”科目的余额，借记“无形资产”科目，贷记“研发支出——资本化支出”科目。期（月）末，应将“研发支出——费用化支出”科目归集的金额转入“管理费用”科目。借记

“管理费用”科目，贷记“研发支出——费用化支出”科目。

企业如果无法准确区分研究阶段的支出和开发阶段的支出，应将发生的研发支出全部费用化，计入当期损益，记入“管理费用”科目的借方。

自行研究开发费用的会计处理如图 6-1 所示：

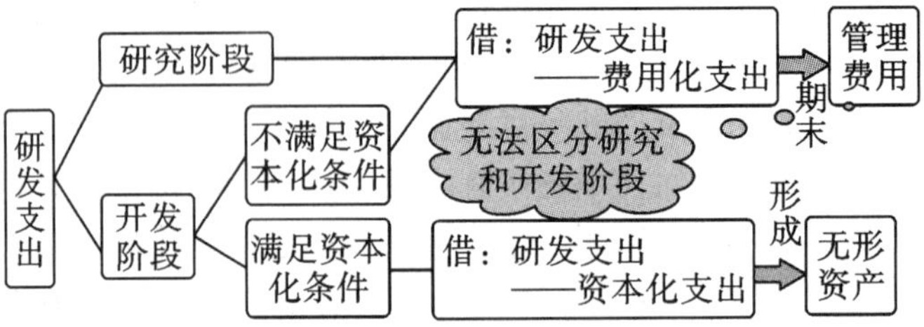

图 6-1 自行研究开发费用的会计处理图

【实务 6-2】2018 年 9 月 1 日，湖南沙沙门业有限公司的董事会批准研发某项新型技术，该公司董事会认为，研发该项目具有可靠的技术和财务等资源的支持，并且一旦研发成功将降低该公司的生产成本。2019 年 12 月底，该项新型技术研发成功并已达到预定用途。研发过程中所发生的直接相关的必要支出情况如下：

（1）2018 年度发生材料费用 9 000 000 元，人工费用 4 500 000 元，计提专用设备折旧 750 000 元，以银行存款支付其他费用 3 000 000 元，总计 17 250 000 元，其中，符合资本化条件的支出为 7 500 000 元。

（2）2019 年 9 月 30 日前发生材料费用 800 000 元，人工费用 500 000 元，计提专用设备折旧 50 000 元，其他费用 20 000 元，总计 1 370 000 元。

本例中，湖南沙沙门业有限公司经董事会批准研发某项新型技术，并认为完成该项新型技术无论从技术上，还是在财务上都能够得到可靠的资源支持，且研发成功将降低公司的生产成本，并且有确凿证据予以支持。因为，符合条件的开发费用可以资本化。

其次，湖南沙沙门业有限公司在开发该项新型技术时，累计发生了 18 620 000 元的研究与开发支出，其中符合资本化条件的开发支出为 8 870 000 元，符合“归属于该无形资产开发阶段的支出能够可靠地计量”的条件。

湖南沙沙门业有限公司的账务处理为：

（1）2018 年度发生研发支出。

借：研发支出——××技术——费用化支出	9 750 000	
——资本化支出	7 500 000	
贷：原材料		9 000 000
应付职工薪酬		4 500 000
累计折旧		750 000
银行存款		3 000 000

（2）2018 年 12 月 31 日，将不符合资本化条件的研发支出转入当期管理费用。

借：管理费用——研发费用　　9 750 000

　贷：研发支出——××技术——费用化支出　　9 750 000

（3）2019 年 9 月份发生研发支出。

借：研发支出——××技术——资本化支出　　1 370 000

　贷：原材料　　800 000

　　应付职工薪酬　　500 000

　　累计折旧　　50 000

　　银行存款　　20 000

（4）2019 年 12 月底，该项新型技术已经达到预定用途。

借：无形资产——××技术　　8 870 000

　贷：研发支出——××技术——资本化支出　　8 870 000

任务三　无形资产的后续计量

一、无形资产使用寿命的确定

无形资产的后续计量以其使用寿命为基础。无形资产的使用寿命有限的，应当估计该使用寿命的年限或者构成使用寿命的产量等类似计量单位数量；无法预见无形资产为企业带来未来经济利益期限的，应当视为使用寿命不确定的无形资产。

1. 估计无形资产使用寿命应考虑的因素

无形资产的使用寿命包括法定寿命和经济寿命两个方面：法定寿命是指无形资产根据法律、规章或合同的规定所能为企业使用的年限；经济寿命则是指无形资产可以为企业带来经济利益的年限。

企业在估计无形资产的使用寿命时，应当综合考虑各方面相关因素的影响，其中通常应当考虑的因素有：

（1）运用该资产生产的产品通常的寿命周期、可获得的类似资产使用寿命的信息。

（2）技术、工艺等方面的现实情况及对未来发展的估计。

（3）以该资产生产的产品或提供的服务的市场需求情况。

（4）现在或潜在的竞争者预期将采取的行动。

（5）为维持该资产产生未来经济利益的能力预期的维护支出，以及企业预计支付有关支出的能力。

（6）对该资产的控制期限，以及对该资产使用的法律或类似限制，如特许使用期间、租赁期等。

（7）与企业持有的其他资产使用寿命的关联性等。

2. 无形资产使用寿命的确定

（1）源自合同性权利或其他法定权利取得的无形资产，其使用寿命通常不应超过合同性权利或其他法定权利的期限。但如果企业使用资产的预期期限短于合同性权利或其他法定权利规定的期限的，则应当按照企业预期使用的期限来确定其使用寿命。

如果合同性权利或其他法定权利能够在到期时因续约等延续，则仅当有证据表明企业续约不需要付出重大成本时，续约期才能够包括在使用寿命的估计中。

（2）没有明确的合同或法律规定无形资产的使用寿命的，企业应当综合各方面因素判断。

（3）企业只有经过上述努力仍确实无法合理确定无形资产为企业带来经济利益的期限的，才能将其作为使用寿命不确定的无形资产。

3. 无形资产使用寿命的复核

企业至少应当于每年年度终了，对使用寿命有限的无形资产的使用寿命进行复核。如果有证据表明无形资产的使用寿命与以前估计不同的，应当改变其摊销期限，并按照会计估计变更进行处理。

企业应当在每个会计期末对使用寿命不确定的无形资产的使用寿命进行复核。如果有证据表明该无形资产的使用寿命是有限的，应当按照会计估计变更进行处理，并按照使用寿命有限的无形资产的处理原则进行会计处理。

二、使用寿命有限的无形资产摊销

使用寿命有限的无形资产，应以成本减去累计摊销额和累计减值损失后的余额（账面价值）进行后续计量。使用寿命有限的无形资产，应在其预计的使用寿命内采用系统合理的方法对应摊销金额进行摊销。

1. 应摊销金额

无形资产的应摊销金额，是指其成本扣除预计残值后的金额。已计提减值准备的无形资产，还应扣除已计提的无形资产减值准备累计金额。无形资产的残值一般为零，但下列情况除外：

（1）有第三方承诺在无形资产使用寿命结束时愿以一定的价格购买该无形资产；

（2）可以根据活跃市场得到预计残值信息，并且从目前情况看，该市场在无形资产使用寿命结束时还可能存在。

残值确定以后，在持有无形资产的期间内，至少应于每年年末进行复核，预计其残值与原估计金额不同的，应按照会计估计变更进行处理。如果无形资产的残值重新估计以后高于其账面价值的，则无形资产不再摊销，直至残值降至低于账面价值时再恢复摊销。

2. 摊销期和摊销方法

无形资产的摊销期自其可供使用（即其达到预定用途）时起至终止确认时止（当月增加当月开始摊销，当月减少当月不再摊销）。

企业选择的无形资产摊销方法，应当能够反映与该项无形资产有关的经济利益的预期实现方式，并一致地运用于不同会计期间。具体摊销方法有多种，包括直线法、产量法等。有特定产量限制的经营特许权或专利权，应采用产量法进行摊销无法可靠确定其预期实现方式的，应当采用直线法进行摊销。无法可靠确定其预期消耗方式的无形资产，应当采用直线法进行摊销。

企业至少应当于每年年度终了时，对使用寿命有限的无形资产的使用寿命及摊销方法进行复核，如果有证据表明无形资产的使用寿命及摊销方法与以前估计不同的，应当改变其摊销年限和摊销方法，并按照会计估计变更进行会计处理。

持有待售的无形资产不进行摊销，按照账面价值与公允价值减去处置费用后的净额孰低进行计量。

3. 使用寿命有限的无形资产摊销的会计处理

无形资产的摊销额一般应当计入当期损益。企业管理用的无形资产，其摊销金额计入管理费用；出租的无形资产，其摊销金额计入其他业务成本；某项无形资产包含的经济利益通过所生产的产品或其他资产实现的，其摊销金额应当计入相关资产成本。

企业对无形资产进行摊销时，借记“管理费用”“其他业务成本”“生产成本“制造费用”等科目，贷记“累计摊销”科目。

【实务 6-3】湖南沙沙门业有限公司购买的一项非专利技术，成本为 6 000 000 元，合同规定使用年限为 10 年，该公司采用年限平均法按月进行摊销。

本例中，该无形资产属于企业管理用无形资产，其摊销金额应记入“管理费用”科的借方。每月摊销时，湖南沙沙门业有限公司应做如下账务处理：

（1）每月应摊销的金额 = 6 000 000÷10÷12 = 50 000（元）

（2）编制会计分录。

借：管理费用　　50 000

　贷：累计摊销　　50 000

【实务 6-4】2019 年 12 月 1 日，湖南沙沙门业有限公司将其自行开发完成的非专利技术出租给和义公司，该非专利技术成本为 1 200 000 元，双方约定的租赁期限为 8 年，湖南沙沙门业有限公司采用年限平均法按月进行摊销。

本例中，该无形资产属于出租的无形资产，其摊销金额应记入“其他业务成本”科目的借方。因此每月摊销时，湖南沙沙门业有限公司应做如下账务处理：

（1）每月应摊销的金额 = 1 200 000÷8÷12 = 12 500（元）

（2）编制会计分录。

借：其他业务成本　　12 500

　贷：累计摊销　　12 500

三、使用寿命不确定的无形资产减值测试

无形资产在资产负债表日存在可能发生减值的迹象时，其可收回金额低于账面价值的，企业应当将该无形资产的账面价值减记至可收回金额，减记的金额确认为减值损失，

计入当期损益，同时计提相应的资产减值准备。

企业按照应减记的金额，借记“资产减值损失——计提的无形资产减值准备”科目，贷记“无形资产减值准备”科目。需要强调的是，根据《企业会计准则第8号——资产减值》的规定，企业无形资产减值损失一经确认，在以后会计期间不得转回。

【实务6-5】2018年1月1日，湖南沙沙门业有限公司自行研发的某项非专利技术已经达到预定可使用状态，累计研究支出为800 000元，累计开发支出为2 500 000元（其中符合资本化条件的支出为2 000 000元）。有关调查表明，根据产品生命周期、市场竞争等方面情况综合判断，该非专利技术将在不确定的期间内为企业带来经济利益。

由于该非专利技术可视为使用寿命不确定的无形资产，因此企业在持有期间内不需要进行摊销。

2019年年底，湖南沙沙门业有限公司对该项非专利技术按照资产减值的原则进行减值测试，经测试表明其已发生减值。2019年年底，该非专利技术的可收回金额为1 800 000元。

湖南沙沙门业有限公司的账务处理为：

（1）2018年1月1日，非专利技术达到预定用途。

借：无形资产——非专利技术　　2 000 000

　贷：研发支出——资本化支出　　2 000 000

（2）2019年12月31日，非专利技术发生减值。

借：资产减值损失——无形资产减值准备　　200 000

　贷：无形资产减值准备——非专利技术　　200 000

无形资产的后续计量如图6-2所示：

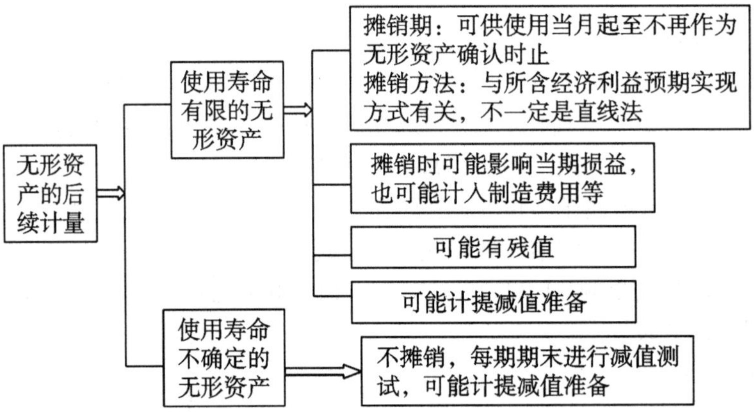

图6-2　无形资产的后续计量图

任务四　无形资产的处置和报废

无形资产的处置，主要是指无形资产对外出租、出售、对外捐赠，或者是无法为企业带来未来经济利益时，应予转销并终止确认。

一、无形资产出租

企业让渡无形资产使用权并收取租金，在满足收入确认条件的情况下，应确认相关的收入和费用。

出租无形资产取得租金收入时，借记“银行存款”等科目，贷记“其他业务收入”等科目；摊销出租无形资产的成本和发生与转让有关的各种费用支出时，借记“其他业务成本”“税金及附加”等科目，贷记“累计摊销”“应交税费”等科目。

【实务 6-6】湖南沙沙门业有限公司将某商标使用权出租给某公司，合同规定出租期限为三年，每月租金收入 200 000 元，每月月末收取当月租金。2019 年 12 月 23 日收到当月的租金及增值税合计 212 000 元，已办理进账手续。该商标权每月的摊销额为 100 000 元。甲公司会计处理如下：

借：银行存款	212 000	
贷：其他业务收入		200 000
应交税费——应交增值税（销项税额）		12 000
借：其他业务成本	100 000	
贷：累计摊销		100 000

二、无形资产出售

企业出售无形资产，表明企业放弃该无形资产的所有权，应当将取得的价款扣除该无形资产账价值以及出售相关税费后的差额作为资产处置损益进行会计处理。

企业出售无形资产，应当按照实际收到或应收的金额等，借记“银行存款”“其他应收款”等科目；按照已计提的累计摊销，借记“累计摊销”科目；按照实际支付相关费用的可抵扣进项税额，借记“应交税费——应交增值税（进项税额）”科目；按照实际支付的相关费用，贷记“银行存款”等科目；按无形资产账面余额，贷记“无形资产”科目；按照开具的增值税专用发票上注明的增值税销项税额，贷记“应交税费应交增值税（销项税额）”科目；按照其差额，贷记或借记“资产处置损益”科目。已计提减值准备的，还应同时结转减值准备，借记“无形资产减值准备”科目。

【实务 6-7】湖南沙沙门业有限公司为增值税一般纳税人，将其购买的一项商标权转让给红星公司，已开具增值税专用发票，注明价款 500 000 元，税率 6%，增值税税额 30 000 元，款项 530 000 元已存入银行。该商标权的成本为 600 000 元，已摊销 220 000 元。

本例中，在出售时，企业该项商标权的账面价值为380 000（600 000-220 000）元，取得的出售价款为500 000元，企业出售该项商标权实现净损益为120 000（500 000-380 000）元。则湖南沙沙门业有限公司应编制会计分录如下：

借：银行存款	530 000	
累计摊销	220 000	
贷：无形资产		600 000
应交税费——应交增值税（销项税额）		30 000
资产处置损益		120 000

三、无形资产报废

如果无形资产预期不能为企业带来未来经济利益，例如，某无形资产已被其他新技术所替代或超过法律保护期，则不再符合无形资产的定义，应将其报废并予以转销，其账面价值转入当期损益。

转销时，按已计提的累计摊销额，借记“累计摊销”科目；按其账面余额，贷记“无形资产”科目，如果已计提减值准备的，还应同时结转减值准备，借记“无形资产减值准备”科目；按其差额，借记“营业外支出——处置非流动资产损失”科目。

【实务6-8】2019年12月10日，湖南沙沙门业有限公司原拥有一项非专利技术，现该项非专利技术已被内部研发成功的新技术所替代，并且根据市场调查，用该非专利技术生产的产品已没有市场，则不再符合无形资产的定义，故应当予以转销。转销时，非专利技术的成本为280 000元，已累计摊销240 000元，未计提减值准备，该非专利技术的残值为0。假定不考虑其他相关因素，湖南沙沙门业有限公司应编制如下会计分录：

借：累计摊销	240 000	
营业外支出——非流动资产处置损失	40 000	
贷：无形资产——非专利技术		2 80 000

任务五　其他非流动资产

一、长期应收款

长期应收款核算企业的长期应收款项，包括融资租赁产生的应收款项，采用递延方式具有融资性质的销售商品和提供劳务等产生的应收款项等。

采用递延方式分期收款销售商品或提供劳务等经营活动产生的长期应收款，满足收入确认条件的；按应收合同或协议价款，借记“长期应收款”科目，按应收合同或协议价款的公允价值（折现值），贷记“主营业收入”等科目；按其差额，贷记“未实现融资收益”科目。涉及增值税的，还应进行相应的处理。

【实务 6-9】 2019 年 1 月 1 日，湖南沙沙门业有限公司采用分期收款方式向悦达公司销售一台机器设备，合同约定的销售价为 1 500 000 元，分 3 次于每年 12 月 31 日等额收取，该设备的销售价为 1 200 000 元，假定不考虑其他因素，该公司编制的会计分录如下：

借：长期应收款　　1 500 000

　贷：主营业务收入　　1 200 000

　　　未实现融资收益　　300 000

二、长期待摊费用

长期待摊费用指企业已经发生但应由本期和以后各期负担的分摊期限在 1 年以上的各项费用，如以经营租赁方式租入的固定资产发生的改良支出等。

根据长期待摊费用的发生、摊销情况，企业应设置“长期待摊费用”科目。借方登记发生的长期待摊费用，贷方登记摊销的长期待摊费用，期末借方余额反映企业尚未摊销完毕的长期待摊费用，“长期待摊费用”项目进行明细核算。

企业发生的长期待摊费用，借记“长期待摊费用”科目，贷记“原材料”“银行存款”等科目。摊销长期待摊费用，借记“管理费用”“销售费用”等科目，贷记“长期待摊费用”科目。“长期待摊费用”科目期末借方余额，反映企业尚未摊销完毕的长期待摊费用。

【实务 6-10】 2018 年 9 月 1 日，湖南沙沙门业有限公司对其以经营租赁方式租入的办公楼进行装修，发生以下有关支出：领用生产用原材料 113 000 元，有关人员工资 87 000 元。2019 年 12 月 1 日，该办公楼装修完工，达到预定可使用状态并交付使用，按租赁期 10 年进行摊销。假定不考虑其他因素，湖南沙沙门业有限公司账务处理如下：

（1）装修领用原材料时。

借：长期待摊费用　　113 000

　贷：原材料　　113 000

（2）确认有关人员工资时。

借：长期待摊费用　　87 000

　贷：应付职工薪酬　　87 000

（3）2019 年 12 月摊销装修支出时。

借：管理费用　　6 800

　贷：长期待摊费用　　6 800

【本项目工作小结】

无形资产是指企业拥有或者控制的没有实物形态的可辨认非货币性资产。无形资产通常包括专利权、非专利技术、商标权、著作权、特许权、土地使用权等。学生通过本项目的学习能够充分了解无形资产的概念、种类；掌握无形资产的初始计量和后续计量，掌握无形资产的处置、清查与减值的会计核算；并能对无形资产的取得、后续支出、处置、清查与减值进行相应的账务处理。

◆仿真操作

根据【实务 6-1】至【实务 6-10】编写有关的记账凭证。

◆岗位业务认知

利用节假日，去当地的一些企业（工商企业），了解无形资产核算方面的基本情况，对一般企业的无形资产的取得、确认、后续计量、处置等情况有初步的认识和掌握。

◆工作思考

1. 无形资产具有哪些特点？包括哪些内容？
2. 无形资产内部开发费用如何处理？
3. 无形资产的使用寿命怎样进行判断？应考虑哪些因素？
4. 无形资产如何进行摊销？
5. 什么是长期应收款？什么是长期待摊费用？

项目七　投资核算业务

企业在正常的生产经营之外，可能会为了有效地利用暂时闲置的资金，进行各种投资，以获取一定的经济利益。本项目涉及的主要会计岗位是投资核算岗位。作为该岗位的会计人员，应该熟悉企业的投资环境，能进行投资策略及投资收益的分析，并及时地反馈企业投资经营活动信息，以便企业做出正确的投资决策。

【项目工作目标】

⊙知识目标

掌握金融资产、长期股权投资、投资性房地产的概念及长期股权投资成本法与权益法核算的范围，清楚投资性房地产成本模式及公允价值模式的运用范围。

⊙技能目标

学生通过本项目的学习，会进行金融资产的核算；会进行长期股权投资初始计量、后续计量及处置的核算；会进行投资性房地产初始计量、后续计量、转换及处置的核算。

【任务导入】

浙江人对雅戈尔的最初印象是从服装开始的。之后雅戈尔却因为在证券金融领域的成功投资而迅速走红全国，一时间，雅戈尔成了国内民营企业涉足金融投资领域的典范。然而股市风云突变，金融风暴席卷全球，从美洲、欧洲到亚洲，无一不受到波及。事实证明，风暴来袭，首当其冲的就是金融资产，其市场价值应声而落，惨不忍睹。雅戈尔的金融资产从最高处的200亿元很快缩水至100亿元左右。雅戈尔股票本身的市值更是在一年内蒸发385.65亿元，市值缩水率位列当年浙江上市公司之首。

案例思考：什么是金融资产，金融资产有哪些分类，上述案例中提到的股票可以划分为哪一类金融资产，应该如何进行会计核算。

【进入任务】

子项目一　金融资产

任务一　以公允价值计量且其变动计入当期损益的金融资产

任务二　以摊余成本计量的金融资产

子项目一　金融资产

金融资产主要包括企业持有的现金、债权投资、股权投资、基金投资、衍生金融资产等。企业应当根据其管理金融资产的业务模式和金融资产的合同现金流量特征，将取得的金融资产在初始确认时分为以下几类：①以公允价值计量且其变动计入当期损益的金融资产；②以摊余成本计量的金融资产；③以公允价值计量且其变动计入其他综合收益的金融资产。上述分类一经确定，不得随意变更。

企业改变其管理金融资产的业务模式时，应当按照规定对所有受影响的相关金融资产进行重分类。金融资产可以在以摊余成本计量、以公允价值计量且其变动计入其他综合收益和以公允价值计量且其变动计入当期损益之间进行重分类，企业管理金融资产业务模式的变更是一种极其少见的情形。企业对金融资产进行重分类，应当自重分类日起采用未来适用法进行相关会计处理，不得对以前已确认的利得、损失或利息进行追溯调整。

企业管理金融资产的业务模式，是指企业如何管理其金融资产以产生现金流量。业务模式决定企业所管理金融资产现金流量的来源是收取合同现金流量、出售金融资产还是两者兼有。一个企业可能会采用多个业务模式管理其金融资产。例如，企业持有一组以收取合同现金流量为目标的投资组合，同时还持有另一组既以收取合同现金流量为目标又以出售该金融资产为目标的投资组合。

企业管理金融资产的业务模式，如为以收取合同现金流量为目标，则该金融资产应当分类为以摊余成本计量的金融资产；如为既以收取合同现金流量又出售金融资产来实现其目标，则该金融资产应当分类为以公允价值计量且其变动计入其他综合收益的金融资产；如不是以收取合同现金流量为目标，也不是既以收取合同现金流量又出售金融资产来实现其目标，则该金融资产应当分类为以公允价值计量且其变动计入当期损益的金融资产。

任务一　以公允价值计量且其变动计入当期损益的金融资产

一、以公允价值计量且其变动计入当期损益的金融资产概述

分类为以公允价值计量且其变动计入当期损益的金融资产的企业管理业务模式，其实质为以出售金融资产实现现金流量为目标。

例如，企业持有金融资产的目的是为了交易或者基于金融资产的公允价值做出决策并对其进行管理。在这种情况下，企业管理金融资产的目标是通过出售金融资产以实现现金流量。即使企业在持有金融资产的过程中会收取合同现金流量，因为企业管理金融资产的业务模式不是既以收取合同现金流量又出售金融资产来实现目标，收取合同现金流量对实现该业务模式目标而言只是附带性质的活动。

企业应当设置“交易性金融资产”科目核算以公允价值计量且其变动计入当期损益的金融资产。企业持有的直接指定为以公允价值计量且其变动计入当期损益的金融资产，也在本科目核算。

在活跃市场中没有报价、公允价值不能可靠计量的权益工具投资，不得指定为以公允价值计量且其变动计入当期损益的金融资产。

二、以公允价值计量且其变动计入当期损益的金融资产的会计处理

企业取得交易性金融资产，按其公允价值，借记“交易性金融资产——成本”科目；按发生的交易费用，借记“投资收益”科目；按已到付息期但尚未领取的利息或已宣告但尚未发放的现金股利，借记“应收利息”或“应收股利”科目；按实际支付的金额，贷记“银行存款”等科目。

（1）交易性金融资产持有期间被投资单位宣告发放的现金股利，或在资产负债表日按分期付息、一次还本债券投资的票面利率计算的利息，借记“应收股利”或“应收利息”科目，贷记“投资收益”科目。

（2）资产负债表日，交易性金融资产的公允价值高于其账面余额的差额，借记“交易性金融资产——公允价值变动”科目，贷记“公允价值变动损益”科目；公允价值低于其账面余额的差额做相反的会计分录。

（3）出售交易性金融资产，应按实际收到的金额，借记“银行存款”等科目；按该金融资产的账面余额，贷记“交易性金融资产”科目；按其差额，贷记或借记“投资收益”科目。

【实务 7-1】2019 年 1 月 1 日，湖南沙沙门业有限公司从二级市场支付价款 1 020 000 元（含已到付息但尚未领取的利息 20 000 元）购入某公司发行的债券，另发生交易费用 20 000 元。该债券面值 1 000 000 元，剩余期限为 2 年，票面年利率为 4%，每半年付息一

次，沙沙门业公司将其划分为以公允价值计量且其变动计入当期损益的金融资产。其他资料如下：

（1）2019 年 1 月 5 日，收到该债券 2018 年下半年利息 20 000 元。

（2）2019 年 6 月 30 日，该债券的公允价值为 1 150 000 元（不含利息）。

（3）2019 年 7 月 5 日，收到该债券 2019 年上半年利息。

（4）2019 年 12 月 31 日，该债券的公允价值为 1 100 000 元（不含利息）。

（5）2020 年 1 月 5 日，收到该债券 2019 年下半年利息。

（6）2020 年 3 月 31 日，沙沙门业公司将该债券出售，取得价款 1 180 000 元（含 1 季度利息 10 000 元）。

假定不考虑其他因素。湖南沙沙门业有限公司的账务处理如下：

（1）2019 年 1 月 1 日，购入债券。

借：交易性金融资产——成本	1 000 000	
应收利息	20 000	
投资收益	20 000	
贷：银行存款		1 040 000

（2）2019 年 1 月 5 日，收到该债券 2018 年下半年利息。

借：银行存款	20 000	
贷：应收利息		20 000

（3）2019 年 6 月 30 日，确认债券公允价值变动和投资收益。

借：交易性金融资产——公允价值变动	150 000	
贷：公允价值变动损益		150 000
借：应收利息	20 000	
贷：投资收益		20 000

（4）2019 年 7 月 5 日，收到该债券半年利息。

借：银行存款	20 000	
贷：应收利息		20 000

（5）2019 年 12 月 31 日，确认债券公允价值变动和投资收益。

借：公允价值变动损益	50 000	
贷：交易性金融资产——公允价值变动		50 000
借：应收利息	20 000	
贷：投资收益		20 000

（6）2020 年 1 月 5 日，收到该债券 2019 年下半年利息。

借：银行存款	20 000	
贷：应收利息		20 000

（7）2020 年 3 月 31 日，将该债券予以出售。

借：应收利息	10 000	
贷：投资收益		10 000

借：银行存款　　1 170 000
　贷：交易性金融资产——成本　　1 000 000
　　　　　　　　——公允价值变动　　100 000
　　投资收益　　70 000
借：银行存款　　10 000
　贷：应收利息　　10 000

任务二　以摊余成本计量的金融资产

一、以摊余成本计量的金融资产概述

1. 金融资产同时符合下列条件的，应当分类为以摊余成本计量的金融资产

（1）企业管理该金融资产的业务模式是以收取合同现金流量为目标。

（2）该金融资产的合同条款规定，在特定日期产生的现金流量，仅为对本金和以未偿付本金为基础的利息的支付。

例如，企业购买的利率固定的一定期限债券，没有提前出售意图，在没有其他特殊安排的情况下，该债券的合同现金流量一般情况下可能符合仅为对本金和以未偿付本金金额为基础的利息的支付的要求。如果企业管理该债券的业务模式是以收取合同现金流量为目标，则该债券应当分类为以摊余成本计量的金融资产。

企业一般应当设置"银行存款""贷款""应收账款""债权投资 "等科目核算分类为以摊余成本计量的金融资产。

2. 以摊余成本计量的金融资产的重分类

（1）企业将一项以摊余成本计量的金融资产重分类为以公允价值计量且变动计入当期损益的金融资产的，应当按照该资产在重分类日的公允价值进行计量，原账面价值与公允价值之间的差额计入当期损益。

（2）企业将一项以摊余成本计量的金融资产重分类为以公允价值计量且其变动计入其他综合收益的金融资产的，应当按照该金融资产在重分类日的公允价值进行计量，原账面价值与公允价值之间的差额计入其他综合收益。

二、以摊余成本计量的金融资产的会计处理

以摊余成本计量的金融资产的会计处理主要应解决该金融资产实际利率的计算、摊余成本的确定、持有期间的收益确认以及将其处置时损益的处理的问题。

1. 实际利率

实际利率法是指计算金融资产的摊余成本以及将利息收入分摊计入各会计期间的方法。

实际利率是指金融资产在预计存续期的估计未来现金流量，折现为该金融资产账面余额所使用的利率。

2. 摊余成本

金融资产的摊余成本，应当以该金融资产的初始确认金额经下列调整后的结果确定：

（1）扣除已偿还的本金。

（2）加上或减去采用实际利率法将该初始确认金融与到期日金额之间的差额进行摊销形成的累计摊销额。

（3）扣除累计计提的损失准备。

3. 利息收入

企业应当按照实际利率法确认利息收入。利息收入应当根据金融资产摊余成本乘以实际利率计算确定。

以摊余成本计量的金融资产相关账务处理如下：

企业取得的以摊余成本计量的金融资产，应按该投资的面值，借记“债权投资——成本”科目；按支付的价款中包含的已到付息期但尚未领取的利息，借记“应收利息”科目；按实际支付的金额，贷记“银行存款”等科目；按其差额，借记或贷记“债权投资——利息调整”科目。

资产负债表日，以摊余成本计量的金融资产为分期付息、一次还本债券投资的，应按票面利率计算确定的应收未收利息，借记“应收利息”科目；按以摊余成本计量的金融资产的摊余成本和实际利率计算确定的利息收入，贷记“投资收益”科目；按其差额，借记或贷记“债权投资——利息调整”科目。

以摊余成本计量的金融资产为一次还本付息债券投资的，应于资产负债表日按票面利率计算确定的应收未收利息，借记“债权投资——应计利息”科目；按债权投资摊余成本和实际利率计算确定的利息收入，贷记“投资收益”科目；按其差额，借记或贷记“债权投资——利息调整”科目。

出售以摊余成本计量的金融资产，应按实际收到的金额，借记“银行存款”等科目；按其账面余额，贷记“债权投资——成本、利息调整、应计利息”科目；按其差额，贷记或借记“投资收益”科目。已计提减值准备的，还应同时结转减值准备。

【实务 7-2】2015 年 1 月 1 日，湖南沙沙门业有限公司支付价款 1 000 万元（含交易费用）从活跃市场上购入某公司 5 年期债券，面值 1 250 万元，票面利率 4.72%，按年支付利息（即每年 59 万元），本金最后一次支付。合同约定，该债券的发行方在遇到特定情况时可以将债券赎回，且不需要为提前赎回支付额外款项。沙沙门业公司在购买该债券时，预计发行方不会提前赎回。湖南沙沙门业有限公司根据其管理该债券的业务模式和该债券的合同现金流量特征，将该债券分类为以摊余成本计量的金融资产，见表 7-1。

计算实际利率 r：

$$59\times(1+r)^{-1}+59\times(1+r)^{-2}+59\times(1+r)^{-3}+59(1+r)^{-4}+(59+1\ 250)\times(1+r)^{-5}=1\ 000\text{（元）}$$

采用插值法计算得出 $r=10\%$。

表 7-1 湖南沙沙门业有限公司 5 年期债券的财务处理 单位：万元

年 份	期初摊余成本 (a)	实际利息（b）（按 10%计算）	现金流入（c）	期末摊余成本 (d=a+b-c)
2015	1 000	100	59	1 041
2016	1 041	104	59	1 086
2017	1 086	109	59	1 136
2018	1 136	113	59	1 190
2019	1 190	119	1 250+59	0

根据上述数据，湖南沙沙门业有限公司的有关账务处理如下：

（1）2015 年 1 月 1 日，购入债券。

借：债权投资——成本 12 500 000
　贷：银行存款 10 000 000
　　　债权投资——利息调整 2 500 000

（2）2015 年 12 月 31 日，确认实际利息收入、收到票面利息等。

借：应收利息 590 000
　　债权投资——利息调整 410 000
　贷：投资收益 1 000 000

借：银行存款 590 000
　贷：应收利息 590 000

（3）2016 年 12 月 31 日，确认实际利息收入、收到票面利息等。

借：应收利息 590 000
　　债权投资——利息调整 450 000
　贷：投资收益 1 040 000

借：银行存款 590 000
　贷：应收利息 590 000

（4）2017 年 12 月 31 日，确认实际利息收入、收到票面利息等。

借：应收利息 590 000
　　债权投资——利息调整 500 000
　贷：投资收益 1 090 000

借：银行存款 590 000
　贷：应收利息 590 000

（5）2018 年 12 月 31 日，确认实际利息收入、收到票面利息等。

借：应收利息 590 000
　　债权投资——利息调整 540 000
　贷：投资收益 1 130 000

借：银行存款　　　　590 000
　贷：应收利息　　　　590 000

（6）2019 年 12 月 31 日，确认实际利息收入、收到票面利息和本金等。

借：应收利息　　　　590 000
　　债权投资——利息调整　　　　600 000
　贷：投资收益　　　　1 190 000

借：银行存款　　　　590 000
　贷：应收利息　　　　590 000

借：银行存款等　　　　12 500 000
　贷：债权投资——成本　　　　12 500 000

任务三　以公允价值计量且其变动计入其他综合收益的金融资产

一、概述

金融资产同时符合下列条件的，应当分类为以公允价值计量且其变动计入其他综合收益的金融资产：

（1）企业管理该金融资产的业务模式既以收取合同现金流量为目标又以出售该金融资产为目标。

（2）该金融资产的合同条款规定，在特定日期产生的现金流量，仅为对本金和以未偿付本金金额为基础的利息的支付。

例如，企业持有的普通债券的合同现金流量是到期收回本金及按约定利率在合同期间按时收取固定或浮动利息的权利。在没有其他特殊安排的情况下，普通债券的合同现金流量一般情况下可能符合仅为对本金和以未偿付本金金额为基础的利息的支付的要求。如果企业管理该债券的业务模式既以收取合同现金流量为目标又以出售该债券为目标，则该债券应当分类为以公允价值计量且其变动计入其他综合收益的金融资产。

二、会计处理

以公允价值计量且其变动计入其他综合收益的金融资产的会计处理，与以公允价值计量且其变动计入当期损益的金融资产的会计处理有些类似，例如，二者均要求按公允价值进行后续计量。但是，二者也有一些不同：

（1）分类为以公允价值计量且其变动计入其他综合收益的金融资产所产生的所有利得或损失，除减值损失或利得和汇兑损益之外，均应当计入其他综合收益，直至该金融资产终止确认或被重分类。但是，采用实际利率法计算的该金融资产的利息应当计入当期损益。

该金融资产终止确认时，之前计入其他综合收益的累计利得或损失应当从其他综合收益中转出，计入当期损益。

（2）指定为以公允价值计量且其变动计入其他综合收益的非交易性权益工具投资，除了获得的股利（明确代表投资成本部分收回的股利除外）计入当期损益外，其他相关的利得和损失（包括汇兑损益）均应当计入其他综合收益，且后续不得转入当期损益。

当其终止确认时，之前计入其他综合收益的累计利得或损失应当从其他综合收益中转出，计入留存收益。

相关账务处理如下：

①企业取得以公允价值计量且其变动计入其他综合收益的金融资产为权益性投资的，应按其公允价值与交易费用之和，借记“其他权益工具投资——成本”科目；按支付的价款中包含的已宣告但尚未发放的现金股利，借记“应收股利”科目；按实际支付的金额，贷记“银行存款”等科目。

企业取得的以公允价值计量且其变动计入其他综合收益的金融资产为债券投资的，应按债券的面值，借记“其他债权投资——成本”科目；按支付的价款中包含的已到付息期但尚未领取的债券利息，借记“应收利息”科目；按实际支付的金额，贷记“银行存款”等科目；按差额，借记或贷记“其他债权投资——利息调整”科目。

②资产负债表日，以公允价值计量且其变动计入其他综合收益的金融资产的债券为分期付息、一次还本债券投资的，应按票面利率计算确定的应收未收利息，借记“应收利息”科目；按该债券的摊余成本和实际利率计算确定的利息收入，贷记“投资收益”科目；按其差额，借记或贷记“其他债权投资——利息调整”科目。

以公允价值计量且其变动计入其他综合收益的金融资产的债券为一次还本付息债券投资的，应于资产负债表日按票面利率计算确定的应收未收利息，借记“其他债权投资——应计利息”科目；按该债券的摊余成本或实际利率计算确定利息收入，贷记“投资收益”科目；按其差额，借记或贷记“其他债权投资——利息调整”科目。

资产负债表日，以公允价值计量且其变动计入其他综合收益的金融资产应当按照公允价值计量。

以公允价值计量且其变动计入其他综合收益的金融资产公允价值变动应当作为其他综合收益，计入所有者权益，不构成当期利润。“其他综合收益”科目核算企业该金融资产公允价值变动而形成的应计入所有者权益的利得或损失等。“其他综合收益”科目的借方登记资产负债表日企业持有的该金融资产的公允价值低于账面余额的差额，贷方登记资产负债表日企业持有的该金融资产公允价值高于账面余额的差额。

以公允价值计量且其变动计入其他综合收益的金融资产的公允价值高于其账面余额的差额，借记“其他债权投资——公允价值变动”科目或借记“其他权益工具投资——公允价值变动”科目，贷记“其他综合收益”科目；公允价值低于其账面余额的差额做相反的会计分录。

（3）以公允价值计量且其变动计入其他综合收益的金融资产，出售时应按实际收到的金额，借记“银行存款”“其他货币资金”等科目；按其账面余额，贷记“其他权益工具投资（或其他债权投资）”科目；按照其差额，贷记或借记“投资收益”科目。如果是采用实际利率法计算的金融资产或交易性权益工具投资，应按照从所有者权益中转出的公允价值累计变动额，借记或贷记“其他综合收益”科目，贷记或借记“投资收益”科目。如果指定为以公允价值计量且其变动计入其他综合收益的非交易性权益工具投资，终止确认时，之前计入其他综合收益的累计利得或损失应当从其他综合收益中转出，计入留存收益。

【实务 7-3】 2016 年 1 月 1 日，湖南沙沙门业有限公司支付价款 1 000 万元（含交易费用）从上海证券交易所购入 A 公司同日发行的 5 年期公司债券 12 500 份，债券票面价值总额为 1 250 万元，票面年利率为 4.72%，于年末支付本年度债券利息（即每年利息为 59 万元），本金在债券到期时一次偿还。合同约定，该债券的发行方在遇到特定情况时可以将债券赎回，且不需要为提前赎回支付额外款项。湖南沙沙门业有限公司在购买该债券时，假定发行方不会提前赎回，湖南沙沙门业有限公司根据其管理该债券的业务模式和该债券的合同现金流量特征，将该债券分类为以公允价计量且其变动计入其他综合收益的金融资产。

其他资料如下：

（1）2016 年 12 月 31 日，A 公司债券的公允价值为 1 200 万元（不含利息）。

（2）2017 年 12 月 31 日，A 公司债券的公允价值为 1 300 万元（不含利息）。

（3）2018 年 12 月 31 日，A 公司债券的公允价值为 1 250 万元（不含利息）。

（4）2019 年 12 月 31 日，A 公司债券的公允价值为 1 200 万元（不含利息）。

（5）2020 年 1 月 20 日，湖南沙沙门业有限公司通过上海证券交易所出售了 A 公司债券 12 500 份，取得价款 1 260 万元。

假定不考虑所得税、减值损失等因素，计算该债券的实际利率 r：

$$59\times(1+r)^{-1}+59\times(1+r)^{-2}+59\times(1+r)^{-3}+59\times(1+r)^{-4}+(59+1\ 250)\times(1+r)^{-5}=1\ 000\text{（万元）}$$

采用插值法，计算得出 $r=10\%$，见表 7-2。

表 7-2 湖南沙沙门业有限公司 5 年期债券的财务处理 单位：万元

日 期	现金流入（A）	实际利息收入（B=期初D×10%）	已收回的本金（C=A-B）	摊余成本余额（D=期初D-C）	公允价值（E）	公允价值变动额（F=E-D-期初G）	公允价值变动累计金额（G=期初G+F）
2016 年 1 月 1 日				1 000	1 000	0	0
2016 年 12 月 31 日	59	100	-41	1 041	1 200	159	159
2017 年 12 月 31 日	59	104	-45	1 086	1 300	55	214
2018 年 12 月 31 日	59	109	-50	1 136	1 250	-100	114
2019 年 12 月 31 日	59	113	-54	1 190	1 200	-104	10

表7-2(续)

日　期	现金流入（A）	实际利息收入（B=期初D×10%）	已收回的本金（C=A-B）	摊余成本余额（D=期初D-C）	公允价值（E）	公允价值变动额（F=E-D-期初G）	公允价值变动累计金额（G=期初G+F）
2020年1月20日	0	70	-70	1 260	1 260	-10	0
小计	236	496	-260	1 260	——		
2020年1月20日	1 260	——	1 260	0			
合计	1 496	496	1 000	0			

湖南沙沙门业有限公司的有关账务处理如下（金额单位：元）：

（1）2016年1月1日，购入A公司债券。

借：其他债权投资——成本　　12 500 000

　贷：银行存款　　10 000 000

　　　其他债权投资——利息调整　　2 500 000

（2）2016年12月31日，确认A公司债券实际利息收入、公允价值变动，收到债券利息。

借：应收利息　　590 000

　　其他债权投资——利息调整　　410 000

　贷：投资收益　　1 000 000

借：银行存款　　590 000

　贷：应收利息　　590 000

借：其他债权投资——公允价值变动　　1 590 000

　贷：其他综合收益——其他债权投资公允价值变动　　1 590 000

（3）2017年12月31日，确认A公司债券实际利息收入、公允价值变动，收到债券利息。

借：应收利息　　590 000

　　其他债权投资——利息调整　　450 000

　贷：投资收益　　1 040 000

借：银行存款　　590 000

　贷：应收利息　　590 000

借：其他债权投资——公允价值变动　　550 000

　贷：其他综合收益——其他债权投资公允价值变动　　550 000

（4）2018年12月31日，确认A公司债券实际利息收入、公允价值变动，收到债券利息。

借：应收利息　　590 000

　　其他债权投资——利息调整　　500 000

贷：投资收益　　1 090 000

借：银行存款　　590 000

贷：应收利息　　590 000

借：其他综合收益——其他债权投资公允价值变动　　1 000 000

贷：其他债权投资——公允价值变动　　1 000 000

（5）2019 年 12 月 31 日，确认 A 公司债券实际利息收入、公允价值变动，收到债券利息。

借：应收利息　　590 000

其他债权投资——利息调整　　540 000

贷：投资收益　　1 130 000

借：银行存款　　590 000

贷：应收利息　　590 000

借：其他综合收益——其他债权投资公允价值变动　　1 040 000

贷：其他债权投资——公允价值变动　　1 040 000

（6）2020 年 1 月 20 日，确认出售 A 公司债券实现的损益。

借：银行存款　　12 600 000

其他债权投资——利息调整　　600 000

贷：其他债权投资——成本　　12 500 000

——公允价值变动　　100 000

投资收益　　600 000

借：其他综合收益——其他债权投资公允价值变动　　100 000

贷：投资收益　　100 000

A 公司债券的成本＝1 250（万元）

A 公司债券的利息调整余额＝－250+41+45+50+54＝60（万元）

A 公司债券公允价值变动余额＝159+55－100－104＝10（万元）

同时，应从其他综合收益中转出的公允价值累计金额为 10 万元。

【实务 7-4】2019 年 5 月 6 日，湖南沙沙门业有限公司支付价款 10 160 000 元（含交易费用 10 000 元和已宣告发放的现金股利 150 000 元），购入乙公司发行的股票 2 000 000 股，占乙公司有表决权股份的 0.5%。湖南沙沙门业有限公司将其划分为以公允价值计量且其变动计入其他综合收益的非交易性权益工具投资。

2019 年 5 月 10 日，沙沙门业公司收到乙公司发放的现金股利 150 000 元。

2019 年 6 月 30 日，该股价市价为每股 5.2 元。

2019 年 12 月 31 日，沙沙门业公司仍持有该股票；当日，该股票市价为每股 5 元。

2020 年 5 月 9 日，乙公司宣告发放股利 40 000 000 元。

2020 年 5 月 13 日，沙沙门业公司收到乙公司发放的现金股利。

2020 年 5 月 20 日，沙沙门业公司以每股 4.9 元的价格将股票全部转让。

假定不考虑其他因素，沙沙门业公司的账务处理如下：

（1）2019 年 5 月 6 日，购入股票。

借：应收股利　150 000
　　其他权益工具投资——成本　10 010 000
　贷：银行存款　10 160 000

（2）2019 年 5 月 10 日，收到现金股利。

借：银行存款　150 000
　贷：应收股利　150 000

（3）2019 年 6 月 30 日，确认股票的价格变动。

借：其他权益工具投资——公允价值变动　390 000
　贷：其他综合收益——其他权益工具投资公允价值变动　390 000

（4）2019 年 12 月 31 日，确认股票价格变动。

借：其他综合收益——其他权益工具投资公允价值变动　400 000
　贷：其他权益工具投资——公允价值变动　400 000

（5）2020 年 5 月 9 日，确认应收现金股利。

借：应收股利　200 000
　贷：投资收益　200 000

（6）2020 年 5 月 13 日，收到现金股利。

借：银行存款　200 000
　贷：应收股利　200 000

（7）2020 年 5 月 20 日，出售股票。

借：银行存款　9 800 000
　　盈余公积　21 000
　　利润分配——未分配利润　189 000
　　其他权益工具投资——公允价值变动　10 000
　贷：其他权益工具投资——成本　10 010 000
　　　其他综合收益——其他权益工具投资公允价值变动　10 000

假定湖南沙沙门业有限公司将购入的乙公司股票划分为交易性金融资产，且 2019 年 12 月 31 日乙公司股票市价为每股 4.8 元，其他资料不变，则湖南沙沙门业有限公司应做如下账务处理：

（1）2019 年 5 月 6 日，购入股票。

借：应收股利　150 000
　　交易性金融资产——成本　10 000 000
　　投资收益　10 000
　贷：银行存款　10 160 000

（2）2019 年 5 月 10 日，收到现金股利。

借：银行存款　　150 000

　贷：应收股利　　150 000

（3）2019 年 6 月 30 日，确认股票的价格变动。

借：交易性金融资产——公允价值变动　　400 000

　贷：公允价值变动损益　　400 000

（4）2019 年 12 月 31 日，确认股票价格变动。

公允价值变动=2 000 000×（4.8−5.2）=−800 000（元）

借：公允价值变动损益　　800 000

　贷：交易性金融资产——公允价值变动　　800 000

（5）2020 年 5 月 9 日，确认应收现金股利。

借：应收股利　　200 000

　贷：投资收益　　200 000

（6）2020 年 5 月 13 日，收到现金股利。

借：银行存款　　200 000

　贷：应收股利　　200 000

（7）2020 年 5 月 20 日，出售股票。

借：银行存款　　9 800 000

　　交易性金融资产——公允价值变动　　400 000

　贷：交易性金融资产——成本　　10 200 000

任务四　金融资产减值

一、金融资产减值概述

企业应当以预期信用损失为基础，对以摊余成本计量的金融资产和以公允价值计量且其变动计入其他综合收益的金融资产（债务工具）进行减值会计处理并确认损失准备；对以公允价值计量且其变动计入当期损益的金融资产及以公允价值计量且其变动计入其他综合收益的金融资产（权益工具）不计提减值准备。

信用损失是指企业按照原实际利率折现的、根据合同应收的所有合同现金流量与预期收取的所有现金流量之间的差额，即全部现金短缺的现值。

预期信用损失是指以发生违约的风险为权重的金融资产信用损失的加权平均值。

当对金融资产预期未来现金流量具有不利影响的一项或多项事件发生时，该金融资产成为发生信用减值的金融资产。金融资产发生信用减值的证据包括下列可观察信息：

（1）发行方或债务人发生重大财务困难；

（2）债务人违反合同，如偿付利息或本金违约或逾期等；

（3）债权人出于与债务人财务困难有关的经济或合同考虑，给予债务人在任何其他情况下都不会做出的让步；

（4）债务人很可能破产或进行其他财务重组；

（5）发行方或债务人财务困难导致该金融资产的活跃市场消失；

（6）以大幅折扣购买或衍生一项金融资产，该折扣反映了发生信用损失的事实。

金融资产发生信用减值，有可能是多个事件的共同作用所致，未必是可单独识别的事件所致。

二、金融资产减值损失的确认和计量

如果金融资产的信用风险自初始确认后并未显著增加，企业应当按照相当于该金融资产未来 12 个月内预期信用损失的金额计量其损失准备。无论企业评估信用损失的基础是单项金融资产还是金融资产组合，由此形成的损失准备的增加或转回金额，应当作为减值损失或利得计入当期损益。未来 12 个月内预期信用损失，是指因资产负债表日后 12 个月内（若金融资产的预计存续期少于 12 个月，则为预计存续期）可能发生的金融资产违约事件而导致的预期信用损失，是整个存续期预期信用损失的一部分。整个存续期预期信用损失，是指因金融资产整个预计存续期内所有可能发生的违约事件而导致的预期信用损失。

如果金融资产的信用风险自初始确认后已显著增加，企业应当按照相当于该金融资产整个存续期内预期信用损失的金额计量其损失准备。无论企业评估信用损失的基础是单项金融资产还是金融资产组合，由此形成的损失准备的增加或转回金额，应当作为减值损失或利得计入当期损益。

对于以公允价值计量且其变动计入其他综合收益的金融资产（债务工具），企业应当在其他综合收益中确认其损失准备，并将减值损失或利得计入当期损益，且不应减少该金融资产在资产负债表中列示的账面价值。

【实务 7-5】 2018 年 12 月 15 日，湖南沙沙门业有限公司按面值购买了公允价值 2 000 万元的债券，这些债券以公允价值计量且其变动计入其他综合收益。这些债券的合同期限为 10 年，利率为 5%，实际利率同为 5%。2018 年 12 月 31 日（即首个报告日），由于市场利率变化，该债券的公允价值下降至 1 900 万元。该债券的惠誉评级为 AA+，通过采用低信用风险简化操作，沙沙门业公司确定信用风险自初始确认后没有显著增加，应计量 12 个月预期信用损失。为了计算预期信用损失，沙沙门业公司采用了 AA+级中隐含的 12 个月违约率（假设为 2%）和 60%的违约损失率，因此 12 个月预期信用损失为 24 万元。

2019 年（即第二个报告日），由于市场利率变化以及发行人面临的不利的业务和经济状况风险导致的不确定性，该债券的公允价值进一步降低至 1 700 万元。惠誉将该债券的外部评级调低至 BBB-级以下（即投资等级以下），这表明该风险敞口已使该债券发生违约的风险显著增加。因此，沙沙门业公司认定信用风险已显著增加。基于该等级中隐含的整个存续期违约率（假设为 15%）和 60%的违约损失率，沙沙门业公司确定整个存续期的预期损失为 180 万元。假定不考虑利息收入的确认及其他因素。

要求：

（1）编制沙沙门业公司2018年12月15日购入债券投资的会计分录。

（2）编制沙沙门业公司2018年12月31日确认债券投资公允价值变动及预期损失准备的会计分录。

（3）编制沙沙门业公司2019年12月31日确认债券投资公允价值变动及预期损失准备的会计分录。

湖南沙沙门业有限公司的有关账务处理如下：

（1）2018年12月15日购入债券投资的会计分录。

借：其他债权投资——成本　　20 000 000

　贷：银行存款　　20 000 000

（2）2018年12月31日确认债券投资公允价值变动及预期损失准备的会计分录。

借：其他综合收益——其他债权投资公允价值变动　　1 000 000

　贷：其他债权投资——公允价值变动　　1 000 000

损失准备＝20 000 000×2%×60%＝240 000（元）

借：信用减值损失　　240 000

　贷：其他综合收益——损失准备　　240 000

（3）2019年12月31日确认债券投资公允价值变动及预期损失准备的会计分录。

借：其他综合收益——其他债权投资公允价值变动　　2 000 000

　贷：其他债权投资——公允价值变动　　2 000 000

借：信用减值损失　　1 560 000

　贷：其他综合收益——损失准备　　1 560 000

沙沙门业公司在2019年确定整个存续期的预期损失为180（2 000×15%×60%）万元，因前一会计年度，已提损失准备24万元，则本期只需计提180－24＝156（万元）。

子项目二　长期股权投资

股权投资，又称权益性投资，是指通过付出现金或非现金资产等取得被投资单位的股份或股权，享有一定比例的权益份额代表的资产。企业在其生产经营之外，会为了有效地利用其资金，进行各种长期权益性投资，以获取一定的经济利益。本项目涉及的主要会计岗位是投资核算岗位。

本项目所指长期股权投资，包括三个方面：

（1）投资方能够对被投资单位实施控制的权益性投资，即对子公司投资。

控制是指投资方拥有对被投资方的权力，通过参与被投资方的相关活动而享有可变回报，并且有能力运用对被投资方的权力影响其回报金额。

（2）投资方与其他合营方一同对被投资单位实施共同控制且对被投资单位净资产享有权利的权益性投资，即对合营企业的投资。

共同控制是指按照相关约定对某项安排所共有的控制，并且该安排的相关活动必须经过分享控制权的参与方一致同意后才能决策。合营企业是共同控制一项安排的参与方仅对该安排的净资产享有权利的合营安排。

相关活动是指对被投资方的回报产生重大影响的活动。包括但不限于：商品或劳务的销售和购买；金融资产的管理；资产的购买和处置；研究与开发活动；确定资本结构和获取融资。

在判断是否存在共同控制时，我们应当首先判断所有参与方或参与方组合是否集体控制该安排，其次再判断该安排相关活动的决策是否必须经过这些集体控制该安排的参与方一致同意。如果存在两个或两个以上的参与方组合能够集体控制某项安排的，不构成共同控制。仅享有保护性权利的参与方不享有共同控制。

（3）投资方对被投资单位具有重大影响的权益性投资，即对联营企业的投资。

重大影响是指投资方对被投资单位的财务和经营政策有参与决策的权力，但并不能够控制或者与其他方一起共同控制这些政策的制定。投资方能够对被投资单位施加重大影响的，被投资单位为其联营企业。在实务中，较为常见的重大影响体现为在被投资单位的董事会或类似权力机构中派有代表，通过这些代表在被投资单位财务和经营决策制定过程中的发言权实施重大影响。

投资方直接或通过子公司间接持有被投资单位20%以上但低于50%的表决权时，一般认为对被投资单位具有重大影响，除非有明确的证据表明该种情况下投资方不能参与被投资单位的生产经营决策，则不形成重大影响。

任务一　长期股权投资初始计量

长期股权投资在取得时，企业应按初始投资成本入账。长期股权投资的初始投资成本，应分企业合并和非企业合并两种情况确定（上述对子公司的投资称企业合并，企业合并又分同一控制下的企业合并和非同一控制下的企业合并；对联营企业及合营企业的投资称非企业合并）。

一、企业合并形成的长期股权投资

长期股权投资初始计量

取得方式		初始计量
企业合并方式	同一控制	被投资单位所有者权益账面价值的份额，付出资产账面价值与享有被投资单位所有者权益账面价值的份额之间的差额计入资本公积
	非同一控制	付出资产的公允价值，付出资产公允价值与账面价值的差额计入当期损益
非企业合并方式（或称企业合并以外的方式）		付出资产的公允价值或发行权益性证券的公允价值，付出资产公允价值与账面价值的差额计入当期损益

（一）同一控制下的企业合并形成的长期股权投资

原则：不以公允价值计量，不确认损益。

同一控制下的企业合并，合并方以支付现金、转让非现金资产或承担债务方式作为合并对价的，应当在合并日按照取得被合并方所有者权益账面价值的份额作为长期股权投资的初始投资成本。长期股权投资初始投资成本与支付的现金、转让的非现金资产以及所承担债务账面价值之间的差额，应当调整资本公积（资本溢价或股本溢价）；资本公积（资本溢价或股本溢价）不足冲减的，调整留存收益。

【工作思考点】这里调整的是“资本公积（资本溢价或股本溢价）”而不是“资本公积”的全部。

合并方以发行权益性证券作为合并对价的，应当在合并日按照取得被合并方所有者权益账面价值的份额作为长期股权投资的初始投资成本。合并方按照发行股份的面值总额作为股本，长期股权投资初始投资成本与所发行股份面值总额之间的差额，应当调整资本公积（资本溢价或股本溢价）；资本公积（资本溢价或股本溢价）不足冲减的，调整留存收益。发行权益性证券的发行费用应冲减资本公积。

【实务 7-6】湖南沙沙门业有限公司以定向增发股票的方式购买同一集团内另一企业持有的 A 公司 80%股权。为取得该股权，沙沙门业公司增发 2 000 万股普通股，每股面值为 1 元，每股公允价值为 5 元；支付承销商佣金 50 万元。沙沙门业公司取得该股权时，A 公司净资产账面价值为 9 000 万元，公允价值为 12 000 万元。假定沙沙门业公司和 A 公司采用的会计政策相同，沙沙门业公司取得该股权时应确认的资本公积为是多少?

甲公司取得该股权时应确认的资本公积=9 000×80%-2 000×1-50=5 150（万元）。

【实务 7-7】2019 年 12 月 30 日，湖南沙沙门业有限公司向其母公司 P 发行 1 000 万股普通股（每股面值为 1 元，市价为 4. 34 元），取得母公司 P 拥有对 S 公司 100%的股权，并于当日起能够对 S 公司实施控制。合并后 S 公司仍维持其独立法人地位继续经营。2019 年 12 月 30 日 S 公司净资产的账面价值为 40 020 000 元。假定沙沙门业公司和 S 公司在企业合并前采用的会计政策相同。合并日，沙沙门业公司与 S 公司所有者权益的构成如表 7-3 所示。

表 7-3　2019 年 12 月 30 日湖南沙沙门业有限公司与 S 公司的所有者权益构成　单位：元

	沙沙门业公司	S 公司
实收资本	30 000 000	10 000 000
资本公积	20 000 000	6 000 000
盈余公积	20 000 000	20 000 000
未分配利润	23 550 000	4 020 000
合计	93 550 000	40 020 000

S 公司在合并后维持其法人资格继续经营，合并日沙沙门业公司在其账簿及个别财务

报表中应确认对 S 公司的长期股权投资，其成本为合并日享有 S 公司账面所有者权益的份额，账务处理为：

借：长期股权投资——S 公司　　40 020 000

　贷：股本　　10 000 000

　　　资本公积——股本溢价　　30 020 000

（二）非同一控制下的企业合并，购买方在购买日应当区别下列情况确定合并成本，并将其作为长期股权投资的初始投资成本

（1）一次交换交易实现的企业合并，合并成本为购买方在购买日为取得对被购买方的控制权而付出的资产、发生或承担的负债以及发行的权益性证券的公允价值。

（2）通过多次交换交易分步实现的企业合并，合并成本为每一单项交易成本之和。

【实务 7-8】湖南沙沙门业有限公司于 2019 年 5 月以 3 000 万元取得 B 公司 30%的股权，并对所取得的投资采用权益法核算。2019 年 12 月，沙沙门业公司又投资 3 750 万元取得 B 公司另外 30%的股权。假定沙沙门业公司在取得对 B 公司的长期股权投资以后，B 公司并未宣告发放现金股利或利润。沙沙门业公司按净利润的 10%提取盈余公积。沙沙门业公司未对该项长期股权投资计提任何减值准备。2019 年 12 月，再次投资之后，沙沙门业公司对 B 公司长期股权投资的账面价值为多少万元？

合并成本为每一单项交易之和。

长期股权投资的账面价值＝3 000+3 750＝6 750（万元）

（3）购买方为进行企业合并发生的各项直接相关费用于发生时计入当期损益，该直接相关费用不包括为企业合并发行的债券或承担其他债务支付的手续费、佣金等，也不包括企业合并中发行权益性证券发生的手续费、佣金等费用。

（4）非同一控制下企业合并形成的长期股权投资，应在购买日按企业合并成本，借记“长期股权投资”科目；按支付合并对价的账面价值，贷记或借记有关资产、负债科目；按发生的直接相关费用，贷记“银行存款”等科目，企业合并成本中包含的应自被投资单位收取的已宣告但尚未发放的现金股利或利润，应作为应收股利进行核算。

非同一控制下的企业合并，投出资产为非货币性资产时，投出资产公允价值与其账面价值的差额应分不同资产进行会计处理：

①投出资产为固定资产或无形资产，其差额计入资产处置损益。

②投出资产为存货，按其公允价值确认主营业务收入或其他业务收入，按其成本结转主营业务成本或其他业务成本。

③投出资产为以公允价值计量且其变动计入当期损益的金融资产等投资的，其差额计入投资收益。以公允价值计量且其变动计入其他综合收益的金融资产持有期间公允价值变动形成的“其他综合收益”应一并转入相关科目。

【实务 7-9】2019 年 12 月 10 日，湖南沙沙门业有限公司以一台固定资产和银行存款 200 万元向乙公司投资（沙沙门业公司和乙公司不属于同一控制的两个公司），占乙公司注册资本的 60%，该固定资产的账面原价为 8 000 万元，已计提累计折旧 500 万元，已计

提固定资产减值准备 200 万元，公允价值为 7 600 万元。不考虑其他相关税费。沙沙门业公司的会计处理如下：

借：固定资产清理	73 000 000	
累计折旧	5 000 000	
固定资产减值准备	2 000 000	
贷：固定资产		80 000 000
借：长期股权投资	78 000 000	
贷：固定资产清理		73 000 000
银行存款		2 000 000
资产处置损益		3 000 000

【实务 7-10】2019 年 12 月 10 日，湖南沙沙门业有限公司以一项专利权和银行存款 200 万元向丙公司投资（沙沙门业公司和丙公司不属于同一控制的两个公司），占丙公司注册资本的 70%，该专利权的账面原价为 5 000 万元，已计提累计摊销 600 万元，已计提无形资产减值准备 200 万元，公允价值为 4 000 万元。不考虑其他相关税费。沙沙门业公司的会计处理如下：

借：长期股权投资	42 000 000	
累计摊销	6 000 000	
无形资产减值准备	2 000 000	
资产处置损益	2 000 000	
贷：无形资产		50 000 000
银行存款		2 000 000

【实务 7-11】湖南沙沙门业有限公司 2019 年 12 月 10 日与乙公司原投资者 A 公司签订协议，沙沙门业公司和乙公司不属于同一控制下的公司。沙沙门业公司以存货和承担 A 公司的短期还贷款义务换取 A 持有的乙公司股权，2019 年 12 月 10 日合并日乙公司可辨认净资产公允价值为 1 000 万元，沙沙门业公司取得 70%的份额。沙沙门业公司投出存货的公允价值为 500 万元，增值税率为 13%，账面成本 400 万元，承担归还短期贷款义务 200 万元。沙沙门业公司会计处理如下：

借：长期股权投资	7 650 000	
贷：短期借款	2 000 000	
主营业务收入	5 000 000	
应交税费——应交增值税（销项税额）	650 000	
借：主营业务成本	4 000 000	
贷：库存商品		4 000 000

注：合并成本＝500+65+200＝765（万元）。

【实务 7-12】2019 年 12 月 10 日，湖南沙沙门业有限公司以一项以公允价值计量且其变动计入其他综合收益的金融资产（债券）向丙公司投资（沙沙门业公司和丙公司不属于同一控制的两个公司)，占丙公司注册资本的 70%，该金融资产 12 月 10 日的公允价值为 2 500 万元，累计计入其他综合收益的金额为 500 万元，取得时成本为 2 000 万元。不考虑其他相关税费。沙沙门业公司的会计处理如下：

借：长期股权投资　　25 000 000
　贷：其他债权投资　　25 000 000
借：其他综合收益　　5 000 000
　贷：投资收益　　5 000 000

【实务 7-13】 湖南沙沙门业有限公司于 2019 年 12 月 30 日取得了 B 公司 70%的股权。合并中，沙沙门业公司支付的有关资产在购买日的账面价值与公允价值如表 7-4 所示。合并中，沙沙门业公司为核实 B 公司的资产价值，聘请专业资产评估机构对 B 公司的资产进行评估，支付评估费用 1 000 000 元。本例中假定合并前沙沙门业公司与 B 公司及其股东不存在任何关联方关系。

表 7-4　湖南沙沙门业有限公司支付的有关资产在购买日的账面价值与公允价值 单位：元

项　目	账面价值	公允价值
土地使用权	20 000 000 （成本为 30 000 000，累计摊销 10 000 000）	32 000 000
专利技术	8 000 000 （成本为 10 000 000，累计摊销 2 000 000）	10 000 000
银行存款	8 000 000	8 000 000
合　计	36 000 000	50 000 000

分析：

本例中因沙沙门业公司与 B 公司及其股东在合并前不存在任何关联方关系，故应作为非同一控制下的企业合并处理。

沙沙门业公司对于合并形成的对 B 公司的长期股权投资，应按支付对价的公允价值确定其初始投资成本。沙沙门业公司应进行的账务处理为：

借：长期股权投资　　50 000 000
　　累计摊销　　12 000 000
　　管理费用　　1 000 000
　贷：无形资产　　40 000 000
　　　银行存款　　9 000 000
　　　资产处置损益　　14 000 000

二、非企业合并（或企业合并以外方式）取得的长期股权投资

除企业合并形成的长期股权投资以外，以其他方式取得的长期股权投资，应当按照下列规定确定其初始投资成本：

（1）以支付现金取得的长期股权投资，企业应当按照实际支付的购买价款作为初始投资成本。初始投资成本包括与取得长期股权投资直接相关的费用、税金及其他必要支出。企业取得长期股权投资，实际支付的价款或对价中包含的已宣告但尚未发放的现金股利或利润，应作为应收项目处理。

【实务 7-14】 2019 年 12 月 10 日，湖南沙沙门业有限公司从证券市场上购入丁公司发行在外 1 000 万股股票作为长期股权投资，每股 8 元（含已宣告但尚未发放的现金股利 0. 5 元），实际支付价款 8 000 万元，另支付相关税费 40 万元，沙沙门业公司的会计处理如下：

借：长期股权投资	75 400 000	
应收股利	5 000 000	
贷：银行存款		80 400 000

（2）以发行权益性证券取得的长期股权投资，企业应当按照发行权益性证券的公允价值作为初始投资成本。为发行权益性证券支付的手续费、佣金等应自权益性证券的溢价发行收入中扣除，溢价收入不足的，应冲减盈余公积和未分配利润。

【实务 7-15】 2019 年 12 月 10 日，湖南沙沙门业有限公司发行股票 1 000 万股作为对价向 A 公司投资，每股面值为 1 元，实际发行价为每股 3 元，另支付相关费用 9 万元。不考虑相关税费。沙沙门业公司的会计处理如下：

借：长期股权投资	30 000 000	
贷：股本		10 000 000
资本公积——股本溢价		20 000 000
借：资本公积——股本溢价	90 000	
贷：银行存款		90 000

（3）投资者投入的长期股权投资，企业应当按照投资合同或协议约定的价值作为初始投资成本，但合同或协议约定价值不公允的除外。

【实务 7-16】 2019 年 12 月 10 日，湖南沙沙门业有限公司接受 B 公司投资，B 公司将持有的对 C 公司的长期股权投资投入到沙沙门业公司。B 公司持有的对 C 公司的长期股权投资的账面余额为 800 万元，未计提减值准备。沙沙门业公司和 B 公司投资合同约定的价值为 1 000 万元，沙沙门业公司的注册资本为 5 000 万元，B 公司投资持股比例为 20%。沙沙门业公司的会计处理如下：

借：长期股权投资	10 000 000	
贷：实收资本		10 000 000

（4）通过非货币性资产交换取得的长期股权投资，其初始投资成本应当参照本书“非货币性资产交换”有关规定处理；通过债务重组取得的长期股权投资，其初始投资成本参照本书“债务重组”有关规定确定。

（5）初始投资成本的调整（只针对共同控制、重大影响这两种方式的投资）。对于共同控制、重大影响这两种方式的长期股权投资，当初始投资成本大于投资时应享有被投资单位可辨认净资产公允价值份额的，不调整长期股权投资的初始投资成本；当初始投资成本小于投资时应享有被投资单位可辨认净资产公允价值份额的，应按其差额，借记“长期股权投资”科目，贷记“营业外收入”科目。

【实务 7-17】湖南沙沙门业有限公司以银行存款 1 000 万元取得 B 公司 30%的股权，取得投资时被投资单位可辨认净资产的公允价值为 3 000 万元。

（1）如沙沙门业公司能够对 B 公司施加重大影响，则沙沙门业公司应进行的会计处理为：

借：长期股权投资——投资成本　　10 000 000

　贷：银行存款　　10 000 000

注：商誉 100（1 000−3 000×30%）万元体现在长期股权投资成本中。

（2）如投资时 B 公司可辨认净资产的公允价值为 3 500 万元，则沙沙门业公司应进行的会计处理为：

借：长期股权投资——投资成本　　10 000 000

　贷：银行存款　　10 000 000

借：长期股权投资——投资成本　　500 000

　贷：营业外收入　　500 000

【实务 7-18】湖南沙沙门业有限公司于 2019 年 12 月 10 日取得 B 公司 30%的股权，实际支付价款 30 000 000 元。取得投资时被投资单位账面所有者权益的构成如下（假定该时点被投资单位各项可辨认资产、负债的公允价值与其账面价值相同，单位：元）：

实收资本	30 000 000
资本公积	24 000 000
盈余公积	6 000 000
未分配利润	15 000 000
所有者权益总额	75 000 000

假定在 B 公司的董事会中，所有股东均以其持股比例行使表决权。沙沙门业公司在取得对 B 公司的股权后，派人参与了 B 公司的财务和生产经营决策。因能够对 B 公司的生产经营决策施加重大影响，沙沙门业公司对该项投资采用权益法核算。取得投资时，A 公司应进行的账务处理为：

借：长期股权投资——B 公司——投资成本　　30 000 000

　贷：银行存款　　30 000 000

长期股权投资的成本 30 000 000 元大于取得投资时应享有 B 公司可辨认净资产公允价值的份额 22 500 000 元（75 000 000×30%），不对其初始投资成本进行调整。

假定上例中取得投资时 B 公司可辨认净资产公允价值为 120 000 000 元，沙沙门业公司按持股比例 30%计算确定应享有 36 000 000 元，则初始投资成本与应享有 B 公司可辨认净资产公允价值份额之间的差额 6 000 000 元应计入取得投资当期的损益。

借：长期股权投资——B 公司——投资成本　　36 000 000
　贷：银行存款　　30 000 000
　　　营业外收入　　6 000 000

三、投资成本中包含的已宣告尚未发放现金股利或利润的处理

企业无论是以何种方式取得长期股权投资，取得投资时，对于支付的对价中包含的应享有被投资单位已经宣告但尚未发放的现金股利或利润应确认为应收项目，不构成取得长期股权投资的初始投资成本。

任务二　长期股权投资后续计量

一、成本法及权益法核算的范围（表 7-5）

表 7-5　长期股权投资后续计量方法

取得方式		后续计量
企业合并方式	同一控制	成本法核算
	非同一控制	成本法核算
企业合并以外的方式		共同控制或重大影响的投资按权益法核算

二、长期股权投资的成本法

采用成本法核算的长期股权投资，除取得投资时实际支付的价款或对价中包含的已宣告但尚未发放的现金股利或利润外，投资企业应当按照享有被投资单位宣告发放的现金股利或利润确认投资收益，不再划分是否属于投资前和投资后被投资单位实现的净利润。

企业按照上述规定确认自被投资单位应分得的现金股利或利润后，应当考虑长期股权投资是否发生减值。在判断该类长期股权投资是否存在减值迹象时，企业应当关注长期股权投资的账面价值是否大于享有被投资单位净资产（包括相关商誉）账面价值的份额等类似情况。出现类似情况时，企业应当按照《企业会计准则第 8 号——资产减值》对长期股权投资进行减值测试，可收回金额低于长期股权投资账面价值的，应当计提减值准备。

【实务 7-19】湖南沙沙门业有限公司与黄河公司 2019 年与投资有关资料如下：

（1）2019 年 4 月 1 日沙沙门业公司支付现金 1 000 万元取得黄河公司 60%的股权（非同一控制）。

（2）2019 年 4 月 20 日，黄河公司宣告分配 2018 年实现的净利润，现金股利总共 200 万元。

（3）沙沙门业公司于 2019 年 5 月 10 日收到现金股利。

（4）2019 年，黄河公司发生亏损 200 万元。

要求：分别编制沙沙门业公司上述与投资有关业务的会计分录。

（1）2019 年 4 月 1 日。

借：长期股权投资——黄河公司　　10 000 000

　贷：银行存款　　10 000 000

（2）2019 年 4 月 20 日。

借：应收股利　　1 200 000

　贷：投资收益　　1 200 000

（3）2019 年 5 月 10 日。

借：银行存款　　1 200 000

　贷：应收股利　　1 200 000

（4）沙沙门业公司采用成本法核算，不做账务处理。

三、长期股权投资的权益法

长期股权投资的权益法的科目设置：

长期股权投资——投资成本

　　　　　　——损益调整

　　　　　　——其他综合收益

　　　　　　——其他权益变动

（一）投资损益的确认（本教材采用简单权益法）

投资企业取得长期股权投资后，应当按照应享有或应分担的被投资单位实现的净损益的份额，确认投资损益并调整长期股权投资的账面价值。投资企业按照被投资单位宣告分派的利润或现金股利计算应分得的部分，相应减少长期股权投资的账面价值。

1. 被投资企业实现盈利

投资企业：

借：长期股权投资——损益调整

　贷：投资收益

2. 被投资企业发生亏损

投资企业：

借：投资收益

　贷：长期股权投资——损益调整

3. 被投资企业宣告分派股利

按照权益法核算的长期股权投资，投资企业自被投资单位取得的现金股利或利润，应抵减长期股权投资的账面价值。在被投资单位宣告分派现金股利或利润时，借记“应收股利”科目，贷记“长期股权投资（损益调整）”科目；自被投资单位取得的现金股利或利润超过已确认损益调整的部分应视同投资成本的收回，冲减长期股权投资的账面价值。

投资企业：

借：应收股利

　贷：长期股权投资——损益调整

【实务 7-20】 2019 年 9 月 20 日，湖南沙沙门业有限公司以货币资金取得乙公司 30% 的股权，初始投资成本为 4 000 万元；当日，乙公司可辨认净资产公允价值为 14 000 万元，与其账面价值相同。沙沙门业公司取得投资后即派人参与乙公司的生产经营决策，但未能对乙公司形成控制。乙公司 2019 年实现净利润 1 000 万元。假定不考虑所得税等其他因素，2019 年沙沙门业公司下列各项与该项投资相关的会计处理中，正确的有（　　）。

A. 确认商誉 200 万元　　　　B. 确认营业外收入 200 万元

C. 确认投资收益 300 万元　　D. 确认资本公积 200 万元

分析：该题的会计分录为：

2019 年 9 月 20 日初始入账

借：长期股权投资——乙公司（投资成本）	42 000 000	
贷：银行存款		40 000 000
营业外收入		2 000 000

2019 年 12 月 31 日后续计量

借：长期股权投资——乙公司（损益调整）	3 000 000	
贷：投资收益		3 000 000

由此可知，甲公司应该确认营业外收入 200 万元，确认投资收益 300 万元，答案为 BC。

【实务 7-21】 湖南沙沙门业有限公司 2019 年 9 月 10 日以 3 000 万元的价格购入乙公司 30%的股份，另支付相关费用 15 万元。购入时乙公司可辨认净资产的公允价值为 11 000 万元（假定乙公司各项可辨认资产、负债的公允价值与账面价值相等）。乙公司 2019 年实现净利润 600 万元。沙沙门业公司取得该项投资后对乙公司具有重大影响。假定不考虑其他因素，该投资对沙沙门业公司 2019 年度利润总额的影响为（　　）万元。

A. 165　　B. 180　　C. 465　　D. 480

分析：该投资对沙沙门业公司 2019 年度利润总额的影响 = [11 000×30% −（3 000+15）]+600×30% = 465（万元），答案为 C。

4. 超额亏损的确认

按照权益法核算的长期股权投资，投资企业确认应分担被投资单位发生的损失，原则上应以产期股权投资及其他实质上构成对被投资单位净投资的长期权益减记至零为限，投资企业负有承担额外损失义务的除外。这里所讲“其他实质上构成对被投资单位净投资的长期权益”通常为长期应收项目，比如，企业对被投资单位的长期债权，该债权没有明确的清收计划、且在可预见的未来期间不准备收回的，实质上构成对被投资单位的净投资，但不包括投资企业与被投资单位之间因销售商品、提供劳务等日常活动所产生的长期债权。

投资企业在确认应分担被投资单位发生的亏损时，具体应按照以下顺序处理：

首先，减记长期股权投资的账面价值。

其次，在长期股权投资的账面价值减记至零的情况下，对于未确认的投资损失，考虑除长期股权投资以外，账面上是否有其他实质上构成对被投资单位净投资的长期权益项目，如果有，则应以其他长期权益的账面价值为限，继续确认投资损失，冲减长期应收项目等的账面价值。

最后，经过上述处理，按照投资合同或协议约定，投资企业仍需要承担额外损失弥补等义务的，应按预计将承担的义务金额确认预计负债，计入当期投资损失。

企业在实务操作过程中，在发生投资损失时，应借记“投资收益”科目，贷记“长期股权投资——损益调整”科目。在长期股权投资的账面价值减记至零以后，考虑其他实质上构成对被投资单位净投资的长期权益，继续确认的投资损失，应借记“投资收益”科目，贷记“长期应收款”科目；因投资合同或协议约定导致投资企业需要承担额外义务的，按照或有事项准则的规定，对于符合确认条件的义务，应确认为当期损失，同时确认预计负债，借记“投资收益”科目，贷记“预计负债”科目。除上述情况仍未确认的应分担被投资单位的损失，应在账外备查登记。

在确认了有关的投资损失以后，被投资单位于以后期间实现盈利的，应按以上相反顺序分别减记账外备查登记的金额、已确认的预计负债、恢复其他长期权益及长期股权投资的账面价值，同时确认投资收益。即应当按顺序分别借记“预计负债”“长期应收款”“长期股权投资”科目，贷记“投资收益”科目。

【实务 7-22】湖南沙沙门业有限公司持有乙企业 40%的股权，能够对乙企业施加重大影响，2018 年 12 月 31 日该项长期股权投资的账面价值为 6 000 万元。乙企业 2019 年由于一项主要经营业务市场条件发生变化，当年度亏损 9 000 万元。假定沙沙门业公司在取得该投资时，乙企业各项可辨认资产、负债的公允价值与其账面价值相等，双方所采用的会计政策及会计期间也相同，则沙沙门业公司当年度应确认的投资损失为 3 600 万元。确认上述投资损失后，长期股权投资的账面价值变为 2 400 万元。

如果乙企业当年度的亏损额为 18 000 万元，则沙沙门业公司按其持股比例确认应分担的损失为 7 200 万元，但长期股权投资的账面价值仅为 6 000 万元，如果企业没有实质上构成对被投资单位净投资的长期权益项目，则沙沙门业公司应确认的投资损失仅为 6 000 万元，超额损失在账外进行备查登记；在确认了 6 000 万元投资损失，长期股权投资的账面价值减记至零以后，如果沙沙门业公司账上仍有乙企业的长期应收款 2 400 万元，该款项从目前情况看，没有明确的清偿计划（并非产生于商品购销等日常活动），则在长期应收款的账面价值大于 1 200 万元的情况下，应以长期应收款的账面价值为限进一步确认投资损失 1 200 万元。沙沙门业公司应进行的账务处理为：

借：投资收益	60 000 000	
贷：长期股权投资——损益调整		60 000 000
借：投资收益	12 000 000	
贷：长期应收款		12 000 000

5. 被投资单位其他综合收益

投资企业在持有长期股权投资期间，应当按照应享有或应分担被投资单位实现其他综合收益的份额，借记“长期股权投资——其他综合收益”科目，贷记“其他综合收益”科目。这里所讲的“其他综合收益”，是指企业根据其他会计准则规定未在当期损益中确认的各项利得和损失。

【实务 7-23】 湖南沙沙门业有限公司持有 B 企业 30%的股份，能够对 B 企业施加重大影响。当期 B 企业因持有的以公允价值计量且其变动计入其他综合收益的金融资产公允价值的变动计入其他综合收益的金额为 1 800 万元，除该事项外，B 企业当期实现的净损益为 9 600 万元。沙沙门业公司在确认应享有被投资单位所有者权益的变动时，应进行的账务处理为：

借：长期股权投资——损益调整　　28 800 000
　　　　　　　——其他综合收益　　5 400 000
　贷：投资收益　　28 800 000
　　　其他综合收益　　5 400 000

6. 被投资单位所有者权益的其他变动

采用权益法核算时，投资企业对于被投资单位除净损益、其他综合收益和利润分配外所有者权益的其他变动，应按照持股比例计算应享有的份额，借记或贷记“长期股权投资——其他权益变动”科目，贷记或借记“资本公积——其他资本公积”科目。

7. 股票股利的处理

被投资单位分派的股票股利，投资企业不作账务处理，但应于除权日注明所增加的股数，以反映股份的变化情况。

四、长期股权投资的减值

长期股权投资在按照规定进行核算确定其账面价值的基础上，如果存在减值迹象的，企业应当按照相关准则的规定计提减值准备。投资企业应当按照《企业会计准则第 8 号——资产减值》对长期股权投资进行减值测试，其可收回金额低于账面价值的，应当将该长期股权投资的账面价值减记至可收回金额，减记的金额确认为减值损失，计入当期损益，同时计提相应的资产减值准备。

计提长期股权投资减值准备的账务处理：

借：资产减值损失
　贷：长期股权投资减值准备

长期股权投资的减值损失一经确认，在以后会计期间不得转回。

任务三　长期股权投资的处置

企业处置长期股权投资时，应相应结转与所售股权相对应的长期股权投资的账面价值，出售所得价款与处置长期股权投资账面价值之间的差额，应确认为投资收益。

采用权益法核算的长期股权投资，原计入其他综合收益中的金额，在处置时亦应进行结转，将与所出售股权相对应的部分在处置时从“其他综合收益”“资本公积——其他资本公积”科目中转入投资收益。

【实务 7-24】 湖南沙沙门业有限公司原持有 B 企业 40%的股权，2019 年 12 月 20 日，沙沙门业公司决定出售 10%的 B 企业股权，出售时沙沙门业公司账面上对 B 企业长期股权投资的构成为：投资成本 1 800 万元，损益调整 480 万元，其他综合收益 300 万元，出售取得价款 705 万元。

（1）沙沙门业公司确认处置损益的账务处理为：

借：银行存款	7 050 000	
贷：长期股权投资——投资成本		4 500 000
——损益调整		1 200 000
——其他综合收益		750 000
投资收益		600 000

（2）除应将实际取得价款与出售长期股权投资的账面价值进行结转，确认出售损益以外，沙沙门业公司还应将原计入其他综合收益的部分按比例转入当期损益。

借：其他综合收益	750 000（300×25%）	
贷：投资收益		750 000

沙沙门业公司如果是出售全部的 B 企业股权，则将长期股权投资的账面价值以及原计入其他综合收益的数值全部转出。

子项目三　投资性房地产

2006 年《企业会计准则第 3 号——投资性房地产》将投资性房地产从固定资产中分离出来，由于投资性房地产有两种计量模式可供选择，同一公司在不同计量模式下产生的经济效益、财务成果差异显著，使其成为部分上市企业关注的焦点。该子项目主要介绍了投资性房地产的定义、初始的确认、后续的计量、资产之间的转换及处置等内容。

任务一　投资性房地产概述

房地产是土地和房屋及其权属的总称。在我国，土地归国家或集体所有，企业只能取得土地使用权。因此，房地产中的土地是指土地使用权。房屋是指土地上的房屋等建筑物及构建物。

投资性房地产是指为赚取租金或资本增值，或两者兼有而持有的房地产，主要包括已出租的土地使用权、持有并准备增值后转让的土地使用权和已出租的建筑物。投资性房地产应当能够单独计量和出售。

一、投资性房地产的特征

（一）投资性房地产是一种经营性活动

投资性房地产的主要形式是出租建筑物、出租土地使用权，这实质上属于一种让渡资产使用权行为。房地产租金就是让渡资产使用权取得的使用费收入，是企业为完成其经营目标所从事的经营性活动以及与之相关的其他活动形成的经济利益总流入。投资性房地产的另一种形式是持有并准备增值后转让的土地使用权，尽管其增值收益通常与市场供求、经济发展等因素相关，但目的是为了增值后转让以赚取增值收益，也是企业为完成其经营目标所从事的经营性活动以及与之相关的其他活动形成的经济利益总流入。

（二）投资性房地产是一种持有特定目的和用途的资产

投资性房地产在用途、状态、目的等方面区别于作为生产经营场所的房地产和用于销售的房地产。企业持有的房地产如果用于自身经营管理，应作为固定资产核算；如果用于对外销售，应作为存货核算；如果是用于赚取租金或增值收益，则应单独作为投资性房地产核算。

（三）投资性房地产有两种后续计量模式

企业一般应当采用成本模式对投资性房地产进行后续计量，只有在有确凿证据表明投资性房地产的公允价值能够持续可靠取得时，才可以采用公允价值模式计量。但是，同一企业只能采用一种计量模式对所有的投资性房地产进行后续计量，不得同时采用两种计量模式。

二、投资性房地产的范围

投资性房地产的范围限定为已出租的土地使用权、持有并准备增值后转让的土地使用权、已出租的建筑物。

（一）属于投资性房地产的项目

1. 已出租的土地使用权

已出租的土地使用权，是指企业通过出让或转让方式取得，并以经营租赁方式出租的土地使用权。企业取得的土地使用权通常包括在一级市场上以缴纳土地出让金的方式取得的土地使用权，也包括在二级市场上接受其他单位转让的土地使用权。对于以经营租赁方式租入土地使用权再转租给其他单位的，不能确认为投资性房地产。企业计划用于出租但尚未出租的土地使用权，不属于此类。

【实务 7-25】 A 公司与 B 公司签订了一项经营租赁合同，B 公司将其持有使用的一块土地出租给 A 公司，以赚取租金，为期 20 年，A 公司又将这块土地转租给 C 公司，以赚取租金差价，为期 5 年，假设不违反国家有关规定。

本例中，对 A 公司而言，这块土地属于以经营租赁方式租入后又转租的土地，A 企业并不拥有其产权，因此不能将其确认为投资性房地产。对 B 公司而言，自租赁期开始日起，这项土地使用权属于其投资性房地产。

2. 持有并准备增值后转让的土地使用权

持有并准备增值后转让的土地使用权，是指企业取得的、准备增值后转让的土地使用权。这类土地使用权很可能给企业带来资本增值收益，符合投资性房地产的定义。

企业依法取得土地使用权后，应当按照国有土地有偿使用合同或建设用地批准书规定的期限动工开发建设。未经原批准用地的人民政府同意、超过规定的期限未动工开发建设的建设用地属于闲置土地，按照国家有关规定认定的闲置土地，不属于持有并准备增值后转让的土地使用权。

3. 已出租的建筑物

已出租的建筑物，是指企业拥有产权并以经营租赁方式出租的建筑物，包括自行建造或开发活动完成后用于出租的建筑物。企业在判断和确认已出租的建筑物时，应当把握以下要点：

（1）用于出租的建筑物是指企业拥有产权的建筑物。企业经营租赁方式租入再转租的建筑物不属于投资性房地产。

【实务 7-26】 A 企业与 B 企业签订了一项经营租赁合同，B 企业将其持有产权的一栋办公楼出租给 A 企业，为期 6 年，A 企业一开始将该办公楼改装后用于自行经营餐馆。3 年后，由于连续亏损，A 企业将餐馆转租给 C 企业，以赚取租金差价。

本例中，对 A 企业而言，这栋办公楼属于以经营租赁方式租入后又转租的建筑物，A 企业这栋办公楼产权，因此不能将其确认为投资性房地产。B 企业拥有这两间房屋的产权并以经营租赁方式对外出租，可以将其确认为投资性房地产。

（2）已出租的建筑物是企业已经与其他方签订了租赁协议，约定以经营租赁方式出租的建筑物。自租赁协议规定的租赁期开始日起，经营租出的建筑物才属于已出租的建筑物。企业计划用于出租但尚未出租的建筑物，不属于已出租的建筑物。

【实务 7-27】 A 企业在当地房地产交易中心通过竞拍取得一块土地的使用权。A 企业按照合同规定对这块土地进行了开发，并在这块土地上建造了一栋商场，拟用于整体出租，但尚未找到合适的承租人。

本例中，这栋商场不属于投资性房地产。直到 A 企业与承租人签订经营租赁合同，自租赁期开始日起，这栋商场才能转换为投资性房地产；同时，相应的土地使用权（无形资产）也应当转换为投资性房地产。

（3）特殊情况：①空置建筑物只要企业管理当局（董事会或类似机构）做出正式书面决议，明确表明将其用于经营出租且持有意图短期内不再发生变化的，则视为投资性房地产。②某项房地产，部分用于赚取租金或资本增值，部分用于生产商品、提供劳务或经营管理，能够单独计量和出售的，用于赚取租金或资本增值的部分，应当确认为投资性房地产；不能够单独计量和出售的、用于赚取租金或资本增值的部分，不确认为投资性房地产。③企业将建筑物出租，按租赁协议向承租人提供的相关辅助服务在整个协议中不重大的，如企业将办公楼出租并向承租人提供保安、维修等辅助服务，应当将该建筑物确认为投资性房地产。

【实务 7-28】A 企业在中关村购买了一栋写字楼，共 12 层，其中 1 层经营出租给某家大型超市，2~5 层经营出租给 B 企业，6~12 层经营出租给 C 企业。A 企业同时为该写字楼提供保安、维修等日常辅助服务。

本例中，A 企业将写字楼出租，同时提供的辅助服务不重大。对 A 企业而言，这栋写字楼属于 A 企业的投资性房地产。

（二）不属于投资性房地产的项目

1. 自用房地产

自用房地产，即为生产商品、提供劳务或者经营管理而持有的房地产。例如，企业拥有并自行经营的旅馆饭店，其经营目的主要是通过提供客房服务赚取服务收入，该旅馆饭店不确认为投资性房地产。

企业出租给本企业职工居住的宿舍，虽然也收取租金，但间接为企业自身的生产经营服务，因此具有自用房地产的性质，不属于投资性房地产。

2. 作为存货的房地产

作为存货的房地产通常是指房地产开发企业在正常经营过程中销售的或为销售而正在开发的商品房和土地。这部分房地产属于房地产开发企业的存货，其生产、销售构成企业的主营业务活动，产生的现金流量也与企业的其他资产密切相关。因此，具有存货性质的房地产不属于投资性房地产。

三、投资性房地产的确认

将某个项目确认为投资性房地产，首先应当符合投资性房地产的概念，其次要同时满足投资性房地产的两个确认条件：

（1）与该资产相关的经济利益很可能流入企业。

（2）该投资性房地产的成本能够可靠地计量。

四、投资性房地产核算的账户设置

为了核算投资性房地产业务，企业应当设置“投资性房地产”“投资性房地产累计折旧（摊销）”“投资性房地产减值准备”等账户。

（一）“投资性房地产”账户

本账户核算投资性房地产采用成本模式计量的成本或采用公允价值模式计量的公允价值。

采用成本模式计量时，该账户借方登记外购、自行建造、内部转换等方式发生的投资性房地产的成本；贷方登记处置或转为自用的投资性房地产的成本；期末借方余额反映企业持有的投资性房地产的成本。

采用公允价值模式计量时，该账户核算的是其公允价值，同时还应当分别设置“成本”和“公允价值变动”两个明细账户。

（二）“投资性房地产累计折旧（摊销）”账户

本账户是“投资性房地产”账户的备抵账户，核算企业采用成本模式计量的投资性房地产的累计折旧或摊销。该账户核算比照“累计折旧”和“累计摊销”账户进行。

（三）“投资性房地产减值准备”账户

本账户是“投资性房地产”账户的调整账户，核算企业采用成本模式计量的投资性房地产的减值情况。该账户的核算比照“固定资产减值准备”“无形资产减值准备”账户进行。

（四）“公允价值变动损益”账户

本账户核算企业采用公允价值模式计量的投资性房地产因公允价值变动形成的应计入当期损益的利得或损失。

任务二　投资性房地产初始计量与后续计量

一、投资性房地产的初始计量

投资性房地产的取得主要有外购、自行建造及其他方式。投资性房地产应当按照取得时的成本进行初始计量。

（一）外购的投资性房地产

对于企业外购的房地产，只有在购入房地产的同时开始对外出租（自租赁期开始日起，下同）或用于资本增值，才能称之为外购的投资性房地产。外购投资性房地产的成本，包括购买价款、相关税费和可直接归属于该资产的其他支出。

企业购入房地产，自用一段时间之后再改为出租或用于资本增值的，应当先将外购的房地产确认为固定资产或无形资产，自租赁期开始日或用于资本增值之日开始，才能从固定资产或无形资产转换为投资性房地产。

（二）自行建造的投资性房地产

企业自行建造（或开发，下同）的房地产，只有在自行建造或开发活动完成（即达到预定可使用状态）的同时开始对外出租或用于资本增值，才能将自行建造的房地产确认为投资性房地产。自行建造投资性房地产的成本，由建造该项房地产达到预定可使用状态前发生的必要支出构成。

企业自行建造房地产达到预定可使用状态后一段时间才对外出租或用于资本增值的，应当先将自行建造的房地产确认为固定资产或无形资产，自租赁期开始日或用于资本增值之日开始，从固定资产或无形资产转换为投资性房地产。

（三）以其他方式取得的投资性房地产

以其他方式取得的投资性房地产，其成本参照固定资产相关内容确定。

二、投资性房地产的后续计量

企业通常应当采用成本模式对投资性房地产进行后续计量，也可以采用公允价值模式对投资性房地产进行后续计量。但是，同一企业只能采用一种模式对所有投资性房地产进行后续计量，不得同时采用两种计量模式。

（一）采用成本模式进行后续计量的投资性房地产

企业通常应当采用成本模式对投资性房地产进行后续计量。采用成本模式进行后续计量的投资性房地产，应当比照固定资产或无形资产的有关规定处理。

（1）外购投资性房地产或自行建造的投资性房地产达到预定可使用状态时，按照其实际成本，编制如下会计分录：

借：投资性房地产

　　应交税费——应交增值税（进项税额）

　贷：银行存款等

（2）按照固定资产或无形资产的有关规定，按期（月）计提折旧或进行摊销，借记“其他业务成本”等科目，贷记“投资性房地产累计折旧（摊销）”科目。

（3）取得的租金收入，借记“银行存款”等科目，贷记“其他业务收入”“应交税费——应交增值税（销项税）”等科目。

（4）投资性房地产存在减值迹象的，应当适用资产减值的有关规定。经减值测试后确定发生减值的，应当计提减值准备，借记“资产减值损失”科目，贷记“投资性房地产减值准备”科目。如果已经计提减值准备的投资性房地产的价值又得以恢复，不得转回。

【实务 7-29】2019 年 9 月，湖南沙沙门业有限公司计划购入一栋写字楼用于对外出租。9 月 15 日，湖南沙沙门业有限公司与青山公司签订了经营租赁合同，约定自写字楼购买日起将这栋写字楼出租给青山公司，为期 5 年。10 月 31 日，湖南沙沙门业有限公司实际购入写字楼，增值税专用发票上注明购买价款 1 200 万元，增值税 108 万元，款项全部以银行存款支付。假设不考虑其他因素，湖南沙沙门业有限公司采用成本模式进行后续计量。

湖南沙沙门业有限公司的账务处理如下：

借：投资性房地产——写字楼　　　　12 000 000

应交税费——应交增值税（进项税额） 1 080 000

贷：银行存款 13 080 000

【实务 7-30】 承【实务 7-29】，假设该栋写字楼按照直线法计提折旧，使用寿命为 20 年，预计净残值为零。按照经营租赁合同约定，青山公司每月支付湖南沙沙门业有限公司含税租金 3.27 万元（租金 3 万元，增值税 0.27 万元）。2019 年 12 月，这栋办公楼发生减值迹象，经减值测试，其可收回金额为 1 050 万元。

湖南沙沙门业有限公司的账务处理如下：

（1）计提折旧。

每月计提折旧 1 200÷20÷12＝5（万元）

借：其他业务成本 50 000

贷：投资性房地产累计折旧 50 000

（2）确认租金。

借：银行存款（或其他应收款） 32 700

贷：其他业务收入 30 000

应交税费——应交增值税（销项税额） 2 700

（3）2019 年 12 月 31 日计提减值准备。

2019 年 11～12 月累计折旧额＝5×2＝10（万元）

计提减值准备前该写字楼的账面价值＝1 200－10＝1 190（万元）

应计提减值准备＝1 190－1 050＝140（万元）

借：资产减值损失 1 400 000

贷：投资性房地产减值准备 1 400 000

（二）采用公允价值模式进行后续计量的投资性房地产

1. 采用公允价值模式的前提条件

企业只有存在确凿证据表明投资性房地产的公允价值能够持续可靠取得，才可以采用公允价值模式对投资性房地产进行后续计量。企业一旦选择采用公允价值计量模式，就应当对其所有投资性房地产均采用公允价值模式进行后续计量。

采用公允价值模式进行后续计量的投资性房地产，应当同时满足下列条件：

（1）投资性房地产所在地有活跃的房地产交易市场。

所在地，通常是指投资性房地产所在的城市。对于大中型城市，应当为投资性房地产所在的城区。

（2）企业能够从活跃的房地产交易市场上取得同类或类似房地产的市场价格及其他相关信息，从而对投资性房地产的公允价值做出合理的估计。

同类或类似的房地产，对建筑物而言，是指所处地理位置和地理环境相同、性质相同、结构类型相同或相近、新旧程度相同或相近、可使用状况相同或相近的建筑物；对土地使用权而言，是指同一城区、同一位置区域、所处地理环境相同或相近、可使用状况相同或相近的土地。

2. 采用公允价值模式进行后续计量的会计处理

采用公允价值模式进行后续计量的投资性房地产，应当遵循以下会计处理：

（1）外购投资性房地产或自行建造的投资性房地产达到预定可使用状态时，按照其实际成本，借记“投资性房地产——成本”等科目，贷记“银行存款”“在建工程”等科目。

（2）不对投资性房地产计提折旧或摊销。企业应当以资产负债表日投资性房地产的公允价值为基础调整其账面价值，公允价值与原账面价值之间的差额计入当期损益。

资产负债表日，投资性房地产的公允价值高于其账面余额的差额，借记“投资性房地产——公允价值变动”科目，贷记“公允价值变动损益”科目；公允价值低于其账面余额的差额做相反的会计分录。

（3）投资性房地产取得的租金收入，确认为其他业务收入。借记“银行存款”等科目，贷记“其他业务收入”“应交税费——应交增值税（销项税）”等科目。

【实务 7-31】华盛房地产有限公司为从事房地产经营开发的企业。2019 年 8 月，华盛房地产有限公司与青华公司签订租赁协议，约定将华盛房地产有限公司开发的一栋精装修的写字楼于开发完成的同时开始租赁给青华公司使用，租赁期为 10 年。2019 年 10 月 1 日，该写字楼开发完成并开始起租，写字楼的造价为 90 000 000 元。由于该栋写字楼地处商业繁华区，所在城区有活跃的房地产交易市场，而且能够从房地产交易市场上取得同类房地产的市场报价，华盛房地产有限公司决定采用公允价值模式对该项出租的房地产进行后续计量。2019 年 12 月 31 日，该写字楼的公允价值为 91 000 000 元。2020 年 12 月 31 日，该写字楼的公允价值为 94 000 000 元。

华盛房地产有限公司的账务处理如下：

（1）2019 年 10 月 1 日，华盛房地产有限公司开发完成写字楼并出租。

借：投资性房地产——××写字楼（成本）　　90 000 000
　贷：开发产品　　90 000 000

（2）2019 年 12 月 31 日，以公允价值为基础调整其账面价值，公允价值与原账面价值之间的差额计入当期损益。

借：投资性房地产——××写字楼（公允价值变动）　　1 000 000
　贷：公允价值变动损益　　1 000 000

（3）2020 年 12 月 31 日，公允价值又发生变动。

借：投资性房地产——××写字楼（公允价值变动）　　3 000 000
　贷：公允价值变动损益　　3 000 000

（三）投资性房地产后续计量模式的变更

企业对投资性房地产的计量模式一经确定，不得随意变更。以成本模式转为公允价值模式的，企业应当将其作为会计政策变更处理，将计量模式变更时公允价值与账面价值的差额，调整期初留存收益（未分配利润）。

企业变更投资性房地产计量模式时，应当按照计量模式变更日投资性房地产的公允价值，借记“投资性房地产——成本”科目，按照已计提的折旧或摊销，借记“投资性房地产累计折旧（摊销）”科目，原已计提减值准备的，借记“投资性房地产减值准备”科目，按照原账面余额，贷记“投资性房地产”科目，按照公允价值与其账面价值之间的差额，贷记或借记“利润分配——未分配利润”“盈余公积”等科目。

已采用公允价值模式计量的投资性房地产，不得从公允价值模式转为成本模式。

【实务 7-32】湖南沙沙门业有限公司将某一栋写字楼租赁给乙公司使用，并一直采用成本模式进行后续计量。2019 年 12 月 1 日，湖南沙沙门业有限公司认为，出租给乙公司使用的写字楼，其所在地的房地产交易市场比较成熟，具备了采用公允价值模式计量的条件，决定对该项投资性房地产从成本模式转换为公允价值模式计量。该写字楼的原造价为 90 000 000 元，已计提折旧 2 700 000 元，账面价值为 87 300 000 元。2019 年 12 月 1 日，该写字楼的公允价值为 95 000 000 元。假设湖南沙沙门业有限公司按净利润的 10%计提盈余公积。

湖南沙沙门业有限公司的账务处理如下：

借：投资性房地产——××写字楼（成本）	95 000 000	
投资性房地产累计折旧	2 700 000	
贷：投资性房地产——××写字楼		90 000 000
利润分配——未分配利润		6 930 000
盈余公积		770 000

任务三　投资性房地产后续支出的核算

一、资本化的后续支出

与投资性房地产有关的后续支出，满足投资性房地产确认条件的，企业应当计入投资性房地产成本。例如：企业为了提高投资性房地产的使用效能，往往需要对投资性房地产进行改建、扩建而使其更加坚固耐用，或者通过装修而改善其室内装潢，改扩建或装修支出满足确认条件的，企业应当将其资本化。企业对某项投资性房地产进行改扩建等再开发且将来仍作为投资性房地产的，在再开发期间应继续将其作为投资性房地产，再开发期间不计提折旧或摊销。

采用成本模式计量的，投资性房地产进入改扩建或装修阶段后，企业应当将其账面价值转入改扩建工程，借记“投资性房地产——在建”“投资性房地产累积折旧”等科目，贷记“投资性房地产”科目。发生资本化的改良或装修支出，通过“投资性房地产——在建”科目归集，借记“投资性房地产——在建”科目，贷记“银行存款”“应付账款”等科目。改扩建或装修完成后，借记“投资性房地产”科目，贷记“投资性房地产——在建”科目。

采用公允价值模式计量的，投资性房地产进入改扩建或装修阶段，借记“投资性房地产——在建”科目，贷记“投资性房地产——成本”“投资性房地产——公允价值变动”等科目；在改扩建或装修完成后，借记“投资性房地产——成本”科目，贷记“投资性房地产——在建”科目。

企业对某项投资性房地产进行改扩建等再开发且将来仍作为投资性房地产的，再开发期间应继续将其作为投资性房地产，不计提折旧或摊销。

【实务 7-33】2019 年 9 月，湖南沙沙门业有限公司与乙公司的一项厂房经营租赁合同即将到期，该厂房原价为 50 000 000 元，已计提折旧 10 000 000 元。为了提高厂房的租金收入，湖南沙沙门业有限公司决定在租赁期满后对该厂房进行改扩建，并与丙公司签订了经营租赁合同，约定自改扩建完工时将该厂房出租给丙公司。2019 年 9 月 30 日，与乙公司的租赁合同到期，该厂房随即进入改扩建工程，2019 年 12 月 31 日，该厂房改扩建工程完工，其发生支出 5 000 000 元，均已支付，即日按照租赁合同出租给丙公司，假定湖南沙沙门业有限公司采用成本计量模式。

本例中，改扩建支出属于后续支出，假定符合《企业会计准则第 3 号——投资性房地产》第六条的规定，应当计入投资性房地产的成本。

湖南沙沙门业有限公司的账务处理如下：

（1）2019 年 9 月 30 日，投资性房地产转入改扩建工程。

借：投资性房地产——厂房——在建	40 000 000	
投资性房地产累计折旧	10 000 000	
贷：投资性房地产——厂房		50 000 000

（2）2019 年 9 月 30 日至 2018 年 12 月 31 日，发生改扩建支出。

借：投资性房地产——厂房——在建	5 000 000	
贷：银行存款		5 000 000

（3）2019 年 12 月 31 日，改扩建工程完工。

借：投资性房地产——厂房	45 000 000	
贷：投资性房地产——厂房 ——在建		45 000 000

【实务 7-34】2019 年 9 月，湖南沙沙门业有限公司与乙公司的一项厂房经营租赁合同即将到期，为了提高厂房的租金收入，湖南沙沙门业有限公司决定在租赁期满后对该厂房进行改扩建，并与丙公司签订了经营租赁合同，约定自改扩建完工时将该厂房出租给丙公司，2019 年 9 月 30 日，与乙公司的租赁合同到期，该厂房随即进入改扩建工程。2019 年 9 月 30 日，该厂房账面余额为 20 000 000 元，其中成本 16 000 000 元。累计公允价值变动 4 000 000 元，2019 年 12 月 31 日该厂房改扩建工程完工，其发生支出 3 000 000 元，均已支付，即日按照租赁合同出租给丙公司，假定湖南沙沙门业有限公司采用公允价值计量模式。

湖南沙沙门业有限公司的账务处理如下：

（1）2019 年 9 月 30 日，投资性房地产转入改扩建工程。

借：投资性房地产——厂房——在建　　　　　　　　20 000 000
　贷：投资性房地产——厂房——成本　　　　　　　　16 000 000
　　　　　　　　　——公允价值变动　　　　　　　　4 000 000

（2）2019 年 9 月 30 日至 2018 年 12 月 31 日，发生改建支出。

借：投资性房地产——厂房——在建　　　　　　　　3 000 000
　贷：银行存款　　　　　　　　　　　　　　　　　3 000 000

（3）2019 年 12 月 31 日，改扩建工程完工。

借：投资性房地产——厂房——成本　　　　　　　　23 000 000
　贷：投资性房地产——厂房——在建　　　　　　　　23 000 000

二、费用化的后续支出

与投资性房地产有关的后续支出，不满足投资性房地产确认条件的，如企业对投资性房地产进行日常维护所发生的支出，应当在发生时计入当期损益，借记“其他业务成本”等科目，贷记“银行存款”等科目。

任务四　投资性房地产的转换和处置

一、房地产的转换

（一）房地产的转换形式及转换日

房地产的转换，实质上是因房地产用途发生改变而对房地产进行的重新分类。企业有确凿证据表明房地产用途发生改变，且满足下列条件之一的，应当将投资性房地产转换为其他资产或者将其他资产转换为投资性房地产：

1. 投资性房地产开始自用

投资性房地产开始自用，即投资性房地产转为自用房地产。在此种情况下，转换日为房地产达到自用状态，企业开始将房地产用于生产商品、提供劳务或者经营管理的日期。

2. 作为存货的房地产改为出租

作为存货的房地产改为出租，通常指房地产开发企业将其持有的开发产品以经营租赁的方式出租，存货相应地转换为投资性房地产。在此种情况下，转换日为房地产的租赁期开始日。租赁期开始日是指承租人有权行使其使用租赁资产权利的日期。

3. 自用建筑物或土地使用权停止自用，改为出租

自用建筑物或土地使用权停止自用，改为出租，即企业将原本用于生产商品、提供劳务或者经营管理的房地产改用于出租，固定资产或土地使用权相应地转换为投资性房地产。在此种情况下，转换日为租赁期开始日。

4. 自用土地使用权停止自用改用于资本增值

自用土地使用权停止自用改用于资本增值，即企业将原本用于生产商品、提供劳务或

者经营管理的土地使用权改用于资本增值，土地使用权相应地转换为投资性房地产。在此种情况下，转换日为自用土地使用权停止自用后确定用于资本增值的日期。

5. 房地产企业将用于经营出租的房地产重新开发用于对外销售，从投资性房地产转为存货

转换日为租赁届满、企业董事会或类似机构做出书面决议明确表明将其重新开发用于对外销售的日期。

（二）房地产转换的会计处理

1. 成本模式下的转换

（1）投资性房地产转为自用房产。

企业将采用成本模式计量的投资性房地产转为自用房地产时，应当按该项投资性房地产在转换日的账面余额、累计折旧、减值准备等，分别转为“固定资产”或“累计折旧”“固定资产减值准备”等科目。按其账面余额，借记“固定资产”或“无形资产”科目，贷记“投资性房地产”科目；按已计提的折旧或摊销，借记“投资性房地产累计折旧（摊销）”科目，贷记“累计折旧”或“累计摊销”科目；原已计提减值准备的，借记“投资性房地产减值准备”科目，贷记“固定资产减值准备”或“无形资产减值准备”科目。

【实务 7-35】2019 年 9 月末，湖南沙沙门业有限公司将出租在外的厂房收回，10 月 1 日开始用于本企业的商品生产，该厂房相应由投资性房地产转换为自用房地产。该项房地产在转换前采用成本模式计量，截至 2019 年 9 月 30 日，账面价值为 37 650 000 元，其中，原价 50 000 000 元，累计已计提折旧 12 350 000 元。

湖南沙沙门业有限公司 2019 年 10 月 1 日的账务处理如下：

借：固定资产	50 000 000	
投资性房地产累计折旧	12 350 000	
贷：投资性房地产——××厂房		50 000 000
累计折旧		12 350 000

（2）投资性房地产转换为存货。

企业将采用成本模式计量的投资性房地产转换为存货时，应当按照该项房地产在转换日的账面价值，借记“开发产品”科目；按照已计提的折旧或摊销，借记“投资性房地产累计折旧（摊销）”科目，原已计提减值准备的，借记“投资性房地产减值准备”科目；按其账面余额，贷记“投资性房地产”科目。

（3）自用房地产转换为投资性房地产。

企业将自用土地使用权或建筑物转换为以成本模式计量的投资性房地产时，应当按该项土地使用权或建筑物在转换日的原价、累计折旧、减值准备等，分别转入“投资性房地产”“投资性房地产累计折旧（摊销）”“投资性房地产减值准备”科目。按其账面余额，借记“投资性房地产”科目，贷记“固定资产”或“无形资产”科目；按已计提的折旧或摊销，借记“累计折旧”或“累计摊销”科目，贷记“投资性房地产累计折旧（摊

销）”科目；原已计提减值准备的，借记“固定资产减值准备”或“无形资产减值准备”科目，贷记“投资性房地产减值准备”科目。

【实务 7-36】湖南沙沙门业有限公司拥有一栋办公楼，用于本企业总部办公。2019 年 9 月 10 日，湖南沙沙门业有限公司与 B 企业签订了经营租赁协议，将这栋办公楼整体出租给 B 企业使用，租赁期开始日为 2019 年 10 月 1 日，为期 5 年。2019 年 10 月 1 日，这栋办公楼的账面余额 450 000 000 元，已计提折旧 3 000 000 元。

假设湖南沙沙门业有限公司所在城市没有活跃的房地产交易市场。

湖南沙沙门业有限公司 2018 年 10 月 1 日的账务处理如下：

借：投资性房地产——××写字楼　　450 000 000

　　累计折旧　　3 000 000

　贷：固定资产　　450 000 000

　　　投资性房地产累计折旧　　3 000 000

（4）作为存货的房地产转换为投资性房地产。

企业将作为存货的房地产转换为采用成本模式计量的投资性房地产时，应当按该项存货在转换日的账面价值，借记“投资性房地产”科目；原已计提跌价准备的，借记“存货跌价准备”科目，按其账面余额，贷记“开发产品”等科目。

【实务 7-37】湖南沙沙门业有限公司是从事房地产开发业务的企业，2019 年 9 月 10 日，湖南沙沙门业有限公司与 B 企业签订租赁协议，将其开发的一栋写字楼整体出租给 B 企业使用，租赁期开始日为 2019 年 10 月 1 日。2019 年 10 月 1 日，该写字楼的账面余额 450 000 000 元，未计提存货跌价准备，转换后采用成本模式计量。

湖南沙沙门业有限公司 2019 年 10 月 1 日的账务处理如下：

借：投资性房地产——××写字楼　　450 000 000

　贷：开发产品　　450 000 000

2. 公允价值模式下的转换

（1）采用公允价值模式计量的投资性房地产转换为自用房地产。

企业将采用公允价值模式计量的投资性房地产转换为自用房地产时，应当以其转换当日的公允价值作为自用房地产的账面价值，公允价值与原账面价值的差额计入当期损益（公允价值变动损益）。

转换日，按该项投资性房地产的公允价值，借记“固定资产”或“无形资产”科目；按该项投资性房地产的成本，贷记“投资性房地产——成本”科目；按该项投资性房地产的累计公允价值变动，贷记或借记“投资性房地产——公允价值变动”科目；按其差额，贷记或借记“公允价值变动损益”科目。

【实务 7-38】2019 年 12 月 1 日，湖南沙沙门业有限公司因租赁期满，将出租的写字楼收回，公司董事会就将该写字楼作为办公楼用于本公司的行政管理形成了书面决议。2019 年 12 月 1 日，该写字楼正式开始自用，相应由投资性房地产转换为自用房地产，当日的公允价值为 48 000 000 元。该项房地产在转换前采用公允价值模式计量，原账面价值为 47 500 000 元，其中，成本为 45 000 000 元，公允价值变动为增值 2 500 000 元。

湖南沙沙门业有限公司的账务处理如下：

借：固定资产　　48 000 000
　贷：投资性房地产——写字楼（成本）　　45 000 000
　　　　　　　　——写字楼（公允价值变动）　　2 500 000
　　公允价值变动损益　　500 000

（2）投资性房地产转换为存货。

企业将采用公允价值模式计量的投资性房地产转换为存货时，应当以其转换当日的公允价值作为存货的账面价值，公允价值与原账面价值的差额计入当期损益（公允价值变动损益）。

转换日，按该项投资性房地产的公允价值，借记“开发产品”等科目。按该项投资性房地产的成本，贷记“投资性房地产——成本”科目；按该项投资性房地产的累计公允价值变动，贷记或借记“投资性房地产——公允价值变动”科目；按其差额，贷记或借记“公允价值变动损益”科目。

（3）作为存货的房地产转换为投资性房地产。

企业将作为存货的房地产转换为采用公允价值模式计量的投资性房地产时，应当按照该项房地产转换当日的公允价值，借记“投资性房地产（成本）”科目；原已计提跌价准备的，借记“存货跌价准备”科目；按其账面余额，贷记“开发产品”等科目。同时，转换日的公允价值小于账面价值的，按其差额，借记“公允价值变动损益”科目；转换日的公允价值大于账面价值的，按其差额，贷记“其他综合收益”科目。待该项投资性房地产处置时，因转换计入其他综合收益的部分应转入当期的其他业务成本，借记“其他综合收益”科目，贷记“其他业务成本”科目。

【实务 7-39】沿用【实务 7-37】，假设转换后采用公允价值模式计量，10 月 1 日该写字楼的公允价值为 410 000 000 元，2019 年 12 月 31 日，该项投资性房地产的公允价值为 430 000 000 元。

湖南沙沙门业有限公司的账务处理如下：

（1）2019 年 10 月 1 日。

借：投资性房地产——××写字楼（成本）　　410 000 000
　　公允价值变动损益　　40 000 000
　贷：开发产品　　450 000 000

（2）2019 年 12 月 31 日。

借：投资性房地产——××写字楼（公允价值变动）　　20 000 000
　贷：公允价值变动损益　　20 000 000

【实务 7-40】沿用【实务 7-37】，假设转换后采用公允价值模式计量，10 月 1 日该写字楼的公允价值为 470 000 000 元。2019 年 12 月 31 日，该项投资性房地产的公允价值为 480 000 000 元。

湖南沙沙门业有限公司的账务处理如下：

（1）2019 年 10 月 1 日。

借：投资性房地产——××写字楼（成本）　　470 000 000

　贷：开发产品　　450 000 000

　　　其他综合收益　　20 000 000

（2）2019 年 12 月 31 日。

借：投资性房地产——××写字楼（公允价值变动）　　10 000 000

　贷：公允价值变动损益　　10 000 000

（4）自用房地产转换为投资性房地产。

企业将自用房地产转换为采用公允价值模式计量的投资性房地产时，应当按照该项土地使用权或建筑物在转换日的公允价值，借记“投资性房地产——成本”科目；按已计提的累计折旧或累计摊销，借记“累计折旧”或“累计摊销”科目；原已计提减值准备的，借记“无形资产减值准备”“固定资产减值准备”科目；按其账面余额，贷记“固定资产”或“无形资产”科目。同时，转换日的公允价值小于账面价值的，按其差额，借记“公允价值变动损益”科目；转换日的公允价值大于账面价值的，按其差额，贷记“其他综合收益”科目。待该项投资性房地产处置时，因转换计入其他综合收益的部分应转入当期的其他业务成本，借记“其他综合收益”科目，贷记“其他业务成本”科目。

【实务 7-41】2019 年 6 月，湖南沙沙门业有限公司打算搬迁至新建办公楼，由于原办公楼处于商业繁华地段，湖南沙沙门业有限公司准备将其出租，以赚取租金收入。2019 年 10 月，湖南沙沙门业有限公司完成了搬迁工作，原办公楼停止自用。2019 年 12 月，湖南沙沙门业有限公司与 B 企业签订了租赁协议，将其原办公楼租赁给 B 企业使用，租赁期开始日为 2020 年 1 月 1 日，租赁期限为 3 年。

在本例中，湖南沙沙门业有限公司应当于租赁期开始日（2020 年 1 月 1 日），将自用房地产转换为投资性房地产。由于该办公楼处于商业区，房地产交易活跃，该企业能够从市场上取得同类或类似房地产的市场价格及其他相关信息，假设湖南沙沙门业有限公司对出租的办公楼采用公允价值模式计量。假设 2020 年 1 月 1 日，该办公楼的公允价值为 350 000 000 元，其原价为 500 000 000 元，已提折旧 142 500 000 元。

湖南沙沙门业有限公司 2020 年 1 月 1 日的账务处理如下：

借：投资性房地产——××办公楼（成本）　　350 000 000

　　公允价值变动损益　　7 500 000

　　累计折旧　　142 500 000

　贷：固定资产　　500 000 000

二、投资性房地产的处置

当投资性房地产被处置，或者永久退出使用且预计不能从其处置中取得经济利益时，企业应当终止确认该项投资性房地产。

企业出售、转让、报废投资性房地产或者发生投资性房地产毁损时，应当将处置收入扣除其账面价值和相关税费后的金额计入当期损益（将实际收到的处置收入计入其他业务收入，所处置投资性房地产的账面价值计入其他业务成本）。

（一）成本模式计量的投资性房地产

处置投资性房地产时，企业应按实际收到的金额，借记“银行存款”等科目，贷记“其他业务收入”科目；按该项投资性房地产的累计折旧或累计摊销，借记“投资性房地产累计折旧（摊销）”科目；按该项投资性房地产的账面余额，贷记“投资性房地产”科目，按其差额，借记“其他业务成本”科目，已计提减值准备的，还应同时结转减值准备。

（二）公允价值模式计量的投资性房地产

处置投资性房地产时，企业应按实际收到的金额，借记“银行存款”等科目，贷记“其他业务收入”科目；按该项投资性房地产的账面余额，借记“其他业务成本”科目，贷记“投资性房地产（成本）”科目、贷记或借记“投资性房地产（公允价值变动）”科目；同时，按该项投资性房地产的公允价值变动，借记或贷记“公允价值变动损益”科目，贷记或借记“其他业务成本”科目；按该项投资性房地产在转换日计入其他综合收益的金额，借记“其他综合收益”科目，贷记“其他业务成本”科目。

【实务 7-42】湖南沙沙门业有限公司将其出租的一栋写字楼确认为投资性房地产。租赁期满后，湖南沙沙门业有限公司将该栋写字楼出售给 B 公司，合同价款为 300 000 000 元，B 公司已用银行存款付清。

（1）假设这栋写字楼原采用成本模式计量。出售时，该栋写字楼的成本为 280 000 000 元，已计提折旧 30 000 000 元。

湖南沙沙门业有限公司的账务处理如下：

借：银行存款	300 000 000	
贷：其他业务收入		300 000 000
借：其他业务成本	250 000 000	
投资性房地产累计折旧（摊销）	30 000 000	
贷：投资性房地产——写字楼		280 000 000

（2）假设这栋写字楼原采用公允价值模式计量。出售时，该栋写字楼的成本为 210 000 000 元，公允价值变动为借方余额 40 000 000 元。

甲公司的账务处理如下：

借：银行存款	300 000 000	
贷：其他业务收入		300 000 000
借：其他业务成本	250 000 000	
贷：投资性房地产——写字楼（成本）		210 000 000
——写字楼（公允价值变动）		40 000 000

同时，将投资性房地产累计公允价值变动转入其他业务成本。

借：公允价值变动损益　　　　40 000 000
　贷：其他业务成本　　　　40 000 000

【本项目工作小结】

本项目包括了金融资产、长期股权投资及投资性房地产三个子任务。金融资产主要包括企业持有的现金、债权投资、股权投资、基金投资、衍生金融资产等。企业应当根据其管理金融资产的业务模式和金融资产的合同现金流量特征，将取得的金融资产在初始确认时分为以下几类：①以公允价值计量且其变动计入当期损益的金融资产；②以摊余成本计量的金融资产；③以公允价值计量且其变动计入其他综合收益的金融资产。上述分类一经确定，不得随意变更。长期股权投资，包括三个方面：①投资方能够对被投资单位实施控制的权益性投资，即对子公司投资；②投资方与其他合营方一同对被投资单位实施共同控制且对被投资单位净资产享有权利的权益性投资，即对合营企业的投资；③投资方对被投资单位具有重大影响的权益性投资，即对联营企业的投资。以赚取租金或资本增值为目的的投资性房地产现已成为企业一个重要的投资工具。因此，作为企业的财务管理人员，应了解投资性房地产的界定，掌握其入账成本的确认、两种后续计量模式的会计处理、成本模式转为公允价值模式的会计处理及投资性房地产的转换和处置的会计处理、分析变更投资性房地产计量模式的财务影响，清晰地反映企业所持有房地产的盈利能力，为企业管理层进行决策提供有用的信息。

◆仿真操作

1. 根据【实务 7-1】至【实务 7-42】编写相关的记账凭证。
2. 登记相关交易性金融资产、长期股权投资及投资性房地产的总账。

◆岗位业务认知

利用节假日，去当地的一些企业（工商企业），了解企业投资核算方面的基本情况，对一般企业的金融资产、长期股权投资、投资性房地产等情况有初步的认识和掌握。

◆工作思考

1. 金融资产在初始确认时可以分为哪几类，它们之间哪些可以进行重分类？
2. 交易性金融资产投资取得时初始入账成本有哪些？
3. 以摊余成本计量的金融资产主要有哪些特点？

4. 什么是以公允价值计量且变动计入其他综合收益的金融资产，如何进行账务处理？

5. 长期股权投资核算主要包括哪些内容？

6. 同一控制下企业合并方式形成的长期股权投资的初始入账成本是如何计量的？非同一控制下企业合并方式形成的长期股权投资的初始入账成本又是如何计量的？

7. 什么是长期股权投资的成本法？它核算范围是什么？如何进行后续计量？

8. 什么是长期股权投资的权益法？它核算范围是什么？如何进行后续计量？

9. 长期股权投资采用权益法核算时，发生超额亏损时怎样进行确认？

10. 投资性房地产的概念是什么，它核算的范围又包括了哪些？

11. 投资性房地产后续计量包括哪两种模式，满足什么样的条件采用公允价值模式计量？

12. 作为存货的房地产转换为采用公允价值模式计量的投资性房地产该如何进行账务处理？

项目八　税费核算业务

企业根据税法规定应当缴纳的各种税费包括增值税、消费税、城市维护建设税及教育费附加、资源税、土地增值税、房产税、车船税、城镇土地使用税、印花税、耕地占用税、所得税等。本项目涉及的主要会计岗位是税费核算岗位。随着我国社会主义市场经济的发展和逐步完善，该岗位在企业会计岗位中的重要性日益突显。

【项目工作目标】

⊙知识目标

熟悉税费核算岗位职责；能够正确计算企业应纳增值税、消费税、所得税的税额；会增值税、消费税和其他应交税费的核算。

⊙技能目标

学生通过本项目的学习，能对企业经营过程中涉及的各种应交税费业务进行正确的计算并进行相应的会计处理；会填写纳税申报表，按时申报纳税。

【任务导入】

湖南沙沙门业有限公司是一家工业企业，除对外销售产品，也提供工业性劳务和运输装卸劳务。2019 年年底当地国税部门稽查人员在对其进行纳税检查时，该企业账簿上记载：年度对外销售收入 400 万元，对外提供工业性劳务收入 60 万元，收取运输装卸费 16 万元。该公司的产品、工业性劳务均按 13%的税率计算增值税，该公司财务部门计算的销项税额为 59. 8 万元，稽查人员认为与其收入不相符。经过深入调查，审阅“主营业务收入”“其他业务收入”等账户，并核对有关的记账凭证、原始凭证，稽查人员了解到该公司在销售产品时，还向购买方收取包装费、运输装卸费、包装物租金。沙沙门业公司没有计算确认这些价外费用的销项税额。根据《中华人民共和国增值税暂行条例》规定，与产品销售相关的价外费用也应并入销售额计算增值税销项税额。稽查人员责令该公司补交漏缴税费。

思考与分析：（1）该公司应补缴多少增值税额？（2）除了包装费、运输装卸费、包装物租金外，你知道还有哪些收入应计入销售额一并计算销项税额？

【进入任务】

任务一　应交增值税
任务二　应交消费税
任务三　其他应交税费

企业根据税法规定应缴纳的各种税费包括增值税、消费税、城市维护建设税、资源税、所得税、土地增值税、房产税、车船税、城镇土地使用税、教育费附加、印花税、耕地占用税等。

企业应通过“应交税费”科目，总括反映各种税费的缴纳情况，并按照应交税费的种类进行明细核算。该科目贷方登记应缴纳的各种税费等，借方登记实际缴纳的税费，期末余额一般在贷方，反映企业尚未缴纳的税费，期末余额如在借方，反映企业多交或尚未抵扣的税费。

注：企业缴纳的印花税、耕地占用税等不需要预计应交的税费，不通过“应交税费”科目核算。

任务一　应交增值税

一、增值税概述

增值税是指对我国境内销售货物、进口货物、提供加工、修理修配劳务或者发生应税行为过程中实现的增值额征收的一种流转税。

增值税的纳税人按照纳税人的经营规模及会计核算的健全程度，增值税纳税人分为一般纳税企业和小规模纳税企业。

小规模纳税企业应纳增值税额=销售额×规定的征收率

一般纳税企业应纳增值税额=当期销项税额-当期准予扣除的进项税额

按照《中华人民共和国增值税暂行条例》的规定，增值税一般纳税人企业购入货物或接受应税劳务支付的增值税（即进项税额），可以从销售货物或提供劳务规定收取的增值税（即销项税额）中抵扣。当期准予扣除的进项税额通常包括：

（1）从销售方取得的增值税专用发票上注明的增值税额。

（2）从海关取得完税凭证上注明的增值税额。

（3）购入免税农产品，可以按照经税务机关批准的收购凭证上的买价和规定扣除率计算准予抵扣的进项税。

会计核算中，如果企业不能取得有关的扣税证明，则购进货物或接受应税劳务支付的增值税额不能作为进项税额扣税，其支付的增值税只能记入购入货物或接受劳务的成本。

二、一般纳税人应纳增值税的核算

为了核算企业应交增值税的发生、抵扣、缴纳、退税及转出等情况，企业应在“应交税费”科目下设置“应交增值税”明细科目，并在“应交增值税”明细账内设置“进项税额”“已交税金”“销项税额”“出口退税”“进项税额转出”等专栏。

（一）取得资产或接受劳务等业务的账务处理

一般纳税人购进货物、加工修理修配劳务、服务、无形资产或不动产，按应计入相关成本费用或资产的金额，借记“在途物资”或“原材料”“库存商品”“生产成本”“无形资产”“固定资产”“管理费用”等科目；按当月已认证的可抵扣增值税额，借记“应交税费——应交增值税（进项税额）”科目；按当月未认证的可抵扣增值税额，借记“应交税费——待认证进项税额”科目；按应付或实际支付的金额，贷记“应付账款”“应付票据”“银行存款”等科目。发生退货的，如原增值税专用发票已做认证，企业应根据税务机关开具的红字增值税专用发票做相反的会计分录；如原增值税专用发票未做认证，企业应将发票退回并做相反的会计分录。(假定后面业务题增值税进项税额当期都已认证)。

【实务 8-1】湖南沙沙门业有限公司购入原材料一批，增值税专用发票上注明货款 100 000 元，增值税额 13 000 元，货物尚未到达，货款和进项税款已用银行存款支付。该公司采用实际成本对原材料进行核算。则沙沙门业公司的有关会计处理如下：

借：在途物资　　100 000
　　应交税费——应交增值税（进项税额）　　13 000
　贷：银行存款　　113 000

【实务 8-2】湖南沙沙门业有限公司生产车间委托外单位修理机器设备，对方开具的增值税专用发票上注明修理费用 20 000 元，增值税额 2 600 元，货款尚未支付。则沙沙门业公司的有关会计处理如下：

借：管理费用　　20 000
　　应交税费——应交增值税（进项税额）　　2 600
　贷：应付账款　　22 600

按照增值税暂行条例，企业购入免征增值税货物，一般不能够抵扣增值税销项税额。但对于企业购入免税农产品，根据经税务机关批准的收购凭证注明的买价和规定的扣除率计算进项税额，准予从销项税额中抵扣，借记“应交税费——应交增值税（进项税额）”科目，按买价扣除按规定计算的进项税额后的差额，借记“在途物资”“原材料”“库存商品”等科目；按照应付或实际支付的价款，贷记“应付账款”“银行存款”等科目。

【实务 8-3】湖南沙沙门业有限公司购入免税农产品一批，价款 100 000 元，规定的扣除率为 9%，货物尚未到达，货款已用银行存款支付。则沙沙门业公司的有关会计处理如下：

借：在途物资　　91 000
　　应交税费——应交增值税（进项税额）　　9 000（100 000×9%）

贷：银行存款　　100 000

购进生产用固定资产所支付的增值税额，应计入增值税进项税额，可以从销项税额中抵扣，购进的货物用于非应税项目，其所支付的增值税额应计入购入货物的成本。

【实务 8-4】湖南沙沙门业有限公司购入不需要安装的生产用设备一台，价款及运输保险等费用合计 300 000 元，增值税专用发票上注明的增值税额 39 000 元，款项尚未支付。则沙沙门业公司的有关会计处理如下：

借：固定资产　　300 000
　　应交税费——应交增值税（进项税额）　　39 000
　贷：应付账款　　339 000

【实务 8-5】湖南沙沙门业有限公司购入新建厂房的基建工程所用工程物资一批，价款及运输保险等费用合计 100 000 元，增值税专用发票上注明的增值税额 13 000 元，物资已验收入库，款项尚未支付。则沙沙门业公司的有关会计处理如下：

借：工程物资　　100 000
　　应交税费——应交增值税（进项税额）　　13 000
　贷：应付账款　　113 000

（二）进项税额转出

企业购进的货物发生非常损失的，以及将购进货物改变用途的（如用于非应税项目、集体福利或个人消费等），其进项税额应通过“应交税费——应交增值税（进项税额转出）”科目转入有关科目，借记“待处理财产损溢”“应付职工薪酬”等科目，贷记“应交税费——应交增值税（进项税额转出）”科目，属于转作待处理财产损失的进项税额，应与遭受非常损失的购进货物、在产品或库存商品的成本一并处理。

【实务 8-6】湖南沙沙门业有限公司库存材料因意外火灾毁损一批，有关增值税专用发票确认成本为 10 000 元，增值税额 1 300 元。则沙沙门业公司的有关会计处理如下：

借：待处理财产损溢　　11 300
　贷：原材料　　10 000
　　　应交税费——应交增值税（进项税转出）　　1 300

【实务 8-7】湖南沙沙门业有限公司所属的职工医院维修领用原材料 5 000 元，其购入时支付的增值税为 650 元。则沙沙门业公司的有关会计处理如下：

借：应付职工薪酬　　5 650
　贷：原材料　　5 000
　　　应交税费——应交增值税（进项税转出）　　650

（三）销售货物或提供应税劳务

企业销售货物或者提供应税劳务，按照营业收入和应收取的增值税额，借记“应收账款”“应收票据”“银行存款”等科目；按专用发票上注明的增值税额，贷记“应交税费——应交增值税（销项税额）”科目；按照实现的营业收入，贷记“主营业务收入”“其他业务收入”等科目。发生的销售退回，做相反的会计分录。

【实务 8-8】湖南沙沙门业有限公司销售产品一批，价款 500 000 元，按规定应收取增值税税额 65 000 元，提货单和增值税专用发票已交给买方，款项尚未收到。则沙沙门业公司的有关会计处理如下：

借：应收账款　565 000
　贷：主营业务收入　500 000
　　应交税费——应交增值税（销项税额）　65 000

（四）视同销售行为

企业将自产或委托加工的货物用于集体福利或个人消费，将自产、委托加工或购买的货物作为投资、分配给股东、赠送他人等，应视同销售货物计算缴纳增值税，借记“应付职工薪酬”“长期股权投资”“营业外支出”等科目，贷记“应交税费——应交增值税（销项税额）”科目等。

【实务 8-9】湖南沙沙门业有限公司将自己生产的产品捐赠给贫困山区。该批产品的成本为 200 000 元，计税价格为 300 000 元，增值税税率为 13%。则沙沙门业公司的有关会计处理如下：

借：营业外支出　239 000
　贷：库存商品　200 000
　　应交税费——应交增值税（销项税额）　39 000

（五）差额征税行为

金融商品转让按规定以盈亏相抵后的余额（差额）作为销售额进行计征增值税。金融商品在实际转让时，如产生转让收益，则按应纳税额借记“投资收益”等科目，贷记“应交税费——转让金融商品应交增值税”科目；如产生转让损失，则按可结转下月抵扣税额，借记“应交税费——转让金融商品应交增值税”科目，贷记“投资收益”等科目。转让金融商品，缴纳增值税时，应借记“应交税费——转让金融商品应交增值税”科目，贷记“银行存款”科目。

【实务 8-10】湖南沙沙门业有限公司为增值税一般纳税企业，当月出售交易性金融资产，该金融商品取得成本为 300 000 元，本月出售金额为 363 600 元，增值税税率为 6%，不考虑其他税费情况，则转让金融商品涉及的账务处理如下：

借：其他货币资金　363 600
　贷：交易性金融资产——成本　300 000
　　投资收益　63 600
借：投资收益　3 600
　贷：应交税费——转让金融商品应交增值税　3 600

企业对金融商品计税依据为卖出价 363 600 元减去买入价 300 000 元，由于金融商品出售是含税价，则还需除以（1+6%），再乘以税率 6%，得出应交金融商品的增值税为 3 600 元。

（六）出口退税

企业出口产品按规定退税的，按应收的出口退税额，借记“其他应收款”，贷记“应交税费——应交增值税（出口退税）”科目；收到退税额时，借记“银行存款”，贷记“其他应收款”科目。

（七）缴纳增值税

企业缴纳的增值税，通过“应交税费——应交增值税（已交税金）”科目核算，借记“应交税费——应交增值税（已交税金）”科目，贷记“银行存款”科目。

【实务 8-11】湖南沙沙门业有限公司以银行存款缴纳本月增值税 100 000 元。则沙沙门业公司的有关会计处理如下：

借：应交税费——应交增值税（已交税金）　　100 000

　贷：银行存款　　100 000

三、小规模纳税人应纳增值税的核算

小规模纳税企业应当按照不含税销售额和规定的增值税征收率计算缴纳增值税，销售货物或提供应税劳务时只能开具普通发票，不能开具增值税专用发票。小规模纳税企业不享有进项税额的抵扣权，其购进货物或接受应税劳务支付的增值税直接计入有关货物或劳务的成本。因此，小规模纳税企业只需在“应交税费”科目下设置“应交增值税”明细科目，不需要在“应交增值税”明细科目中设置专栏，“应交税费——应交增值税”科目贷方登记应缴纳的增值税，借方登记已缴纳的增值税；期末贷方余额为尚未缴纳的增值税，借方余额为多缴纳的增值税。

（1）小规模纳税企业购进货物和接受应税劳务时支付的增值税，直接计入有关货物或劳务的成本，借记“在途物资”“原材料”等科目，贷记“银行存款”科目。一般纳税人购入材料，不能取得增值税专用发票的，比照小规模纳税人进行处理。

【实务 8-12】湖南沙沙门业有限公司是小规模纳税企业，购入材料一批，取得的专用发票中注明货款 20 000 元，增值税 2 600 元，款项以银行存款支付，材料已验收入库（该企业按实际成本计价核算）。则企业的有关会计处理如下：

借：原材料　　22 600

　贷：银行存款　　22 600

（2）小规模纳税企业销售货物和提供应税劳务时只能使用普通发票，不得使用增值税专用发票，借记“银行存款”等科目，贷记“主营业务收入”“应交税费——应交增值税”等科目。

应纳增值税＝不含税销售额×征收率

不含税销售额＝含税销售额÷（1+征收率）

【实务 8-13】湖南沙沙门业有限公司是小规模纳税企业，销售产品一批，所开出的普通发票中注明的货款（含税）为 20 600 元，增值税征收率为 3%，款项已存入银行。该企业的有关会计分录如下：

借：银行存款　　20 600

　贷：主营业务收入　　20 000

　　　应交税额——应交增值税　　600

注：不含税销售额 = 20 600÷（1+3%）= 20 000（元）

应纳增值税 = 20 000×3% = 600（元）

【实务 8-14】 湖南沙沙门业有限公司是小规模纳税企业，某月月末以银行存款上交增值税 600 元。则沙沙门业公司的有关会计处理如下：

借：应交税费——应交增值税　　600

　贷：银行存款　　600

任务二　应交消费税

一、消费税概述

消费税是指在我国境内生产、委托加工和进口应税消费品的单位和个人，按其流转额缴纳的一种税。

消费税有从价定率和从量定额两种征收方法。

1. 从价定率征收消费税

从价定率征收消费税，以不含增值税的销售额为税基，按照税法规定的税率计算。

应纳消费税税额 = 应税消费品的销售额×消费税税率

其中：销售额是纳税人销售应税消费品向购货方收取的全部价款和价外费用，但不包括代垫运费和向购货方收取的增值税。

如果纳税人销售应税消费品的销售额中包含增值税税款，或因不能开具增值税专用发票，而发生价款和增值税额合并收取的，企业财务管理人员在计算消费税时，应将含增值税的销售额换算为不含增值税的销售额，公式如下：

应税消费品的销售额 = 含增值税的销售额÷（1+增值税税率或征收率）

2. 从量定额征收消费税

从量定额征收消费税，根据按税法确定的企业应税消费品的数量和单位应税消费品应缴纳的消费税计算确定。

应纳消费税税额 = 应税消费品的销售量×单位税额

卷烟和白酒在计征消费税时，既从价计征又从量计征。

应税消费品的销售量按如下规定确定：

（1）属于销售应税消费品的为应税消费品的销售数量；

（2）属于自产自用应税消费品的为移送使用数量；

（3）属于委托加工应税消费品的为纳税人收回的应税消费品数量；

（4）进口的应税消费品为海关核定的应税消费品进口征税数量。

二、应交消费税的核算

企业应在“应交税费”科目下设置“应交消费税”明细科目，核算应交消费税的发生、缴纳情况。该科目贷方登记应缴纳的消费税，借方登记已缴纳的消费税；期末贷方余额为尚未缴纳的消费税，借方余额为多缴纳的消费税。

1. 销售应税消费品

企业销售应税消费品应交的消费税，应借记“税金及附加”科目，贷记“应交税费——应交消费税”科目。

【实务 8-15】湖南沙沙门业有限公司销售所生产的化妆品，价款 2 000 000 元（不含增值税），适用的消费税税率为 15%。则沙沙门业公司的有关会计处理如下：

借：税金及附加	300 000	
贷：应交税费——应交消费税		300 000

2. 自产自用的应税消费品

企业将生产的应税消费品用于在建工程、对外投资、集体福利或个人消费、无偿赠送他人、非生产机构等方面。按规定应缴纳的消费税，借记“在建工程”“长期股权投资”“应付职工薪酬”“营业外支出”“管理费用”等科目，贷记“应交税费——应交消费税”科目。

【实务 8-16】湖南沙沙门业有限公司在建工程领用自产柴油成本为 50 000 元，按市场价计算的应纳消费税 6 000 元。则沙沙门业公司的有关会计处理如下：

借：在建工程	56 000	
贷：库存商品		50 000
应交税费——应交消费税		6 000

【实务 8-17】湖南沙沙门业有限公司下设的职工食堂享受企业提供的补贴，本月领用自产产品一批，该产品的账面价值 40 000 元，市场价格 60 000 元（不含增值税），适用的消费税税率为 10%，增值税税率为 13%。该企业的有关会计分录如下：

借：应付职工薪酬——职工福利	53 800	
贷：库存商品		40 000
应交税费——应交增值税（销项税额）		7 800
——应交消费税		6 000

3. 进口应税消费品

企业进口应税物资在进口环节应交的消费税，计入该项物资的成本，借记“在途物资”“固定资产”等科目，贷记“银行存款”科目。

【实务 8-18】湖南沙沙门业有限公司从国外进口一批需要缴纳消费税的商品，商品价值 2 000 000 元，进口环节需要缴纳的消费税为 400 000 元（不考虑增值税），采购的商品已经验收入库，货款尚未支付，税款已经用银行存款支付。则沙沙门业公司的有关会计分录如下：

借：库存商品　　2 400 000
　贷：应付账款　　2 000 000
　　　银行存款　　400 000

4. 委托加工应税消费品

需要缴纳消费税的委托加工物资，应由受托方代收代交消费税，受托方按照应交税款金额，借记“应收账款”“银行存款”等科目，贷记“应交税费——应交消费税”科目。

委托加工物资收回后，直接用于销售的，企业应将受托方代收代交的消费税计入委托加工物资的成本，借记“委托加工物资”等科目，贷记“应付账款”“银行存款”等科目。委托加工物资收回后用于连续生产应税消费品，按规定准予抵扣的，企业应按已由受托方代收代交的消费税，借记“应交税费——应交消费税”科目，贷记“应付账款”“银行存款”科目。

【实务 8-19】湖南沙沙门业有限公司委托乙企业代为加工一批应交消费税的材料（非金银首饰）。沙沙门业公司的材料成本为 1 000 000 元，加工费为 200 000 元，由乙企业代收代缴的消费税为 80 000 元（不考虑增值税）。材料已经加工完成，并由沙沙门业公司收回验收入库，加工费尚未支付。沙沙门业公司采用实际成本法进行原材料的核算。

（1）如果沙沙门业公司收回的委托加工物资用于继续生产应税消费品，则该企业的有关会计分录如下：

借：委托加工物资　　1 000 000
　贷：原材料　　1 000 000

借：委托加工物资　　200 000
　　应交税费——应交消费税　　80 000
　贷：应付账款　　280 000

借：原材料　　1 200 000
　贷：委托加工物资　　1 200 000

（2）如果沙沙门业公司收回的委托加工物资直接用于对外销售，则该企业的有关会计分录如下：

借：委托加工物资　　1 000 000
　贷：原材料　　1 000 000

借：委托加工物资　　280 000
　贷：应付账款　　280 000

借：原材料　　1 280 000
　贷：委托加工物资　　1 280 000

（3）乙企业对应收取的受托加工代收代缴消费税的会计分录如下：

借：应收账款　　80 000
　贷：应交税费——应交消费税　　80 000

任务三　其他应交税费

其他应交税费是指除上述税费以外的应交税费，包括应交资源税、城市维护建设税、土地增值税、所得税、房产税、城镇土地使用税、车船税、教育费附加等。企业应当在“应交税费”科目下设置相应的明细科目进行核算。

一、应交资源税

资源税是国家对在我国境内开采矿产品或者生产盐的单位和个人征收的一种税。资源税依据开采的产品不同，可以采用从量计征，也可以采用从价计征。

（1）资源税按应税产品的课税数量和规定的单位税额计算，公式为：

应纳税额=课税数量×单位税额

公式中，课税数量为：开采或生产应税产品用于销售的，以销售数量为课税数量；开采或生产应税产品自用的，以自用数量为课税数量。

（2）资源税按应税产品的销售额和规定的税率计算，公式为：

应纳税额=销售金额×资源税税率

公式中，销售金额为：开采或生产应税产品用于销售的，以销售金额作为计税依据，不含增值税；开采或生产应税产品自用的，以自用视同销售额作为计税依据。

企业对外销售应税产品应缴纳的资源税，借记“税金及附加”科目，贷记“应交税费——应交资源税”科目；企业自产自用应税产品而应缴纳的资源税，借记“生产成本”“制造费用”等科目，贷记“应交税费——应交资源税”科目。

【实务 8-20】湖南沙沙门业有限公司对外销售某种资源税应税矿产品 200 000 元，该应税产品资源税税率为 6%。该企业的有关会计分录如下：

借：税金及附加	12 000	
贷：应交税费——应交资源税		12 000

【实务 8-21】湖南沙沙门业有限公司将自产的资源税应税矿产品 500 吨用于企业的产品生产，每吨应交资源税 5 元。该企业的有关会计分录如下：

借：生产成本	2 500	
贷：应交税费——应交资源税		2 500

二、应交城市维护建设税

为了加强城市的维护建设，扩大和稳定城市维护建设资金的来源，国家开征了城市维护建设税。城市维护建设税是一种附加税，以纳税人应交的增值税和消费税的税额为计税依据征收的一种税。其计算公式为：

应纳税额=（应交增值税+应交消费税）×适用税率

税率因纳税人所在地不同，分为三个档次，分别为7%、5%、1%。

企业应交的城市维护建设税，借记“税金及附加”等科目，贷记“应交税费——应交城市维护建设税”科目；实际上交时，借记“应交税费——应交城市维护建设税”科目，贷记“银行存款”科目。

【实务8-22】湖南沙沙门业有限公司本期实际应上交增值税400 000元，消费税300 000元。该企业适用的城市维护建设税税率为7%。该企业的有关会计分录如下：

（1）计算应交的城市维护建设税。

借：税金及附加	49 000	
贷：应交税费——应交城市维护建设税		49 000

（2）用银行存款上交城市维护建设税时。

借：应交税费——应交城市维护建设税	49 000	
贷：银行存款		49 000

三、应交教育费附加

教育费附加是为了加快发展地方教育事业，扩大地方教育经费的资金来源而向企业征收的附加费用，它没有自己独立的征收对象，是以各单位和个人实际缴纳的增值税、消费税的税额为计税依据征收的一种附加费。

企业按规定计算出应交的教育费附加，借记“税金及附加”科目，贷记“应交税费——应交教育费附加”科目；实际上交时，借记“应交税费——应交教育费附加”科目，贷记“银行存款”科目。

【实务8-23】湖南沙沙门业有限公司按税法规定计算，2018年第4季度应缴纳教育费附加300 000元。款项已经用银行存款支付。该企业的有关会计处理如下：

借：税金及附加	300 000	
贷：应交税费——应交教育费附加		300 000
借：应交税费——应交教育费附加	300 000	
贷：银行存款		300 000

四、应交土地增值税

土地增值税是指在我国境内有偿转让土地使用权及地上建筑物和其他附着物产权的单位和个人，就其土地增值额征收的一种税。这里的增值税额指的是转让房地产所取得的收入减除规定扣除项目金额后的余额，即计税依据为增值额，依照超率累进税率计算应纳税额。

土地增值税按照转让房地产所取得的增值额和规定的税率计算征收，通过“应交税费——应交土地增值税”科目核算。企业转让的土地使用权连同地上建筑物及其附着物一并在“固定资产”等科目核算的，转让时应交的土地增值税，借记“固定资产清理”科目，贷记“应交税费——应交土地增值税”；土地使用权在“无形资产”科目核算的，按实际收到的金额，借记“银行存款”科目，按应交的土地增值税，贷记“应交税费——应交土地增值税”，同时冲减“无形资产”账面价值。

【实务 8-24】湖南沙沙门业有限公司对外转让一栋厂房，根据税法规定计算的应交土地增值税为 27 000 元。则沙沙门业公司的有关会计处理如下：

（1）计算应缴纳的土地增值税。

借：固定资产清理	27 000	
贷：应交税费——应交土地增值税		27 000

（2）企业用银行存款缴纳应交土地增值税税款。

借：应交税费——应交土地增值税	27 000	
贷：银行存款		27 000

五、应交房产税、土地使用税和车船税

房产税是国家对在城市、县城、建制镇和工矿区征收的由产权所有人缴纳的一种税，依照房产原值一次减除 10%至 30%后的余额计算缴纳。

土地使用税是国家为了合理利用城镇土地，调节土地级差收入，提高土地使用效益，加强土地管理而开征的税种，以纳税人实际占用的土地面积为计税依据。

车船税是向拥有并使用车船的单位和个人征收的一种税。

企业应交的房产税、土地使用税、车船税，借记“税金及附加”科目，贷记“应交税费——应交房产税（或应交土地使用税、应交车船税）”科目。

六、应交个人所得税

企业按规定计算的代扣代交的职工个人所得税，借记“应付职工薪酬”科目，贷记“应交税费——应交个人所得税”科目。

【实务 8-25】湖南沙沙门业有限公司结算本月应付职工工资总额 200 000 元，代扣职工个人所得税共计 2 000 元，实发工资 198 000 元。该企业相关会计处理如下：

借：应付职工薪酬——工资	200 000	
贷：银行存款		198 000
应交税费——应交个人所得税		2 000

七、应交企业所得税

企业应缴纳的所得税，在“应交税费”科目下设置“应交企业所得税”明细科目。企业按税法规定计算应交的所得税时，借记“所得税费用”，贷记“应交税费——应交企业所得税”科目；上交所得税时，借记“应交税费——应交企业所得税”科目，贷记“银行存款”科目。

【本项目工作小结】

企业根据税法规定应缴纳的各种税费包括增值税、消费税、城市维护建设税、资源税、所得税、土地增值税、房产税、车船税、城镇土地使用税、教育费附加、印花税、耕地占用税等。通过本项目的学习，学生要熟悉税费核算岗位的职责；能够正确计算企业增值税、消费税、所得税的税额；能对增值税、消费税和其他应交税费的经济业务进行相应的账务处理，在企业中会编制纳税申报表，按时申报纳税。

◆仿真操作

1. 根据【实务8-1】至【实务8-25】编写有关的记账凭证。
2. 根据记账凭证登记相关明细账和总账。

◆岗位业务认知

利用节假日，去当地税务征管部门，了解当前企业应交税费的政策法规及其征管情况，对企业应缴纳的各种税额及应缴纳的时间、方式方法等有初步认识，明确企业应交税费核算的内容。

◆工作思考

1. 一般纳税企业和小规模纳税企业在应交增值税方面的核算有什么不同?
2. 企业有哪些税费不需通过“应交税费”科目进行核算?
3. 企业缴纳的税费哪些直接计入当期损益“管理费用”科目?
4. 企业应交的增值税应当如何进行会计处理?
5. 企业缴纳的税费哪些通过“税金及附加”科目核算?

项目九　职工薪酬核算业务

职工薪酬是指企业为获得职工提供的服务而给予的各种形式的报酬以及其他相关支出。本项目涉及的主要会计岗位是职工薪酬核算岗位，该岗位会计人员，应熟练掌握应付职工薪酬的确认、发放、“五险一金”的缴存与支取等核算内容。

【项目工作目标】

⊙知识目标

熟悉应付职工薪酬的核算内容；掌握短期薪酬确认与发放的核算；熟悉“五险一金”的计提与缴存核算。

⊙技能目标

学生通过本项目的学习，掌握工资结算表、应付福利费的计提计算表、工会经费、职工教育经费的计提计算表的编制；掌握应付职工薪酬的业务流程及会计凭证的编制和登记有关总账和明细账。

【任务导入】

某公司在年终为职工发放奖金时，奖金没有在职工薪酬中核算，而是全部计入了本期的生产成本。这种做法是否妥当？

【进入任务】

任务一　职工薪酬概述

任务二　职工薪酬的核算

任务一　职工薪酬概述

一、职工薪酬的概述

人工成本是企业在生产经营过程中发生的各种耗费支出的主要组成部分，直接关系到产品成本和产品价格的高低，直接影响企业生产经营的成果。明确企业使用各种人力资源所付出的全部代价，以及产品成本中人工成本所占比重，有利于有效监督和控制生产经营过程中的人工费用支出，改善费用支出结构，节约成本，降低产品价格，提高企业的市场竞争力。

《企业会计准则第 9 号——职工薪酬》（以下简称“职工薪酬准则”）从广义的角度，根据构成完整人工成本的各类薪酬，从人工成本的理念出发，将职工薪酬界定为“企业为获得职工提供的服务而给予各种形式的报酬以及其他相关支出”。从性质上来说，凡是企业为获得职工提供的服务而给予或付出的各种形式的对价，都构成职工薪酬，都应当作为一种耗费，与这些服务产生的经济利益相匹配。职工薪酬准则以明确界定的职工薪酬完整内涵为起点，着重解决了职工薪酬的范围、确认、计量和披露，规范了除以股份为基础的薪酬以外的其他所有职工薪酬的会计处理和相关信息的披露。

二、职工及职工薪酬的范围

（一）职工的范围

职工薪酬准则所称的“职工”包括三层含义：一是与企业订立劳动合同的所有人员，含全职、兼职和临时职工；二是未与企业订立劳动合同、但由企业正式任命的人员，如董事会成员、监事会成员等；三是在企业的计划和控制下，虽未与企业订立劳动合同或未由其正式任命，但为其提供与职工类似服务的人员，也属于职工薪酬准则所称的职工。

（二）职工薪酬的范围

职工薪酬是企业因职工提供服务而支付或放弃的所有对价，主要包括以下内容：

1. 短期薪酬

（1）职工工资、奖金、津贴和补贴。

（2）职工福利费。

（3）医疗保险费、养老保险费、失业保险费、工伤保险费和生育保险费等社会保险费。

（4）住房公积金。

（5）工会经费和职工教育经费。

（6）短期带薪缺勤。

（7）短期利润分享计划。

（8）其他短期薪酬。

2. 离职后福利

离职后福利是指企业为获得职工提供的服务而在职工退休或与企业解除劳动关系后，提供的各种形式的报酬和福利，短期薪酬和辞退福利除外。

3. 辞退福利

辞退福利是指企业在职工劳动合同到期之前解除与职工的劳动关系，或者为鼓励职工自愿接受裁减而给予职工的补偿。

4. 其他长期福利

其他长期福利是指除短期薪酬、离职后福利、辞退福利之外所有的职工薪酬，包括长期带薪缺勤、其他长期服务福利、长期残疾福利、长期利润分享计划和长期奖金计划等。

总之，从薪酬的涵盖时间和支付形式来看，职工薪酬包括企业职工在职期间和离职后给予的所有货币性薪酬和非货币性福利；从薪酬的支付对象来看，职工薪酬包括提供给职工本人和其配偶、子女或其他被赡养人的福利，比如支付给因公伤亡职工的配偶、子女或其他被赡养人的抚恤金。

任务二　职工薪酬的核算

企业应当通过"应付职工薪酬"科目，核算应付职工薪酬的提取、结算、使用等情况。该科目的贷方登记已分配计入有关成本费用项目的职工薪酬的数额，借方登记实际发放职工薪酬的数额，包括扣还的款项等；该科目期末贷方余额，反映企业应付未付的职工薪酬。

"应付职工薪酬"科目应当按照"工资、奖金、津贴和补贴""职工福利费""社会保险费""住房公积金""工会经费和职工教育经费""非货币性福利"等应付职工薪酬项目设置明细科目，进行明细核算。

一、职工薪酬的确认

职工薪酬准则规定，企业应当在职工为其提供服务的会计期间，将应付的职工薪酬确认为负债，除因解除与职工的劳动关系给予的补偿外，应当根据职工提供服务的受益对象，分别下列情况处理：

（1）应由生产产品、提供劳务负担的职工薪酬，计入产品成本或劳务成本。

（2）应由在建工程、无形资产负担的职工薪酬，计入建造固定资产或无形资产成本。

（3）上述两项之外的其他职工薪酬，计入当期损益。

二、职工薪酬的计量

（一）货币性职工薪酬

对于货币性薪酬，在确定应付职工薪酬和应当计入成本费用的职工薪酬金额时，企业应当区分两种情况：一是对于国务院有关部门、省、自治区、直辖市人民政府或经批准的企业年度计划规定了计提基础和计提比例的职工薪酬项目，企业应当按照规定的计提标准，计量企业承担的职工薪酬义务和计入成本费用的职工薪酬，包括“五险一金”以及工会经费和职工教育经费。二是对于国家（包括省、市、自治区政府）相关法律法规没有明确规定计提基础和计提比例的职工薪酬，企业应当根据历史经验数据和自身实际情况，计算确定应付职工薪酬金额和应计入成本费用的薪酬金额。

企业应当在职工为其提供服务的会计期间，根据职工提供服务的受益对象，将应确认的职工薪酬计入相关资产成本或当期损益，同时确认为应付职工薪酬。具体分别按以下情况进行处理：

（1）生产部门人员的职工薪酬，借记“生产成本”“制造费用”“劳务成本”等科目，贷记“应付职工薪酬”科目；

（2）管理部门人员的职工薪酬，借记“管理费用”科目，贷记“应付职工薪酬”科目；

（3）销售人员的职工薪酬，借记“销售费用”科目，贷记“应付职工薪酬”科目；

（4）应由在建工程、研发支出负担的职工薪酬，借记“在建工程”“研发支出”科目，贷记“应付职工薪酬”科目。

1. 工资、奖金、津贴和补贴

对于职工工资、奖金、津贴和补贴等货币性职工薪酬，企业应当在职工为其服务的会计期间，将实际发生的工资、奖金、津贴和补贴等，根据职工提供服务的受益对象，将确认的职工薪酬，借记“生产成本”“制造费用”“劳务成本”等科目，贷记“应付职工薪酬——工资、奖金、津贴和补贴”科目。

【实务 9-1】2019 年 12 月湖南沙沙门业有限公司应付工资总额 462 000 元，工资费用分配汇总表中列示的产品生产人员工资为 320 000 元，车间管理人员工资为 70 000 元，企业行政管理人员工资为 60 400 元，销售人员工资为 11 600 元。该企业有关会计分录如下：

借：生产成本——基本生产成本	320 000	
制造费用	70 000	
管理费用	60 400	
销售费用	11 600	
贷：应付职工薪酬——工资、奖金、津贴和补贴		462 000

2. 职工福利费

对于职工福利费，企业应当在实际发生时根据实际发生额计入当期损益或者相关资产成本，借记“生产成本”“制造费用”“管理费用”“销售费用”等科目，贷记“应付职工薪酬——职工福利费”科目。

【实务 9-2】湖南沙沙门业有限公司下设一所职工食堂，每月根据在岗职工数量及岗位分布情况、相关历史经验数据等计算需要补贴食堂的金额，从而确定企业每期因职工食堂需要承担的福利费金额。2019 年 12 月，企业在岗职工共计 100 人，其中管理部门 20 人，生产车间 80 人，企业的历史经验数据表明，每个职工每月需补贴食堂 120 元。该企业的有关会计分录如下：

借：生产成本　　9 600

　　管理费用　　2 400

　贷：应付职工薪酬——职工福利费　　12 000

3. 国家规定计提标准的职工薪酬

对于国家规定计提标准和计提比例的“五险一金”（医疗保险、工伤保险、生育保险、失业保险、养老保险、住房公积金），以及按规定提取的工会经费和职工教育经费，企业应当在为其提供服务的会计期间，根据规定的计提基础和计提比例计算确认相应的职工薪酬金额，并确认相应的负债，按照受益对象计入当期损益或者相关资产成本，借记“生产成本”“制造费用”“管理费用”等科目，贷记“应付职工薪酬”科目。

【实务9-3】承【实务9-1】，2019年12月30日，湖南沙沙门业有限公司根据相关规定，分别按照职工工资总额的2%和2.5%的计提标准，确认应付工会经费和职工教育费。企业的有关会计分录如下：

借：生产成本——基本生产成本　　14 400

　　制造费用　　3 150

　　管理费用　　2 718

　　销售费用　　522

　贷：应付职工薪酬——工会经费和职工教育费——工会经费　　9 240

　　　　　　　　　　　　　　　　　　　　　——职工教育费　　11 550

【实务9-4】2019年12月30日湖南沙沙门业有限公司按照上年工资薪酬20%、2%、0.5%、0.8%、9%分别计提养老保险、失业保险、工伤保险金、生育保险金、医疗保险。上年工资薪酬为100 000元，包括：基本生产车间工人40 000元，车间管理人员10 000元，为试制专利产品人员20 000元，行政管理部门人员30 000元。该企业计提社会保险的会计处理如下：

借：生产成本　　12 920

　　制造费用　　3 230

　　研发支出　　6 460

　　管理费用　　9 690

　贷：应付职工薪酬——社会保险费（养老保险）　　20 000

　　　　　　　　　——社会保险费（失业保险）　　2 000

　　　　　　　　　——社会保险费（工伤保险）　　500

　　　　　　　　　——社会保险费（生育保险）　　800

　　　　　　　　　——社会保险费（医疗保险）　　9 000

（二）非货币性职工薪酬

企业向职工提供的非货币性职工薪酬，应当分情况处理：

（1）企业以其生产的产品作为非货币性福利提供给职工的，应当按照该产品的公允价值和相关税费，计量应计入成本费用的职工薪酬金额，并确认为主营业务收入，其销售成本的结转和相关税费的处理，与正常商品销售相同。企业以外购商品作为非货币性福利提供给职工的，应当按照该商品的公允价值和相关税费，确定应计入成本费用的职工薪酬金额。

企业以其自产产品作为非货币性福利发放给职工的，应当根据受益对象，按照该产品的公允价值，计入相关资产成本或当期损益，同时确认应付职工薪酬，借记"管理费用""生产成本""制造费用"等科目，贷记"应付职工薪酬——非货币性福利"科目。

（2）企业将拥有的房屋等资产无偿提供给职工使用的，应当根据受益对象，将该住房每期应计提的折旧计入相关资产成本或当期损益，同时确认应付职工薪酬，借记"管理费用""生产成本""制造费用"等科目，贷记"应付职工薪酬——非货币性福利"科目，并且同时借记"应付职工薪酬——非货币性福利"科目，贷记"累计折旧"科目。

（3）企业租赁住房等资产供职工无偿使用的，应当根据受益对象，将每期应付的租金计入相关资产成本或当期损益，并确认应付职工薪酬，借记"管理费用""生产成本""制造费用"等科目，贷记"应付职工薪酬——非货币性福利"科目。难以认定受益对象的非货币性福利，直接计入当期损益和应付职工薪酬。

【实务 9-5】湖南沙沙门业有限公司共有职工 200 名，其中 170 名为直接参加生产的职工，30 名为总部管理人员。2019 年 12 月 30 日，该公司以其生产的每扇成本为 900 元的门作为春节福利发放给公司每名职工。该型号的门市场售价为每台 1 000 元，该公司适用的增值税税率为 13%。湖南沙沙门业有限公司的有关会计处理如下：

借：生产成本　　192 100
　　管理费用　　33 900
　贷：应付职工薪酬——非货币性福利　　226 000

本例中，应确认的应付职工薪酬 = 200×1 000×13%+200×1 000 = 226 000（元），其中，应记入"生产成本"科目的金额 = 170×1 000×13% + 170×1 000 = 192 100（元），应记入"管理费用"科目的金额 = 30×1 000×13%+30×1 000 = 33 900（元）。

【实务 9-6】湖南沙沙门业有限公司为总部各部门经理级别以上职工提供免费使用的汽车，同时为副总裁以上高级管理人员每人租赁一套住房。该公司总部共有部门经理以上职工 20 名，每人提供一辆桑塔纳汽车免费使用，假定每辆桑塔纳汽车每月计提折旧 1 000 元；该公司共有副总裁以上高级管理人员 5 名，公司为其每人租赁一套面积为 200 平方米带有家具和电器的公寓，月租金为每套 8 000 元。该公司的有关会计处理如下：

借：管理费用　　60 000
　贷：应付职工薪酬——非货币性福利　　60 000
借：应付职工薪酬——非货币性福利　　20 000
　贷：累计折旧　　20 000

应确认的应付职工薪酬 = 20×1 000+5×8 000 = 60 000 元，其中，提供企业拥有的汽车供职工使用的非货币性福利 = 20×1 000 = 20 000 元，租赁住房供职工使用的非货币性福利 =

5×8 000＝40 000 元。

（三）离职后福利

离职后福利，包括退休福利（如养老金和一次性的退休支付）及其他离职后福利（如离职后失业保险）。企业向职工提供了离职后福利的，无论是否设立了单独主体接受提存金并支付福利，均应当适用准则的相关要求对离职后福利进行会计处理。

离职后福利计划，是指企业与职工就离职后福利达成的协议，或者企业为向职工提供离职后福利制定的规章或办法等。企业应当按照企业承担的风险和义务情况，将离职后福利计划分类为设定提存计划和设定受益计划两种类型。

（四）解除劳动关系补偿（亦称辞退福利）

职工薪酬准则规定的辞退福利包括两方面的内容：一是在职工劳动合同尚未到期前，不论职工本人是否愿意，企业决定解除与职工的劳动关系而给予的补偿；二是在职工劳动合同尚未到期前，为鼓励职工自愿接受裁减而给予的补偿，职工有权利选择继续在职或接受补偿离职。辞退福利也包括当公司控制权发生变动时，对辞退的管理层人员进行补偿的情况。

职工薪酬准则规定，企业在职工劳动合同到期之前解除与职工的劳动关系，或者为鼓励职工自愿接受裁减而提出给予补偿的建议，同时满足下列条件的，应当确认因解除与职工的劳动关系给予补偿而产生的预计负债，同时计入当期管理费用。

条件一：企业已经制订正式的解除劳动关系计划或提出自愿裁减建议，并即将实施。该计划或建议应当包括拟解除劳动关系或裁减的职工所在部门、职位及数量；根据有关规定按工作类别或职位确定的解除劳动关系或裁减补偿金额；拟解除劳动关系或裁减的时间。这里所称“正式的辞退计划或建议”应当经过董事会或类似权力机构的批准；“即将实施”是指辞退工作一般应当在一年内实施完毕，但因付款程序等原因使部分付款推迟到一年后支付的，视为符合辞退福利预计负债的确认条件。

条件二：企业不能单方面撤回解除劳动关系计划或裁减建议。如果企业能够单方面撤回解除劳动关系计划或裁减建议，则表明未来经济利益流出不是很可能，因而不符合职工薪酬准则中规定的预计负债的确认条件。

由于被辞退的职工不再为企业带来未来经济利益，因此，对于满足职工薪酬准则预计负债确认条件的所有辞退福利，均应当于辞退计划满足预计负债确认条件的当期计入费用，不计入资产成本。

【实务 9-7】2019 年 12 月 30 日湖南沙沙门业有限公司有 10 名职工愿意接受辞退，企业每人补偿 6 万元（新《中华人民共和国劳动合同法》规定一次性支付）。则公司会计处理如下：

借：管理费用	600 000	
贷：应付职工薪酬——辞退福利		600 000

三、发放职工薪酬

（一）发放货币性职工薪酬

（1）企业按照有关规定向职工支付工资、奖金、津贴等，借记“应付职工薪酬——工资”科目，贷记“银行存款”“库存现金”等科目；企业从应付职工薪酬中扣还的各种款项（代垫的家属药费、个人所得税等），借记“应付职工薪酬——工资”科目，贷记“银行存款”“库存现金”“其他应收款”“应交税费——应交个人所得税”等科目。

（2）企业支付职工福利费、支付工会经费和职工教育经费用于工会运作和职工培训或按照国家有关规定缴纳社会保险费或住房公积金时，借记“应付职工薪酬——职工福利（或工会经费、职工教育经费、社会保险费、住房公积金）”科目，贷记“银行存款”“库存现金”等科目。

【实务 9-8】湖南沙沙门业有限公司根据“工资结算汇总表”结算本月应付职工工资总额 462 000 元，代扣职工房租 40 000 元，企业代垫职工家属医药费 2 000 元，实发工资 420 000 元。该企业的有关会计处理如下：

（1）向银行提取现金。

借：库存现金	420 000	
贷：银行存款		420 000

（2）发放工资，支付现金。

借：应付职工薪酬——工资、奖金、津贴和补贴	420 000	
贷：库存现金		420 000

（3）代扣款项。

借：应付职工薪酬——工资、奖金、津贴和补贴	42 000	
贷：其他应收款——职工房租		40 000
——代垫医药费		2 000

【实务 9-9】2019 年 12 月 30 日湖南沙沙门业有限公司以现金支付张某生活困难补助 800 元。该公司的有关会计分录如下：

借：应付职工薪酬——职工福利	800	
贷：库存现金		800

（二）发放非货币性职工薪酬

企业以自产产品作为职工薪酬发放给职工时，应确认主营业务收入，借记“应付职工薪酬——非货币性福利”科目，贷记“主营业务收入”科目，同时结转相关成本，涉及增值税销项税额的，还应进行相应的处理。

企业支付租赁住房等资产供职工无偿使用所发生的租金，借记“应付职工薪酬——非货币性福利”科目，贷记“银行存款”等科目。

【实务 9-10】承【实务 9-5】湖南沙沙门业有限公司向职工发放自己生产的门作为福

利，同时要根据相关税收规定，视同销售计算增值税销项税额。该公司的有关会计处理如下：

借：应付职工薪酬——非货币性福利　　226 000
　贷：主营业务收入　　200 000
　　应交税费——应交增值税（销项税额）　　26 000
借：主营业务成本　　180 000
　贷：库存商品——门　　180 000

湖南沙沙门业有限公司应确认的主营业务收入＝200×1 000＝200 000（元）

湖南沙沙门业有限公司应确认的增值税销项税额＝200×1 000×13%＝26 000（元）

湖南沙沙门业有限公司应结转的销售成本＝200×900＝180 000（元）

【实务 9-11】 承【实务 9-6】湖南沙沙门业有限公司每月支付副总裁以上高级管理人员住房租金时，应进行如下会计处理：

借：应付职工薪酬——非货币性福利　　40 000
　贷：银行存款　　40 000

【本项目工作小结】

通过本项目的学习，学生主要掌握了应付职工薪酬的核算，主要包括短期薪酬、离职后福利、辞退福利以及其他长期职工福利。其中短期薪酬主要包括工资、福利费、工会经费和职工教育经费以及“五险一金”。工资、福利费按照实际发生额来进行确认，工会经费和职工教育经费以及“五险一金”按照规定的计提标准和计提比例进行确认。在进行本项目的学习时，学生还应当注意货币性职工薪酬以及非货币职工薪酬的核算的区别。

◆仿真操作

1. 根据【实务 9-1】至【实务 9-9】编写有关的记账凭证。
2. 根据记账凭证登记有关明细账及总账。

◆岗位业务认知

利用节假日，去当地的中型企业（工商企业），了解企业职工薪酬的确认、计量、发放；“五险一金”计算、缴纳方面的基本情况；对一般企业的职工薪酬的核算方面的情况有初步的认识和掌握。

◆工作思考

1. 应付职工薪酬主要包括哪些核算内容?
2. 在企业中职工的范围包括哪些?
3. “五险一金”包括哪些内容? 企业是如何进行计提的?
4. 非货币性福利在企业中应如何进行核算?
5. 简述应付职工薪酬具体的会计处理方法。

项目十　筹资核算业务

一个企业要长期稳定经营并加快发展，资金必须正常地运用和流通，否则将直接制约企业的生产经营活动，影响企业的经济效益和发展。合理的资本结构既可以使企业所有者获得最大的经济利益，又能够保证企业顺利地进行生产经营，以使企业不至于发生财务危机。合理的资本结构需要确定一个合理的自有资本和债务资本的比例关系。该项目涉及的主要会计岗位是筹资核算岗位。作为该岗位会计人员，应熟练掌握并应用财经法规和会计制度，参与企业资金的管理和核算，在遵循资金管理制度的基础上，合理调度资金，保证资金供求，考核资金使用效果，提出加速资金周转的建议并付诸实施。

【项目工作目标】

⊙知识目标

掌握短期借款、长期借款、应付债券、长期应付款等负债的核算；理解所有者权益的概念及内容；掌握实收资本的核算；理解资本公积的含义、用途，掌握资本公积的核算；理解盈余公积的来源和用途；掌握盈余公积及未分配利润的核算。

⊙技能目标

学生通过本项目的学习，能分析和处理借款筹资和债券筹资的相关事项；能对非股份公司及股份公司实际收到的投资者投入的资本进行会计处理；能分清哪些项目应计入资本公积；能正确计提盈余公积，能对盈余公积的增减变化进行会计处理；能对未分配利润的形成及减少进行会计处理。

【任务导入】

南存辉是一个传奇人物，25 年前的他只是柳市的一个小鞋匠，而 25 年后他却成为中国民营经济的巨头之一。南存辉的“正泰集团”也是一个传奇，20 年前，正泰还是一个只有 5 万元资产的小作坊，20 年后，小作坊成了拥有资产数十亿元的企业集团。

南存辉和“正泰企业”的传奇之旅是从 1989 年开始的。1984 年，南存辉创办“求精开关厂”，并任厂长，起点资本只有 5 万元。面对资金周转的压力，南存辉开始以无利息的“社会负债”模式运作，并压占供应商货款 2~3 个月，压占的货款占到总资产的 25%~30%，南存辉通过这种方式取得企业急需的资金，挖取了企业创业的第一桶金。直到今天，“正泰集团”仍旧沿用这一模式。在创业过程中，南存辉发现，把“求精开关厂”做大要靠资金投入，1990年南存辉开始第一次股权“革命”，与美商黄李益合资办厂“正泰”，在新的框架中，南存辉的股权由100%下降到60%。经过三年的发展，中美合资温州正泰电器有限公司正式成为温州市首屈一指的知名企业。这时，南存辉开始了第二次股权“革命”，以分散股权为条件将30家外姓企业纳入“正泰”的旗下。到1994年2月正泰集团组建时，成员企业已达到38家，股东仅40名，南存辉的个人股权，从60%下降到不足30%，“正泰”成了一家资产达8亿多元的企业，南存辉的个人资产也超过了2亿元。经过数年的非常扩张，正泰集团的内部也出现了前所未有的混乱局面，正泰参股企业在发展战略上与集体战略不断冲突，1998年，南存辉开始第三次股权“革命”，用股权释“兵权”的方案重组“正泰”。重组后，“正泰”呈现控股集团结构，下辖近30家绝对控股公司和31家相对控股公司，从此次股权革命后，南存辉股份降至28%。

在不到30年的时间里，南存辉从一个小鞋匠成长为一个商业巨头，他的“正泰”从一个小作坊发展成为一个大集团，他的股权从100%下降到28%，这说明了什么问题呢？从筹资的角度看，在企业发展过程中，如何利用不同的筹资方式和筹资渠道呢？同时，不同筹资方式和渠道又是怎样影响企业发展的呢？此项目将重点讨论企业筹资的核算问题。

【进入任务】

子项目一　负债筹资的核算
任务一　短期借款
任务二　长期借款
任务三　应付债券
任务四　长期应付款
子项目二　权益筹资的核算
任务一　实收资本
任务二　其他权益工具
任务三　资本公积和其他综合收益
任务四　留存收益

子项目一　负债筹资的核算

任务一　短期借款

短期借款是企业向银行或其他金融机构等借入的期限在1年以下（含1年）的各种借

款，通常是为了满足正常生产经营的需要。企业应通过“短期借款”科目，核算短期借款的发生以及偿还等情况。企业从银行或其他金融机构取得短期借款时，借记“银行存款”科目，贷记“短期借款”科目。

在实际工作中，银行一般于每季度末收取短期借款利息，因此，企业的短期借款利息一般采用月末预提的方式进行核算。短期借款利息属于筹资费用，应记入“财务费用”科目。企业应当在资产负债表日按照计算确定的短期借款利息费用，借记“财务费用”科目，贷记“应付利息”科目；实际支付利息时，借记“应付利息”科目，贷记“银行存款”科目。

企业短期借款到期偿还本金时，借记“短期借款”科目，贷记“银行存款”科目。

【实务 10-1】湖南沙沙门业有限公司于 2019 年 1 月 1 日向银行借入一笔生产经营用短期借款，共计 120 000 元，期限为 9 个月，年利率为 4%。根据与银行签署的借款协议，该项借款的本金到期后一次归还；利息分月预提，按季支付。湖南沙沙门业有限公司的有关会计分录如下：

（1）1 月 1 日借入短期借款。

借：银行存款	120 000	
贷：短期借款		120 000

（2）1 月末，计提 1 月份应计利息。

借：财务费用	400	
贷：应付利息		400

本月应计提的利息 = 120 000×4%÷12 = 400（元）

2 月末计提 2 月份利息费用的处理与 1 月份相同。

（3）3 月末支付第一季度银行借款利息。

借：财务费用	400	
应付利息	800	
贷：银行存款		1 200

第二、三季度的会计处理同上。

（4）10 月 1 日偿还银行借款本金。

借：短期借款	120 000	
贷：银行存款		120 000

如上述借款期限是 8 个月，则到期日为 9 月 1 日，8 月末之前的会计处理与上述相同。9 月 1 日偿还银行借款本金，同时支付 7 月和 8 月已计提未付利息：

借：短期借款	120 000	
应付利息	800	
贷：银行存款		120 800

任务二　长期借款

一、长期借款概述

长期借款是企业向银行或其他金融机构借入的期限在1年以上（不含1年）的各项借款。长期借款一般用于固定资产的购建、改扩建工程、大修理工程、对外投资以及保持长期经营能力等方面。它是企业长期负债的重要组成部分，必须加强管理与核算。

由于长期借款的使用关系到企业的生产经营规模和效益，因此企业除了要遵守有关的贷款规定，编制借款计划并要有不同形式的担保外，还应监督借款的使用、按期支付长期借款的利息以及按规定的期限归还借款本金等。因此，长期借款会计处理的基本要求是反映和监督企业长期借款的借入、借款利息的结算和借款本息的归还情况，促使企业遵守信贷纪律、提高信用等级，同时也要确保长期信贷发挥效益。

二、长期借款的账务处理

企业应通过“长期借款”科目，核算长期借款的借入、归还等情况。该科目可按照贷款单位和贷款种类设置明细账，分别对“本金”“利息调整”等进行明细核算。该科目的贷方登记长期借款本息的增加额，借方登记本息的减少额，贷方余额表示企业尚未偿还的长期借款。

长期借款的账务处理包括取得长期借款、发生利息、归还长期借款等环节。

（一）取得长期借款

企业借入长期借款，应按实际收到的金额，借记“银行存款”科目，贷记“长期借款——本金”科目，如存在差额，还应借记“长期借款——利息调整”科目。

【实务10-2】湖南沙沙门业有限公司为增值税一般纳税人，于2019年6月1日从银行借入资金4 000 000元，借款期限为1.5年，年利率为8.4%（到期一次还本，每年年底付息，不计复利）。所借款项已存入银行。湖南沙沙门业有限公司用该借款于当日购买无须安装的设备一台，不含税价款3 000 000元，税率为13%，设备已于当日投入使用。

湖南沙沙门业有限公司的有关会计处理如下：

（1）取得借款时。

借：银行存款　　4 000 000

　贷：长期借款——本金　　4 000 000

（2）支付设备款保险费时。

借：固定资产　　3 000 000

　　应交税费——应交增值税（进项税额）　　390 000

　贷：银行存款　　3 390 000

（二）发生长期借款利息

长期借款利息费用应当在资产负债表日按照实际利率法计算确定，实际利率与合同利率差异较小的，也可以采用合同利率计算确定利息费用。长期借款计算确定的利息费用，应当按以下原则计入有关成本和费用：属于筹建期间的，计入管理费用；属于生产经营期间的，计入财务费用。如果长期借款是用于购建固定资产的，在固定资产尚未达到预定可使用状态前，所发生的应当资本化的利息支出数，计入在建工程成本；固定资产达到预定可使用状态后发生的利息支出以及按规定不予资本化的利息支出，计入财务费用。长期借款（分期付息）按合同利率计算确定的应付未付利息，记入“应付利息”科目，借记“在建工程”“制造费用”“财务费用”“研发支出”等科目，贷记“应付利息”科目。

【实务 10-3】 承【实务 10-2 】湖南沙沙门业有限公司于 2019 年 6 月 30 日计提长期借款利息。

长期借款每月应计利息＝4 000 000×8. 4%÷12＝28 000（元）

该企业的有关会计分录如下：

借：财务费用　　28 000
　贷：应付利息　　28 000

2019 年 7 月至 11 月、2020 年 1 月至 4 月底计提利息分录同上。

2019 年 12 月末有关会计分录如下：

借：财务费用　　28 000
　　应付利息　　168 000
　贷：银行存款　　196 000

（三）归还长期借款

企业归还长期借款的本金时，应按归还的金额，借记“长期借款——本金”科目，贷记“银行存款”科目；按归还的利息，借记“应付利息”科目，贷记“银行存款”科目。

【实务 10-4】 承【实务 10-3】2020 年 5 月 31 日，湖南沙沙门业有限公司偿还该笔银行借款本息。

湖南沙沙门业有限公司的有关会计分录如下：

借：财务费用　　28 000
　　长期借款——本金　　4 000 000
　　应付利息　　112 000
　贷：银行存款　　4 140 000

任务三　应付债券

一、应付债券概述

应付债券是企业为筹集（长期）资金而发行的债券。债券是企业为筹集长期使用资金而发行的一种书面凭证。企业通过发行债券取得资金是以将来履行归还购买债券者的本金和利息的义务作为保证的。

企业债券发行价格的高低一般取决于债券的票面金额、债券票面利率、发行当时的市场利率以及债券期限长短等因素。债券发行有面值发行、溢价发行和折价发行三种情况。面值发行又称平价发行，是指以债券的票面金额为发行价格；溢价发行是指以高于债券票面金额的价格为发行价格；折价发行是指以低于债券票面金额的价格为发行价格。企业发行债券发生的溢价或者折价，其实质是对债券票面利息的调整，即将债券票面利率调整为实际利率。债券各期的调整金额（摊销金额），是指按债券摊余成本和实际利率计算确定的债券利息费用与按票面利率计算确定的应付利息的差额。债券的利息调整属于借款费用范畴，应当按照借款费用确认和计量原则处理。

二、应付债券的账务处理

企业发行的一般公司债券，无论是按面值发行，还是溢价发行或折价发行，均按债券面值记入“应付债券”科目的“面值”明细科目，实际收到的款项与面值的差额，记入“利息调整”明细科目。企业发行债券时，按实际收到的款项，借记“银行存款”“库存现金”等科目；按债券票面价值，贷记“应付债券——面值”科目；按实际收到的款项与票面价值之间的差额，贷记或借记“应付债券——利息调整”科目。

利息调整应在债券存续期间内采用实际利率法进行摊销。实际利率法是指按照应付债券的实际利率计算其摊余成本及各期利息费用的方法，实际利率是指将应付债券在债券存续期间的未来现金流量，折现为该债券当前账面价值所使用的利率。

资产负债表日，对于分期付息、一次还本的债券，企业应按应付债券的摊余成本和实际利率计算确定的债券利息费用，借记“在建工程”“制造费用”“财务费用”等科目；按票面利率计算确定的应付未付利息，贷记“应付利息”科目；按其差额，借记或贷记“应付债券——利息调整”科目。对于一次还本付息的债券，企业应于资产负债表日按摊余成本和实际利率计算确定的债券利息费用，借记“在建工程”“制造费用”“财务费用”等科目；按票面利率计算确定的应付未付利息，贷记“应付债券——应计利息”科目；按其差额，借记或贷记“应付债券——利息调整”科目。

（一）面值发行债券

【实务 10-5】2019 年 1 月 1 日，湖南沙沙门业有限公司为建设新产品生产线，经批准发行期限为 3 年，面值为 100 万元，年利率为 7.2%，到期一次还本付息的债券。该债券按面值发行，发行费用为 6 000 元，从发行款中扣除。公司收到债券发行资金，新生产线开始建设，第 2 年年末达到预定可使用状态。根据资料编制会计分录如下：

（1）发行债券时。

借：银行存款	994 000
在建工程	6 000
贷：应付债券——面值	1 000 000

（2）假定不考虑闲置资金收益,第1年年末计提利息(第2年年末计提利息的分录相同)。

借：在建工程　　72 000

　贷：应付债券——应计利息　　72 000

（3）第3年年末计提利息时，已经过了停止资本化时点，利息计入当期损益。

借：财务费用　　72 000

　贷：应付债券——应计利息　　72 000

（4）到期归还本息。

借：应付债券——本金　　1 000 000

　　　　——应计利息　　216 000

　贷：银行存款　　1 216 000

（二）折价发行债券

【实务10-6】2019年1月1日，湖南沙沙门业有限公司为建设新产品生产线，经批准发行期限为5年，面值为100万元，票面年利率为4.72%，每年1月1日支付利息，本金最后一次支付的公司债券。该债券发行价格为80万元，发行费用为6 000元，从发行款中扣除。公司收到债券发行资金，新生产线开始建设，第3年年末达到预定可使用状态。经计算，该债券实际利率为10%，实际利息费用计算表见表10-1。根据资料编制会计分录如下：

（1）发行债券时。

借：银行存款　　794 000

　　在建工程　　6 000

　　应付债券——利息调整　　200 000

　贷：应付债券——面值　　1 000 000

（2）第1年年末计提利息。

借：在建工程　　80 000

　贷：应付利息——债券利息　　47 200

　　　应付债券——利息调整　　32 800

（3）第2年年末计提利息。

借：在建工程　　83 200

　贷：应付利息——债券利息　　47 200

　　　应付债券——利息调整　　36 000

（4）第3年年末计提利息。

借：在建工程　　86 800

　贷：应付利息——债券利息　　47 200

　　　应付债券——利息调整　　39 600

（5）第4年年末计提利息（已过停止资本化时点，利息计入当期损益）。

借：财务费用　　90 800

　贷：应付利息——债券利息　　47 200

应付债券——利息调整　　43 600

（6）第5年年末计提利息。

借：财务费用　　95 200

贷：应付利息——债券利息　　47 200

应付债券——利息调整　　48 000

（7）到期归还本金。

借：应付债券——本金　　1 000 000

贷：银行存款　　1 000 000

（8）支付各期利息（每年会计分录相同）。

借：应付利息——债券利息　　47 200

贷：银行存款　　47 200

表10-1　湖南沙沙门业有限公司债券利息费用计算表（实际利率法）

2019年1月1日至2023年12月31日　　金额单位：万元

年份	债券期初摊余成本 ①	按票面利率计算的利息费用 ②=100×4.72%	按实际利率计算的利息费用 ③=①×10%	利息调整 ④=③-②	债券期末摊余成本 ⑤=①+④
第1年	80.00	4.72	8.00	3.28	83.28
第2年	83.28	4.72	8.32	3.60	86.88
第3年	86.88	4.72	8.68	3.96	90.84
第4年	90.84	4.72	9.08	4.36	95.20
第5年	95.20	4.72	9.52	4.80	100.00
合计		23.60	43.60	20.00	

（三）溢价发行债券

【实务10-7】2019年1月1日，湖南沙沙门业有限公司为建设新产品生产线，经批准发行期限为5年，面值为100万元，票面年利率为10%，每年1月1日支付利息，本金最后一次支付的公司债券。该债券发行价格为108万元，发行费用为6 000元，从发行款中扣除。公司收到债券发行资金，新生产线开始建设，第3年年末达到预定可使用状态。该债券实际利率为8%，编制实际利息费用计算表见表10-2。根据资料编制会计分录如下：

（1）发行债券时。

借：银行存款　　1 074 000

在建工程　　6 000

贷：应付债券——面值　　1 000 000

——利息调整　　80 000

（2）第1年年末计提利息。

借：在建工程　　86 000

应付债券——利息调整　　14 000
　贷：应付利息——债券利息　　100 000

（3）第 2 年年末计提利息。

借：在建工程　　85 000
　应付债券——利息调整　　15 000
　贷：应付利息——债券利息　　100 000

（4）第 3 年年末计提利息。

借：在建工程　　84 000
　应付债券——利息调整　　16 000
　贷：应付利息——债券利息　　100 000

（5）第 4 年年末计提利息（已过停止资本化时点，利息计入当期损益）。

借：财务费用　　83 000
　应付债券——利息调整　　17 000
　贷：应付利息——债券利息　　100 000

（6）第 5 年年末计提利息。

借：财务费用　　82 000
　应付债券——利息调整　　18 000
　贷：应付利息——债券利息　　100 000

（7）到期归还本金。

借：应付债券——本金　　1 000 000
　贷：银行存款　　1 000 000

（8）支付各期利息（每年会计分录相同）。

借：应付利息——债券利息　　100 000
　贷：银行存款　　100 000

表 10-2　湖南沙沙门业有限公司债券利息费用计算表（实际利率法）

2019 年 1 月 1 日至 2023 年 12 月 31 日　　金额单位：万元

年份	债券期初摊余成本①	按票面利率计算的利息费用②=100×10%	按实际利率计算的利息费用③=①×8%	利息调整④=③-②	债券期末摊余成本⑤=①-④
第 1 年	108	10	8.6	1.4	106.6
第 2 年	106.6	10	8.5	1.5	105.1
第 3 年	105.1	10	8.4	1.6	103.5
第 4 年	103.5	10	8.3	1.7	101.8
第 5 年	101.8	10	8.2	1.8	100.0
合计		50	42.0	8.0	

二、可转换公司债券

我国发行可转换公司债券采取记名式无纸化发行方式，企业发行的可转换公司债券在“应付债券”科目下设置“可转换公司债券”明细科目核算。

企业发行的可转换公司债券，应当在初始确认时将其包含的负债成分和权益成分进行分拆，将负债成分确认为应付债券，将权益成分确认为其他权益工具。在进行分拆时，企业应当先对负债成分的未来现金流量进行折现，以确定负债成分的初始确认金额，再按发行价格总额扣除负债成分初始确认金额后的金额，确定权益成分的初始确认金额。发行可转换公司债券发生的交易费用，企业应当在负债成分和权益成分之间按照各自的相对公允价值进行分摊。企业应按实际收到的款项，借记“银行存款”等科目；按可转换公司债券包含的负债成分面值，贷记“应付债券——可转换公司债券（面值）”科目；按权益成分的公允价值，贷记“其他权益工具”科目；按借贷双方之间的差额，借记或贷记“应付债券——可转换公司债券（利息调整）”科目。

对于可转换公司债券的负债成分，在转换为股份前，其会计处理与一般公司债券相同，即按照实际利率和摊余成本确认利息费用，按照面值和票面利率确认应付债券，差额作为利息调整进行摊销。可转换公司债券持有者在债券存续期间内行使转换权利，将可转换公司债券转换为股份时，对于债券面额不足转换 1 股股份的部分，企业应当以现金偿还。

可转换公司债券持有人行使转换权利，将其持有的债券转换为股票，按可转换公司债券的余额，借记“应付债券——可转换公司债券（面值、利息调整）”科目；按其权益成分的金额，借记“其他权益工具”科目；按股票面值和转换的股数计算的股票面值总额，贷记“股本”科目；按其差额，贷记“资本公积——股本溢价”科目。如用现金支付不可转换股票的部分，应同时贷记“银行存款”等科目。

【实务 10-8】湖南沙沙门业有限公司经批准于 2019 年 1 月 1 日按面值发行 5 年期一次还本按年付息的可转换公司债券 200 000 000 元，款项已收存银行。债券票面年利率为 6%，利息按年支付。债券发行 1 年后可转换为普通股股票。初始转股价为每股 10 元，股票面值为每股 1 元。

2020 年 1 月 1 日债券持有人将持有的可转换公司债券全部转换为普通股股票（假定按当日可转换公司债券的账面价值计算转股数），湖南沙沙门业有限公司发行可转换公司债券时二级市场上与之类似的没有转换权的债券市场利率为 9%。

据此，湖南沙沙门业有限公司的账务处理如下：

（1）2019 年 1 月 1 日发行可转换公司债券。

借：银行存款	200 000 000	
应付债券——可转换公司债券（利息调整）	23 343 600	
贷：应付债券——可转换公司债券（面值）		200 000 000
其他权益工具		23 343 600

可转换公司债券负债成分的公允价值为：

200 000 000×0.649 9+200 000 000×6%×3.889 7=176 656 400（元）

（2）2019 年 12 月 31 日确认利息费用。

借：财务费用等	15 899 076	
贷：应付债券——可转换公司债券（应计利息）		12 000 000
——可转换公司债券（利息调整）		3 899 076

（3）2020 年 1 月 1 日债券持有人行使转换权。

（176 656 400+12 000 000+3 899 076）/10=19 255 547.60（股）

不足 1 股的部分支付现金 0.6 元。

借：应付债券——可转换公司债券（面值）	200 000 000	
——可转换公司债券（应计利息）	12 000 000	
其他权益工具	23 343 600	
贷：股本		19 255 547
应付债券——可转换公司债券（利息调整）		19 444 524
资本公积——股本溢价		196 643 528.40
库存现金		0.60

任务四　长期应付款

长期应付款是指企业除长期借款和应付债券以外的其他各种长期应付款项，包括应付租入固定资产（视同自有固定资产管理）的租赁费、以分期付款方式购入固定资产等发生的应付款项等。

一、相应涉及的账户

（一）“长期应付款”账户

“长期应付款”账户用来核算企业除长期借款和应付债券以外的其他各种长期应付款项，包括租入固定资产（视同自有固定资产管理）的租赁费、以分期付款方式购入固定资产等发生的应付款项等。该账户贷方登记企业发生的租入固定资产（视同自有固定资产管理）的租赁费等长期应付款项；借方登记企业按期支付的固定资产的租金和价款等；期末余额在贷方，反映企业应付未付的长期应付款项。

“长期应付款”账户可以按照长期应付款的种类和债权人进行明细核算。

（二）“未确认融资费用”账户

企业租赁方式租入固定资产（视同自有固定资产管理），在租赁期开始日，应当将租赁开始日租赁固定资产公允价值与最低租赁付款额现值两者中较低者，作为租入固定资产（视同自有固定资产管理）的入账价值，将最低租赁付款额作为长期应付款的入账价值，其差额作为未确认融资费用。

企业租入固定资产（视同自有固定资产管理）的租赁付款额（支付的租金）中，包含了本金和利息两部分。企业支付租金时，一方面要减少长期应付款；另一方面要同时将未确认融资费用按一定方法确认为当期融资费用。确认当期融资费用（分期摊销的未确认融资费用）的方法一般采用实际利率法。

“未确认融资费用”账户用来核算企业应当分期计入利息费用的未确认融资费用。该账户借方登记企业采用租赁方式租入固定资产（视同自有固定资产管理），在租赁开始日发生的未确认融资费用；企业购入固定资产超过正常信用条件延期支付价款，实质上具有融资性质的，在购买日发生的未确认融资费用，登记在该账户借方；该账户贷方登记企业采用实际利率法分期摊销的未确认融资费用；期末余额在借方，反映企业未确认融资费用的摊余价值。

“未确认融资费用”账户可以按照债权人和长期应付款项目进行明细核算。

【实务 10-9】2018 年 12 月 1 日，湖南沙沙门业有限公司与新海租赁公司签订租赁大型设备合同，根据签订的租赁合同，租赁期开始日为 2019 年（租赁期第 1 年）1 月 1 日，租赁期为 36 个月，利率为 14%，租金总额为 180 万元，租金自租赁期开始起每年 6 月 30 日和 12 月 31 日各支付一次，每次支付 30 万元；租赁期届满时，湖南沙沙门业有限公司享有优惠购买该设备的选择权，购买价格为 200 元。租赁开始日，该设备公允价值为 140 万元，租赁期届满时，该设备公允价值估计为 16 万元。湖南沙沙门业有限公司在签订租赁合同过程中发生差旅费，手续费等 2 000 元。租赁期届满，湖南沙沙门业有限公司以银行存款 200 元购买了该设备。

根据湖南沙沙门业有限公司签订的租赁合同，我们可以将其判断为租赁性质。按照租赁方式租入固定资产（视同自有固定资产管理）的处理原则，有关计算过程和编制的会计分录如下：

（1）租赁期开始日，确认租入固定资产（视同自有固定资产管理），长期应付款，未确认融资费用的入账价值。

最低租赁付款额 = 1 800 000+200 = 1 800 200（元）

最低租赁付款额的现值（按 6 个月期 7%的利率计算，过程略）= 1 430 233（元）

租赁开始日租赁固定资产公允价值 = 1 400 000（元）

固定资产的入账价值 = 租赁开始日租赁固定资产公允价值 = 1 400 000（元）

借：固定资产——融资租入固定资产	1 402 000	
未确认融资费用	400 200	
贷：长期应付款——新海租赁公司		1 800 200
银行存款		2 000

（2）采用实际利率法计算未确认融资费用。

由于该项租入固定资产（视同自有固定资产管理）的入账价值为租赁开始日租赁固定资产公允价值，因此公司应当重新计算融资费用的分摊率。经计算，融资费用分摊率为 7.7%，编制未确认融资费用分摊表见表 10-3。

表 10-3　湖南沙沙门业有限公司未确认融资费用分摊表（实际利率法）

2019 年 1 月 1 日至 2021 年 12 月 31 日　　金额单位：元

时　　间	期初应付本金余额 ①	租金 ②	应确认融资费用 ③=①×7.7%	应付本金减少额 ④=②-③	期末应付本金余额 ⑤=①-④
第 1 年 1 月 1 日	1 400 200				1 400 200
第 1 年 6 月 30 日	1 400 200	300 000	107 815	192 185	1 208 015
第 1 年 12 月 31 日	1 208 015	300 000	93 017	206 983	1 001 032
第 2 年 6 月 30 日	1 001 032	300 000	77 079	222 921	778 111
第 2 年 12 月 31 日	788 111	300 000	59 915	240 085	538 026
第 3 年 6 月 30 日	538 026	300 000	41 428	258 572	279 454
第 3 年 12 月 31 日	279 454	300 000	20 746	279 254	200
第 3 年 12 月 31 日				200	
合计		1 800 000	400 000		

（3）各期支付租金和确认融资费用时。

①第 1 年 6 月 30 日支付租金。

借：长期应付款——新海租赁公司　　300 000

　贷：银行存款　　300 000

借：财务费用　　107 815

　贷：未确认融资费用　　107 815

②第 1 年 12 月 31 日支付租金。

借：长期应付款——新海租赁公司　　300 000

　贷：银行存款　　300 000

借：财务费用　　93 017

　贷：未确认融资费用　　93 017

③第 2 年 6 月 30 日支付租金。

借：长期应付款——新海租赁公司　　300 000

　贷：银行存款　　300 000

借：财务费用　　77 079

　贷：未确认融资费用　　77 079

④第 2 年 12 月 31 日支付租金。

借：长期应付款——新海租赁公司　　300 000

　贷：银行存款　　300 000

借：财务费用　　59 915

　贷：未确认融资费用　　59 915

⑤第 3 年 6 月 30 日支付租金。

借：长期应付款——新海租赁公司　　300 000

　贷：银行存款　　300 000

借：财务费用　　41 428

　贷：未确认融资费用　　41 428

⑥第 3 年 12 月 31 日支付租金。

借：长期应付款——新海租赁公司　　300 000

　贷：银行存款　　300 000

借：财务费用　　20 746

　贷：未确认融资费用　　20 746

（4）租赁期届满，湖南沙沙门业有限公司购买该设备。

借：长期应付款——新海租赁公司　　200

　贷：银行存款　　200

借：固定资产——生产用固定资产　　1 402 000

　贷：固定资产——融资租入固定资产　　1 402 000

子项目二　权益筹资的核算

所有者权益根据其核算的内容和要求，可分为实收资本（股本）、其他权益工具、资本公积、其他综合收益、盈余公积和未分配利润等部分。其中，盈余公积和未分配利润统称为留存收益。

任务一　实收资本

一、实收资本概述

实收资本是指企业按照章程规定或合同、协议约定，接受投资者投入企业的资本。实收资本的构成比例或股东的股份比例，是确定所有者在企业所有者权益中份额的基础，也是企业进行利润或股利分配的主要依据。

实收资本确认和计量要求企业应当设置“实收资本”科目，核算企业接受投资者投入的实收资本，股份有限公司应将该科目改为“股本”。投资者可以用现金投资，也可以用现金以外的其他有形资产投资，符合国家规定比例的，还可以用无形资产投资。企业收到投资时，一般应做如下会计处理：收到投资人投入的现金，应在实际收到或者存入企业开户银行时，按实际收到的金额，借记“银行存款”科目；以实物资产投资的，应在办理实物产权转移手续时，借记有关资产科目；以无形资产投资的，应按照合同、协议或公司章程规定移交有关凭证时，借记“无形资产”科目，按投入资本在注册资本或股本中所占份额，贷记“实收资本”或“股本”科目，按其差额，贷记“资本公积——资本溢价”或“资本公积——股本溢价”等科目。

公司所有者权益又称为股东权益。所有者权益具有以下特征：①除非发生减资，清算或分派现金股利，企业不需要偿还所有者权益；②企业清算时，只有在清偿所有的负债后，所有者权益才返还所有者；③所有者凭借所有者权益能够参与企业利润的分配。

二、实收资本的账务处理

（一）接受现金资产投资

1. 股份有限公司以外的企业接受现金资产投资

【实务 10-10】甲、乙、丙共同投资设立湖南沙沙门业有限公司，注册资本为 2 000 000 元，甲、乙、丙持股比例分别为 60%，25%和 15%。按照章程规定，甲、乙、丙投入资本分别为 1 200 000 元、500 000 元和 300 000 元。湖南沙沙门业有限公司已如期收到各投资者一次缴足的款项。则该公司在进行会计处理时，应编制如下会计分录：

借：银行存款	2 000 000	
贷：实收资本——甲		1 200 000
——乙		500 000
——丙		300 000

实收资本的构成比例，即投资者的出资比例或股东的股份比例，通常是确定所有者在企业所有者权益中所占的份额和参与生产经营决策的基础，也是企业进行利润分配或股利分配的依据，同时还是企业清算时确定所有者对净资产的要求权的依据。

2. 股份有限公司接受现金资产投资

股份有限公司发行股票时，既可以按面值发行股票，也可以溢价发行（我国目前不允许折价发行）。股份有限公司在核定的股本总额及核定的股份总额的范围内发行股票时，应在实际收到现金资产时进行会计处理。

【实务 10-11】B 股份有限公司发行普通股 10 000 000 股，每股面值 1 元，每股发行价格 5 元，假定股票发行成功，股款 50 000 000 元已全部收到，不考虑发行过程中的税费等因素。根据上述资料，B 公司应做如下账务处理：

应记入“资本公积”科目的金额=50 000 000-10 000 000=40 000 000（元）

应编制如下会计分录：

借：银行存款	50 000 000	
贷：股本		10 000 000
资本公积——股本溢价		40 000 000

本例中，B 公司发行股票实际收到的款项为 50 000 000 元，应借记“银行存款”科目；实际发行的股票面值为 10 000 000 元，应贷记“股本”科目，按其差额，贷记“资本

公积——股本溢价”科目。

（二）接受非现金资产投资

1. 接受投入固定资产

企业接受投资者作价投入的房屋、建筑物、机器设备等固定资产，应按投资合同或协议约定价值确定固定资产价值（但投资合同或协议约定价值不公允的除外）和在注册资本中应享有的份额。

【实务 10-12】湖南沙沙门业有限公司于设立时收到乙公司作为资本投入的不需要安装的机器设备一台，合同约定该机器设备的价值为 2 000 000 元，增值税进项税额为 260 000 元。经约定湖南沙沙门业有限公司接受乙公司的投入资本为 2 260 000 元。合同约定的固定资产价值与公允价值相符，不考虑其他因素，湖南沙沙门业有限公司进行会计处理时，应编制如下会计分录：

借：固定资产	2 000 000	
应交税费——应交增值税（进项税额）	260 000	
贷：实收资本——乙公司		2 260 000

本例中，该固定资产合同约定的价值与公允价值相符，湖南沙沙门业有限公司接受乙公司投入的固定资产按约定的金额作为实收资本，因此，可按 2 260 000 元的金额贷记“实收资本”科目。

2. 接受投入材料物资

企业接受投资者作价投入的材料物资，应按投资合同或协议约定价值确定材料物资价值（投资合同或协议约定价值不公允的除外）和在注册资本中应享有的份额。

【实务 10-13】乙有限责任公司于设立时收到 B 公司作为资本投入的原材料一批，该原材料投资合同或协议约定价值（不含可抵扣的增值税进项税额部分）为 100 000 元，增值税进项税额为 13 000 元。B 公司已开具了增值税专用发票。假设合同约定的价值与公允价值相符，该进项税额允许抵扣，不考虑其他因素，原材料按实际成本进行日常核算，乙公司在进行会计处理时，应编制如下会计分录：

借：原材料	100 000	
应交税费——应交增值税（进项税额）	13 000	
贷：实收资本——B 公司		113 000

本例中，原材料的合同约定价值与公允价值相符，因此，可按照 100 000 元的金额借记“原材料”科目；同时，该进项税额允许抵扣，因此，增值税专用发票上注明的增值税税额 13 000 元，应借记“应交税费——应交增值税（进项税额）”科目。乙公司接受的 B 公司投入的原材料按合同约定金额作为实收资本，因此可按 113 000 元的金额贷记“实收资本”科目。

3. 接受投入无形资产

企业收到以无形资产方式投入的资本，应按投资合同或协议约定价值确定无形资产价值（但投资合同或协议约定价值不允许的除外）和在注册资本中应享有的份额。

【实务 10-14】 丙有限责任公司于设立时收到A公司作为资本投入的非专利技术一项，该非专业技术投资合同约定价值为60 000元，同时收到B公司作为资本投入的土地使用权一项，投资合同约定价值为80 000元。假设丙公司接受该非专利技术和土地使用权符合国家注册资本管理的有关规定，可按合同约定作实收资本入账，合同约定的价值与公允价值相符，不考虑其他因素。丙公司在进行会计处理时，应编制如下会计分录：

借：无形资产——非专利技术　　60 000
　　　　　　——土地使用权　　80 000
　贷：实收资本——A公司　　60 000
　　　　　　　——B公司　　80 000

本例中，非专业技术与土地使用权的合同约定价值与公允价值相符，因此，丙公司可分别按照60 000元和80 000元的金额借记“无形资产”科目。A、B公司投入的非专业技术和土地使用权按合同约定全额作为实收资本，因此可分别按60 000元和80 000元的金额贷记“实收资本”科目。

（三）实收资本（或股本）的增减变动

《中华人民共和国公司登记管理条例》规定，公司增加注册资本的，有限责任公司股东认缴新增资本的出资和股份有限公司的股东认购新股，应当分别依照《中华人民共和国公司法》设立有限责任公司缴纳出资和设立股份有限公司缴纳款项的有关规定执行。公司法定公积金转增为注册资本的，验资证明应当载明留存的该项公积金不少于转增前公司注册资本的25%。公司减少注册资本的，应当自公告之日起45日后申请变更登记，并应当提交公司在报纸上登载公司减少注册资本公告的有关证明和公司债务清偿或者债务担保情况的说明。公司减资后的注册资本不得低于法定的最低限额。公司变更实收资本的，应当提交依法设立的验资机构出具的验资证明，并应当按照公司章程载明的出资时间、出资方式缴纳出资。公司应当自足额缴纳出资或者股款之日起30日内申请变更登记。

1. 实收资本或股本的增加

（1）企业增加资本的途径。

企业增加资本主要有三个途径：接受投资者追加投资、资本公积转增资本和盈余公积转增资本。需要注意的是，由于资本公积和盈余公积均属于所有者权益，用其转增资本时，如果是独资企业则比较简单，直接结转即可；如果是股份公司或有限责任公司，则应按照原投资者各自出资比例相应增加各投资者的出资额。

【实务 10-15】 甲、乙、丙三人共同投资设立了湖南沙沙门业有限公司，原注册资本为4 000 000元，甲、乙、丙分别出资500 000元，2 000 000元和1 500 000元。为扩大经营规模，经批准，湖南沙沙门业有限公司注册资本扩大为5 000 000元，甲、乙、丙按照原出资比例分别追加投资125 000元、500 000元和375 000元。湖南沙沙门业有限公司如期收到甲、乙、丙追加的现金投资。

湖南沙沙门业有限公司应编制如下会计分录：

借：银行存款　　1 000 000
　贷：实收资本——甲公司　　125 000
　　　　　　　——乙公司　　500 000
　　　　　　　——丙公司　　375 000

本例中，甲、乙、丙按原出资比例追加实收资本，因此，湖南沙沙门业有限公司应分别按照 125 000 元、500 000 元和 375 000 元的金额，贷记“实收资本”科目中甲、乙、丙明细分类账。

【实务 10-16】 承【实务 10-15】因扩大经营规模需要，经批准，湖南沙沙门业有限公司按原出资比例将资本公积 1 000 000 元转增资本。湖南沙沙门业有限公司应编制如下会计分录：

借：资本公积　　1 000 000
　贷：实收资本——甲公司　　125 000
　　　　　　　——乙公司　　500 000
　　　　　　　——丙公司　　375 000

本例中，资本公积 1 000 000 元按原出资比例转增实收资本，因此，湖南沙沙门业有限公司应分别按照 125 000 元、500 000 元和 375 000 元的金额，贷记“实收资本”科目中甲、乙、丙明细分类账。

【实务 10-17】 承【实务 10-16】，因扩大经营规模需要，经批准，湖南沙沙门业有限公司按原出资比例将盈余公积 1 000 000 元转增资本。湖南沙沙门业有限公司应编制如下会计分录：

借：盈余公积　　1 000 000
　贷：实收资本——甲公司　　125 000
　　　　　　　——乙公司　　500 000
　　　　　　　——丙公司　　375 000

本例中，盈余公积 1 000 000 元按原出资比例转增实收资本，因此，湖南沙沙门业有限公司应分别按照 125 000 元、500 000 元和 375 000 元的金额贷记“实收资本”科目中甲、乙、丙明细分类账。

（2）股份有限公司发放股票股利。

股份有限公司采用发放股票股利实现增资的，在发放股票股利时，按照股东原来持有的股数分配，如股东所持股份按比例分配的股利不足一股时，应采用恰当的方法处理。例如，股东会决议按股票面额的 10 %发放股票股利时（假定新股发行价格及面额与原股相同），对于所持股票不足 10 股的股东，将会发生不能领取一股的情况。在这种情况下，有两种方法可供选择，一是将不足一股的股票股利改为现金股利，用现金支付；二是由股东相互转让，凑为整股。股东大会批准的利润分配方案中分配的股票股利，应在办理增资手续后，借记“利润分配”科目，贷记“股本”科目。

（3）可转换公司债券持有人行使转换权利。

可转换公司债券持有人行使转换权利，将其持有的债券转换为股票，按可转换公司债券的余额，借记“应付债券——可转换公司债券（面值、利息调整）”科目，按其权益成分的金额，借记“其他权益工具”科目；按股票面值和转换的股数计算的股票面值总额，贷记“股本”科目；按其差额，贷记“资本公积——股本溢价”科目。

（4）企业将重组债务转为资本。

企业将重组债务转为资本的，应按重组债务的账面余额，借记“应付账款”等科目；按债权人因放弃债权而享有本企业股份的面值总额，贷记“实收资本”或“股本”科目；按股份的公允价值总额与相应的实收资本或股本之间的差额，贷记或借记“资本公积——资本溢价”或“资本公积——股本溢价”科目；按其差额，贷记“营业外收入——债务重组利得”科目。

（5）以权益结算的股份支付的行权。

以权益结算的股份支付换取职工或其他方提供服务的，须在行权日，根据实际行权情况确定的金额，借记“资本公积——其他资本公积”科目；按应计入实收资本或股本的金额，贷记“实收资本”或“股本”科目。

2. 实收资本（或股本）的减少

企业减少实收资本应按法定程序报经批准，股份有限公司采用收购本公司股票方式减资的，按股票面值和注销股数计算的股票面值总额冲减股本，按注销库存的账面余额与所冲减股本的差额冲减股本溢价，股本溢价不足冲减的，应依次冲减“盈余公积”“利润分配——未分配利润”等科目。如果购回股票支付的价款低于面值总额的，所注销库存股的账面余额与所冲减股本的差额作为增加资本或股本溢价处理。

【实务 10-18】B 公司于 2018 年 12 月 31 日的股本为 100 000 000 股，面值为 1 元，资本公积（股本溢价）为 30 000 000 元，盈余公积为 40 000 000 元。经股东大会批准，B 公司以现金回购本公司股票 20 000 000 股并注销。假定 B 公司按每股 2 元回购股票，不考虑其他因素，该公司应编制如下会计分录：

（1）回购本公司股份时。

借：库存股	40 000 000	
贷：银行存款		40 000 000

库存股成本 = 20 000 000 × 2 = 40 000 000（元）

（2）注销公司股份时。

借；股本	20 000 000	
资本公积	20 000 000	
贷：库存股		40 000 000

应冲减的资本公积 = 20 000 000 ×2−20 000 000× 1 = 20 000 000（元）

【实务 10-19】承【实务 10-18】，假定 B 公司按每股 3 元回购股票，其他条件不变，B 公司应编制如下会计分录：

（1）回购本公司股份时。

借：库存股	60 000 000	

贷：银行存款　　60 000 000

库存股成本＝20 000 000 × 3＝60 000 000（元）

（2）注销公司股份时。

借：股本　　20 000 000

资本公积　　30 000 000

盈余公积　　10 000 000

贷：库存股　　60 000 000

应冲减的资本公积＝20 000 000 × 3−20 000 000 × 1＝40 000 000（元）

由于应冲减的资本公积大于公司现有的资本公积，所以只能冲减资本公积 30 000 000 元，剩余的 10 000 000 元应冲减盈余公积。

【实务 10-20】 承【实务 10-18】假定 B 公司按每股 0. 9 元回购股票，其他条件不变，B 公司应编制如下会计分录：

（1）回购本公司股份时。

借：库存股　　18 000 000

贷：银行存款　　18 000 000

库存股成本＝20 000 000 ×0. 9＝18 000 000（元）

（2）注销公司股份时。

借：股本　　20 000 000

贷：库存股　　18 000 000

资本公积——股本溢价　　2 000 000

应增加的资本公积＝20 000 000 ×1−20 000 000 × 0. 9＝2 000 000（元）

由于折价回购，股本与库存股成本的差额 2 000 000 元应作为增加资本公积处理。

任务二　其他权益工具

企业发行的除普通股（作为实收资本或股本）以外，按照金融负债和权益工具区分原则分类为权益工具的其他权益工具，按照以下原则进行会计处理。

一、其他权益工具会计处理的基本原则

企业发行的金融工具首先应当按照金融工具准则进行初始确认和计量；然后于每个资产负债表日计提利息或分派股利，按照相关具体企业会计准则进行处理，即企业应当以所发行金融工具的分类为基础，确定该工具利息支出或股利分配等的会计处理。对于归类为权益工具的金融工具，无论其名称中是否包含“债”，其利息支出或股利分配都应当作为发行企业的利润分配，其回购、注销等作为权益的变动处理；对于归类为金融负债的金融工具，无论其名称中是否包含“股”，其利息支出或股利分配原则上按照借款费用进行处

理，其回购或赎回产生的利得或损失等计入当期损益。

企业（发行方）发行金融工具，其发生的手续费、佣金等交易费用，如分类为债务工具且以摊余成本计量的，应当计入发行工具的初始计量金额；如分类为权益工具的，应当从权益（其他权益工具）中扣除。

二、科目设置

金融工具发行方应当设置下列会计科目，对发行的金融工具进行会计核算。

（1）发行方对于归类为金融负债的金融工具在“应付债券”科目核算。“应付债券”科目应当按照发行的金融工具种类进行明细核算，并在各类工具中按“面值”“利息调整”“应计利息”设置明细账，进行明细核算（发行方发行的符合流动负债特征并归类为流动负债的金融工具，以相关流动性质的负债类科目进行核算，本教材在账务处理部分均以“应付债券”科目为例）。

对于需要拆分且形成衍生金融负债或衍生金融资产的，企业应将拆分的衍生金融负债或衍生金融资产按照其公允价值在“衍生工具”科目核算。对于发行且嵌入了非紧密相关的衍生金融资产或衍生金融负债的金融工具，如果发行方选择将其整体指定为以公允价值计量且其变动计入当期损益的，则企业应将发行的金融工具的整体在以公允价值计量且其变动计入当期损益的金融负债等科目进行核算。

（2）在所有者权益类科目中设置“其他权益工具”科目，核算企业发行的除普通股以外的归类为权益工具的各种金融工具。“其他权益工具”科目应按发行金融工具的种类等进行明细核算。

三、主要账务处理

（一）发行方的账务处理

（1）发行方发行的金融工具归类为债务工具并以摊余成本计量的，应按实际收到的金额，借记“银行存款”等科目；按债务工具的面值，贷记“应付债券——优先股、永续债等（面值）”科目；按其差额，贷记或借记“应付债券——优先股、永续债等（利息调整）”科目。

在该工具存续期间，计提利息并对账面的利息进行调整的会计处理，企业应按照金融工具确认和计量准则中有关金融负债按摊余成本后续计量的规定进行会计处理。

（2）发行方发行的金融工具归类为权益工具的，应按实际收到的金额，借记“银行存款”等科目，贷记“其他权益工具——优先股、永续债等”科目。

分类为权益工具的金融工具，在存续期间分派股利（含分类为权益工具的工具所产生的利息，下同）的，作为利润分配处理。发行方应根据经批准的股利分配方案，按应分配给金融工具持有者的股利金额，借记“利润分配——应付优先股股利、应付永续债利息等”科目，贷记“应付股利——优先股股利、永续债利息”等科目。

（3）发行方发行的金融工具为复合金融工具的，应按实际收到的金额，借记“银行存款”等科目；按金融工具的面值，贷记“应付债券——优先股、永续债（面值）等”科目；按负债成分的公允价值与金融工具面值之间的差额，借记或贷记“应付债券——优先股、永续债等（利息调整）”科目；按实际收到的金额扣除负债成分的公允价值后的金额，贷记“其他权益工具——优先股、永续债等”科目。发行复合金融工具发生的交易费用，应当在负债成分和权益成分之间按照各自占总发行价款的比例进行分摊。与多项交易相关的共同交易费用，应当在合理的基础上，进行确认和计量。投资方需编制合并财务报表的，按照《企业会计准则第33号——合并财务报表》的规定编制合并财务报表。

（4）发行的金融工具本身是衍生金融负债或衍生金融资产或者内嵌了衍生金融负债或衍生金融资产的，按照金融工具确认和计量准则中有关衍生工具的规定进行处理。

（5）因发行的金融工具原合同条款约定的条件或事项随着时间的推移或经济环境的改变而发生变化，导致原归类为权益工具的金融工具重分类为金融负债的，应当于重分类日，按该工具的账面价值，借记“其他权益工具——优先股、永续债等”科目；按该工具的面值，贷记“应付债券——优先股、永续债等（面值）”科目；按该工具的公允价值与面值之间的差额；借记或贷记“应付债券——优先股、永续债等（利息调整）”科目；按该工具的公允价值与账面价值的差额，贷记或借记“资本公积——资本溢价（或股本溢价）”科目，如资本公积不够冲减的，依次冲减盈余公积和未分配利润。发行方以重分类日计算的实际利率作为应付债券后续计量利息调整的基础。

因发行的金融工具原合同条款约定的条件或事项随着时间的推移或经济环境的改变而发生变化，导致原归类为金融负债的金融工具重分类为权益工具的，应于重分类日，按金融负债的面值，借记“应付债券——优先股、永续债等（面值）”科目；按利息调整余额，借记或贷记“应付债券——优先股、永续债等（利息调整）”科目；按金融负债的账面价值，贷记“其他权益工具——优先股、永续债等”科目。

（6）发行方按合同条款约定，赎回所发行的除普通股以外的、分类为权益工具的金融工具，按合同价格，借记“库存股——其他权益工具”科目，贷记“银行存款”等科目；注销所购回的金融工具，按该工具对应的其他权益工具的账面价值，借记“其他权益工具”科目；按该工具的赎回价格，贷记“库存股——其他权益工具”科目；按其差额，借记或贷记“资本公积——资本溢价（或股本溢价）”科目，如资本公积不够冲减的，依次冲减盈余公积和未分配利润。发行方按合同条款约定赎回所发行的分类为金融负债的金融工具，按该工具赎回日的账面价值，借记“应付债券”等科目；按赎回价格，贷记“银行存款”等科目；按其差额，借记或贷记“财务费用”科目。

（7）发行方按合同条款约定，将发行的除普通股以外的金融工具转换为普通股的，按该工具对应的金融负债或其他权益工具的账面价值，借记“应付债券”“其他权益工具”等科目；按普通股的面值，贷记“实收资本（或股本）”科目；按其差额，贷记“资本公积——资本溢价（或股本溢价）”科目（如转股时金融工具的账面价值不足转换为1股普通股而以现金或其他金融资产支付的，还需按支付的现金或其他金融资产的金额，贷记“银行存款”等科目）。

（二）投资方的账务处理

金融工具投资方（持有人）在考虑持有的金融工具或其组成部分是权益工具还是债务工具投资时，应当遵循金融工具确认和计量准则的相关要求，通常应当与发行方对金融工具的权益或负债属性的分类保持一致。例如，对于发行方归类为权益工具的非衍生金融工具，投资方通常应当将其归类为权益工具投资。如果投资方因持有发行方发行的金融工具而对发行方拥有控制、共同控制或重大影响的，按照《企业会计准则第 2 号——长期股权投资》和《企业会计准则第 20 号——企业合并》进行确认和计量；投资方需编制合并财务报表的，按照《企业会计准则第 33 号——合并财务报表》的规定编制合并财务报表。

任务三　资本公积和其他综合收益

一、资本公积确认与计量

资本公积是企业收到投资者的超出其在企业注册资本（或股本）中所占份额的投资，以及直接计入所有者权益的利得和损失等。资本公积包括资本溢价（或股本溢价）和其他资本公积。

资本溢价（或股本溢价）是企业收到投资者的超出其在企业注册资本（或股本）中所占份额的投资。形成资本溢价（或股本溢价）的原因包括溢价发行股票、投资者超额缴纳资本等。

资本公积一般应当设置“资本（或股本）溢价”“其他资本公积”明细科目核算。

（一）资本溢价或股本溢价的会计处理

1. 资本溢价

除股份有限公司外的其他类型的企业，在企业创立时，投资者认缴的出资额与注册资本一致，一般不会产生资本溢价。但在企业重组或有新的投资者加入时，常常会出现资本溢价。因为在企业进行正常生产经营后，其资本利润率通常要高于企业初始阶段，另外，企业有内部积累，新投资者加入企业后，对这些积累也要分享，所以新加入的投资者往往要付出大于原投资者的出资额，才能取得与原投资者相同的出资比例。投资者多缴的部分就形成了资本溢价。

【实务 10-21】湖南沙沙门业有限公司由两位投资者投资 200 000 元设立，每人各出资 100 000 元。一年后，为扩大经营规模，经批准，湖南沙沙门业有限公司注册资本增加到 300 000 元，并引入第三位投资者加入。按照投资协议，新投资者需缴入现金 110 000 元，同时享有该公司三分之一的股份。湖南沙沙门业有限公司已收到该现金投资。假定不考虑其他因素，湖南沙沙门业有限公司应编制如下会计分录：

借：银行存款	110 000	
贷：实收资本		100 000
资本公积——资本溢价		10 000

本例中，湖南沙沙门业有限公司收到第三位投资者的现金投资 110 000 元，100 000 元属于第三位投资者在注册资本中所享有的份额，应记入“实收资本”科目，10 000 元属于资本溢价，应记入“资本公积——资本溢价”科目。

2. 股本溢价

股份有限公司是以发行股票的方式来筹集股本的。股票可按面值发行，也可按溢价发行，我国目前不准折价发行。与其他类型的企业不同，股份有限公司在成立时可能会溢价发行股票，因而在成立之初，就可能会产生股本溢价。股本溢价的数额等于股份有限公司发行股票时实际收到的款额超过股票面值总额的部分。

在按面值发行股票的情况下，企业发行股票取得的收入，应全部作为股本处理；在溢价发行股票的情况下，企业发行股票取得的收入，等于股票面值部分作为股本处理，超出股票面值的溢价收入应作为股本溢价处理。

发行股票相关的手续费，佣金等交易费用，如果是溢价发行股票的，应从溢价中抵扣，冲减资本公积（无溢价发行股票或溢价金额不足以抵扣的，应将不足抵扣的部分冲减盈余公积和未分配利润）。

【实务 10-22】B 股份有限公司首次公开发行了普通股 50 000 000 股，每股面值 1 元，每股发行价为 4 元。B 公司与受托单位约定，按发行收入的 3%收取手续费，从发行收入中扣除。假定收到的股款已存入银行。B 公司应编制如下会计分录：

公司收到受托发行单位的现金 = 50 000 000 × 4 ×（1−3%）= 194 000 000（元）

应记入“资本公积”科目的金额 = 溢价收入 − 发行手续费

= 50 000 000×（4−1）−50 000 000 × 4 ×3%

= 144 000 000（元）

借：银行存款	194 000 000	
贷：股本		50 000 000
资本公积——股本溢价		144 000 000

（二）其他资本公积的会计处理

其他资本公积，是指除资本溢价（或股本溢价）项目以外所形成的资本公积。

1. 以权益结算的股份支付

以权益结算的股份支付换取职工或其他方提供服务的，企业应按照确定的金额，记入“管理费用”等科目，同时增加资本公积（其他资本公积）。在行权日，企业应按实际行权的权益工具数量计算确定的金额，借记“资本公积——其他资本公积”科目，按计入实收资本或股本的金额，贷记“实收资本”或“股本”科目，并将其差额记入“资本公积——资本溢价”或“资本公积——股本溢价”科目。

2. 采用权益法核算的长期股权投资

长期股权投资采用权益法核算的，被投资单位除净损益、其他综合收益和利润分配以外的所有者权益的其他变动，投资企业按持股比例计算应享有的份额，应当增加或减少长期股权投资的账面价值，同时增加或减少资本公积（其他资本公积）。当处置采用权益法核算的长期股权投资时，企业应当将原记入资本公积（其他资本公积）的相关金额转入投资收益（除不能转入损益的项目外）。

（三）资本公积转增资本的会计处理

按照《中华人民共和国公司法》的规定，法定公积金（资本公积和盈余公积）转为资本时，所留存的该项公积金不得少于转增前公司注册资本的 25 %。经股东大会或类似机构决议，用资本公积转增资本时，应冲减资本公积，同时按照转增前的实收资本（或股本）的结构或比例，将转增的金额记入“实收资本”或“股本”科目下各所有者的明细分类账。

二、其他综合收益的确认与计量及会计处理

其他综合收益是指企业根据其他会计准则规定未在当期损益中确认的各项利得和损失，包括以后会计期间不能重分类进损益的其他综合收益和以后会计期间满足规定条件时将重分类进损益的其他综合收益两类。

1. 以后会计期间不能重分类进损益的其他综合收益项目

以后会计期间不能重分类进损益的其他综合收益项目，主要包括重新计量设定受益计划净负债或净资产导致的变动、按照权益法核算被投资单位重新计量设定受益计划净负债或净资产变动导致的权益变动，投资企业按持股比例计算确认的该部分其他综合收益项目，以及在初始确认时，企业可以将非交易性权益工具指定为以公允价值计量且其变动计入其他综合收益的金融资产，是指定后不得撤销，即当该类非交易性权益工具终止确认时，原计入其他综合收益的公允价值变动损益不得重分类进损益。

2. 以后会计期间有满足规定条件时将重分类进损益的其他综合收益项目

以后会计期间有满足规定条件时将重分类进损益的其他综合收益项目，主要包括：

（1）符合金融工具准则规定，同时符合两个条件的金融资产应当分类为以公允价值计量且其变动计入其他综合收益：①企业管理该金融资产的业务模式既以收取合同现金流量为目标又以出售该金融资产为目标；②该金融资产的合同条款规定，在特定日期产生的现金流量，仅为对本金和以未偿付本金金额为基础的利息的支付。当该类金融资产终止确认时，之前计入其他综合收益的累计利得或损失应当从其他综合收益中转出，计入当期损益。

（2）按照金融工具准则规定，对金融资产重分类按规定可以将原计入其他综合收益的利得或损失转入当期损益的部分。

（3）采用权益法核算的长期股权投资。

采用权益法核算的长期股权投资，按照被投资单位实现其他综合收益以及持股比例计算应享有或分担的金额，调整长期股权投资的账面价值，同时增加或减少其他综合收益。其会计处理为：借记（或贷记）“长期股权投资——其他综合收益”科目，贷记（或借记）“其他综合收益”科目，待该项股权投资处置时，将原计入其他综合收益的金额转入当期损益。

（4）存货或自用房地产转换为投资性房地产。

企业将作为存货的房地产转换为采用公允价值模式计量的投资性房地产时，应当按该

项房地产在转换日的公允价值，借记“投资性房地产——成本”科目，原已计提跌价准备的，借记“存货跌价准备”科目，按其账面余额，贷记“开发产品”等科目；同时，转换日的公允价值小于账面价值的，按其差额，借记“公允价值变动损益”科目，转换日的公允价值大于账面价值的，按其差额，贷记“其他综合收益”科目。

企业将自用的建筑物等转换为采用公允价值模式计量的投资性房地产时，应当按该项房地产在转换日的公允价值，借记“投资性房地产——成本”科目，原已计提减值准备的，借记“固定资产减值准备”科目，按已计提的累计折旧等，借记“累计折旧”科目，按其账面余额，贷记“定资产”等科目；同时，转换日的公允价值小于账面价值的，按其差额，借记“公允价值变动损益”科目，转换日的公允价值大于账面价值的，按其差额，贷记“其他综合收益”科目。待该项投资性房地产处置时，因转换计入其他综合收益的部分应转入当期损益。

（5）现金流量套期工具产生的利得或损失中属于有效套期的部分。

（6）外币财务报表折算差额。

按照外币折算的要求，企业在处置境外经营的当期，将已列入合并财务报表所有者权益的外币报表折算差额中与该境外经营相关部分，自其他综合收益项目转入处置当期损益。如果是部分处置的比例计算处置部分的外币折算差额，转入处置当期损益。

任务四　留存收益

一、留存收益概述

留存收益是指企业从历年实现的利润中提取或形成的留存于企业的内部积累，包括盈余公积和未分配利润两类。

盈余公积是指企业按照有关规定从净利润中提取的积累资金。公司制企业的盈余公积包括法定盈余公积和任意盈余公积。法定盈余公积是指企业按照规定的比例从净利润中提取的盈余公积。任意盈余公积是指企业按照股东会或股东大会决议提取的盈余公积。企业提取的盈余公积可用于弥补亏损、扩大生产经营、转增资本或派送新股等。

未分配利润是指企业实现的净利润经过弥补亏损、提取盈余公积和向投资者分配利润后留存在企业的、历年结存的利润。相对于所有者权益的其他部分来说，企业对于未分配利润的使用有较大的自主权。

二、留存收益的账务处理

（一）利润分配

利润分配是指企业根据国家有关规定和企业章程、投资者协议等，对企业当年可供分配的利润所进行的分配。

可供分配的利润=当年实现的净利润+年初未分配利润（-年初未弥补亏损）+其他转入（即盈余公积补亏）

利润分配的顺序依次是：①提取法定盈余公积；②提取任意盈余公积；③向投资者分配利润。

企业应通过“利润分配”科目，核算企业利润的分配（或亏损的弥补）和历年分配（或弥补）后的未分配利润（或未弥补亏损）。该科目应分别“提取法定盈余公积”“提取任意盈余公积”“应付现金股利或利润”“盈余公积补亏”“未分配利润”等进行明细核算。企业未分配利润通过“利润分配——未分配利润”明细科目进行核算。年度终了，企业应将全年实现的净利润或发生的净亏损，自“本年利润”科目转入“利润分配——未分配利润”科目，并将“利润分配”科目所属其他明细科目的余额，转入“未分配利润”明细科目。结转后，“利润分配——未分配利润”科目如为贷方余额，表示累积未分配的利润数额；如为借方余额，则表示累积未弥补的亏损数额。

【实务 10－23】 湖南沙沙门业有限公司年初未分配利润为 0，本年实现净利润 2 000 000 元，本年提取法定盈余公积 200 000 元，宣告发放现金股利 800 000 元。假定不考虑其他因素，湖南沙沙门业有限公司会计处理如下：

（1）结转本年利润。

借：本年利润	2 000 000	
贷：利润分配——未分配利润		2 000 000

如企业当年发生亏损，则应借记“利润分配——未分配利润”科目，贷记“本年利润”科目。

（2）提取法定盈余公积、宣告发放现金股利。

借：利润分配——提取法定盈余公积	200 000	
——应付现金股利	800 000	
贷：盈余公积		200 000
应付股利		800 000

同时，

借：利润分配——未分配利润	1 000 000	
贷：利润分配——提取法定盈余公积		200 000
——应付现金股利		800 000

结转后，如果“未分配利润”明细科目的余额在贷方，表示累计未分配的利润；如果余额在借方，则表示累积未弥补的亏损。本例中，“利润分配——未分配利润”明细科目的余额在贷方，此贷方余额 1 000 000 元（本年利润 2 000 000-提取法定盈余公积 200 000-应付现金股利 80 000）即为湖南沙沙门业有限公司本年年末的累计未分配利润。

（二）盈余公积

按照《中华人民共和国公司法》有关规定，公司制企业应按照净利润（减弥补以前年度亏损，下同）的 10%提取法定盈余公积。非公司制企业法定盈余公积的提取比例可超过净利润的 10%。法定盈余公积累计额已达注册资本的 50%时可以不再提取。值得注意的是，企业在计算提取法定盈余公积的基数时，不应包括企业年初未分配利润。

公司制企业可根据股东大会的决议提取任意盈余公积。非公司制企业经类似权力机构批准，也可提取任意盈余公积。法定盈余公积和任意盈余公积的区别在于其各自计提的依据不同，前者以国家的法律法规为依据；后者由企业的权力机构自行决定。

企业提取的盈余公积经批准可用于弥补亏损、转增资本、发放现金股利或利润等。

1. 提取盈余公积

企业按规定提取盈余公积时，应通过“利润分配”和“盈余公积”等科目核算。

【实务 10-24】湖南沙沙门业有限公司本年实现净利润 5 000 000 元，年初未分配利润为 0。经股东大会批准，湖南沙沙门业有限公司按当年净利润的 10%提取法定盈余公积。假定不考虑其他因素，该公司应编制如下会计分录：

借：利润分配——提取法定盈余公积　　500 000

　贷：盈余公积——法定盈余公积　　500 000

本年提取法定盈余公积金额 = 5 000 000 × 10% = 500 000（元）

2. 盈余公积补亏

【实务 10-25】经股东大会批准，湖南沙沙门业有限公司用以前年度提取的盈余公积弥补当年亏损，当年弥补亏损的数额为 600 000 元。假定不考虑其他因素，湖南沙沙门业有限公司应编制如下会计分录：

借：盈余公积　　600 000

　贷：利润分配——盈余公积补亏　　600 000

3. 盈余公积转增资本

【实务 10-26】因扩大经营规模需要，经股东大会批准，湖南沙沙门业有限公司将盈余公积 400 000 元转增资本。假定不考虑其他因素，湖南沙沙门业有限公司应编制如下会计分录：

借：盈余公积　　400 000

　贷：实收资本　　400 000

4. 用盈余公积发放现金股利或利润

【实务 10-27】湖南沙沙门业有限公司 2018 年 12 月 31 日普通股股本为 50 000 000 股，每股面值 1 元，可供投资者分配的利润为 5 000 000 元，盈余公积为 20 000 000 元，2019 年 9 月 20 日，股东大会批准了 2018 年度利润分配方案，以 2018 年 12 月 31 日为登记日，按每股 0.2 元发放现金股利，湖南沙沙门业有限公司共需要分派 10 000 000 元现金股利，其中动用可供投资者分配的利润 5 000 000 元，盈余公积 5 000 000 元。假定不考虑其他因素，湖南沙沙门业有限公司应编制如下会计分录：

（1）发放现金股利时。

借：利润分配——应付现金股利　　5 000 000

　　盈余公积　　5 000 000

　贷：应付股利　　10 000 000

（2）支付股利时。

借：应付股利　　　　　　　　　　　　　　　　　　　　　10 000 000

　贷：银行存款　　　　　　　　　　　　　　　　　　　　　10 000 000

本例中，湖南沙沙门业有限公司司经股东大会批准，以未分配利润和盈余公积发放现金股利，属于以未分配利润发放现金股利的部分 5 000 000 元应记入“利润分配——应付现金股利”科目，属于以盈余公积发放现金股利的部分 5 000 000 元应记入“盈余公积”科目。

【本项目工作小结】

筹资核算业务主要包括负债筹资和权益筹资的核算。负债筹资包括短期借款、长期借款、应付债券、长期应付款，权益筹资包括实收资本、其他权益工具、资本公积和其他综合收益、留存收益。通过本章学习，学生应熟悉借款的程序，了解短期借款的核算内容，掌握短期借款的会计核算；了解长期借款核算的内容，掌握长期借款的核算，掌握借款费用的核算；掌握实收资本的概念及其核算；了解资本公积的概念，理解资本公积的核算内容，掌握资本公积核算；了解其他权益工具的概念，理解其他权益工具的核算内容，掌握其他权益工具的核算；了解其他综合收益的概念、内容及核算；掌握留存收益的概念、内容及核算。

◆仿真操作

1. 根据【实务 10-5】至【实务 10-27】编写有关的记账凭证。
2. 登记长期借款的明细账和利润分配的总账。

◆岗位业务认知

利用节假日，去当地的一些企业（工商企业），了解企业的资本构成，投资者投入资本、企业实现盈利或者发生亏损，作为企业的会计人员是如何进行账务处理。

◆工作思考

1. 什么是负债？其一般特征是什么？
2. 什么是流动负债？包括哪些内容？
3. 流动负债如何分类与计价？
4. 应付账款如何确认与计价？怎样进行具体核算？
5. 简述实际利率法。

项目十一　收入、费用和利润核算业务

收入、费用、利润是企业经常发生的经济业务，收入、费用、利润会计核算的主要问题是收入的确认、费用的形成、利润的核算。本项目涉及的主要会计岗位是财务成果核算岗位。作为企业的财会人员，应该掌握各种收入确认的账务处理方法，熟悉所得税费用的核算，能把握利润分配的程序。

【项目工作目标】

⊙知识目标

掌握各项收入、费用的确认计量及核算，熟悉利润总额的概念、构成，掌握利润分配的核算，掌握留存收益的核算。

⊙技能目标

学生通过本项目的学习，会进行各项收入的核算和账务处理，能准确地计算所得税并进行利润分配。

【任务导入】

湖南沙沙门业有限公司在2019年取得销售商品收入44 000 000元，出租固定资产收入26 000元，发生保险费60 000元，固定资产折旧费380 000元，管理费用280 000元，职工工资1 023 056元（计入生产成本的658 026元），产品销售成本9 850 220元，发生短期借款利息560 000元，请问湖南沙沙门业有限公司2019年是否取得利润？是否需要向国家缴纳所得税？

【进入任务】

子项目一　收入核算业务

任务一　收入的确认和计量

任务二　在某一时段内履行的履约义务收入的确认与核算

任务三　在某一时点履行的履约义务收入的确认与核算

子项目二　费用核算业务

任务一　主营业务成本与税金及附加的确认与核算

子项目一 收入核算业务

任务一 收入的确认和计量

一、收入的定义

收入是指企业在日常活动中形成的、会导致所有者权益增加的、与所有者投入资本无关的经济利益的总流入。其中日常活动是指企业为完成其经营目标所从事的经常性活动以及与之相关的其他活动。企业按照本章确认收入的方式应当反映其向客户转让商品（或提供服务，以下简称转让商品）的模式，收入的金额应当反映企业因转让这些商品（或服务，以下简称商品）而预期有权收取的对价金额。

二、收入的确认

收入确认主要指收入实现的时间及入账金额的确认。收入实现时间的确认主要是解决收入在何时入账的问题；入账金额的确认是对实现的收入的多少进行价值判断，即收入的计量。

（一）收入确认的原则

企业应当在履行了合同中的履约义务，即在客户取得相关商品控制权时确认收入。取得相关商品控制权，是指能够主导该商品的使用并从中获得几乎全部的经济利益。例如，客户在购买商品并支付货款后，即有能力主导该商品的使用，并且能够获得该商品的几乎全部经济利益，此时客户取得该商品的控制权，因此可以确认收入。在委托代销商品交易中，商品虽然转移到代销商处，但代销商没有能力主导该商品的使用，也不能获得几乎全部的经济利益，不能确认收入。

（二）收入确认的条件

企业与客户之间的合同同时满足下列条件时，企业应当在客户取得相关商品控制权时确认收入：

（1）合同各方已经批准该合同并承诺将履行各自义务；

（2）该合同明确了合同各方与所转让的商品（或提供服务，以下简称转让的商品）相关的权利和义务；

（3）该合同有明确的与所转让的商品相关的支付条款；

（4）该合同具有商业实质，即履行该合同将改变企业未来现金流量的风险、时间分布或金额；

（5）企业因向客户转让商品而有权取得的对价很有可能收回。

对于不能同时满足上述收入确认的五个条件的合同，企业只有在不负有向客户转让商品的剩余义务（例如，合同已完成），且已向客户收取的对价无须退回时，才能将已收取的对价确认为收入；否则，应将已收取的对价作为负债进行会计处理。

三、收入确认和计量的步骤

收入的计量，就是确定入账的价值。收入的计量包括确定交易价格和将交易价格分摊至各单项履约义务。根据《企业会计准则第 14 号——收入》（2018），收入确认和计量的步骤可分为以下五步：

第一，识别与客户订立的合同。合同是指双方或多方之间订立有法律约束力的权利义务的协议。合同一经订立，企业即享有从客户取得与转移商品和服务对价的权利，同时负有向客户转移商品和服务的履约义务。

第二，识别合同中的单项履约义务。履约义务是指合同中企业向客户转让可明确区分的商品或服务的承诺。

第三，确定交易价格。交易价格是指企业因向客户转让商品而预期有权收取的对价金额。企业代第三方收取的款项（如增值税）以及企业预期将退还给客户的款项，应当作为负债进行会计处理，不计入交易价格。企业在确定交易价格时，应当假定将按照现有合同的约定向客户转让商品，且该合同不会被取消、续约或变更。合同承诺的对价，可能是固定金额、可变金额或两者兼有。

第四，将交易价格分摊至各项单项义务。当合同中包含两项或两项以上履约义务时，需要将交易价格按所承诺商品的单独售价的相对比例分摊至各单项履约义务。

第五，履行各项履约义务时确认收入。企业应当在履行了合同中的履约义务，即客户取得相关商品控制权时确认收入。企业应当根据实际情况，首先判断履约义务是否满足在某一时段内履行的条件，如不满足，则该履约义务属于在某一时点履行的履约义务。

其中，第一、第二、第五步主要与收入的确认相关，第三、第四主要与收入的计量相关。

一般而言，确认和计量任何一项合同收入应考虑全部的五个步骤。但履行某些合同义务确认收入不一定都经过五个步骤，如企业按照第二步确定某项合同仅为单项履约义务时，可以从第三步直接进入第五步确认收入，不需要第四步。

任务二　在某一时段内履行的履约义务的收入确认与核算

一、在某一时段内履行履约义务的收入确认条件

满足下列条件之一的，属于在某一时段内履行的履约义务，相关收入应当在该履约义务履行的期间内确认：

第一，客户在企业履约的同时即取得并消耗企业履约所带来的经济利益。企业在履约过程中是持续地向客户转移该服务的控制权，该履约义务属于在某一时段内履行的履约义务，企业应当在提供该服务的期间内确认收入。

第二，客户能够控制企业履约过程中在建的商品。企业在履约过程中创建的商品包括在产品、在建工程、尚未完成的研发项目、正在进行的服务等，如果客户在企业创建该商品的过程中就能够控制这些商品，应当认为企业提供该商品的履约义务属于在某一段内履行的履约义务。

第三，企业履约过程中所产生出的商品具有不可替代性，且该企业在整个合同期间内有权就累计至今已完成的履约部分收取款项。

二、在某一时段内履行履约义务的收入确认方法

对于在某一时段内履行履约义务的收入，企业应当在合同约定时间内按照履约进度确认收入，履约进度不能合理确定的除外。企业应当采用恰当的方法确定履约进度，以使其如实反映企业向客户转让服务的履约情况。企业应当考虑商品的性质，采用产出法或投入法确定恰当的履约进度，并且在确定履约进度时，应当扣除那些控制权尚未转移给客户的服务。

（一）产出法

产出法主要是根据已转移给客户的商品对于客户的价值确定履约进度，主要包括按照实际测量的完工进度、评估已实现的结果、已达到的里程碑、时间进度、已完工或交付的产品等确定履约进度的方法。企业在评估是否采用产出法确定履约进度时，应当考虑所选择的产出指标是否能够如实反映向客户转移商品的进度。

【实务 11-1】甲公司与客户签订合同，为该客户拥有的一条铁路更换 100 根铁轨，合同价格为 10 万元（不含税）。截至 2019 年 12 月 31 日，甲公司共更换铁轨 60 根，剩余部分预计在 2020 年 3 月 31 日前完成。该合同仅包含一项履约义务。假定不考虑其他情况。

本例中，甲公司按照已完成的工作量确定履约进度。因此，截至 2019 年 12 月 31 日，该合同的履约进度为 60%（60÷100），甲公司应确认的收入为 6 万元（10 万元×60%）。

产出法是直接计量已完成的产出，一般能够客观地反映履约进度。当产出法所需要的信息可能无法直接通过观察获得，或者为获得这些信息需要花费很高的成本时，企业可采

用投入法。

（二）投入法

投入法主要是根据企业履行履约义务的投入确定履约进度，主要包括以投入的材料数量、花费的人工工时或机器工时、发生的成本和时间进度等投入指标确定履约进度。当企业从事的工作或发生的投入是在整个履约期间内平均发生时，按照直线法确认收入是适合的。由于企业的投入与向客户转移商品的控制权之间未必存在直接的对应关系，因此，企业在采用投入法时，应当扣除那些虽然已经发生、但是未导致向客户转移商品的投入。

实务中，企业通常按照累计实际发生的成本占预计总成本的比例（成本法）确定履约进度，累积实际发生的成本包括企业向客户转移商品过程中所发生的直接成本和间接成本，如直接人工、直接材料、分包成本以及其他与合同相关的成本。企业在采用成本法确定履约进度，可能需要对已经发生的成本进行调整的情形有：

（1）已发生的成本并未反映企业履行其履约的进度，如因企业生产效率低下等原因而导致的非正常消耗。

（2）已发生的成本与企业履行其履约义务的进度不成比例。

三、在某一时段内履行履约义务收入的核算

（一）设置会计科目

为了核算企业与客户的合同产生的收入及相关的成本费用，企业一般需要设置以下科目：

“主营业务收入”科目。该科目属于损益类科目，用于核算企业在销售商品、提供劳务等日常活动中所产生的收入。该科目贷方登记实际取得的商品销售收入，借方登记月末结转到“本年利润”的收入，月末一般无余额；本科目可按主营业务的种类进行明细核算。

“其他业务收入”科目。该科目属于损益类科目，用于核算企业确认的除主营业务之外的其他经营活动实现的收入，包括出租固定资产收入、出租无形资产收入、出租包装物和销售材料、用材料进行非货币性资产交换或债务重组等实现的收入。该科目的贷方登记企业其他业务活动实现的收入，借方登记期末转入“本年利润”的其他业务收入，结转后无余额。本科目可按照其他业务收入的种类进行明细核算。

“主营业务成本”科目。该科目属于损益类科目，用于核算企业确认销售商品、提供服务等主营业务收入时应结转的成本。该科目借方登记企业应结转的主营业务成本，贷方登记期末转入“本年利润”科目的主营业务成本，结转后该科目应无余额。该科目可按主营业务的种类进行明细核算。

“其他业务成本”科目。该科目属于损益类科目，用于核算企业确认的除主营业务之外的其他经营活动所形成的成本，包括固定资产的折旧额、出租无形资产的摊销额、出租包装物的成本或摊销额、销售材料的成本等。该科目借方登记企业应结转的其他业务成本，贷方登记期末转入“本年利润”的其他业务成本，结转后该科目应无余额。该科目可

按照其他业务的种类进行明细核算。

"合同取得成本"科目。该科目属于成本类科目，用于核算企业取得合同发生的、预期能够收回的增量成本。该科目借方登记发生的合同取得成本，贷方登记摊销的合同取得成本，期末余额通常在借方，反映企业尚未结转的合同取得成本。该科目可按合同进行明细核算。

"合同履约成本"科目。该科目属于成本类科目，用于核算为了取得当前或预期的合同所发生的、不属于其他企业会计准则规范范围且按照收入准则应当确认为一项资产的成本。该科目借方登记发生的合同履约成本，贷方登记摊销的合同履约成本，期末借方余额，反映企业尚未结转的合同履约成本。该科目可按合同分别"服务成本""施工成本"等进行明细核算。

"合同资产"科目。该科目属于资产类科目，用于核算企业已向客户转让商品而有权收取对价的权利，且该权利取决于时间流逝之外的其他因素（如履行合同中的其他履约义务）。该科目借方登记因已转让商品而有权收取的对价金额，贷方登记取得无条件收款权的金额，期末借方登记因已转让商品而有权收取的对价金额。该科目可按合同进行明细核算。

"合同负债"科目。该科目属于负债类科目，用于核算企业已收或应收客户对价而应向客户转让商品的义务。该科目贷方登记企业在向客户转让商品之前，已收或已取得无条件收取合同对价权利的金额，借方登记企业向客户转让商品时冲销的金额；期末贷方余额，反映企业在向客户转让商品前，已经收到的合同对价或已经取得的无条件收取合同对价权利的金额。该科目可按合同进行明细核算。

此外，发生减值的，企业还应当设置"合同履约成本减值准备""合同取得成本减值准备""合同资产减值准备"等科目进行核算。

（二）主营业务成本的账务处理

【实务 11-2】甲装修公司为增值税一般纳税人，装修服务适用的增值税税率为 9%。2019 年 12 月 1 日，甲装修公司与 M 公司签订一项为期 3 个月的装修合同，合同约定装修价款为 100 000 元，增值税税额为 9 000 元，装修费用每月月末按完工进度支付。2019 年 12 月 31 日，经专业测量师测量后，确定该项劳务的完工进度为 25%；M 公司按完工进度支付价款及相应的增值税款。截至 2019 年 12 月 31 日，甲装修公司为完成该合同累计发生劳务成本 20 000 元（假定均为装修人员薪酬），估计还将发生劳务成本 60 000 元。

假设该业务属于甲装修公司的主营业务，全部由其自行完成；该装修服务构成单项履约义务，并属于在某一时段内履行的履约义务；甲装修公司按照实际测量的完工进度确定履约进度。甲装修公司账务处理如下：

（1）实际发生劳务成本 20 000 元。

借：合同履约成本　　　　20 000

　贷：应付职工薪酬　　　　20 000

（2）2019 年 12 月 31 日确认劳务收入并结转劳务成本。

2019 年 12 月 31 日确认的劳务收入 = 100 000×25% − 0 = 25 000（元）

借：银行存款　　27 250
　贷：主营业务收入　　25 000
　　　应交税费——应交增值税（销项税额）　　2 250
借：主营业务成本　　20 000
　贷：合同履约成本　　20 000

2020 年 1 月 31 日，经专业测量师测量后，确定该项劳务的完工成程度为 70%；M 公司按完工进度支付价款及相应的增值税款。2020 年 1 月，甲装修公司为了完成合同发生劳务成本 36 000 元（假定均为装修人员薪酬），为完成该合同估计还将发生劳务成本 24 000 元。甲装修公司账务处理如下：

（1）实际发生劳务成本 36 000 元。

借：合同履约成本　　36 000
　贷：应付职工薪酬　　36 000

（2）2020 年 1 月 31 日确认劳务收入并结转劳务成本。

2020 年 1 月 31 日确认的劳务收入 = 100 000×70% - 25 000 = 45 000（元）

借：银行存款　　49 050
　贷：主营业务收入　　45 000
　　　应交税费——应交增值税（销项税额）　　4 050
借：主营业务成本　　36 000
　贷：合同履约成本　　36 000

2020 年 2 月 28 日，装修完工。M 公司验收合格，按完工进度支付价款及相应的增值税款。2020 年 2 月，甲装修公司为完成该合同发生劳务成本 24 000 元（假定均为装修人员薪酬）。甲装修公司账务处理如下：

（1）实际发生劳务成本 24 000 元。

借：合同履约成本　　24 000
　贷：应付职工薪酬　　24 000

（2）2020 年 2 月 28 日确认劳务收入并结转劳务成本。

2020 年 2 月 28 日确认的劳务收入 = 100 000 - 25 000 - 45 000 = 30 000（元）

借：银行存款　　32 700
　贷：主营业务收入　　30 000
　　　应交税费——应交增值税（销项税额）　　2 700
借：主营业务成本　　24 000
　贷：合同履约成本　　24 000

【实务 11-3】甲公司经营一家健身房。2019 年 12 月 1 日，某客户与甲公司签订合同成为甲公司的会员，并向甲公司支付会员费 3 600 元（不含税），可在未来的 12 月内在该健身房建设，没有次数限制。该业务适用的增值税税率为 6%。

该履约义务属于在某一时段内履行的履约义务，并且该履约义务在会员的会籍期间内随时间的流逝而被履行。因此该履约义务按照直线法确认收入。甲公司账务处理如下：

（1）2019 年 12 月 1 日收到会员费时。

借：银行存款　　3 600

　贷：合同负债　　3 600

（2）2019 年 12 月 31 日确认收入，开具增值税专用发票并收到税款。

借：合同负债　　300

　　银行存款　　18

　贷：主营业务收入　　300

　　　应交税费——应交增值税（销项税额）　　18

2020 年 1 月至 11 月，每月确认收入同上。

企业为了取得合同所发生的增量成本预期能够收回的，应作为合同取得成本确认为一项资产。增量成本是指企业不取得合同就不会发生的成本，也就是企业发生的与合同直接相关，但又不是所签订合同的对象或内容本身所直接发生的费用，例如销售佣金，如果销售佣金等预期可以通过未来的相关服务收入予以补偿，该销售佣金应在发生时确认为一项资产，即合同取得成本。

企业取得合同发生的增量成本已经确认为资产的，应当采用与该资产相关的商品收入确认相同的基础进行摊销，计入当期损益。为简化实务操作，该资产摊销期限不超过一年的，可以在发生时计入当期损益。

【实务 11-4】甲公司是一家咨询公司，2020 年 1 月通过竞标赢得一个服务期为 5 年的客户，该客户每年年末支付含税咨询费 127 200 元，为取得与该客户的合同，甲公司聘请外部律师进行调查支付相关费用 10 000 元，为投标而发生的差旅费 8 000 元，支付销售人员佣金 30 000 元。该公司预期这些支出在未来均能收回。此外，甲公司根据其年度销售目标、整体盈利情况及个人业绩等，向销售部门经理支付年度奖金 5 000 元。

（1）支付相关费用。

借：合同取得成本　　30 000

　　管理费用　　18 000

　　销售费用　　5 000

　贷：银行存款　　53 000

（2）每月确认服务收入，摊销销售佣金。

服务收入 = 127 200÷（1+6%）÷12 = 10 000（元）

销售佣金摊销额 = 30 000÷5÷12 = 500（元）

借：应收账款　　10 600

　　销售费用　　500

　贷：合同取得成本　　500

　　　主营业务收入　　10 000

　　　应交税费——应交增值税（销项税额）　　600

任务三　在某一时点履行的履约义务的确认与核算

一、在某一时点履行的履约义务的收入确认条件

履约义务若不属于在某一时段内履行的履约义务，则应当属于在某一时点履行的履约义务。对于在某一时点履行的履约义务，企业应当在客户取得相关商品控制权时点确认收入。在判断客户是否已取得商品控制权时，企业应当考虑以下迹象：

第一，企业就该商品享有现实收款权利，即客户就该商品负有现时义务。如果企业就该商品享有现时的收款权利，则可能表明客户已经有能力主导该商品的使用并从中获得几乎全部的经济利益。

第二，企业已将该商品的法定所有权转移给客户，即客户已拥有该商品的法定所有权。

第三，企业已将该商品实物转移给客户，即客户已实物占有该商品。客户如果已经实物占有该商品，则可能表明其有能力主导该商品的使用并从中获得几乎全部的经济利益，或者使其他企业无法获得这些利益。需要说明的是，客户占有了某项商品的实物并不意味着就一定取得了该商品的控制权，反之亦然。例如，在采用支付手续费方式的委托代销安排情况下，虽然企业作为委托方已将商品发送给受托方，但是受托方并未取得该项商品的控制权，因此，企业不应该在向受托方发货时确认销售商品收入。

第四，企业已将该商品所有权上的主要风险和报酬转移给客户，即客户已取得该商品所有权上的主要风险和报酬。

第五，客户已接受该商品。

第六，其他表面客户已取得商品控制权的迹象。

二、在某一时点履行的履约义务收入的核算

在该部分的实务例题中以销售商品收入为例，假设所有合同都仅包含一项履约义务，并且一次性转让所有商品的控制权，都属于在某一时点履行的履约义务。

（一）一般商品销售的会计账务处理

借：应收账款（银行存款、应收票据等）

　贷：主营业务收入

　　　应交税费——应交增值税（销项税额）

【实务 11-5】湖南沙沙门业有限公司 2019 年 12 月 10 日销售 A 商品，价款为 100 万元，增值税税率为 13%，已办妥托收承付手续，则湖南沙沙门业有限公司账务处理如下：

借：应收账款	1 130 000	
贷：主营业务收入		1 000 000
应交税费——应交增值税（销项税额）		130 000

（二）销售退回、现金折扣和销售折让

1. 商品销售的退回

商品销售的退回分为未确认收入的商品销售退回和已确认收入的商品销售退回两种情况。未确认收入的商品销售退回，只需将已计入“发出商品”科目的商品成本转回到“库存商品”科目即可；已确认收入的商品销售退回，不论是当期销售还是上期销售的商品，一般冲减当期收入并按当期同类商品成本冲减当期的商品销售成本。

【实务 11-6】湖南沙沙门业有限公司 2019 年 12 月 20 日按销售合同规定，发出需要安装的 A 商品一批，价款为 25 万元，12 月 25 日为对方安装时，发现设备存在一定的质量问题，对方退货。

发出商品时：

借：发出商品	250 000	
贷：库存商品		250 000

收到退回商品时，做相反的分录。

【实务 11-7】湖南沙沙门业有限公司 2019 年 12 月 10 日销售 B 产品 200 件，售价每件 2 000 元，增值税率为 13%，制造成本为 1 500 元/件，货款和税金已存银行。商品因质量问题于 12 月 18 日被退回 5 件，款项已退回。

（1）收到货款和税金时。

借：银行存款	452 000	
贷：主营业务收入		400 000
应交税费——应交增值税（销项税）		52 000
借：主营业务成本	300 000	
贷：库存商品		300 000

（2）收到退回商品时。

借：主营业务收入	10 000	
贷：应交税费——应交增值税（销项税）		-1 300
银行存款		11 300
借：库存商品	7 500	
贷：主营业务成本		7 500

2. 现金折扣

现金折扣是债权人为鼓励债务人在规定的期限内尽早付款，而向债务人提供的债务减让，其应在实际发生时计入财务费用。

【实务 11-8】湖南沙沙门业有限公司 2019 年 11 月 20 日，销售 A 产品一批，售价为 5 万元，给予购货方 20%的商业折扣，另规定的现金折扣条件为 3/10，2/20，N/30，适用的增值税税率为 13%。已办妥托收手续，该公司采用总价法核算（假设按含税折扣）。

（1）公司在商品销售时，会计分录如下：

借：应收账款	45 200	

贷：主营业务收入　　40 000

　　应交税费——应交增值税（销项税额）　　5 200

（2）如果在 10 天内收到货款，会计分录如下：

借：银行存款　　43 844

　　财务费用　　1 356（45 200×3%）

　贷：应收账款　　45 200

（3）如果在 11~20 天内收到货款，会计分录如下：

借：银行存款　　44 296

　　财务费用（45 200×2%）　　904

　贷：应收账款　　45 200

（4）如果超过了现金折扣的最后期限（20 天后），会计分录如下：

借：银行存款　　45 200

　贷：应收账款　　45 200

3. 销售折让

销售折让是指企业因售出的商品质量不合格等原因而给予的售价减让。销售折让是在交易时就标明了的，按折扣后的实际售价计算营业收入；在交易之后发生的销售折让，则应在实际发生时冲减当期的营业收入，同时冲减当期增值税的销项部分。

注意：税法规定，如果销售额和折扣额在同一张发票上分别注明的，企业可按折扣后的余额作为销售额计算增值税；如果将折扣额另开发票，或非价格折扣而是实物折扣的不得从销售额中减除折扣额。

【实务 11-9】湖南沙沙门业有限公司于 2019 年 12 月 9 日向青兰公司销售 100 件 A 商品，增值税发票上标明售价 1 000 元/件，增值税税额为 13 000 元，青兰公司 15 日收到货物并办理验收，发现质量不合格的商品有 5 件，要求降价 10%，湖南沙沙门业有限公司同意，并于 20 日收到货款、税金。

确认收入时，会计分录如下：

借：应收账款　　101 700

　贷：主营业务收入　　90 000

　　应交税费——应交增值税（销项税额）　　11 700

借：银行存款　　101 700

　贷：应收账款　　101 700

（三）特殊销售商品业务及其账务处理

特殊销售商品业务包括委托代销业务、分期收款销售业务、以旧换新销售业务等。委托代销业务主要有视同买断方式和收取手续费方式两种情况。

1. 视同买断方式

视同买断方式是指由委托方和受托方签订合同，委托方按协议价收取代销商品的货款，实际售价可由受托方自定，差价归受托方所有的销售方式。委托方在交付商品时不确认收入，受托方也不作为购进商品处理。受托方将商品销售后，应按实际售价确认为销售收入，按委托方和受托方签订的协议价确认为商品销售成本，并向委托方开出代销清单。委托方收到受托方开出的代销清单时确认收入。

【实务 11-10】2019 年 12 月 1 日湖南沙沙门业有限公司委托华南商场代销 C 商品 1 000 件，协议价为 80 元/件（不含税），华南商场自定售价为 100 元/件（不含税）。12 月 30 日湖南沙沙门业有限公司收到华南商场开来的代销清单，标明销售 C 商品 1 000 件，湖南沙沙门业有限公司开具增值税专用发票。C 商品制造成本 50 元/件。

委托企业的账务处理如下：

（1）代销发出的商品：

借：委托代销商品　　50 000

　贷：库存商品　　　　50 000

（2）收到受托方的代销清单，按代销清单上注明的已销商品货款的实现情况，按应收的款项：

借：应收账款　　90 400

　贷：主营业务收入　　80 000

　　　应交税费——应交增值税（销项税额）　　10 400

（3）结转委托商品的成本：

借：主营业务成本　　50 000

　贷：委托代销商品　　50 000

（4）收到代销发出的商品的收入：

借：银行存款　　90 400

　贷：应收账款　　90 400

受托企业的账务处理如下：

（1）收到代销的商品时：

借：受托代销商品　　80 000

　贷：受托代销商品款　　80 000

（2）实现销售时：

借：银行存款　　113 000

　贷：主营业务收入　　100 000

　　　应交税费——应交增值税（销项税额）　　13 000

（3）结转委托商品的成本：

借：主营业务成本　　80 000

　贷：受托代销商品　　80 000

借：受托代销商品款　　80 000

　　应交税费——应交增值税（进项税额）　　10 400

　贷：应付账款　　90 400

（4）按照合同将款项付给委托方：

借：应付账款　　90 400

　贷：银行存款　　90 400

2. 收取手续费方式

收取手续费方式是指受托方根据所代销的商品数量或金额向委托方收取手续费的销售方式。其特点是：受托方严格按委托方规定的价格销售，自己无权定价。受托方应按收取的手续费确认收入，委托方在收到受托方开来的代销清单时确认收入。

【实务 11-11】 2019 年 12 月 1 日，湖南沙沙门业有限公司委托华南商场代 C 商品 1 000 件，按代销合同规定 C 商品售价为 80 元/件（不含税），代销手续费为售价的 10%（不含税），12 月 31 日向阳公司收到华南商场开来的代销清单，标明代销 C 商品 1 000 件，向阳公司开具增值税专用发票。C 商品制造成本 50 元/件。

委托方记账如下：

（1）企业委托代销发出的商品作为委托代销商品处理：

借：委托代销商品　　50 000

　贷：库存商品　　50 000

（2）收到受托方的代销清单，按代销清单上注明的已销商品货款的实现情况，按应收的款项：

借：应收账款　　90 400

　贷：主营业务收入　　80 000

　　　应交税费——应交增值税（销项税额）　　10 400

（3）应支付的代销手续费：

借：销售费用　　8 000

　　应交税费——应交增值税（进项税）　　480

　贷：应收账款　　8 480

（4）收到委托代销商品的款项：

借：银行存款　　81 920

　贷：应收账款　　81 920

（5）结转商品的成本：

借：主营业务成本　　50 000

　贷：委托代销商品　　50 000

受托方记账如下：

（1）收到代销商品时：

借：代理业务资产（或受托代销商品）　　80 000

　贷：代理业务负债（或受托代销商品款）　　80 000

（2）实现销售时：

借：银行存款　　90 400

贷：应付账款　　80 000
　　应交税费——应交增值税（销项税额）　　10 400

（3）按可抵扣的增值税进项税额：

借：应交税费——应交增值税（进项税额）　　10 400
　贷：应付账款　　10 400

借：代理业务负债　　80 000
　贷：代理业务资产　　80 000

（4）归还委托单位的货款并计算代销手续费，按应付的金额：

借：应付账款　　8 480
　贷：其他业务收入　　8 000
　　应交税费——应交增值税（销项税额）　　480

借：应付账款　　81 920
　贷：银行存款　　81 920

子项目二　费用核算业务

任务一　主营业务成本与税金及附加的确认与核算

一、主营业务成本的概念

主营业务成本是指销售产品、商品和提供劳务的营业成本，由生产经营成本形成。工业企业产品生产成本（也称制造成本）的构成主要包括直接材料、直接人工和制造费用。

二、主营业务成本的核算

（一）设置的会计科目

为了完整地反映商品销售成本的核算，企业需要设置“主营业务成本”的科目。该科目属于损益类科目，核算企业销售商品、提供劳务等日常活动发生的实际成本，借方登记已销售的商品成本，贷方登记月末结转到“本年利润”的商品成本，月末一般无余额。本科目应按主营业务的种类设置明细账，进行明细核算。

（二）主营业务成本的账务处理

【实务 11-12】湖南沙沙门业有限公司 2019 年 12 月份销售甲产品 100 件，单位售价 14 元，单位销售成本 10 元。该批产品于 2019 年 12 月因质量问题发生退货 10 件，货款已经退回。该企业 2018 年 11 月份销售甲产品 150 件，每件成本 11 元。

冲减销售成本有以下两种方法：

一是如果本月有同种或同类产品销售的，销售退回产品，可以直接从本月的销售数量中减去，得出本月销售净数量，然后计算应结转的销售成本。

二是单独计算本月退回产品的成本。退回产品成本的确定，可以按照退回月份销售的同种或同类产品的实际销售成本计算，也可以按照销售月份该种产品的销售成本计算，然后从本月销售产品的成本中扣除。

（1）方法一：结转当月销售产品成本。

借：主营业务成本　　1 540［(150-10)×11］

　贷：库存商品　　1 540

（2）方法二：结转当月销售产品成本。

借：主营业务成本　　1 650

　贷：库存商品　　1 650

冲减退回产品的成本：

借：库存商品（10×11）　　110

　贷：主营业务成本（10×11）　　110

三、税金及附加的确认与核算

（一）税金及附加的确认

税金及附加是指企业经营活动发生的消费税、城市维护建设税、教育费附加、资源税、房产税、城镇土地使用税、车船税、印花税等。

（二）税金及附加的账务处理

【实务 11-13】某企业 12 月份销售小轿车 15 辆，汽缸容量为 2 200 毫升，出厂价为 15 万元/辆，价外收取有关费用为 11 000 元/辆。有关的计算式为

应纳消费税税额 =（150 000+11 000）×8%×15 = 193 200（元）

应纳增值税税额 =（150 000+11 000）×13%×15 = 313 950（元）

应纳城市维护建设税税额 =（193 200+313 950）×7% = 35 500. 5（元）

应纳教育费附加 =（193 200+313 950）×3% = 15 214. 5（元）

根据上述有关凭证和数据，会计分录如下：

借：银行存款　　2 728 950

　贷：主营业务收入　　2 415 000

　　　应交税费——应交增值税（销项税额）　　313 950

借：税金及附加　　243 915

　贷：应交税费——应交消费税　　193 200

　　　　　　　——应交城市维护建设税　　35 500. 5

　　　　　　　——应交教育费附加　　15 214. 5

任务二　期间费用的确认与核算

一、期间费用的内容

期间费用是指虽与本期收入的取得密切相关，但不能直接或间接归属于某种产品成本的、直接计入当期损益的各种费用。期间费用是企业当期发生的费用中重要的组成部分。期间费用包括以下几种。

（一）管理费用

管理费用是指企业为组织和管理企业生产经营活动所发生的各项费用，包括企业在筹建期间发生的开办费、董事会和行政管理部门在企业的经营管理中发生的，或者应当由企业统一负担的公司经费、工会经费、董事会费、行政管理部门等发生的固定资产修理费和直接计入管理费用的房产税、车船使用税、土地使用税、印花税等。

企业发生的管理费用，在“管理费用”科目核算，并在“管理费用”科目中按费用项目设置明细账，进行明细核算。期末，“管理费用”科目的余额结转“本年利润”科目后无余额。

（二）财务费用

财务费用是指企业为筹集生产经营所需资金而发生的各项费用，包括企业生产经营期间发生的利息支出（减利息收入）、汇兑净损失（有的企业如商品流通企业、保险企业进行单独核算，不包括在财务费用）、金融机构手续费，企业发生的现金折扣或收到的现金折扣以及筹资发生的其他财务费用如债券印刷费、国外借债担保费等。

企业发生的财务费用，在“财务费用”科目核算，并在“财务费用”科目中按费用项目设置明细账，进行明细核算。期末，“财务费用”科目的余额结转“本年利润”科目后无余额。

（三）销售费用

销售费用是指企业销售商品和材料、提供劳务过程中发生的各种费用，包括企业在销售过程中发生的保险费、包装费、展览费和广告费、商品维修费、装卸费等以及为销售本企业商品而专设的销售机构的职工薪酬、业务费、折旧费、固定资产修理费等费用。

企业发生的销售费用，在“销售费用”科目核算，并在“销售费用”科目中按费用项目设置明细账，进行明细核算。期末，“销售费用”科目的余额结转“本年利润”科目后无余额。

二、期间费用账务处理

【实务 11-14】湖南沙沙门业有限公司本月发生新产品研究开发费用 4 500 元，其中领用原材料为 1 500 元，研究人员工资 2 000 元，计提福利费为 340 元，以银行存款支付其他研制费用660元。该企业的会计处理如下：

借：管理费用　4 500
　贷：原材料　1 500
　　应付职工薪酬——工资　2 000
　　应付职工薪酬——职工福利费　340
　　银行存款　660

【实务11-5】湖南沙沙门业有限公司本月发生以下有关产品销售费用事项：支付运输费500元，装卸费1 200元；支付产品广告费为80 000元；根据工资单应付销售部门人员工资7 200元。该企业的会计处理如下：

借：销售费用——运输费用　500
　　——装卸费用　1 200
　　——产品广告费　8 000
　　——工资　7 200
　贷：银行存款　9 700
　　应付职工薪酬——工资　7 200

【实务11-16】企业本月发生以下与财务费用有关的业务：支付发行债券的手续费与印刷费为50 000元。该企业的账务处理如下：

借：财务费用——手续费　50 000
　贷：银行存款　50 000

子项目三　利润核算业务

任务一　利润的核算

一、利润的核算

（一）设置的会计科目

企业需要设置“本年利润”科目。该科目属于损益类科目，用来核算企业本年度内实现的净利润或者亏损。该科目贷方登记会计期末各类收益账户结转的余额；借方登记会计期末各类成本、费用账户结转的余额。若“本年利润”账户期末出现贷方余额，则反映本会计期间企业有净利润；若“本年利润”账户期末出现借方余额，则反映本会计期间企业发生亏损。年度终了，企业应将“本年利润”账户的余额转入“利润分配”账户。

（二）本年利润结转的方法

期末企业经过核对账目、财产清查和账项调整等一系列核算的准备工作后，在试算平衡的基础上，企业将所有损益类账户的发生额全部转入到“本年利润”账户。

企业计算本月利润总额和本年累计利润，可以采用“账结法”，也可以采用“表结法”。我国一般采用“账结法”。

【实务 11-17】湖南沙沙门业有限公司 2019 年 12 月各损益账户发生额如表 11-1 所示。

表 11-1　各损益账户本期发生额　　单位：元

科目名称	结账前余额	科目名称	结账前余额
主营业务收入	90 000	其他业务收入	9 400
税金及附加	4 500	其他业务成本	7 400
主营业务成本	50 000	投资收益	1 500
销售费用	2 000	营业外收入	3 500
管理费用	8 500	营业外支出	1 800
财务费用	2 000	所得税费用	8 500
资产处置损益	5 000	其他收益	10 000

根据表 11-1 所示，公司应做结转会计分录如下：

（1）将损益类贷方发生额账户转入“本年利润”账户。

借：主营业务收入　　90 000
　　其他业务收入　　9 400
　　投资收益　　1 500
　　营业外收入　　3 500
　　资产处置损益　　5 000
　　其他收益　　10 000
　贷：本年利润　　119 400

（2）将损益类借方发生额账户转入“本年利润”账户。

借：本年利润　　76 200
　贷：税金及附加　　4 500
　　　主营业务成本　　50 000
　　　销售费用　　2 000
　　　管理费用　　8 500
　　　财务费用　　2 000
　　　其他业务成本　　7 400
　　　营业外支出　　1 800

（3）将所得税借方余额账户转入“本年利润”账户。

借：本年利润　　8 500
　贷：所得税费用　　8 500

（4）年终将“本年利润”账户结转到“利润分配——未分配利润”账户。

借：本年利润　　34 700

　贷：利润分配——未分配利润　　34 700

任务二　利润分配的核算

一、利润分配的顺序

利润分配是指企业按照国家规定的政策和企业章程的规定，对已实现的净利润在企业和投资者之间进行分配。企业当期实现的净利润，加上年初未分配利润（或减去年初未弥补亏损）和其他转入后的余额，为可供分配的利润。可供分配的利润按下列顺序分配。

（一）弥补以前年度的亏损

企业纳税年度发生的亏损，准予向以后年度结转，用以后年度的所得弥补亏损，但结转年限最长不得超过 5 年。

（二）提取法定盈余公积

提取法定盈余公积按照本年实现的净利润的一定比例提取，公司制企业根据有关法律规定按净利润的 10%提取。其他企业可以根据需要确定提取比例，但至少应按 10%提取。企业提取的法定盈余公积累计额达到注册资本 50%以上的可以不再提取。

（三）分配给投资者的利润

可供分配的利润减去提取的法定盈余公积金后，为可供投资者分配的利润。可供投资者分配的利润，按下列顺序分配。

（1）应付优先股股利。应付优先股股利是指企业按照利润分配方案分配给优先股股东的现金股利。

（2）提取任意盈余公积。提取任意盈余公积是指企业按照规定提取的任意盈余公积。

（3）应付普通股股利。应付普通股股利是指企业按照利润分配方案分配给普通股股东的现金股利。企业分配给投资者的利润，也在本项目核算。

企业如果发生亏损，可用以后年度实现的利润弥补，也可用以前年度提取的盈余公积弥补。企业以前年度亏损未弥补完，不能提取法定盈余公积，在提取法定盈余公积前，不得向投资者分配利润。

二、利润分配的核算

（一）设置的账户

1.“利润分配”账户

该账户属于所有者权益账户，用来核算企业利润的分配（或亏损的弥补）和历年分配（或亏损）后的积存余额。账户的借方登记利润分配数，如“提取法定盈余公积”“应付投资者利润”等；贷方登记年末由“本年利润”账户转入的净利润。该账户年末贷方余额表示历年积存的未分配利润，若为借方余额则表示为积欠的未弥补亏损。为了反映利润分配的详细情况，在“利润分配”账户下，企业要设置“提取法定盈余公积”“应付利润”“未分配利润”等明细分类账户，进行明细分类核算。

2.“盈余公积”账户

该账户属于所有者权益类账户，用来核算企业从净利润中提取的法定盈余公积。账户的贷方登记企业从净利润中提取的法定盈余公积；借方登记以盈余公积弥补亏损或转增的资本数。期末余额在贷方，表示盈余公积的结余数。

3.“应付利润”账户

该账户属于负债类账户，用来核算应付给国家、其他单位、个人等投资者的利润。账户的贷方登记按照利润分配方案计算的应付利润；借方登记用货币资金或其他资产支付给投资者的利润。期末余额在贷方，表示应付未付的利润。

（二）利润分配的账务处理

1. 税后利润补亏

税后利润补亏指用税后利润弥补企业往年被主管税务机关审核认定不得在税前弥补的亏损额或已超过5年弥补期限的挂账亏损额。企业当年发生亏损，以往年未分配利润或盈余公积弥补的，也应属于税后补亏的范畴。

企业发生的亏损应由企业自行弥补。企业弥补亏损的渠道有以下三条：①用以后年度税前利润弥补；②用以后年度税后利润弥补；③用盈余公积弥补。

用利润弥补亏损，在会计核算上，无论是以税前利润还是以税后利润弥补亏损，其会计方法都相同，都不需要进行专门的账务处理。这是因为，企业在当年发生亏损的情况下，应将本年度发生的亏损从“本年利润”科目的贷方，转入“利润分配——未分配利润”科目的借方；在以后年度实现净利润的情况下，应将本年度实现的利润从“本年利润”科目的借方，转入“利润分配——未分配利润”科目的贷方，其贷方发生额（即实现的利润）与借方余额（未弥补亏损额）抵销，自然就弥补了亏损，无须专门做会计分录。

2. 提取盈余公积

提取盈余公积，引起所有者权益中的有关项目发生此增彼减的变化，涉及“利润分配”和“盈余公积”两个账户。利润分配的结果使一项所有者权益减少，应记入“利润分配”账户的借方；盈余公积增加使另一项所有者权益增加，应记入“盈余公积”账户的贷方。

3. 向投资者分配利润

向投资者分配利润引起所有者权益和负债两个项目发生增减变化，涉及“利润分配”和“应付利润”的两个账户。利润分配的结果使所有者权益减少，应记入“利润分配”账户的借方；因款项尚未付出，形成企业的一笔负债，应记入“应付利润”账户的贷方。

4. 年末结转“利润分配”各明细账户

年末，应将利润分配的各项内容从“利润分配”各明细账户的贷方转入“利润分配——未分配利润”明细账户的借方，结转后，除“利润分配——未分配利润”明细账户有贷方余额外（亏损为借方余额），其余明细账户均无余额。

“利润分配——未分配利润”明细账户年末贷方余额表示各年累计未分配的利润；借方余额表示累计未弥补亏损。

【实务 11-18】湖南沙沙门业有限公司在 2019 年发生亏损 120 万元，在年度终了时，企业结转本年度发生的亏损。应做如下会计分录：

借：利润分配——未分配利润　　1 200 000

　贷：本年利润　　1 200 000

假设 2014—2019 年，A 公司每年实现利润 20 万元，按现行制度规定，公司在发生亏损以后的 5 年内可以用税前利润弥补亏损，超过 5 年仍未弥补完的亏损则用税后利润弥补。假设不考虑其他因素，该公司应做如下会计分录。

2014—2019 年按规定用税前利润弥补亏损时，每年应做如下会计分录：

借：本年利润　　200 000

　贷：利润分配——未分配利润　　200 000

2019 年税后利润弥补亏损时，应先按当年实现利润计算缴纳所得税 50 000 元（200 000×25%），再用税后利润 150 000（200 000−50 000）元弥补亏损。

借：所得税费用　　50 000

　贷：应交税费——应交所得税　　50 000

借：本年利润　　50 000

　贷：所得税费用　　50 000

借：本年利润　　150 000

　贷：利润分配——未分配利润　　150 000

【实务 11-19】湖南沙沙门业有限公司 2019 年全年实现净利润 1 720 000 元，其利润分配方案如下：按净利润的 10%提取法定盈余公积；按可供分配利润的 80%向投资者分配利润。年初“利润分配——未分配利润”账户有贷方余额 138 000 元。

提取法定盈余公积＝1 720 000×10%＝172 000（元）

借：利润分配——提取法定盈余公积　　172 000

　贷：盈余公积　　172 000

应付利润＝（1 720 000−172 000+138 000）×80%

　　　　＝1 686 000×80%＝1 348 800（元）

年末未分配利润＝1 686 000−1 348 800＝337 200（元）

借：利润分配——应付利润　　1 348 800

　贷：应付利润　　1 348 800

2019 年 12 月 31 日，结转“利润分配”账户：

借：利润分配——未分配利润	1 520 800	
贷：利润分配——提取盈余公积		172 000
——应付利润		1 348 800

【本项目工作小结】

本项目主要阐述收入、费用和利润的会计处理。收入是企业在日常活动中形成的、会导致所有者权益增加、与所有者投入资本无关的经济利益的总流入。企业应当确认履约义务是在某一时段内履行，还是在某一时点履行。费用是指企业在日常活动中发生的、会导致所有者权益减少的，与向所有者分配利润无关的经济利益的总流出。利润是企业在一定会计期间的经营成果。学生应掌握收入、费用的确认计量及核算；熟悉利润总额的概念、构成；掌握利润分配及核算；掌握留存收益的核算。

◆仿真操作

1. 根据【实务 11-1】至【实务 11-19】编写有关的记账凭证。
2. 办理销售款项结算工作，登记主营业务收入的总分类账。

◆岗位业务认知

利用寒暑假，去当地或沿海大型企业，协助企业进行利润核算，熟悉企业所得税的计算。

◆工作思考

1. 销售商品收入的确认应具备什么条件？
2. 合同负债和应收账款的区别是什么？
3. 如何将交易价格分摊至各单项义务？
4. 什么是劳务收入，劳务收入如何确认和计量？
5. 请谈谈成本与费用之间的联系与区别？
6. 利润应怎样进行分配核算？

项目十二　非货币性资产交换核算业务

非货币性资产交换是一种非经常性的特殊交易行为，是交易双方主要以存货、固定资产、无形资产、长期股权投资等非货币性资产进行的交换。该类交易虽然不经常发生，但是涉及金额较大，往往对企业的财务状况、经营成果造成较大影响，而作为企业的财会人员，应该掌握其相应的账务处理方法，本项目涉及的主要会计岗位是往来结算岗位。

【项目工作目标】

⊙知识目标

掌握非货币性资产交换的认定；掌握具有商业实质且换入资产或换出资产的公允价值能够可靠计量的非货币性资产交换的会计处理；不具有商业实质或者公允价值不能可靠计量的非货币性资产交换的会计处理。

⊙技能目标

学生通过本项目的学习，能分析是否为非货币性资产交换，是采用公允价值模式核算还是采用账面价值模式进行核算及两种模式具体的账务处理。

【任务导入】

湖南沙沙门业有限公司拥有一台专有设备，该设备原价 300 万元，已计提折旧 220 万元，湘潭动力公司拥有一项长期股权投资，账面价值 70 万元，两项资产均未计提减值准备。由于专有设备系当时专门制造、性质特殊，其公允价值不能可靠计量；湘潭动力公司拥有的长期股权投资在活跃市场中没有报价，其公允价值也不能可靠计量。双方商定，湘潭动力公司以两项资产账面价值的差额为基础，向湖南沙沙门业有限公司支付 10 万元补价，以换取专有设备。假定交易中没有涉及相关税费。

对于这项经济业务，它是否属于非货币性资产交换，如属于，那应该是采用公允价值模式计量还是采用账面价值模式计量，对于湖南沙沙门业有限公司及湘潭动力公司的会计人员又该如何进行相应的账务核算?

【进入任务】

任务一　非货币性资产交换的认定

任务二　非货币性资产交换的确认和计量

任务一 非货币性资产交换的认定

非货币性资产交换是指交易双方主要以存货、固定资产、无形资产和长期股权投资等非货币性资产进行的交换。该交换不涉及或只涉及少量的货币性资产（即补价）。其中，货币性资产，是指企业持有的货币资金和将以固定或可确定的金额收取的资产，包括现金、银行存款、应收票据以及持有至到期的债券投资等。非货币性资产，是指货币性资产以外的资产。非货币性资产交换的交易对象主要是非货币性资产。

非货币性资产交换一般不涉及或只涉及少量货币性资产，即涉及少量的补价。在涉及少量补价的情况下，以补价占整个资产交换金额的比例低于25%作为参考。支付的货币性资产占换入资产公允价值（或者占换出资产的公允价值与支付的货币性资产之和）的比例低于25%（不含25%,）视为非货币性资产交换；高于25%（含25%）的，则视为以货币性资产取得非货币性资产。

任务二 非货币性资产交换的确认和计量

非货币性资产的确认和计量与非货币性资产交换是否具有商业实质密切相关。

一、商业实质的判断

满足下列条件之一的非货币性资产交换具有商业实质：

1. 换入资产的未来现金流量在风险、时间和金额方面与换出资产显著不同

这种情形主要包括以下几种情况：

（1）未来现金流量的风险、金额相同，时间不同。此种情形是指换入资产和换出资产产生的未来现金流量总额相同，获得这些现金流量的风险相同，但现金流量流入企业的时间明显不同。例如，某企业以一批存货换入一项设备，因存货流动性强，能够在较短的时间内产生现金流量，设备作为固定资产要在较长的时间内为企业带来现金流量，两者产生现金流量的时间相差较大，上述存货与固定资产产生的未来现金流量显著不同。

（2）未来现金流量的时间、金额相同，风险不同。此种情形是指换入资产和换出资产产生的未来现金流量时间和金额相同，但企业获得现金流量的不确定性程度存在明显差异。例如，某企业以其不准备持有至到期的国库券换入一幢房屋以备出租，该企业预计未来每年收到的国库券利息与房屋租金在金额和流入时间上相同，但是国库券利息通常风险很小，租金的取得需要依赖于承租人的财务及信用情况等，两者现金流量的风险或不确定性程度存在明显差异，上述国库券与房屋的未来现金流量显著不同。

（3）未来现金流量的时间、风险相同、金额不同。此种情形是指换入资产和换出资产

产生的未来现金流量总额相同，预计为企业带来现金流量的时间，风险也相同，但各年产生的现金流量金额存在明显差异。例如，某企业以其商标权换入另一企业的一项专利技术，预计两项无形资产的使用寿命相同，在使用寿命内预计为企业带来的现金流量总额相同，但是换入专利技术是新开发的，预计开始阶段产生的未来现金流量明显少于后期，而该企业拥有的商标每年产生的现金流量比较均衡，两者产生的现金流量金额差异明显，即上述商标权与专利技术的未来现金流量显著不同。

2. 换入资产与换出资产的预计未来现金流量现值不同，且其差额与换入资产和换出资产的公允价值相比是重大的

这种情况是指换入资产对换入企业的特定价值（即预计未来现金流量现值）与换出资产存在明显差异。其中，资产的预计未来现金流量现值，应当按照资产在持续使用过程和最终处置时所产生的预计税后未来现金流量，根据企业自身而不是市场参与者对资产特定风险的评价，选择恰当的折现率对其进行折现后的金额加以确定。例如，某企业以一项专利权换入另一企业拥有的长期股权投资，该项专利权与该项长期股权投资的公允价值相同，两项资产未来现金流量的风险、时间和金额亦相同，但对换入企业而言，换入该项长期股权投资使该企业对被投资方由重大影响变为控制关系，从而对换入企业的特定价值即预计未来现金流量现值与换出的专利权有较大差异；另一企业换入的专利权能够解决生产中的技术难题，从而对换入企业的特定价值即预计未来现金流量现值与换出的长期股权投资存在明显差异，因而两项资产的交换具有商业实质。

不满足上述任何一项条件的非货币性资产交易，通常认为不具有商业实质。在确定非货币性资产交换交易是否具有商业实质时，企业应当关注交易各方之间是否存在关联方关系。关联方关系的存在可能导致发生的非货币性资产交换不具有商业实质。

二、以公允价值计量的会计处理

具有商业实质且公允价值能够可靠计量的非货币性资产交换，采用公允价值计量的会计处理；非货币性资产交换具有商业实质，且换入资产或换出资产的公允价值能够可靠计量的，应当以换出资产的公允价值和应支付的相关税费作为换入资产的成本，公允价值与换出资产账面价值的差额计入当期损益。

符合下列情形之一的，表明换入资产或换出资产的公允价值能够可靠的计量。

（1）换入资产或换出资产存在活跃市场。对于存在活跃市场的存货、长期股权投资、固定资产、无形资产等非货币性资产应该以该资产的市场价格为基础确定其公允价值。

（2）换入资产或换出资产不存在活跃市场，但同类或类似资产存在活跃市场。对于同类或类似资产存在活跃市场的存货、长期股权投资、固定投资、无形资产等非货币性资产，应当以同类或类似资产市场价格为基础确定其公允价值。

（3）换入资产或换出资产不存在同类或类似资产的可比市场交易，应当采用估值技术确定其公允价值。该公允价值估计数的变动区间很小，或者在公允价值估计数变动区间内，各种用于确定公允价值估计数的概率能够合理确定的，视为公允价值能够可靠计量。

（4）换出资产公允价值与其账面价值的差额，企业应当分不同情况处理：

①换出资产为存货的，应当作为销售处理，根据“收入”相关内容的规定，按其公允价值确认收入，同时结转相应的成本。

②换出资产为固定资产、无形资产的，换出资产公允价值与其账面价值的差额，计入资产处置损益。

③换出资产为长期股权投资的，换出资产公允价值与其账面价值的差额，计入投资损益。

（一）不涉及补价的会计处理

具有商业实质且其换入或换出资产的公允价值能够可靠的计量的非货币性资产交换，不涉及补价的，应当按照换出资产的公允价值作为确定换入资产成本的基础，但有确凿证据表明换入资产的公允价值更加可靠的，则以换入资产的公允价值作为确定换入资产成本的基础。换出资产账面价值与其公允价值之间的差额，计入当期损益。

【实务 12-1】2019 年 12 月 1 日，湖南沙沙门业有限公司以 2016 年购入的生产经营用设备交换乙公司生产的一批钢材，沙沙门业公司换入的钢材作为原材料用于生产，乙公司换入的设备继续用于生产钢材。沙沙门业公司设备的账面原价为 1 500 000 元，在交换日的累计折旧为 525 000 元，公允价值为 1 404 000 元，沙沙门业公司此前没有为该设备计提资产减值准备。此外，沙沙门业公司以银行存款支付清理费 1 500 元。乙公司钢材的账面价值为 1 200 000 元，在交换日的市场价格为 1 404 000 元，计税价格等于市场价格，乙公司此前也没有为该批钢材计提存货跌价准备。沙沙门业公司、乙公司均为增值税一般纳税人，适用的增值税税率为 13%。假设沙沙门业公司和乙公司在整个交易过程中没有发生除增值税以外的其他税费，沙沙门业公司和乙公司均开具了增值税专用发票。

沙沙门业公司的账务处理如下：

换出设备的增值税销项税额 =1 404 000 × 13%=182 520（元）

借：固定资产清理	975 000	
累计折旧	525 000	
贷：固定资产——××设备		1 500 000
借：固定资产清理	1 500	
贷：银行存款		1 500
借：原材料——钢材	1 404 000	
应交税费——应交增值税（进项税额）	182 520	
贷：固定资产清理		976 500
应交税费——应交增值税（销项税额）		182 520
资产处置损益		427 500

其中，资产处置损益的金额为换出设备的公允价值 1 404 000 元与其账面价值 975 000（1 500 000-525 000）元并扣除清理费用 1 500 元后的余额，即 427 500 元。

乙公司的账务处理如下：

换出钢材的增值税销项税额 =1 404 000 × 13% = 182 520（元）

换入设备的增值税进项税额 =1 404 000 × 13% = 182 520（元）

借：固定资产——××设备　　1 404 000
　　应交税费——应交增值税（进项税额）　　182 520
　贷：主营业务收入——钢材　　1 404 000
　　　应交税费——应交增值税（销项税额）　　182 520

借：主营业务成本——钢材　　1 200 000
　贷：库存商品——钢材　　1 200 000

（二）涉及补价的会计处理

非货币性资产交换具有商业实质且公允价值能够可靠计量的，在发生补价的情况下，企业应当分情况处理：

（1）支付补价的，应当以换出资产的公允价值加上支付的补价（或换入资产的公允价值）和应当支付的相关税费，作为换入资产的成本。

（2）收到补价的，应当以换出投资的公允价值减去补价（或换入资产的公允价值）加上应支付的相关税费，作为换入资产的成本。

【实务 12-2】湖南沙沙门业有限公司经协商以其拥有的一幢自用写字楼与乙公司持有的对丙公司长期股权投资交换。在交换日，该幢写字楼的账面原价为 6 000 000 元，已提折旧 1 200 000 元，未计提减值准备，在交换日的公允价值为 6 750 000 元；乙公司持有的对丙公司长期股权投资账面价值为 4 500 000 元，没有计提减值准备，在交换日的公允价值为 6 000 000 元，乙公司支付 750 000 元给沙沙门业公司。乙公司换入写字楼后用于经营出租目的，并拟采用成本计量模式。沙沙门业公司换入对丙公司投资仍然作为长期股权投资，并采用成本法核算。假定该项交易过程中不考虑相关的增值税。

本例中，该项资产交换涉及收付货币性资产，即补价 750 000 元。对沙沙门业公司而言，收到的补价 750 000 元÷换出资产的公允价值 6 750 000 元（或换入长期股权投资公允价值 6 000 000 元 + 收到的补价 750 000 元）= 11. 11% < 25%，属于非货币性资产交换。

对乙公司而言，支付的补价 750 000 元÷换入资产的公允价值 6 750 000 元（或换出长期股权投资公允价值 6 000 000 元 + 支付的补价 750 000 元）= 11. 11% < 25%，属于非货币性资产交换。

本例属于以固定资产交换长期股权投资。由于两项资产的交换具有商业实质，且长期股权投资和固定资产的公允价值均能够可靠地计量，因此，沙沙门业公司、乙公司均应当以公允价值为基础确认换入资产的成本，并确认产生的损益。

沙沙门业公司的账务处理如下：

借：固定资产清理　　4 800 000
　　累计折旧　　1 200 000
　贷：固定资产——办公楼　　6 000 000

借：长期股权投资——丙公司　　6 000 000

银行存款　　750 000
　贷：固定资产清理　　6 750 000
借：固定资产清理　　1 950 000
　贷：资产处置损益　　1 950 000

其中，资产处置损益金额为沙沙门业公司换出固定资产的公允价值 6 750 000 元与账面价值 4 800 000 元之间的差额，即 1 950 000 元。

乙公司的账务处理如下：

借：投资性房地产　　6 750 000
　贷：长期股权投资——丙公司　　4 500 000
　　银行存款　　750 000
　　投资收益　　1 500 000

其中，投资收益金额为乙公司换出长期股权投资的公允价值 6 000 000 元与账面价值 4 500 000 元之间的差额，即 1 500 000 元。

三、以换出资产账面价值计量的会计处理

不具有商业实质，或者虽然具有商业实质但换入资产和换出资产公允价值均不能可靠计量的非货币性资产交换，采用以换出资产账面价值计量的会计处理。如果非货币性资产交换交易不具有商业实质，换入资产的成本按照换出资产的账面价值加上应支付的相关税费确定，不确认损益。非货币性交易虽具有商业实质，但换入资产和换出资产的公允价值均不能可靠计量的，按照不具有商业实质的非货币性资产交换的原则进行会计处理。

下面以不具有商业实质的非货币性资产交换的会计处理为例进行说明。

（一）不涉及补价情况的会计处理

在不具有商业实质的非货币性资产交换中，不涉及补价的，企业换入的资产应当按换出资产的账面价值加上应支付的相关税费，作为换入资产成本。

【实务 12-3】湖南沙沙门业有限公司以其持有的对丙公司的长期股权投资交换乙公司拥有的商标权。在交换日，沙沙门业公司持有的长期股权投资账面余额为 5 000 000 元，已计提长期股权投资减值准备余额为 1 400 000 元，该长期股权投资在市场上没有公开报价，公允价值也不能可靠计量；乙公司商标权的账面原价为 4 200 000 元，累计已摊销金额为 600 000 元，其公允价值也不能可靠计量，乙公司没有为该项商标权计提减值准备。乙公司将换入的对丙公司的投资仍作为长期股权投资，并采用成本法核算。假设整个交易过程中不考虑相关的增值税及其他税费。

本例中，该项资产交换没有涉及收付货币性资产，因此属于非货币性资产交换。本例属于以长期股权投资交换无形资产。由于换出资产和换入资产的公允价值都无法可靠计量，因此，沙沙门业公司、乙公司换入资产的成本均应当按照换出资产的账面价值确定，不确认损益。

沙沙门业公司的账务处理如下：

借：无形资产——商标权　　3 600 000
　　长期股权投资减值准备——丙公司　　1 400 000
　贷：长期股权投资——丙公司　　5 000 000

乙公司的账务处理如下：

借：长期股权投资——丙公司　　3 600 000
　　累计摊销　　600 000
　贷：无形资产——专利权　　4 200 000

（二）涉及补价情况的会计处理

不具有商业实质的非货币性资产交换中，在涉及补价的情况下，换入资产的入账价值应分别确定：

（1）支付补价的，按换出资产账面价值加上支付的补价和应支付的相关税费，作为换入资产的入账价值，不确认损益。其计算公式为：

换入资产入账价值=换出资产账面价值+支付的补价+应支付的相关税费−增值税进项税

（2）收到补价的，按换出资产账面价值，减去收到的补价加上应支付的相关税费，作为换入资产的入账价值，不确认损益。其计算公式为：

换入资产入账价值=换出资产账面价值−收到的补价+应支付的相关税费−增值税进项税

【实务 12-4】湖南沙沙门业有限公司拥有一个离生产基地较远的仓库，该仓库账面原价 3 500 000 元，已计提折旧 2 350 000 元；乙公司拥有一项长期股权投资，账面价值 1 050 000 元，两项资产均未计提减值准备。由于仓库离市区较远，公允价值不能可靠计量；乙公司拥有的长期股权投资在活跃市场中没有报价，其公允价值也不能可靠计量。双方商定，乙公司以两项资产账面价值的差额为基础，支付沙沙门业公司 100 000 元补价，以换取沙沙门业公司拥有的仓库。假定交易中没有涉及其他相关税费。

本例中，该项资产交换涉及收付货币性资产，即补价 100 000 元。对沙沙门业公司而言，收到的补价 100 000 元÷换出资产账面价值 1 150 000 元 =8.7%<25%，因此，该项交换属于非货币性资产交换，乙公司的情况也类似。由于两项资产的公允价值不能可靠计量，因此，沙沙门业公司、乙公司换入资产的成本均应当以换出资产的账面价值为基础确定，不确认损益。

沙沙门业公司的账务处理如下：

借：固定资产清理　　1 150 000
　　累计折旧　　2 350 000
　贷：固定资产——仓库　　3 500 000

借：长期股权投资——××公司　　1 050 000
　　银行存款　　100 000
　贷：固定资产清理　　1 150 000

乙公司的账务处理如下：

借：固定资产——仓库　　1 150 000

　贷：长期股权投资——××公司　　1 050 000

　　　银行存款　　100 000

四、非货币性资产交换中涉及多项资产交换的会计处理

（一）具有商业实质且公允价值能够可靠计量的会计处理

具有商业实质且换入资产的公允价值能够可靠计量的非货币性资产交换，在同时换入多项资产的情况下，企业应当按照换入各项资产的公允价值占换入资产公允价值总额的比例，对换入资产的成本总额进行分配，确定各项换入资产的成本。

【实务 12-5】 湖南沙沙门业有限公司为适应业务发展的需要，2019 年 12 月 10 日经与乙公司协商，沙沙门业公司决定以生产经营过程中使用的办公楼、机器设备和库存商品换入乙公司生产经营过程中使用的 10 辆货运车、5 台专用设备和 15 辆客运汽车。

沙沙门业公司办公楼的账面原价为 2 250 000 元，在交换日的累计折旧为 450 000 元，公允价值为 1 600 000 元；机器设备系由沙沙门业公司于 2014 年购入，账面原价为 1 800 000 元，在交换日的累计折旧为 900 000 元，公允价值为 1 200 000 元；库存商品的账面余额为 4 500 000 元，市场价格为 5 250 000 元。

乙公司的货运车、专用设备和客运汽车均系 2015 年年初购入，货运车的账面原价为 2 250 000 元，在交换日的累计折旧为 750 000 元，公允价值为 2 250 000 元；专用设备的账面原价为 3 000 000 元，在交换日的累计折旧为 1 350 000 元，公允价值为 2 500 000 元；客运汽车的账面原价为 4 500 000 元，在交换日的累计折旧为 1 200 000 元，公允价值为 3 600 000 元，增值税率为 13%。

乙公司另外收取沙沙门业公司以银行存款支付的 547 000 元，其中包括由于换出和换入资产公允价值不同而支付的补价 300 000 元，以及换出资产销项税额与换入资产进项税额的差额 247 000 元。假定办公楼换出不考虑相关税费。

本例中，交换涉及收付货币性资产，应当计算沙沙门业公司支付的货币性资产占其公司换出资产公允价值与支付的货币性资产之和的比例，即 300 000 ÷（1 600 000+1 200 000+5 250 000+ 300 000）= 3. 73%<25%。我们可以认定这一涉及多项资产的交换行为属于非货币性资产交换。对沙沙门业公司而言，其为了拓展运输业务，需要客运汽车、专用设备、货运汽车等。乙公司为了满足生产，需要办公楼、机器设备、原材料等。换入的资产对双方企业均能发挥更大的作用，因此，该项涉及多项资产的非货币性资产交换具有商业实质；同时，各单项换入资产和换出资产的公允价值均能可靠计量，因此，沙沙门业公司、乙公司均应当以公允价值为基础确定换入资产的总成本，确认产生的相关损益。同时，按照各单项换入资产的公允价值占换入资产公允价值总额的比例，确定各单项换入资产的成本。

沙沙门业公司的账务处理如下：

（1）换出设备的增值税销项税额 =1 200 000 ×13%=156 000（元）

换出库存商品的增值税销项税额 =5 250 000 × 13%=682 500（元）

换入货运车、专用设备和客运汽车的增值税进项税额 =（2 250 000+2 500 000+3 600 000）×13%=1 085 500（元）

（2）计算换入资产、换出资产公允价值总额

换出资产公允价值总额 =1 600 000+1 200 000+5 250 000=8 050 000（元）

换入资产公允价值总额 =2 250 000+2 500 000+3 600 000=8 350 000（元）

（3）计算换入资产总成本

换入资产总成本 =8 050 000+300 000+0=8 350 000（元）

或：换入资产总成本=8 050 000+（156 000+682 500）+547 000−1 085 500

=8 350 000（元）

（4）计算确定换入各项资产的成本

货运车的成本 =8 350 000 ×（2 250 000 ÷ 8 350 000 × 100%）= 2 250 000（元）

专用设备的成本 =8 350 000 ×（2 500 000 ÷ 8 350 000 × 100%）= 2 500 000（元）

客运汽车的成本 =8 350 000 ×（3 600 000 ÷ 8 350 000 × 100%）= 3 600 000（元）

（5）会计分录

借：固定资产清理　　2 700 000
　　累计折旧　　1 350 000
　贷：固定资产——办公楼　　2 250 000
　　　　　　　——机器设备　　1 800 000

借：固定资产——货运车　　2 250 000
　　　　　　——专用设备　　2 500 000
　　　　　　——客运汽车　　3 600 000
　　应交税费——应交增值税（进项税额）　　1 085 500
　贷：固定资产清理　　2 800 000
　　　主营业务收入　　5 250 000
　　　应交税费——应交增值税（销项税额）　　838 500
　　　银行存款　　547 000

借：固定资产清理　　100 000
　贷：资产处置损益　　100 000

借：主营业务成本　　4 500 000
　贷：库存商品　　4 500 000

乙公司的账务处理如下：

（1）换入设备的增值税进项税额 =1 200 000 × 13%=156 000（元）

换入原材料的增值税进项税额 =5 250 000 × 13%=682 500（元）

换出货运车、专用设备和客运汽车的增值税销项税额 =（2 250 000+2 500 000+

3 600 000）×13%=1 085 500（元）

（2）计算换入资产、换出资产公允价值总额

换出资产公允价值总额 =2 250 000+2 500 000+3 600 000=8 350 000（元）

换入资产公允价值总额 =1 600 000+1 200 000+5 250 000=8 050 000（元）

（3）确定换入资产总成本

换入资产总成本 =8 350 000-300 000+0=8 050 000（元）

或：换入资产总成本 =8 350 000+1 085 500-547 000-（156 000+682 500）

=8 050 000（元）

（4）计算确定换入各项资产的成本

办公楼的成本 =8 050 000 ×（1 600 000 ÷ 8 050 000 × 100%）= 1 600 000（元）

机器设备的成本 =8 050 000 ×（1 200 000 ÷ 8 050 000 × 100%）= 1 200 000（元）

原材料的成本 =8 050 000 ×（5 250 000 ÷ 8 050 000 × 100%）= 5 250 000（元）

（5）会计分录

借：固定资产清理	6 450 000	
累计折旧	3 300 000	
贷：固定资产——货运车		2 250 000
——专用设备		3 000 000
——客运汽车		4 500 000
借：固定资产清理	1 085 500	
贷：应交税费——应交增值税（销项税额）		1 085 500
借：固定资产——办公楼	1 600 000	
——机器设备	1 200 000	
原材料	5 250 000	
应交税费——应交增值税（进项税额）	838 500	
银行存款	547 000	
贷：固定资产清理		9 435 500
借：固定资产清理	1 900 000	
贷：资产处置损益		1 900 000

其中，资产处置损益的金额为换出货运车、专用设备和客运汽车的公允价值 8 350 000（2 250 000+2 500 000+3 600 000）元与账面价值 6 450 000［（2 250 000-750 000）+（3 000 000-1 350 000）+（4 500 000-1 200 000）］元的差额，即 1 900 000 元。

（二）不具有商业实质或者虽然具有商业实质但换入资产和换出资产公允价值不能可靠计量的会计处理

1. 不涉及补价情况的会计处理

不具有商业实质且不涉及补价的多项资产交换的核算原则与不具有商业实质且不涉及补价的单项资产交换基本相同，即以换出资产的账面价值加上应支付的相关税费，作为换

入资产的入账价值。但是，由于换入、换出的是多项资产，换出各项资产的账面价值无法与换入各项资产一一对应，因此，企业需要确定各项换入资产的入账价值。在确定各项换入资产的入账价值时，企业按照换入资产各项资产的原账面价值占换入资产原账面价值总额的比例，对换入资产的成本的总额进行分配，确定各项换入资产的成本。

【实务 12-6】湖南沙沙门业有限公司因经营战略发生较大转变，产品结构发生较大调整，原生产厂房、专利技术等已不符合生产新产品的需要，经与乙公司协商，2018 年 9 月 1 日，沙沙门业公司将其生产厂房连同专利技术与乙公司正在建造过程中的一幢建筑物、乙公司对丙公司的长期股权投资（采用成本法核算）进行交换。

沙沙门业公司换出生产厂房的账面原价为 2 000 000 元，已提折旧 1 250 000 元；专利技术账面原价为 750 000 元，已摊销金额为 375 000 元。

乙公司在建工程截止到交换日的成本为 875 000 元，对丙公司的长期股权投资成本为 250 000 元。沙沙门业公司的厂房公允价值难以取得，专利技术市场上并不多见，公允价值也不能可靠计量。乙公司的在建工程因完工程度难以合理确定，其公允价值不能可靠计量，由于丙公司不是上市公司，乙公司对丙公司长期股权投资的公允价值也不能可靠计量。假定沙沙门业公司、乙公司均未对上述资产计提减值准备。假定该交易过程中不考虑相关税费。

本例中，交换不涉及收付货币性资产，属于非货币性资产交换。由于换入资产、换出资产的公允价值均不能可靠计量，沙沙门业公司、乙公司均应当以换出资产账面价值总额作为换入资产的总成本，各项换入资产的成本，应当按各项换入资产的账面价值占换入资产账面价值总额的比例分配后确定。

沙沙门业公司的账务处理如下：

（1）计算换入资产、换出资产账面价值总额。

换入资产账面价值总额 = 875 000+250 000 = 1 125 000（元）

换出资产账面价值总额 =（2 000 000−1 250 000）+（750 000−375 000）= 1 125 000（元）

（2）确定换入资产总成本。

换入资产总成本 = 换出资产账面价值 =1 125 000（元）

（3）确定各项换入资产成本。

在建工程成本 =1 125 000 ×（875 000 ÷ 1 125 000 × 100%）= 875 000（元）

长期股权投资成本 =1 125 000 ×（250 000 ÷ 1 125 000 × 100%）= 250 000（元）

（4）会计分录。

借：固定资产清理	750 000	
累计折旧	1 250 000	
贷：固定资产——厂房		2 000 000
借：在建工程——××工程	875 000	
长期股权投资	250 000	
累计摊销	375 000	

贷：固定资产清理　　750 000
　　无形资产——专利技术　　750 000

乙公司的账务处理如下：

（1）计算换入资产、换出资产账面价值总额。

换入资产账面价值总额 =（2 000 000−1 250 000）+（750 000−375 000）
= 1 125 000（元）

换出资产账面价值总额 =875 000+250 000=1 125 000（元）

（2）确定换入资产总成本。

换入资产总成本 = 换出资产账面价值 =1 125 000（元）

（3）确定各项换入资产成本。

厂房成本 =1 125 000 ×(750 000 ÷ 1 125 000 × 100%) = 750 000（元）

专利技术成本 =1 125 000 ×(375 000 ÷ 1 125 000 × 100%) = 375 000（元）

（4）会计分录。

借：固定资产清理　　875 000
　贷：在建工程——××工程　　875 000
借：固定资产——厂房　　750 000
　　无形资产——专利技术　　375 000
　贷：固定资产清理　　875 000
　　　长期股权投资　　250 000

2. 涉及补价情况的会计处理

在不具有商业实质且涉及补价的多项资产交换时，核算的基本原则与不具有商业实质且涉及补价的单项资产的会计处理原则基本相同，即按收到补价和支付补价情况分别确定换入资产的入账价值。涉及补价的多项资产交换与单项资产交换的主要区别在于，需要对换入各项资产的价值进行分配，其分配方法与不涉及补价的多项资产交换的原则相同，即按各项换入资产的账面价值与换入资产账面价值总额的比例进行分配，以确定换入各项资产的入账价值。

具有商业实质的非货币资产交换，如果换入资产的公允价值不能可靠计量，在同时换入多项资产时，确定各项换入资产的成本的分配比照上述原则进行处理。

【本项目工作小结】

非货币性资产交换是指交易双方主要以存货、固定资产、无形资产和长期股权投资等非货币性资产进行的交换。该交换不涉及或只涉及少量的货币性资产（即补价）。通过本项目的学习，学生要理解什么是非货币性资产交换及怎样认定非货币性资产；掌握非货币性资产交换具有商业实质主要包括哪几种情形及什么是补价率，应如何进行计算；掌握具有商业实质且公允价值能够可靠计量的非货币性资产交换对于换入资产成本如何确认计量，不具有商业实质或公允价值不能够可靠计量的非货币性资产交换对于换入资产成本的确认计量。

◆仿真操作

1. 根据【实务 12-1】至【实务 12-6】编写有关的记账凭证。
2. 登记“应交税费——应交增值税”的明细账。

◆岗位业务认知

利用节假日，去当地的一些企业（工商企业），了解企业是否有此类特殊的非货币性资产交换业务，如有企业会计人员是如何进行账务处理的。

◆工作思考

1. 什么是非货币性资产交换？怎样进行认定？
2. 非货币性资产交换具有商业实质主要包括哪几种情形？
3. 什么是补价率？应如何进行计算？
4. 具有商业实质且公允价值能够可靠计量的非货币性资产交换对于换入资产成本应如何进行确认？
5. 不具有商业实质或公允价值不能够可靠计量的非货币性资产交换对于换入资产成本应如何进行确认？

项目十三　债务重组核算业务

在市场经济条件下，竞争日趋激烈，企业为此需要不断地根据环境的变化，调整经营策略，防范和控制经营及财务风险。但有时由于各种因素（包括内部和外部）的影响，企业可能出现一些暂时性或严重的财务困难，致使资金周转不灵，难以按期偿还债务。在此情况下，作为债权人，一种方式是通过法律程序，要求债务人破产，以清偿债务；另一种方式是通过互相协商，以债务重组的方式，债权人做出某些让步，使债务人减轻负担，渡过难关。

【项目工作目标】

⊙知识目标

掌握债务重组的概念及重组方式；掌握在四种债务重组方式下，债务人及债权人的具体的账务处理

⊙技能目标

学生通过本项目的学习，能分析在四种债务重组方式下，作为债务人企业的会计，正确进行相应的账务处理；能分析在四种债务重组方式下，作为债权人企业的会计，如何正确进行相应的账务处理；具备自主学习的能力。

【任务导入】

湖南长江有限责任公司于2019年5月15日销售一批材料给湖南沙沙门业有限公司，开具的增值税专用发票上的价款为300 000元，增值税税额为39 000元。按合同规定，湖南沙沙门业有限公司应于2019年8月15日前偿付价款。由于湖南沙沙门业有限公司发生财务困难，无法按合同规定的期限偿还债务，经双方协商于2019年12月1日进行债务重组。债务重组协议规定，湖南长江有限责任公司同意减免湖南沙沙门业有限公司50 000元债务，余额用现金立即清偿。湖南长江有限责任公司于2 019年12月8日收到湖南沙沙门业有限公司通过银行转账偿还的剩余款项。

思考：什么是债务重组？债务重组有哪些方式？债权人与债务人应如何进行账务处理？

【进入任务】

任务一　债务重组方式
任务二　债务重组的会计处理

任务一　债务重组方式

债务重组是指在债务人发生财务困难的情况下，债权人按照其与债务人达成的协议或者法院的裁定做出让步的事项。本章主要讲述持续经营条件下债权人做出让步的债务重组的会计处理。

债务人发生财务困难、债权人做出让步是会计准则中债务重组的基本特征。债务人发生财务困难，是指因债务人出现资金周转困难、经营陷入困境或者其他方面的原因，导致其无法或者没有能力按原定条件偿还债务。债权人做出让步，是指债权人同意发生财务困难的债务人现在或者将来以低于重组债务账面价值的金额或者价值偿还债务。债权人做出让步的情形主要包括债权人减免债务人部分债务本金或者利息、降低债务人应付债务的利率等。

债务重组的方式主要有以下几种：

1. 以资产清偿债务

以资产清偿债务，是指债务人转让其资产给债权人以清偿债务的债务重组方式。债务人用于清偿债务的资产主要有：现金、存货、金融资产、固定资产、无形资产等。此处的现金包括库存现金、银行存款和其他货币资金。

2. 将债务转为资本

将债务转为资本，是指债务人将债务转为资本，同时债权人将债权转为股权的债务重组方式。其结果是，债务人因此而增加股本（或实收资本），债权人因此而增加长期股权投资等。债务人根据转换协议，将应付可转换公司债券转为资本的，属于正常情况下的债务转为资本，不能作为本章所指的债务重组。

3. 修改其他债务条件

修改其他债务条件，是指修改不包括上述两种方式在内的其他债务条件进行债务重组的方式，如减少债务本金、降低利率、减少或免去债务利息、延长偿还期限等。

4. 以上三种方式的组合

以上三种方式的组合，是指采用以上三种方式共同清偿债务的债务重组方式。例如，以转让资产清偿某项债务的一部分，另一部分债务通过修改其他债务条件进行债务重组。

任务二　债务重组的会计处理

一、以资产清偿债务

（一）以现金清偿债务

以现金清偿债务的，债务人应当在满足金融负债终止确认条件时，终止确认重组债务，并将重组债务的账面价值与实际支付现金之间的差额确认为债务重组利得，计入营业外收入。重组债务的账面价值，一般为债务的面值或本金，如应付账款；如有利息的，还应加上应计未付利息，如长期借款等。

债权人应当在满足金融资产终止确认条件时，终止确认重组债权，并将重组债权的账面余额与收到的现金之间的差额确认为债务重组损失，计入营业外支出。债权人已对债权计提减值准备的，应当先将该差额冲减减值准备，冲减后尚有余额的，计入营业外支出，冲减后减值准备有余额的，应予以转回并抵减当期信用减值损失。

【实务 13 -1】湖南长江有限责任公司于 2019 年 4 月 15 日销售一批材料给湖南沙沙门业有限公司，开具的增值税专用发票上的价款为 200 000 元，增值税税额为 26 000 元。按合同规定，湖南沙沙门业有限公司应于 2018 年 7 月 15 日前偿付价款。由于湖南沙沙门业有限公司发生财务困难，无法按合同规定的期限偿还债务，经双方协商于 2019 年 12 月 1 日进行债务重组。债务重组协议规定，湖南长江有限责任公司同意减免湖南沙沙门业有限公司 60 000 元债务，余额用现金立即清偿。湖南长江有限责任公司于 2019 年 12 月 8 日收到湖南沙沙门业有限公司通过银行转账偿还的剩余款项。湖南长江有限责任公司已为该项应收账款计提了 20 000 元坏账准备。（如无特殊说明，本章中的公司均为增值税一般纳税人。）

（1）湖南沙沙门业有限公司的账务处理。

计算债务重组利得：

应付账款账面余额 226 000（元）

减：支付的现金 166 000（元）

债务重组利得 60 000（元）

会计分录为：

借：应付账款——湖南长江有限责任公司	226 000	
贷：银行存款		166 000
营业外收入——债务重组利得		60 000

（2）湖南长江有限责任公司账务处理。

计算债务重组损失：

应收账款账面余额 226 000（元）

减：收到的现金 166 000（元）

差额 60 000（元）

减：已计提坏账准备 20 000（元）

债务重组损失 40 000（元）

会计分录为：

借：银行存款	166 000	
坏账准备	20 000	
营业外支出——债务重组损失	40 000	
贷：应收账款——湖南沙沙门业有限公司		226 000

（二）以非现金资产清偿债务

1. 债务人的会计处理

以非现金资产清偿债务的，债务人应当在满足金融负债终止确认条件时，终止确认重组债务，并将重组债务的账面价值与转让的非现金资产的公允价值之间的差额确认为债务重组利得，计入营业外收入。转让的非现金资产的公允价值与其账面价值的差额为资产转让损益，计入当期损益。非现金资产的账面价值，一般为非现金资产的账面原价扣除累计折旧或累计摊销，以及资产减值准备后的金额。债务人在转让非现金资产过程中发生的一些税费，如资产评估费、运杂费等，直接计入资产转让损益。

2. 债权人的会计处理

债务人以非现金资产清偿债务，债权人应当在满足金融资产终止确认条件时，终止确认重组债权，并将重组债权的账面余额与受让的非现金资产的公允价值之间的差额，计入当期损益。债权人已对债权计提减值准备的，应当先将该差额冲减减值准备，冲减后尚有余额的计入营业外支出，冲减后减值准备有余额的，应当予以转回并抵减当期信用减值损失。

3. 以非现金资产清偿债务的具体会计处理

同企业以非现金资产清偿债务的，非现金资产类别不同，其会计处理也略有不同。

（1）以库存材料、商品产品抵偿债务。

债务人以库存材料、商品产品抵偿债务，应视同销售进行会计处理。企业可将该项业务分为两部分：一是将库存材料、商品产品出售给债权人，取得货款。出售库存材料、商品产品业务与企业正常的销售业务处理相同，其发生的损益计入当期损益。二是以取得的货币清偿债务，但在这项业务中并没有实际的现金流入和流出。

【实务 13-2】湖南沙沙门业有限公司向湖南长江有限责任公司购买了一批货物，价款 452 000 元（包括应收取的增值税税额），按照购销合同约定，湖南沙沙门业有限公司应于 2019 年 7 月 5 日前支付该价款，但截至 2019 年 8 月 30 日，湖南沙沙门业有限公司尚未支付该价款。由于湖南沙沙门业有限公司财务发生困难，短期内不能偿还债务，经双方协商，湖南长江有限责任公司同意湖南沙沙门业有限公司以其生产的产品偿还债务。该产品的公允价值为 380 000 元，实际成本为 320 000 元，适用的增值税税率为 13%。湖南长江有限责任公司于2019年12月5日收到湖南沙沙门业有限公司抵债的产品，并作为商品入库；湖南长江有限责任公司对该项应收账款计提了15 000元坏账准备。

①湖南沙沙门业有限公司的账务处理。

计算债务重组利得：452 000 -（380 000 +380 000×13%）= 22 600（元）

借：应付账款——湖南长江有限责任公司　　452 000
　贷：主营业务收入　　380 000
　　应交税费——应交增值税（销项税额）　　49 400
　　营业外收入——债务重组利得　　22 600
同时，借：主营业务成本　　320 000
　　贷：库存商品　　320 000

本例中，销售产品取得的利润体现在主营业务利润中，债务重组利得作为营业外收入处理。

②湖南长江有限责任公司的账务处理。

本例中，重组债权的账面价值与受让的产成品公允价值和未支付的增值税进项税额的差额7 600（452 000 - 15 000 - 380 000 - 380 000×13%）元，应作为债务重组损失。

借：库存商品　　380 000
　应交税费——应交增值税（进项税额）　　49 400
　坏账准备　　15 000
　营业外支出——债务重组损失　　7 600
　贷：应收账款——湖南沙沙门业有限公司　　452 000

（2）以固定资产清偿债务。

债务人以固定资产抵偿债务，应将固定资产的公允价值与该项固定资产账面价值和清理费用的差额作为转让固定资产的损益处理。同时，将固定资产的公允价值与应付债务的账面价值的差额，作为债务重组利得，计入营业外收入。债权人收到的固定资产应按公允价值计量。

【实务13 -3】2019年4月5日，湖南长江有限责任公司销售一批材料给湖南沙沙门业有限公司，价款1 243 000元（包括应收取的增值税税额），按购销合同约定，湖南沙沙门业有限公司应于2 019年7月5日前支付价款，但截至2019年9月30日，湖南沙沙门业有限公司尚未支付该价款。由于湖南沙沙门业有限公司发生财务困难，短期内无法偿还债务。经过协商，湖南长江有限责任公司同意湖南沙沙门业有限公司用其一台机器设备抵偿债务。该项设备的账面原价为1 300 000元，累计折旧为430 000元，公允价值为950 000元。抵债设备已于2019年12月10日运抵湖南长江有限责任公司，湖南长江有限责任公司将其用于本企业产品的生产。

①湖南沙沙门业有限公司的账务处理。

计算债务重组利得：1 243 000 -（950 000 +950 000×13%）= 169 500（元）

计算固定资产清理损益：950 000 -（1 300 000 -430 000）= - 80 000（元）

首先，将固定资产净值转入固定资产清理：

借：固定资产清理——机器设备　870 000

　　累计折旧　430 000

　贷：固定资产——机器设备　1 300 000

其次，结转债务重组利得：

借：应付账款——湖南长江有限责任公司　1 243 000

　贷：固定资产清理——机器设备　950 000

　　　应交税费——应交增值税（销项税额）　123 500

　　　营业外收入——债务重组利得　169 500

最后，结转转让固定资产损失：

借：固定资产清理——机器设备　80 000

　贷：资产处置损益——处置非流动资产损失　80 000

②湖南长江有限责任公司的账务处理。

计算债务重组损失：1 243 000 －(950 000+ 950 000×13%)= 174 000（元）

借：固定资产——机器设备　950 000

　　应交税费——应交增值税（进项税额）　123 500

　　营业外支出——债务重组损失　174 000

　贷：应收账款——湖南沙沙门业有限公司　1 243 000

（3）以股票、债券等金融资产抵偿债务。

债务人以股票、债券等金融资产抵偿债务，应按相关金融资产的公允价值与其账面价值的差额，作为转让金融资产的利得或损失处理；相关金融资产的公允价值与重组债务的账面价值的差额，作为债务重组利得。债权人收到的相关金融资产按公允价值计量。

二、将债务转为资本

将债务转为资本，应分别以下情况处理：

（1）债务人为股份有限公司时，应当在满足金融负债终止确认条件时，终止确认重组债务，并将债权人放弃债权而享有股份的面值总额确认为股本，股份的公允价值总额与股本之间的差额确认为股本溢价计入资本公积。重组债务账面价值超过股份的公允价值总额的差额，作为债务重组利得计入当期营业外收入。

（2）债务人为其他企业时，应当在满足金融负债终止确认条件时，终止确认重组债务，并将债权人放弃债权而享有的股权份额确认为实收资本，股权的公允价值与实收资本之间的差额确认为资本溢价计入资本公积。重组债务账面价值超过股权的公允价值的差额，作为债务重组利得计入当期营业外收入。

（3）债权人应当在满足金融资产终止确认条件时，终止确认重组债权，并将因放弃债权而享有股份的公允价值确认为对债务人的投资，重组债权的账面余额与股份的公允价值之间的差额确认为债务重组损失，计入当期营业外支出。债权人已对债权计提减值准备的，应当先将该差额冲减减值准备，减值准备不足以冲减的部分，作为债务重组损失计入当期营业外支出。发生的相关税费，企业分别按照长期股权投资或者金融工具确认计量的规定进行处理。

【实务 13-4】2019 年 5 月 10 日，湖南长江有限责任公司销售一批材料给湖南沙沙门业有限公司，价款 452 000 元（包括应收取的增值税税额），合同约定 6 个月后结清款项。6 个月后，由于湖南沙沙门业有限公司发生财务困难，无法支付该价款，与湖南长江有限责任公司协商进行债务重组。经双方协议，湖南长江有限责任公司同意湖南沙沙门业有限公司将该债务转为湖南沙沙门业有限公司的股份。湖南长江有限责任公司对该项应收账款计提了坏账准备 20 000 元。转股后湖南沙沙门业有限公司注册资本为 9 000 000 元，抵债股权占湖南沙沙门业有限公司注册资本的 2%。债务重组日，抵债股权的公允价值为 400 000 元。2019 年 11 月 1 日，相关手续办理完毕。假定不考虑其他相关税费。

（1）湖南沙沙门业有限公司的账务处理。

计算应计入资本公积的金额：400 000 −9 000 000×2%＝ 220 000（元）

计算债务重组利得：452 000 −400 000 ＝52 000（元）

借：应付账款——湖南长江有限责任公司	452 000	
贷：实收资本——湖南长江有限责任公司		180 000
资本公积——资本溢价		220 000
营业外收入——债务重组利得		52 000

（2）湖南长江有限责任公司的账务处理。

计算债务重组损失：452 000 − 400 000 −20 000 ＝32 000（元）

借：长期股权投资——湖南沙沙门业有限公司	400 000	
坏账准备	20 000	
营业外支出——债务重组损失	32 000	
贷：应收账款——湖南沙沙门业有限公司		452 000

三、修改其他债务条件

以修改其他债务条件进行债务重组的，债务人和债权人应分别以下情况处理：

（一）不附或有条件的债务重组

不附或有条件的债务重组，是指在债务重组中不存在或有应付（或应收）金额，该或有条件需要根据未来某种事项出现而发生的应付（或应收）金额，并且该未来事项的出现具有不确定性。

不附或有条件的债务重组，债务人应将修改其他债务条件后债务的公允价值作为重组后债务的入账价值。重组债务的账面价值与重组后债务的入账价值之间的差额作为债务重组利得，计入当期损益。

以修改其他债务条件进行债务重组，如修改后的债务条款不涉及或有应收金额，则债权人应当将修改其他债务条件后的债权的公允价值作为重组后债权的账面价值，重组债权的账面余额与重组后债权账面价值之间的差额确认为债务重组损失，计入当期损益。债权人如果已对该项债权计提了减值准备，则应当首先冲减已计提的减值准备，减值准备不足以冲减的部分，作为债务重组损失，计入营业外支出。

【实务 13-5】 湖南沙沙门业有限公司 2019 年 12 月 31 日应收湖南长江有限责任公司票据的账为 130 800 元，其中，30 800 元为累计未付的利息，票面年利率 4%。由于湖南长江有限责任公司连面余额年亏损，资金周转困难，不能偿付应于 20 19 年 12 月 31 日前支付的应付票据。经双方协商，于 20 20 年 1 月 5 日进行债务重组。湖南沙沙门业有限公司同意将债务本金减至 80 000 元；免去债务人所欠的全部利息；将利率从 4% 降低到 2%（等于实际利率），并将债务到期日延至 2021 年 12 月 31 日，利息按年支付。该项债务重组协议从协议签订日起开始实施。湖南沙沙门业有限公司、湖南长江有限责任公司已将应收、应付票据转入应收、应付账款。湖南沙沙门业有限公司已为该项应收款项计提了 10 000 元坏账准备。

（1）湖南长江有限责任公司的账务处理。

①计算债务重组利得：

应付账款的账面余额 130 800（元）

减：重组后债务公允价值 80 000（元）

债务重组利得 50 800（元）

②债务重组时的会计分录：

借：应付账款　　130 800

　贷：应付账款——债务重组　　80 000

　　营业外收入——债务重组利得　　50 800

③2019 年 12 月 31 日支付利息：

借：财务费用　　1 600

　贷：银行存款　　（80 000×2%）1 600

④2021 年 12 月 31 日偿还本金和最后一年利息：

借：应付账款——债务重组　　80 000

　财务费用　　1 600

　贷：银行存款　　81 600

（2）湖南沙沙门业有限公司的账务处理。

①计算债务重组损失：

应收账款账面余额 130 800（元）

减：重组后债权公允价值 80 000（元）

差额 50 800（元）

减：已计提坏账准备 10 000（元）

债务重组损失 40 800（元）

②债务重组日的会计分录：

借：应收账款——债务重组　　80 000

　　营业外支出——债务重组损失　　40 800

　　坏账准备　　10 000

　贷：应收账款　　130 800

③2020 年 12 月 31 日收到利息：

借：银行存款　　1 600

　贷：财务费用　　（80 000×2%）1 600

④2021 年 12 月 31 日收到本金和最后一年利息：

借：银行存款　　81 600

　贷：财务费用　　1 600

　　　应收账款　　80 000

（二）附或有条件的债务重组

附或有条件的债务重组，是指在债务重组协议中附或有应付条件的重组。或有应付金额，是指以未来某种事项出现而发生的支出。未来事项的出现具有不确定性。如债务重组协议规定，“将××公司债务 2 000 000 元免除 400 000 元，剩余债务展期两年，并按 2%的年利率计收利息。如该公司一年后盈利，则自第二年起将按 5%的利率计收利息”。根据此项债务重组协议，债务人依据未来是否盈利而发生的 48 000（1 600 000×3%）元支出，即为或有应付金额。但债务人是否盈利，在债务重组时不能确定，即具有不确定性。

对债务人而言，以修改其他债务条件进行的债务重组，修改后的债务条款如涉及或有应付金额，且该或有应付金额符合或有事项中有关预计负债确认条件的，债务人应当将该或有应付金额确认为预计负债。重组债务的账面价值与重组后债务的入账价值和预计负债金额之和的差额，作为债务重组利得，计入营业外收入。需要说明的是，在附或有支出的债务重组方式下，债务人应当在每期末，按照或有事项确认和计量要求，确定其最佳估计数，期末确定的最佳估计数与原预计数的差额，计入当期损益。

对债权人而言，修改其他债务条件进行债务重组，修改后的债务条款中涉及或有应收金额的，不应当确认或有应收金额，不得将其计入重组后债权的账面价值。或有应收金额属于或有资产，或有资产不予确认，只有在或有应收金额实际发生时，才计入当期损益。

四、以上三种方式的组合方式

以上三种方式的组合方式进行债务重组，主要有以下几种情况：

（1）债务人以现金、非现金资产两种方式的组合清偿某项债务的，应将重组债务的账面价值与支付的现金、转让的非现金资产的公允价值之间的差额作为债务重组利得。非现金资产的公允价值与其账面价值的差额作为资产转让损益。债权人应将重组债权的账面余额与收到的现金、受让的非现金资产的公允价值，以及已提坏账准备之间的差额作为债务重组损失。

（2）债务人以现金、将债务转为资本两种方式的组合清偿某项债务的，应将重组债务的账面价值与支付的现金、债权人因放弃债权而享有的股权的公允价值之间的差额作为债务重组利得。股权的公允价值与股本（或实收资本）的差额作为资本公积。债权人应将重组债权的账面余额与收到的现金、因放弃债权而享有股权的公允价值，以及已提坏账准备之间的差额作为债务重组损失。

（3）债务人以非现金资产、将债务转为资本两种方式的组合清偿某项债务的，应将重组债务的账面价值与转让的非现金资产的公允价值、债权人因放弃债权而享有的股权的公允价值之间的差额作为债务重组利得。非现金资产的公允价值与账面价值的差额作为资产转让损益；股权的公允价值与股本（或实收资本）的差额作为资本公积。

债权人应将重组债权的账面余额与受让的非现金资产的公允价值、因放弃债权而享有的股权的公允价值，以及已提坏账准备的差额作为债务重组损失。

（4）债务人以现金、非现金资产、将债务转为资本三种方式的组合清偿某项债务的，应将重组债务的账面价值与支付的现金、转让的非现金资产的公允价值、债权人因放弃债权而享有股权的公允价值的差额作为债务重组利得。非现金资产的公允价值与账面价值的差额作为资产转让损益；股权的公允价值与股本（或实收资本）的差额作为资本公积。债权人应将重组债权的账面余额与收到的现金、受让的非现金资产的公允价值、因放弃债权而享有的股权的公允价值，以及已提坏账准备的差额作为债务重组损失。

（5）以资产、将债务转为资本等方式清偿某项债务的一部分，并对该项债务的另一部分以修改其他债务条件进行债务重组。在这种方式下，债务人应先以支付的现金、转让的非现金资产的公允价值、债权人因放弃债权而享有的股权的公允价值冲减重组债务的账面价值，余额与将来应付金额进行比较，据此计算债务重组利得。非现金资产的公允价值与其账面价值的差额作为资产转让损益；股权的公允价值与股本（或实收资本）的差额作为资本公积。债权人应先以收到的现金、受让的非现金资产的公允价值、因放弃债权而享有的股权的公允价值冲减重组债权的账面价值，余额与将来应收金额进行比较，据此计算债务重组损失。

【本项目工作小结】

债务重组是指在债务人发生财务困难的情况下，债权人按照其与债务人达成的协议或者法院的裁定做出让步的事项。通过本项目的学习，学生要能掌握债务重组的概念及重组方式；掌握以资产清偿债务、将债务转为资本、修改其他债务条件三种债务重组方式下债务人及债权人的具体的账务处理，了解以上三种方式的组合方式下的账务处理。

◆仿真操作

1. 根据【实务13-1】至【实务13-5】编写有关的记账凭证。
2. 登记应收账款及应付账款的明细账。

◆岗位业务认知

利用节假日，去当地的一些企业（工商企业），了解企业是否有此类特殊的债务重组业务，如有企业会计人员是如何进行账务处理的。

◆工作思考

1. 什么是债务重组？债务重组主要包括哪几种方式？
2. 以库存材料及商品产品抵偿债务对于债权人及债务人如何进行相应账务处理？
3. 以固定资产抵偿债务对于债权人及债务人应如何进行相应账务处理？
4. 将债务转为资本，债务人与债权人应怎样进行账务核算？
5. 什么是附或有条件的债务重组？对此又应如何进行核算？

项目十四 或有事项核算业务

或有事项普遍存在于上市公司的经营活动之中，而且越来越复杂，重大的或有事项可能对上市公司的持续经营和发展造成深远的影响。在过去的几年中，因为或有事项风险造成的损失从而使企业陷入困境最终被迫清算的案例不胜枚举，因此上市公司对或有事项信息的披露十分重要，这将有利于利益相关者获取充分的信息并相应地做出决策。

【项目工作目标】

⊙知识目标

熟悉或有事项的确认；掌握或有事项的账务处理。

⊙技能目标

学生通过本项目的学习，能辨别或有事项；会分析处理或有事项金额的确定，并能进行相应的账务处理；具备自主学习的能力。

【任务导入】

2001年9月万家乐突然发布关于重大诉讼的公告，称万家乐在1999年6月以前，为原大股东提供借款担保7.5亿元，目前担保余额尚有4.08亿元。由于原大股东欠债不还，被银行告上法庭，法院判定万家乐负连带责任，这使得万家乐部分资产遭到冻结。由于在长达两年的时间里，万家乐对这些或有事项一直守口如瓶，不仅在中报年报中不加披露，甚至到法院判决以后，也没向投资者透一点风声，深交所因此对万家乐提出了公开谴责。投资者气愤之余，对此也是万般无奈。现在，越来越多的上市公司因为或有事项而陷入困境，轻则替人买单，重则官司不断，影响投资者利益的同时也影响了企业的发展。那么，究竟什么是“或有事项”呢？

【进入任务】

任务一　或有事项概述

任务二　或有事项的确认和计量

任务三　或有事项会计处理原则的应用

任务四　或有事项的列报

任务一　或有事项概述

一、或有事项的概念及其特征

企业在经营活动中有时会面临诉讼、仲裁、债务担保、产品质量保证、重组等具有较大不确定性的经济事项，这些不确定事项对企业的财务状况和经营成果可能会产生较大的影响，其最终结果须由某些未来事项的发生或不发生加以决定。例如，企业对商品提供产品质量保证，承诺在商品发生质量问题时由企业无偿提供修理服务，从而会发生一些费用。至于这笔费用是否发生以及发生的金额是多少，取决于未来是否发生修理请求以及修理工作量的大小等。按照权责发生制的要求，企业不能等到客户提出修理请求时，才确认因提供产品质量保证而发生的义务，而应当在资产负债表日对这一不确定事项做出判断，以决定是否在当期确认可能承担的修理义务。会计上将这种不确定事项称为或有事项。

或有事项是指过去的交易或者事项形成的，其结果须由某些未来事项的发生或不发生才能决定的不确定事项。常见的或有事项包括未决诉讼或未决仲裁、债务担保、产品质量保证（含产品安全保证）、亏损合同、重组义务、承诺、环境污染整治等。

或有事项具有以下特征：

（一）或有事项是由过去的交易或者事项形成的

例如，未决诉讼是企业因过去的经济行为导致起诉其他单位或被其他单位起诉，是现存的一种状况，而不是未来将要发生的事项。又如，产品质量保证是企业对已售出商品或已提供劳务的质量提供的保证，不是为尚未出售商品或尚未提供劳务的质量提供的保证。基于这一特征，未来可能发生的自然灾害、交通事故、经营亏损等事项，都不属于或有事项。

（二）或有事项的结果具有不确定性

或有事项的结果具有不确定性，是指或有事项的结果是否发生具有不确定性或者或有事项的结果预计将会发生，但发生的具体时间或金额具有不确定性。首先，或有事项的结果是否发生具有不确定性。例如，债务的担保方在债务到期时是否承担和履行连带责任，需要根据被担保方能否按时还款决定，其结果在担保协议达成时具有不确定性。又如，有些未决诉讼，被起诉的一方是否会败诉，在案件审理过程中是难以确定的，需要根据人民法院的判决情况加以确定。其次，或有事项的结果预计将会发生，但发生的具体时间或金额具有不确定性。例如，某企业因生产过程中排污治理不力并对周围环境造成污染而被起诉，如无特殊情况，该企业很可能败诉。但是，在诉讼成立时，该企业因败诉将支出多少金额，或者何时将发生这些支出，可能是难以确定的。

（三）或有事项的结果须由未来事项决定

由未来事项决定，是指或有事项的结果只能由未来不确定事项的发生或不发生才能决定。

或有事项发生时，将会对企业产生有利影响还是不利影响，或虽已知是有利影响或不利影响，但影响有多大，在或有事项未发生时是难以确定的。这种不确定性的消失，只能由未来不确定事项的发生或不发生才能证实。例如，企业为其他单位提供债务担保，该担保事项最终是否会要求企业履行偿还债务的连带责任，要看被担保方的未来经营情况和偿债能力。如果被担保方经营情况和财务状况良好且有较好的信用，那么企业将不需要履行该连带责任。只有在被担保方到期无力还款时，担保方才承担偿还债务的连带责任。又如，未决诉讼只能等到人民法院判决才能决定其结果。或有事项与不确定性联系在一起，但会计处理过程中存在不确定性的事项并不都是或有事项，企业应当按照或有事项的定义和特征进行判断。例如，对固定资产计提折旧虽然也涉及对固定资产预计净残值和使用寿命进行分析和判断，带有一定的不确定性，但是，固定资产折旧是已经发生的损耗，固定资产的原值是确定的，其价值最终会转移到成本或费用中也是确定的，该事项的结果是确定的，因此，对固定资产计提折旧不属于或有事项。

二、或有负债和或有资产

（一）或有负债

或有负债是指过去的交易或事项形成的潜在义务，其存在须通过未来不确定事项的发生或不发生予以证实；或过去的交易或事项形成的现时义务，履行该义务不是很可能导致经济利益流出企业或该现实义务的金额不能可靠地计量。

或有负债涉及两类义务：一类是潜在义务；另一类是现时义务。

（1）潜在义务是指结果取决于未来不确定事项的可能义务。也就是说，潜在义务最终是否转变为现时义务，由某些未来不确定事项的发生或不发生决定。

（2）现时义务是指企业在现行条件下已承担的义务，该现时义务的履行不是很可能导致经济利益流出企业，或者该现时义务的金额不能可靠地计量。例如，湖南沙沙门业有限公司涉及一桩诉讼案，根据以往的审判案例推断，湖南沙沙门业有限公司很可能要败诉。但人民法院尚未判决，湖南沙沙门业有限公司无法根据经验判断未来将要承担多少赔偿金额，因此该现时义务的金额不能可靠地计量，该诉讼案件即形成一项湖南沙沙门业有限公司的或有负债。

或有负债无论是潜在义务还是现时义务，均不符合负债的确认条件，因而不能在财务报表中予以确认，但应当按照相关规定在财务报表附注中披露有关信息，包括或有负债的种类及其形成原因、经济利益流出不确定性的说明、预计产生的财务影响以及获得补偿的可能性等。

（二）或有资产

或有资产是指过去的交易或者事项形成的潜在资产，其存在须通过未来不确定事项的发生或不发生予以证实。

或有资产作为一种潜在资产，其结果具有较大的不确定性，只有随着经济情况的变化，通过某些未来不确定事项的发生或不发生才能证实其是否会形成企业真正的资产。

例如，甲企业向法院起诉乙企业侵犯了其专利权。法院尚未对该案件进行公开审理，甲企业是否胜诉尚难判断。对于甲企业而言，将来可能胜诉而获得的赔偿属于一项或有资产，但这项或有资产是否会转化为真正的资产，要由人民法院的判决结果确定。如果终审判决结果是甲企业胜诉，那么这项或有资产就转化为企业的一项资产。如果终审判决结果是甲企业败诉，那么或有资产就消失了，不会形成企业的资产。

正如或有负债不符合负债确认条件一样，或有资产也不符合资产确认条件，因而也不能在财务报表中确认。企业通常不应当披露或有资产，但或有资产很可能给企业带来经济利益的，应当披露其形成的原因、预计产生的财务影响等。

（三）或有负债和或有资产转化为预计负债和资产

需要指出的是，影响或有负债和或有资产的各种因素处于不断变化之中，企业应当持续地对这些因素予以关注。随着时间的推移和事态的进展，或有负债对应的潜在义务可能转化为现时义务，原来不是很可能导致经济利益流出的现时义务也可能被证实将很可能导致经济利益流出企业，并且现时义务的金额也能够可靠计量。企业应当对或有负债相关义务进行评估、分析判断其是否符合预计负债确认条件。如符合预计负债确认条件，应将其确认为负债。类似地，或有资产对应的潜在权利也可能随着相关因素的改变而发生变化，其对应的潜在资产最终是否能够流入企业会逐渐变得明确，如果某一时点企业基本确定能够收到这项潜在资产并且其金额能够可靠计量，应当将其确认为企业的资产。

例如，未决诉讼对于预期会胜诉的一方而言，因未决诉讼形成了一项或有资产；该或有资产最终是否转化为企业的资产，要根据诉讼的最终判决而定。最终判决胜诉的一方，这项或有资产就转化为企业真正的资产。对于预期会败诉的一方而言，因未决诉讼形成了一项或有负债或预计负债：如为或有负债，该或有负债最终是否转化为企业的预计负债，只能根据诉讼的进展而定。企业根据法律规定、律师建议等因素判断自己很可能败诉且赔偿金额能够合理估计的，这项或有负债就转化为企业的预计负债。

任务二　或有事项的确认和计量

一、或有事项的确认

或有事项的确认通常是指与或有事项相关义务的确认。或有事项形成的或有资产只有在企业基本确定能够收到的情况下，才能转变为真正的资产，从而应当予以确认。根据《企业会计准则第13号——或有事项》的规定，与或有事项有关的义务在同时符合以下三个条件时，应当确认为预计负债：①该义务是企业承担的现时义务；②履行该义务很可能导致经济利益流出企业；③该义务的金额能够可靠地计量。

（一）该义务是企业承担的现时义务

该义务是企业承担的现时义务，是指与或有事项相关的义务，是在企业当前条件下已承担的义务，企业没有其他现实的选择，只能履行该现时义务。通常情况下，过去的事项是否导致现时义务是比较明确的，但也存在极少情况，特定事项是否已发生或这些事项是否已产生了一项现时义务可能难以确定，企业应当考虑包括资产负债表日后所有可获得的证据、专家意见等，以此确定资产负债表日是否存在现时义务。如果据此判断，资产负债表日很可能存在现时义务，且符合预计负债确认条件的，应当确认一项预计负债；如果资产负债表日现时义务不是很可能存在的，企业应披露一项或有负债，除非含有经济利益的资源流出企业的可能性极小。

这里所指的义务包括法定义务和推定义务。其中，法定义务是指因合同、法规或其他司法解释等产生的义务，通常是企业在经济管理和经济协调中，依照经济法律、法规的规定必须履行的责任。例如，企业与其他金业签订购货合同产生的义务就属于法定义务。推定义务是指因企业的特定行为而产生的义务。企业的“特定行为”，泛指企业以往的习惯做法、已公开的承诺或已公开宣布的经营政策。并且，由于以往的习惯做法，或通过这些承诺或公开的声明，企业向外界表明了它将承担特定的责任，从而使受影响的各方形成了其将履行那些责任的合理预期。例如，某公司是一家化工企业，因扩大经营规模，到B国创办了一家分公司。假定B国尚未针对某公司这类企业的生产经营可能产生的环境污染制定相关法律，因而某公司的分公司对在B国生产经营可能产生的环境污染不承担法定义务。但是，某公司为在B国树立良好的形象，自行向社会宣称将对生产经营可能产生的环境污染进行治理，某公司的分公司为此承担的义务就属于推定义务。

（二）履行该义务很可能导致经济利益流出企业

履行该义务很可能导致经济利益流出企业，是指履行与或有事项相关的现时义务时，导致经济利益流出企业的可能性超过50%，但尚未达到基本确定的程度。履行或有事项相关义务导致经济利益流出企业的可能性，通常按照一定的概率区间加以判断。一般情况下，发生的概率分为以下几个层次：基本确定、很可能、可能、极小可能。企业通带可以结合下列情况判断经济利益流出的可能性：

结果的可能性	对应的概率区间
基本确定	大于95%但小于100%
很可能	大于50%但小于或等于95%
可能	大于5%但小于或等于50%
极小可能	大于0但小于或等于5%

企业因或有事项承担了现时义务，并不说明该现时义务很可能导致经济利益流出企业。例如，2019年5月1日，A企业与B企业签订协议，承诺为B企业的2年期银行借款提供全额担保。对A企业而言，其由于该担保事项而承担了一项现时义务，但这项义务的履行是否很可能导致经济利益流出企业，需依据B企业的经营情况和财务状况等因素加以确定。假定2019年末，B企业的财务状况恶化，且没有迹象表明B企业的财务状况可能发生好转。此种情况出现，表明B企业很可能违约，从而A企业履行承担的现时义务将很可能导致经济利益流出企业。反之，如果B企业财务状况良好，一般可以认定B企业不会

违约，从而甲企业履行承担的现时义务不是很可能导致经济利益流出。

（三）该义务的金额能够可靠地计量

该义务的金额能够可靠地计量，是指与或有事项相关的现时义务的金额能够被合理地估计。由于或有事项具有不确定性，且由或有事项产生的现时义务的金额也具有不确定性，因此该义务的金额需要估计。要对或有事项确认一项预计负债，相关现时义务的金额应当能够可靠估计。只有在其金额能够可靠地估计，并同时满足其他两个条件时，企业才能加以确认。

例如，B 公司涉及一起诉讼案，根据以往的审判结果判断，公司很可能败诉，相关的赔偿金额也可以估算出一个区间。在这种情况下，我们就可以认为该公司因未决诉讼承担的现时义务的金额能够可靠地估计，从而对未决诉讼确认一项因或有事项形成的预计负债。但是如果没有以往的审判结果作为比照，而相关的法律条文又没有明确解释，那么即使该公司预计可能败诉，在判决以前也很可能无法合理估计其需承担的现时义务的金额，这种情况下不应将之确认为预计负债。

二、或有事项的计量

或有事项的计量通常是指与或有事项相关的义务形成的预计负债的计量。当与或有事项有关的义务符合确认为负债的条件时应当将其确认为预计负债，预计负债应当按照履行相关现时义务所需支付的最佳估计数进行初始计量。此外，企业清偿预计负债所需支出还可能从第三方或其他方获得补偿。因此，预计负债的计量主要涉及两个方面：一是最佳估计数的确定；二是预期可获得补偿的处理。

（一）最佳估计数的确定

预计负债应当按照履行相关现时义务所需支出的最佳估计数进行初始计量。最佳估计数的确定应当分两种情况处理：

（1）支出存在一个连续范围，且该范围内各种结果发生的可能性相同，则最佳估计数应当按照该范围内的中间值，即上下限金额的平均数确定。

【实务 14-1】2019 年 12 月 1 日，湖南沙沙门业有限公司因合同违约而被乙公司起诉。2020 年 12 月 31 日，湖南沙沙门业有限公司尚未接到人民法院的判决。湖南沙沙门业有限公司预计，最终的法律判决很可能对公司不利。假定沙沙门业有限公司预计将要支付的赔偿金额为 1 200 000~1 400 000 元的某一金额，而且这个区间内每个金额的可能性都大致相同。

在这种情况下，湖南沙沙门业有限公司应在 2020 年 12 月 31 日的资产负债表中确认一项预计负债，金额为：（1 200 000+1 400 000）÷2＝1 300 000（元）。

有关账务处理：

借：营业外支出——赔偿支出——乙公司　　1 300 000

　贷：预计负债——未决诉讼——乙公司　　1 300 000

（2）支出不存在一个连续范围，或者虽然存在一个连续范围，但该范围内各种结果发生的可能性不相同。在这种情况下，最佳估计数按照如下方法确定：

①如果或有事项涉及单个项目，最佳估计数按照最可能发生金额确定。“涉及单个项目”指或有事项涉及的项目只有一个，如一项未决诉讼、一项未决仲裁或一项债务担保等。

【实务 14-2】2019 年 10 月 2 日，乙公司涉及一起诉讼案。2019 年 12 月 31 日，乙公司尚未接到人民法院的判决。在咨询了公司的法律顾问后，乙公司认为：胜诉的可能性为 40%，败诉的可能性为 60%；如果败诉，需要赔偿 2 000 000 元。

在这种情况下，乙公司在 2019 年 12 月 31 日资产负债表中应确认的预计负债金额应为最可能发生的金额，即 2 000 000 元。

有关账务处理：

借：营业外支出——赔偿支出	2 000 000	
贷：预计负债——未决诉讼		2 000 000

②如果或有事项涉及多个项目，最佳估计数按照各种可能结果及相关概率加权计算确定。“涉及多个项目”指或有事项涉及的项目不止一个，如产品质量保证。在产品质量保证中，提出产品保修要求的可能有许多客户，相应地，企业对这些客户负有保修义务。

【实务 14-3】湖南沙沙门业有限公司是生产并销售 A 产品的企业，2019 年度第一季度共销售 A 产品 40 000 件，销售收入为 20 000 000 元。根据公司的产品质量保证条款，该产品售出后一年内，如发生正常质量问题，公司将负责免费维修。根据以前年度的维修记录，如果发生较小的质量问题，发生的维修费用为销售收入的 1%；如果发生较大的质量问题，发生的维修费用为销售收入的 2%。根据公司质量部门的预测，本季度销售的产品中，80%不会发生质量问题；15%可能发生较小质量问题；5%可能发生较大质量问题。

根据上述资料，2019 年第一季度末湖南沙沙门业有限公司应确认的预计负债金额为：20 000 000×（0×80%+ 1%×15%+2%×5%）= 50 000（元）

有关账务处理：

借：销售费用——产品质量保证——A 产品	50 000	
贷：预计负债——产品质量保证——A 产品		50 000

（二）预期可获得补偿的处理

如果企业清偿因或有事项而确认的负债所需支出全部或部分预期由第三方或其他方补偿，则此补偿金额只有在基本确定能收到时，才能作为资产单独确认，确认的补偿金额不能超过所确认负债的账面价值。

预期可能获得补偿的情况通常有：发生交通事故等情况时，企业通常可从保险公司获得合理的赔偿；在某些索赔诉讼中，企业可对索赔人或第三方另行提出赔偿要求；在债务担保业务中，企业在履行担保义务的同时，通常可向被担保企业提出追偿要求。

企业预期从第三方获得的补偿，是一种潜在资产，其最终是否会转化为企业真正的资产（即企业是否能够收到这项补偿）具有较大的不确定性，企业只有在基本确定能够收到补偿时才能对其进行确认。根据资产和负债不能随意抵销的原则，预期可获得的补偿在基本确定能够收到时应当确认为一项资产，而不能作为预计负债金额的扣减。补偿金额的确认涉及两个方面问题：一是确认时间，补偿只有在“基本确定”能够收到时才予以确认；二是确认金额，确认的金额是企业基本确定能够收到的金额，而且不能超过相关预计负债的账面价值。

【实务 14-4】 2019 年 12 月 31 日，湖南沙沙门业有限公司因或有事项而确认了一笔金额为 800 000 元的预计负债；同时，湖南沙沙门业有限公司因该或有事项基本确定可从甲保险公司获得 500 000 元的赔偿。本例中，湖南沙沙门业有限公司应分别确认一项金额为 800 000 元的预计负债和一项金额为 500 000 元的资产，而不能只确认一项金额为 300 000（800 000 － 500 000）元的预计负债。同时，该公司所确认的补偿金额 500 000 元未超过所确认的负债的账面价值 800 000 元。

（三）预计负债的计量需要考虑的其他因素

企业在确定最佳估计数时应当综合考虑与或有事项有关的风险、不确定性、货币时间价值和未来事项等因素。

1. 风险和不确定性

风险是对交易或事项结果的变化可能性的一种描述。风险的变动可能增加负债计量的金额。企业在不确定的情况下进行判断需要谨慎，使得收入或资产不会被高估，或负债不会被低估。但是，不确定性并不说明应当确认过多的预计负债和故意夸大支出或费用。

企业应当充分考虑与或有事项有关的风险和不确定性，既不能忽略风险和不确定性对或有事项计量的影响，也要避免对风险和不确定性进行重复调整，从而在低估和高估预计负债金额之间寻找平衡点。

2. 货币时间价值

预计负债的金额通常应当等于未来应支付的金额。但是，受货币时间价值的影响，资产负债表日后不久发生的现金流出，要比一段时间之后发生的同样金额的现金流出负有更大的义务。所以，如果预计负债的确认时点距离实际清偿有较长的时间跨度，货币时间价值的影响重大，那么在确定预计负债的确认金额时，应考虑采用现值计量，即对相关未来现金流出进行折现后确认最佳估计数。例如，油气井或核电站的弃置费用等，应按照未来应支付金额的现值确定。确定预计负债的金额不应考虑预期处置相关资产形成的利得。

将未来现金流出折算为现值时，需要注意以下三点：①用来计算现值的折现率应当是反映货币时间价值的当前市场估计和相关负债特有风险的税前利率。②风险和不确定性既可以在计量未来现金流出时作为调整因素，也可以在确定折现率时予以考虑，但不能重复反映。③随着时间的推移，即使在未来现金流出和折现率均不改变的情况下，预计负债的现值将逐渐增长。企业应当在资产负债表日对预计负债的现值进行重新计量。

3. 未来事项

企业应当考虑可能影响履行现时义务所需金额的相关未来事项。也就是说，对于这些未来事项，如果有足够的客观证据表明它们将发生，如未来技术进步、相关法规出台等，企业就应当在预计负债计量中对未来事项予以考虑，但不应考虑预期处置相关资产形成的利得。

预期的未来事项可能对预计负债的计量较为重要。例如，某核电企业预计在生产结束时处理核废料的费用将会因为未来技术的变化而显著降低，那么，该企业因此确认的预计负债金额应当反映有关专家对技术发展以及处理费用减少做出的合理预测。但是，这种预计需要取得确凿的客观证据予以支持。

三、资产负债表日对预计负债账面价值的复核

企业应当在资产负债表日对预计负债的账面价值进行复核。有确凿证据表明该账面价值不能真实反映当前最佳估计数的，应当按照当前最佳估计数对该账面价值进行调整。

例如，某化工企业对环境造成了污染，按照当时的法律规定，只需要对污染进行清理。随着国家对环境保护越来越重视，按照现在的法律规定，该企业不但需要对污染进行清理，还很可能要对居民进行赔偿。这种法律规定的变化，会对企业预计负债的计量产生影响。企业应当在资产负债表日对为此确认的预计负债金额进行复核，相关因素发生变化表明预计负债金额不再能反映真实情况时，需要按照当前情况下企业清理和赔偿支出的最佳估计数对预计负债的账面价值进行相应的调整。又如，企业对固定资产弃置费用形成的预计负债进行确认后，由于技术进步、法律要求或市场环境变化等原因，履行弃置义务可能发生支出金额、预计弃置时点、折现率等变动的，需要对预计负债的账面价值进行调整。

企业对已经确认的预计负债在实际支出发生时，应当仅限于最初为之确定该预计负债的支出。也就是说，只有与该预计负债有关的支出才能冲减预计负债，否则将会混淆不同预计负债确认事项的影响。

任务三　或有事项会计处理原则的应用

一、未决诉讼或未决仲裁

诉讼是指当事人不能通过协商解决争议，因而在人民法院起诉、应诉，请求人民法院通过审判程序解决纠纷的活动。诉讼尚未裁决之前，对于被告来说，可能形成一项或有负债或者预计负债；对于原告来说，则可能形成一项或有资产。

仲裁是指经济关系的各方当事人依照事先约定或事后达成的书面仲裁协议，共同选定仲裁机构并由其对争议依法做出具有约束力裁决的一种活动。作为当事人一方，仲裁的结果在仲裁决定公布以前是不确定的，会构成一项潜在义务或现时义务，或者潜在资产。

【实务 14-5】湖南沙沙门业有限公司 2019 年度发生的有关交易或事项如下：

2019 年 10 月 1 日有一笔已到期的银行贷款本金 20 000 000 元，利息 2 500 000 元，湖南沙沙门业有限公司具有还款能力，但因与 A 银行存在其他经济纠纷，而未按时归还 A

银行的贷款，2019 年 12 月 1 日，A 银行向人民法院提起诉讼。截至 2019 年 12 月 31 日人民法院尚未对案件进行审理。湖南沙沙门业有限公司法律顾问认为败诉的可能性为 60%，预计将要支付的罚息、诉讼费用在 2 000 000~2 200 000 元，其中诉讼费 60 000 元。

2016 年 10 月 6 日，湖南沙沙门业有限公司委托银行给丙公司贷款 50 000 000 元，由于经营困难，2019 年 10 月 6 日贷款到期时丙公司无力偿还贷款，湖南沙沙门业有限公司依法起诉丙公司，2019 年 12 月 6 日，人民法院一审判决湖南沙沙门业有限公司胜诉，责成丙公司向湖南沙沙门业有限公司偿付贷款本息 60 000 000 元，并支付罚息及其他费用 6 000 000 元，两项合计 66 000 000 元，但由于种种原因，丙公司未履行判决，直到 2019 年 12 月 31 日，湖南沙沙门业有限公司尚未采取进一步的行动。

在本例中，湖南沙沙门业有限公司的会计处理如下：

（1）湖南沙沙门业有限公司败诉的可能性为 60%，即很可能败诉，且相关罚息和诉讼费用等支出能可靠计量，因此，湖南沙沙门业有限公司应在 2019 年 12 月 31 日确认一项预计负债，金额为：

（2 000 000+2 200 000）÷2＝2 100 000（元）

湖南沙沙门业有限公司的有关账务处理如下：

借：管理费用——诉讼费　　60 000

　　营业外支出——罚息支出（1 100 000 −50 000）　　2 040 000

　贷：预计负债——未决诉讼——A 银行　　2 100 000

同时，湖南沙沙门业有限公司应在 2016 年 12 月 31 日的财务报表附注中做如下披露：本公司欠 A 银行贷款于 2019 年 10 月 1 日到期，到期本金和利息合计 22 500 000 元，由于与 A 银行存在其他经济纠纷，故本公司尚未偿还上述借款本金和利息，为此，A 银行起诉本公司，除要求本公司偿还本金和利息外，还要求支付罚息等费用。由于以上情况，本公司在 2019 年 12 月 31 日确认了一项预计负债 2 100 000 元。目前，此案正在审理中。

（2）虽然一审判决湖南沙沙门业有限公司胜诉，将很可能从丙公司收回委托贷款本金、利息及罚息，但是由于丙公司本身经营困难，该款项是否能全额收回存在较大的不确定性。因此，湖南沙沙门业有限公司 2019 年 12 月 31 日不应确认资产，但应考虑该项委托贷款的减值问题。同时，湖南沙沙门业有限公司应在 2019 年 12 月 31 日的财务报表附注中做如下披露：本公司 2016 年 10 月 6 日委托银行向丙公司贷款 50 000 000 元，丙公司逾期未还，为此本公司依法向人民法院起诉丙公司。2019 年 12 月 6 日，一审判决本公司胜诉，并可从丙公司索偿款项 66 000 000 元，其中贷款本金 50 000 000 元、利息 10 000 000 元以及罚息等其他费用 6 000 000 元。截至 2019 年 12 月 31 日，丙公司未履行判决，本公司尚未采取进一步的措施。

二、债务担保

债务担保在企业中是较为普遍的现象。作为提供担保的一方，在被担保方无法履行合同的情况下，常常承担连带责任。从保护投资者、债权人的利益出发，客观、充分地反映企业因担保义务而承担的潜在风险是十分必要的。

企业对外提供债务担保常常会涉及未决诉讼，这时可以分以下情况进行处理：①企业已被判决败诉，则应当按照人民法院判决的应承担的损失金额，确认为负债，并计入当期营业外支出。②已判决败诉，但企业正在上诉，或者经上一级人民法院裁定暂缓执行，或者由上一级人民法院发回重审等，企业应当在资产负债表日，根据已有判决结果合理估计可能产生的损失金额，确认为预计负债，并计入当期营业外支出。③人民法院尚未判决的，企业应向其律师或法律顾问等咨询，估计败诉的可能性，以及败诉后可能发生的损失金额，并取得有关书面意见。如果败诉的可能性大于胜诉的可能性，并且损失金额能够合理估计的，应当在资产负债表日将预计担保损失金额确认为预计负债，并计入当期营业外支出。

【实务 14-6】 2019 年 1 月，湖南沙沙门业有限公司为乙公司人民币 20 000 000 元、期限 2 年的银行贷款提供全额担保；2021 年 4 月，湖南沙沙门业有限公司为丙公司 1 000 000 美元、期限 1 年的银行贷款提供 50%的担保。截至 2019 年 12 月 31 日，各贷款单位的情况如下：乙公司贷款逾期未还，银行已起诉乙公司和湖南沙沙门业有限公司，湖南沙沙门业有限公司因连带责任需赔偿多少金额尚无法确定；丙公司由于受政策影响和内部管理不善等原因，经营效益不如以往，可能不能偿还到期美元债务。本例中，就乙公司而言，湖南沙沙门业有限公司很可能需履行连带责任，但损失金额是多少，目前还难以预计；就丙公司而言，湖南沙沙门业有限公司可能需履行连带责任。这两项债务担保形成湖南沙沙门业有限公司的或有负债，但不符合预计负债的确认条件，湖南沙沙门业有限公司应在 2021 年 12 月 31 日的财务报表附注中披露相关债务担保的被担保单位、担保金额以及财务影响等。

三、产品质量保证

产品质量保证，通常指销售商或制造商在销售产品或提供劳务后，对客户提供服务的一种承诺。在约定期内（或终身保修），若产品或劳务在正常使用过程中出现质量或与之相关的其他属于正常范围的问题，企业负有更换产品、免费或只收成本价进行修理等责任。按照权责发生制的要求，上述相关支出符合确认条件就应在收入实现时确认相关预计负债。

【实务 14-7】 湖南沙沙门业有限公司对其销售的产品做出承诺：产品售出后 3 年内如出现非意外事件造成的质量问题，湖南沙沙门业有限公司免费负责保修（含零部件更换）。湖南沙沙门业有限公司 2019 年第 1 季度、第 2 季度、第 3 季度、第 4 季度分别销售产品 400 件、600 件、800 件和 700 件，每件售价为 5 万元。根据以往的经验，产品发生的保修费一般为销售额的 1%～1.5%。湖南沙沙门业有限公司 2019 年四个季度实际发生的维修费用分别为 40 000 元、400 000 元、360 000 元和 700 000 元（假定用银行存款支付 50%，另外 50%为耗用的原材料）。假定 2018 年 12 月 31 日，“预计负债——产品质量保证”科目年末余额为 240 000 元。

本例中，湖南沙沙门业有限公司因销售产品而承担了现时义务，该现时义务的履行很可能导致经济利益流出湖南沙沙门业有限公司，且该义务的金额能够可靠计量。因此，湖南沙沙门业有限公司应在每季度末确认一项预计负债。

（1）第1季度：发生产品质量保证费用（维修费）。

借：预计负债——产品质量保证　　40 000

　贷：银行存款　　20 000

　　　原材料　　20 000

应确认的产品质量保证负债金额= 400×50 000×（1%+1.5%）÷2= 250 000（元）

借：销售费用——产品质量保证　　250 000

　贷：预计负债——产品质量保证　　250 000

第1季度末，“预计负债——产品质量保证”科目余额= 240 000+ 250 000 -40 000= 450 000元。

（2）第2季度：发生产品质量保证费用（维修费）。

借：预计负债——产品质量保证　　400 000

　贷：银行存款　　200 000

　　　原材料　　200 000

应确认的产品质量保证负债金额= 600×50 000×（1%+1、5%）÷2= 375 000（元）

借：销售费用——产品质量保证　　375 000

　贷：预计负债——产品质量保证　　375 000

第2季度末，“预计负债——产品质量保证”科目余额=450 000 +375 000 -400 000= 425 000元。

（3）第3季度：发生产品质量保证费用（维修费）。

借：预计负债——产品质量保证　　360 000

　贷：银行存款　　180 000

　　　原材料　　180 000

应确认的产品质量保证负债金额= 800×50 000×（1%+1、5%）÷2= 500 000（元）

借：销售费用——产品质量保证　　500 000

　贷：预计负债——产品质量保证　　500 000

第3季度末，“预计负债——产品质量保证”科目余额= 425 000 +500 000 -360 000= 565 000元。

（4）第4季度：发生产品质量保证费用（维修费）。

借：预计负债——产品质量保证　　700 000

　贷：银行存款　　350 000

　　　原材料　　350 000

应确认的产品质量保证负债金额= 700×50 000×（1%+1、5%）÷2 =437 500（元）

借：销售费用——产品质量保证　　437 500

　贷：预计负债——产品质量保证　　437 500

第4季度末，“预计负债——产品质量保证”科目余额=565 000+437 500−700 000=302 500元。

企业在对产品质量保证确认预计负债时，需要注意的是：

第一，如果发现质量保证费用的实际发生额与预计数相差较大，应及时对预计比例进行调整。

第二，如果企业针对特定批次产品确认预计负债，则在保修期结束时，应将“预计负债——产品质量保证”余额冲销，同时冲销销售费用。

第三，对已确认预计负债的产品，如企业不再生产该产品，那么企业应在相应的产品质量保证期满后，将“预计负债——产品质量保证”余额冲销，同时冲销销售费用。

四、亏损合同

亏损合同是指履行合同义务不可避免会发生的成本超过预期经济利益的合同。亏损合同产生的义务满足预计负债确认条件的，应当确认为预计负债。预计负债的计量应当反映退出该合同的最低净成本，即履行该合同的成本与未能履行该合同而发生的补偿或处罚两者之中的较低者。企业与其他企业签订的商品销售合同、劳务合同、租赁合同等，均可能变为亏损合同。

企业对亏损合同进行会计处理，需要遵循以下两点原则：

（1）如果与亏损合同相关的义务不需支付任何补偿即可撤销，企业通常就不存在现时义务，不应确认预计负债；如果与亏损合同相关的义务不可撤销，企业就存在了现时义务，同时满足该义务很可能导致经济利益流出企业且金额能够可靠地计量的，应当确认预计负债。

（2）亏损合同存在标的资产的，应当对标的资产进行减值测试并按规定确认减值损失，在这种情况下，企业通常不需确认预计负债，如果预计亏损超过该减值损失，应将超过部分确认为预计负债；合同不存在标的资产的，亏损合同相关义务满足预计负债确认条件时，应当确认预计负债。

【实务14-8】湖南沙沙门业有限公司2018年12月10日与丙公司签订不可撤销合同，约定在2019年12月1日以每件200元的价格向丙公司提供A产品1 000件，若不能按期交货，将对湖南沙沙门业有限公司处以总价款20%的违约金。签订合同时A产品尚未开始生产，湖南沙沙门业有限公司准备采购原材料生产A产品时，原材料价格突然上涨，预计生产A产品的单位成本将超过合同单价。不考虑相关税费。

（1）若生产A产品的单位成本为210元。

履行合同发生的损失=1 000×（210−200）=10 000（元）

不履行合同支付的违约金=1 000×200×20%=40 000（元）

本例中，湖南沙沙门业有限公司与丙公司签订了不可撤销合同，但是执行合同不可避免发生的费用超过了预期获得的经济利益，属于亏损合同。由于该合同变为亏损合同时不存在标的资产，湖南沙沙门业有限公司应当按照履行合同造成的损失与违约金两者中的较低者确认一项预计负债，即应确认预计负债 10 000 元。

借：营业外支出——亏损合同损失——A 产品　　10 000

　贷：预计负债——亏损合同损失——A 产品　　10 000

待产品完工后，将已确认的预计负债冲减产品成本。

借：预计负债——亏损合同损失——A 产品　　10 000

　贷：库存商品——A 产品　　10 000

（2）若生产 A 产品的单位成本为 270 元。

履行合同发生的损失 = 1 000×（270 - 200） = 70 000（元）

不履行合同支付的违约金 = 1 000×200×20% = 40 000（元）

则应确认预计负债 40 000 元。

借：营业外支出——亏损合同损失——A 产品　　40 000

　贷：预计负债——亏损合同损失——A 产品　　40 000

支付违约金时

借：预计负债——亏损合同损失——A 产品　　40 000

　贷：银行存款　　40 000

【实务 14-9】湖南沙沙门业有限公司与乙公司于 2019 年 11 月签订不可撤销合同，湖南沙沙门业有限公司向乙公司销售产品 50 件 B 产品，合同价格每件 1 000 000 元（不含税）。该批产品在 2019 年 12 月 25 日交货。截至 2019 年年末，湖南沙沙门业有限公司已生产 40 件 B 产品，由于原材料价格上涨，单位成本达到 1 020 000 元，每销售一台 A 产品亏损 20 000 元，因此这项合同已成为亏损合同。预计其余未生产的 10 件 B 产品的单位成本与已生产的 B 产品的单位成本相同。则湖南沙沙门业有限公司应对有标的物 40 件 B 产品计提存货跌价准备，对不是标的物的 10 件 B 产品确认预计负债。不考虑相关税费。

有关账务处理如下：

（1）有标的部分，合同为亏损合同，确认减值损失。

借：资产减值损失——存货跌价损失——B 产品　　800 000

　贷：存货跌价准备——B 产品（40×20 000）　　800 000

（2）无标的部分，合同为亏损合同，确认预计负债。

借：营业外支出——亏损合同损失——B 产品　　200 000

　贷：预计负债——亏损合同损失——B 产品（10×20 000）　　200 000

（3）在产品生产出来后，将预计负债冲减成本。

借：预计负债——亏损合同损失——B 产品　　200 000

　贷：库存商品——B 产品　　200 000

五、重组义务

重组是指企业制定和控制的，将显著改变企业组织形式、经营范围或经营方式的计划实施行为。属于重组的事项主要包括：①出售或终止企业的部分业务；②对企业的组织结构进行较大调整；③关闭企业的部分营业场所，或将营业活动由一个国家或地区迁移到其他国家或地区。

企业应当将重组与企业合并、债务重组区别开。因为重组通常是企业内部资源的调整和组合，谋求现有资产效能的最大化；企业合并是在不同企业之间的资本重组和规模扩张；而债务重组是债权人对债务人做出让步，使债务人减轻债务负担，债权人尽可能减少损失。

（一）重组义务的确认

企业因重组而承担了重组义务，并且同时满足预计负债确认条件时，才能确认预计负债。

首先，同时存在下列情况的，表明企业承担了重组义务：①有详细、正式的重组计划，包括重组涉及的业务、主要地点、需要补偿的职工人数、预计重组支出、计划实施时间等；②该重组计划已对外公告，重组计划已经开始实施，或已向受其影响的各方通告了该计划的主要内容，从而使各方形成了对该企业将实施重组的合理预期。

企业制订了详细、正式的重组计划，并已经对外公告，使那些受其影响的其他单位或个人可以合理预期企业将实施重组，这构成了企业的一项推定义务。而管理层或董事会在资产负债表日前做出的重组决定，在资产负债表日并不形成一项推定义务，除非企业在资产负债表日前已经对外进行了公告，将重组计划传达给受其影响的各方，使他们形成了对企业将实施重组的合理预期。

其次，我们需要判断重组义务是否同时满足预计负债的三个确认条件，即判断其承担的重组义务是否是现时义务、履行重组义务是否很可能导致经济利益流出企业、重组义务的金额是否能够可靠计量。只有同时满足这三个确认条件，才能将重组义务确认为预计负债。

【实务 14-10】2019 年 12 月 31 日，甲上市公司董事会决定关闭一个事业部。2019 年度财务报告报出前，甲上市公司董事会尚未将有关决定传达到受影响的各方，也未采取任何措施实施该项决定，在 2019 年 12 月 31 日，甲上市公司不应对此项决定确认预计负债。

【实务 14-11】2019 年 12 月 16 日，乙上市公司董事会决定关闭 A 产品事业部，有关计划已获批准。至 2019 年 12 月 31 日，关闭该事业部的决定已经向社会公告，受影响的公司职工、客户及供应商均收到了通知。如果该义务很可能导致经济利益流出乙上市公司，且金额能够可靠计量，在 2019 年 12 月 31 日，乙上市公司应对此项决定确认预计负债。

（二）重组义务的计量

企业应当按照与重组有关的直接支出确定预计负债金额，计入当期损益。其中，直接支出是企业重组必须承担的直接支出，并且与主体继续进行的活动无关的支出，不包括留用职工岗前培训、市场推广、新系统和营销网络投入等支出。因为这些支出与未来经营活动有关，在资产负债表日不是重组义务。

由于企业在计量预计负债时不应当考虑预期处置相关资产的利得，在计量与重组义务相关的预计负债时，也不考虑处置相关资产（厂房、店面，有时是一个事业部整体）可能形成的利得或损失，即使资产的出售构成重组的一部分也是如此，这些利得或损失应当单独确认。

企业可以参照表 14-1 判断某项支出是否属于与重组有关的直接支出。

表 14-1　与重组有关支出的判断表

支出项目	包括	不包括	不包括的原因
自愿遣散	√		
强制遣散（如果自愿遣散目标未满足）	√		
将不再使用的厂房的租赁撤销费	√		
将职工和产品从拟关闭的工厂转移到继续使用的工厂		√	支出与继续进行的活动相关
剩余职工的再培训		√	支出与继续进行的活动相关
新经理的招聘成本		√	支出与继续进行的活动相关
推广公司新形象的营销成本		√	支出与继续进行的活动相关
对新营销网络的投资		√	支出与继续进行的活动相关
重组的未来可辨认经营损失（最新预计值）		√	支出与继续进行的活动相关
特定不动产、厂房和产品的减值损失		√	按企业会计准则进行计提

任务四　或有事项的列报

一、预计负债的列报

在资产负债表中，因或有事项而确认的负债（预计负债）应与其他负债项目区别开来，单独反映。如果企业因多项或有事项确认了预计负债，在资产负债表上一般只需通过“预计负债”项目进行总括反映。在将或有事项确认为负债的同时，应确认一项支出或费用，这项费用或支出在利润表中不应单列项目反映，而应与其他费用或支出项目（如“销售费用”“管理费用”“营业外支出”等）合并反映。比如，企业因产品质量保证确认负债时所确认的费用，在利润表中应作为“销售费用”的组成部分予以反映；又如，企业因对其他单位提供债务担保确认负债时所确认的费用，在利润表中应作为“营业外支出”的组成部分予以反映。同时，为了使会计报表使用者获得充分、详细的有关或有事项的信息，企业应在会计报表附注中披露以下内容：

第一，预计负债的种类、形成原因以及经济利益流出不确定性的说明；

第二，各类预计负债的期初、期末余额和本期变动情况；

第三，与预计负债有关的预期补偿金额和本期已确认的预期补偿金额。

二、或有负债的披露

或有负债无论作为潜在义务还是现时义务，均不符合负债的确认条件，因而不予确认。但是，除非或有负债极小可能导致经济利益流出企业，否则企业应当在附注中披露有关信息，具体包括：

第一，或有负债的种类及其形成原因，包括已贴现商业承兑汇票、未决诉讼、未决仲裁、对外提供担保等形成的或有负债。

第二，经济利益流出不确定性的说明。

第三，或有负债预计产生的财务影响，以及获得补偿的可能性；无法预计的，应当说明原因。

需要注意的是，在涉及未决诉讼、未决仲裁的情况下，如果披露全部或部分信息预期对企业会造成重大不利影响，企业无须披露这些信息，但应当披露该未决诉讼、未决仲裁的性质，以及没有披露这些信息的事实和原因。

三、或有资产的披露

或有资产作为一种潜在资产，不符合资产确认的条件，因而不予确认。企业通常不应当披露或有资产，但或有资产很可能会给企业带来经济利益的，应当披露其形成的原因、预计产生的财务影响等。

【本项目工作小结】

或有事项是指过去的交易或者事项形成的，其结果须由某些未来事项的发生或不发生才能决定的不确定事项。常见的或有事项包括未决诉讼或未决仲裁、债务担保、产品质量保证（含产品安全保证）、亏损合同、重组义务、承诺、环境污染整治等。通过本项目的学习，学生应熟悉或有事项的确认，掌握或有事项的账务处理。

◆仿真操作

根据【实务 14-1】至【实务 14-11】编写有关的记账凭证。

◆岗位业务认知

利用节假日，去当地的一些企业（工商企业），了解企业是否有此类特殊的或有事项业务，如有企业会计人员是如何进行账务处理的。

◆工作思考

1. 什么是或有事项？或有事项主要包括哪几种方式？
2. 或有事项如何进行披露？

项目十五　借款费用核算业务

在市场经济条件下，企业发展所需要的资金除了一部分依靠所有者投入以外，另外有相当一部分要依靠借款方式来解决，从而产生借款费用，借款费用核算业务涉及借款费用的范围、确认和计量。作为企业的财会人员，应该能够确定借款费用的范围、明确借款费用资本化和费用化的区分，并展开正确计量。

【项目工作目标】

⊙知识目标

熟悉借款费用的范围；掌握借款费用资本化金额的确定及账务。

⊙技能目标

学生通过本项目的学习，会辨别正确的借款费用；会分析处理借款费用及借款辅助费用资本化金额的确定，并能进行相应的账务处理。

【任务导入】

随着后金融危机时代的到来，世界经济延续着缓慢复苏的势头，各行业现金流高度紧张，资产负债率较高，借款费用增大，为保证公司的可持续发展，公司需加强借款费用核算。准确计量资本化利息，能够避免高估资产负债表的资产，虚增利润表的利润的现象，从而提高会计信息的可靠性。《企业会计准则第 17 号——借款费用》的颁布和实施对规范企业的会计行为、准确计量固定资产的成本、强化企业会计核算、加强财务管理、真实地反映企业的财务状况和经营成果及提高企业会计信息的质量具有很强的现实指导意义。

【进入任务】

任务一　借款费用的范围
任务二　借款费用的确认
任务三　借款费用的计量

任务一 借款费用的范围

借款费用是企业因借入资金所付出的代价，包括借款利息、折价或者溢价的摊销、辅助费用以及因外币借款而发生的汇兑差额等。承租人确认的融资租赁发生的融资费用属于借款费用。

因借款而发生的利息包括企业向银行或者其他金融机构等借入资金发生的利息、发行公司债券或企业债券发生的利息，以及为购建或者生产符合资本化条件的资产而发生的带息债务所承担的利息等。

因借款而发生的折价或者溢价主要是指发行债券等发生的折价或者溢价、发行债券中的折价或者溢价，其实质是对债券票面利息的调整（即将债券票面利率调整为实际利率），属于借款费用的范畴。例如，湖南沙沙门业有限公司发行公司债券，每张公司债券票面价值为 100 元，票面年利率为 6%，期限为 4 年，而同期市场利率为年利率 8%，由于公司债券的票面利率低于市场利率，为成功发行公司债券，湖南沙沙门业有限公司采取了折价发行的方式，折价金额在实质上是用于补偿投资者在购入债券后所受到的名义利息上的损失，应当作为以后各期利息费用的调整额。

因借款而发生的辅助费用，是指企业在借款过程中发生的诸如手续费、佣金等费用，由于这些费用是因安排借款而发生的，也属于借入资金所付出的代价，因此这些费用是借款费用的构成部分。

因外币借款而发生的汇兑差额，是指由于汇率变动导致市场汇率与账面汇率出现的差异，从而对外币借款本金以及其利息的记账本位币金额所产生的影响金额。

企业发生的权益性融资费用，不应包括在借款费用中。

【实务 15-1】湖南沙沙门业有限公司 2019 年 9 月发生了借款手续费 100 000 元，发行公司债券佣金 10 000 000 元，发行公司债券佣金 20 000 000 元，借款利息 2 000 000 元。其中借款手续费 1 00 000 元、发行公司债券佣金 10 000 000 元和借款利息 2 000 000 元均属于借款费用。发行公司股票属于公司权益性融资，所发生的佣金应当冲减溢价，不属于借款费用范畴，不应按照《企业会计准则等 17 号——借款费用》进行财务处理。

任务二 借款费用的确认

一、确认的原则

借款费用的确认主要解决的是将每期发生的借款费用资本化、计入相关资产的成本，还是将有关借款费用费用化、计入当期损益的问题。借款费用确认的基本原则是：企业发生的借款费用可直接归属于符合资本化条件的资产购建或者生产的，应当予以资本化，计入相关资产成本。其他借款费用应当在发生时根据其发生额确认为费用，计入当期损益。

符合资本化条件的资产，是指需要经过相当长时间的购建或者生产活动才能达到预定可使用或者可销售状态的固定资产、投资性房地产和存货等资产。建造合同成本、无形资产的开发支出等在符合条件的情况下，也可以认定为符合资本化条件的资产。其中“相当长时间”应当是指资产的购建或者生产所必备的时间，通常为 1 年以上（含一年）。

在实务中，如果由于人为或者故意等非正常因素导致资产的购建或者生产时间相当长的，该资产不属于符合资本化条件的资产。购入即可使用的资产，或者购入后需要安装但所需安装时间较短的资产，或者需要建造或生产但建造或生产时间较短的资产，均不属于符合资本化条件的资产。

【实务 15-2】湖南沙沙门业有限公司 2019 年 9 月向银行借入资金分别用于生产 A 产品和 B 产品。其中，A 产品的生产时间较短，为 1 个月；B 产品属于大型发电设备，生产周期较长，为 1 年零 3 个月。

为存货生产而借入的借款费用在符合资本化条件的情况下应当予以资本化。本例中，由于 A 产品的生产时间较短，不属于需要经过相当长时间的生产才能达到预定可销售状态的资产。因此，为 A 产品的生产而借入资金所发生的借款费用不应计入 A 产品的生产成本，而应当计入当期财务费用。而 B 产品的生产时间比较长，属于需要经过相当长时间的生产才能达到预定可销售状态的资产，因此，为 B 产品的生产而借入资金所发生的借款费用符合资本化的条件，应计入 B 产品的成本中。

二、借款费用应予资本化的借款范围

借款包括专门借款和一般借款。专门借款是指为购建或者生产符合资本化条件的资产而专门借入的款项。专门借款通常应当有明确的用途，即为购建或者生产某项符合资本化条件的资产而专门借入，并通常应当具有标明该用途的借款合同。例如：湖南沙沙门业有限公司为建造一条生产线向某银行专门贷款 50 000 000 元。某房地产开发企业为了开发某住宅小区向某银行专门贷款 2 亿元等。以上两者均属于专门借款，其使用目的明确，而且其使用受到相关合同的限制。一般借款是指专门借款之外的借款，相对于专门借款而言，一般借款在借入时，其用途通常没有特指用于符合资本化条件的资产的购建或者生产。

借款费用应予资本化的借款范围，既包括专门借款，也包括一般借款。其中，对于一般借款，只有在购建或者生产某项符合资本化条件的资产占用了一般借款时，才应将与该部分一般借款相关的借款费用资本化，否则，所发生的借款费用应当计入当期损益。

三、借款费用资本化期间的确定

只有发生在资本化期间内的有关借款费用才允许资本化，资本化期间的确定是借款费用确认和计量的重要前提。借款费用资本化期间是指从借款费用开始资本化时点到停止资本化时点的期间，但不包括借款费用暂停资本化的期间。

1. 借款费用开始资本化的时点

借款费用允许开始资本化必须同时满足三个条件，即资产支出已经发生、借款费用已经发生，以及为使资产达到预定可使用或者可销售状态所必要的购建或者生产活动已经开始。

（1）资产支出已经发生的判断。资产支出包括以支付现金、转移非现金资产和承担带息债务形式所发生的支出。

①支付现金。支付现金是指用货币资金支付符合资本化条件的资产的购建或者生产支出。

②转移非现金资产。转移非现金资产是指企业将自己的非现金资产直接用于符合资本化条件的资产的购建或者生产。

【实务 15-3】湖南沙沙门业有限公司将自己生产的产品，包括水泥、钢材等，用于符合资本化条件的资本的建造或者生产，该企业同时还用自己生产的产品换取其他企业的工程物资，用于符合资本化条件的资本的建造或者生产，这些产品的成本均属于资产的支出。

③承担带息债务。承担带息债务是指企业为了购建或者生产符合资本化条件的资产而承担的带息应付款项。企业以赊购方式购买这些物资所产生的债务可能带息，也可能不带息。如果企业赊购这些物资承担的是不带息的债务，就不应当将购买价款计入资产支出，因为该债务在偿付前不需要承担利息，也没有占用借款资金。企业只有等到实际偿付债务，发生了资源流出时，才能将其作为资产支出。如果企业赊购物资承担的是带息债务，企业要为这笔债务付出代价，支付利息，与企业向银行借入款项用以支付资产支出的性质上是一致的。企业为购建或者生产符合资本化条件的资产而承担的带息债务应当作为资产支出，当该带息债务发生时，视同资产支出已经发生。

（2）借款费用已经发生的判断。借款费用已经发生，是指企业已经发生了因购建或者生产符合资本化条件的资产而专门借入款项的借款费用，或者占用了一般借款的借款费用。

（3）为使资产达到预定可使用或者可销售状态所必要的购建或者生产活动已经开始，是指符合资本化条件的资产的实体建造或者生产工作已经开始，如主体设备的安装、厂房的实际开工建造等。它不包括仅仅持有资产但没有发生为改变资产形态而进行的实质上的建造或者生产活动。

企业只有在上述三个条件同时满足的情况下，有关借款费用才可以开始资本化，只要其中有一个条件没有满足，借款费用就不能资本化，而应计入当期损益。

【实务 15-4】湖南沙沙门业有限公司专门借入款项建造某符合资本化条件的固定资产，相关借款费用已经发生，同时固定资产的实体建造工作也已开始，但为固定资产建造所需物资等都是赊购或者客户垫付的（且所形成的负债均为不带息负债），发生的相关薪酬等费用也尚未形成现金流出。

在这种情况下，固定资产建造本身并没有占用借款资金，没有发生资产支出，该事项只满足借款费用开始资本化的第二个条件和第三个条件，但没有满足第一个条件，所以，发生的借款费用不应予以资本化。

【实务 15-5】湖南沙沙门业有限公司为建造一项符合资本化条件的固定资产，使用自有资金购置了工程物资，该固定资产已经开始动工兴建，但专门借款资金尚未到位，也没有占用一般借款资金。

在这种情况下，企业尽管满足了借款费用开始资本化的第一个条件和第三个条件，但是不符合借款费用开始资本化的第二个条件，因此，不允许开始借款费用的资本化。

【实务 15-6】湖南沙沙门业有限公司为了建造某一项符合资本化条件的厂房，已经使用银行存款购置了水泥、钢材等，发生了资产支出，相关借款也已经计息，但是厂房因各种原因迟迟未能开工兴建。

在这种情况下，企业尽管符合了借款费用开始资本化的第一个条件和第二个条件，但不符合借款费用的第三个条件，因此，所发生的借款费用不允许资本化。

2. 借款费用暂停资本化的时间

符合资本化条件的资产在购建或者生产过程中发生非正常中断且中断时间连续超过 3 个月的，应当暂停借款费用的资本化。中断的原因必须是非正常中断，属于正常中断的，相关借款费用仍可资本化。在实务中，企业应当遵循“实质重于形式”等原则来判断借款费用暂停资本化的时间。

非正常中断，通常是由于企业管理决策上的原因或者其他不可预见的原因等所导致的中断。例如，企业因与施工方发生了质量纠纷，或者工程、生产用料没有及时供应，或者资金周转发生了困难，或者施工、生产发生了安全事故，或者发生了与资产购建、生产有关的劳动纠纷等原因，导致资产购建或者生产活动发生中断，均属于非正常中断。

【实务 15-7】湖南沙沙门业有限公司于 2019 年 1 月 1 日利用专门借款开工兴建一幢厂房，支出已经发生，因此借款费用从当日起开始资本化，工程预计于 2019 年 3 月完工。2019 年 5 月 15 日，由于工程施工发生了安全事故，导致工程中断，直到 9 月 10 日才复工。

该中断属于非正常中断。因此，上述专门借款在 5 月 15 日至 9 月 10 日间所发生的借款费用不应资本化，而应作为财务费用计入当期损益。

非正常中断与正常中断显著不同。正常中断通常仅限于购建或者生产符合资本化条件的资产达到预期可使用或者可销售状态所必要的程序，或者事先可预见的不可抗力因素导致的中断，例如，某些工程建造到一定阶段必须暂停下来进行质量或者安全检查，检查通过后才可能继续下一阶段的建造工作，这类中断是在施工前可以预见的，而且是工程建造必须经过额程序，属于正常中断，某些地区的工程在建造的过程中，由于可预见的不可抗力因素（如雨季或冰冻季节）导致施工出现停顿，也属于正常中断。

【实务 15-8】湖南沙沙门业有限公司在北方某地建造某工程期间，遇上冰冻季节（通常为 6 个月），工程施工因此中断，待冰冻季节过后方能继续施工。

由于该地区在施工期间出现较长时间的冰冻属于正常情况，由此导致的施工中断是可预见的不可抗力因素导致的中断，属于正常中断，在正常中断期间所发生的借款费用可以继续资本化，计入相关资本的成本。

3. 借款费用停止资本化的时点

购建或者生产符合资本化条件的资产达到预定可使用或者可销售状态时，借款费用应当停止资本化，在符合资本化条件的资产达到预定可使用或者可销售状态之后所发生的借款费用，应当在发生时根据其发生额确认为费用，计入当期损益。

资本达到预定可使用或者可销售状态，是指所购建或者生产的符合资本化条件的资产已经达到建造方、购买方或者企业自身等预先设计、计划或者合同约定的可以使用或者可以销售的状态。企业在确定借款费用停止资本化的时点时需要运用职业判断，应当遵循实质重于形式原则，针对具体情况，依据经济实质判断所购建或者生产的符合资本化条件的资产达到预定可使用或者可销售状态的时点，具体可从以下几个方面进行判断。

（1）符合资本化条件的资产的实体建造（包括安装）或者生产活动已经全部完成或者实质上已经完成。

（2）所购建或者生产的符合资本化条件的资产与设计要求、合同规定或者生产要求符合或者基本符合，即使有极个别与设计、合同或者生产要求不相符的地方，也不影响其正常使用或者销售。

（3）继续发生在所购建或者生产的符合资本化条件的资产上的支出金额很少或者几乎不再发生。

购建或者生产的符合资本化条件的资产需要试生产或者试运行的，在试生产结果表明资产能够正常生产出合格产品，或者试运行结果表明资产能够正常运转或者营业时，应当认为该资产已经达到预定可使用或者可销售的状态。

【实务 15-9】湖南沙沙门业有限公司借入一笔款项，于 2018 年 2 月 1 日采用出包方式开工兴建一幢厂房，2018 年 10 月 10 日工程全部完工，达到合同要求。10 月 30 日工程验收合格，11 月 15 日办理工程竣工结算，11 月 20 日完成全部资产移交手续，12 月 1 日厂房正式投入使用。

在本例中，企业应当将 2018 年 10 月 10 日确定为工程达到预定可使用状态的时点，作为借款费用停止资本化的时点，后续的工程验收日、竣工结算日、资产移交日和投入使用日均不应作为借款费用停止资本化的时点，否则会导致资产价值和利润的高估。

在符合资本化条件的资产的实际购建或者生产过程中，如果所购建或者生产的符合资本化条件的资产分别建造、分别完工，企业也应当遵循实质重于形式原则，区别不同情况，界定借款费用停止资本化的时点。

如果所购建或者生产的符合资本化条件的资产的各部分分别完工，且每部分在其他部分继续建造或者生产过程中可供使用或者可对外销售，且为使该部分资产达到预定可使用或可销售状态所必要的购建或者生产活动实质上已经完成的，应当停止与该部分资产相关的借款费用的资本化，因为该部分资产已经达到了预定可使用或者可销售状态。

如果企业购建或者生产的资产的各部分分别完工，但必须等到整体完工后才可使用或者对待销售的，应当在该资产整体完工时停止借款费用的资本化。在这种情况下，即使各部分资产已经完工，也不能够认为该部分资产已经达到了预定可使用或者可销售状态。企业只能在所购建固定资产整体完工时，才能认为资产已经达到了预定可使用或者可销售状态，借款费用方可停止资本化。

【实务 15-10】湖南沙沙门业有限公司在建设某一涉及数项工程的钢铁冶炼项目时，每个单项工程都是根据各道冶炼工序设计建造的。因此，只有在每项工程都建造完毕后，整个冶炼项目才能正式运转，达到生产和设计要求，所以每一个单项工程完工后不应认为资产就达到了预定可使用的状态，企业只有等到整个冶炼项目全都完工，达到预定可使用状态时，才能停止借款费用的资本化。

任务三　借款费用的计量

一、借款利息资本化金额的确定

在借款费用资本化期间内，每一会计期间的利息（包括折价或溢价的摊销，下同）的资本化金额，应当按照下列原则确定：

（1）为购建或者生产符合资本化条件的资产而借入专门借款的，企业应当以专门借款当期实际发生的利息费用减去将尚未动用的借款资金存入银行取得的利息收入或进行暂时性投资取得的投资收益后的金额，确定专门借款应予资本化的利息金额。

（2）为购建或者生产符合资本化条件的资产而占用了一般借款的，企业应当根据累计资产支出超过专门借款部分的资产支出加权平均数乘以所占用一般借款的资本化率，计算确定一般借款应予资本化的利息金额。资本化应当根据一般借款加权平均利率计算确定，即企业占用一般借款购建或者生产符合资本化条件的资产时，一般借款的借款费用的资本化金额的确定应当与资产支出相挂钩。有关计算公式如下：

一般借款利息费用资本化金额＝累计资产支出超过专门借款部分的资产支出加权平均数×所占用一般借款的资本化率

所占用的一般借款的资本化率＝所占用一般借款加权平均利率＝所占用一般借款当期实际发生的利息之和÷所占用的一般借款本金加权平均数。

（3）每一会计期间的利息资本化金额不应当超过当期相关借款实际发生的利息金额。

【实务 15-11】如表 15-1 所示，湖南沙沙门业有限公司于 2018 年 1 月 1 日、2018 年 7 月 1 日和 2019 年 1 月 1 日支付工程进度款。

湖南沙沙门业有限公司为建造厂房于 2018 年 1 月 1 日专门借款 30 000 000 元，借款期限为 3 年，年利率为 5%。另外，在 2018 年 7 月 1 日又专门借款 60 000 000 元，借款期限为 5 年，年利率为 6%，借款利息按年支付（如无特别说明，本章例题中名义利率与实际利率相同）。湖南沙沙门业有限公司将限制借款资金用于固定收益债券短期投资，该短期投资月收益率为0.5%。

厂房于2019年6月30日完工，达到预定可使用状态。

表15-1 湖南沙沙门业有限公司建造该厂房的支出金额 单位：元

日期	每期资产支出金额	累计资产支出金额	闲置借款资金用于短期投资金额
2018.1.1	15 000 000	15 000 000	15 000 000
2018.7.1	35 000 000	50 000 000	40 000 000
2019.1.1	35 000 000	85 000 000	5 000 000
总 计	85 000 000	-	60 000 000

由于湖南沙沙门业有限公司使用了专门借款建造厂房，而且厂房建造支出没有超过专门借款金额。因此，公司于2018年、2019年建造厂房应予资本化的利息金额计算如下：

（1）确定借款费用资本化期间为2018年1月1日至2019年6月30日。

（2）计算在资本化期间内专门借款实际发生的利息金额：

2018年专门借款发生的利息金额＝30 000 000 ×5%+60 000 000×6%×6/12

＝3 300 000（元）

2019年1月1日至6月30日专门借款发生的利息金额＝3 000 000×5%×6/12+60 000 000×6%×6/12＝2 550 000（元）

（3）计算在资本化期间利用闲置专门借款资金进行短期投资的收益：

2018年短期投资收益＝15 000 000×0.5%×6+40 000 000×0.5%×6＝1 650 000（元）

2019年1月1日至6月30日短期投资收益＝5 000 000×0.5%×6＝150 000（元）

（4）由于在资本化期间，专门借款利息费用的资本化金额应当以其实际发生的利息费用减去将限制的借款资金进行短期投资取得的投资效益后的金额确定，因此：

公司2018年的利息资本化金额＝3 300 000-1 650 000＝1 650 000（元）

公司2019年的利息资本化金额＝2 550 000-150 000＝2 400 000（元）

（5）有关账务处理如下：

①2018年12月31日

借：在建工程——××厂房 1 650 000

应收利息（或银行存款） 1 650 000

贷：应付利息——××银行 3 300 000

②2019年6月30日

借：在建工程——××厂房 2 400 000

应收利息（或银行存款） 150 000

贷：应付利息——××银行 2 550 000

【实务15-12】沿用【实务15-11】假定湖南沙沙门业有限公司建造厂房没有专门借款，占用的都是一般借款。

湖南沙沙门业有限公司为建造厂房占用的一般借款有两笔，具体如下：

（1）向 A 银行长期贷款 20 000 000 元。期限为 2017 年 12 月 1 日至 2020 年 12 月 1 日，年利率为 6%，按年支付利息。

（2）发行公司债券 1 亿元，于 2017 月 1 月 1 日发行，期限为 5 年。年利率为 8%，按年支付利息。

假定这两笔一般借款除了用于厂房建设外，没有用于其他符合资本化条件的资产的购建或者生产活动假定全年按 360 天计算，一般借款利息资本化率为 7.67%。

鉴于湖南沙沙门业有限公司建设厂房没有占用专门借款，而是占用了一般借款，因此，公司应当首先计算所占用一般借款的加权平均利率作为资本化率，然后计算建设厂房的累积资产支出加权平均数，将其与资本化率相乘，计算求得当期应予资本化的借款利息金额，具体如下：

（1）计算所占用一般借款资本化率：

一般借款资本化率(年)=(20 000 000×6%+100 000 000×8%)÷(20 000 000+100 000 000)×100%=7.67%

（2）计算累积资产支出加权平均数：

2018 年累积资产支出加权平均数=15 000 000×360÷360+35 000 000×180÷360

=32 500 000（元）

2019 年累积资产支出加权平均数=85 000 000×180÷360=42 500 000（元）

（3）计算每期利息资本化金额：

2018 年为建设厂房的利息资本化金额=32 500 000×7.67%=2 492 750（元）

2018 年实际发生的一般借款利息费用=20 000 000×6%+100 000 000×8%

=9 200 000（元）

2019 年为建设厂房的利息资本化金额=42 500 000×7.67%=3 259 750（元）

2019 年 1 月 1 日至 6 月 30 日实际发生的一般借款利息费用=20 000 000×6%×180÷360+100 000 000×8%×180÷360=4 600 000（元）

上述计算的利息资本化金额没有超过两笔一般借款实际发生的利息费用，可以资本化。

（4）根据上述计算结果，账务处理如下：

①2018 年 12 月 31 日

借：在建工程——厂房	2 492 750	
财务费用	6 707 250	
贷：应付利息——××银行		9 200 000

②2019 年 6 月 30 日

借：在建工程——厂房	3 259 750	
财务费用	1 340 250	
贷：应付利息——××银行		4 600 000

【实务 15-13】沿用【实务 15-11】、【实务 15-12】，假定湖南沙沙门业有限公司为建设厂房于 2018 年 1 月 1 日专门借款 30 000 000 元。借款期限为 3 年，年利率为 5%，除此之外，没有其他专门借款。在厂房建造过程中所占用的一般借款仍为两笔，一般借款利息资本化率为 7.67%。

在这种情况下，公司应当首先计算专门借款利息的资本化金额，然后计算所占用一般借款利息的资本化金额，具体如下：

（1）计算专门借款利息资本化金额：

2018 年专门借款利息资本化金额＝30 000 000×5%－15 000 000×0.5%×6

＝1 050 000（元）

2019 年专门借款利息资本化金额＝30 000 000×5%×180÷360＝750 000（元）

（2）计算一般借款资本化金额：

在建造厂房的过程中，自 2018 年 7 月 1 日起已经有 20 000 000 元占用了一般借款。另外，2019 年 1 月 1 日支出的 35 000 000 元也占用了一般借款，计算这两笔资产支出的加权平均数如下：

2018 年占用了一般借款的资产支出加权平均数＝20 000 000×180÷360

＝10 000 000（元）

一般借款利息资本化率为 7.67%，所以：

2018 年应予资本化的一般借款利息金额＝10 000 000×7.67%＝767 000（元）

2019 年占用的一般借款的资产支出加权平均数＝（20 000 000+35 000 000）×180÷360

＝27 500 000（元）

则 2019 年应予资本化的一般借款利息金额＝27 500 000×7.67%＝2 109 250（元）

（3）根据上述计算结果，该公司建造厂房应予资本化的利息金额如下：

2018 年利息资本化金额＝1 050 000+767 000＝1 817 000（元）

2019 年利息资本化金额＝750 000+2 109 250＝2 859 250（元）

（4）有关账户处理如下：

①2018 年 12 月 31 日

借：在建工程——××厂房	1 817 000	
财务费用	8 433 000	
应收利息（或银行存款）	450 000	
贷：应付利息——××银行		10 700 000

注：2018 年实际发生的借款利息＝30 000 000×5%+20 000 000×6%+100 000 000×8%＝10 700 000（元）

②2019 年 6 月 30 日

借：在建工程——××厂房	2 859 250	
财务费用	2 490 750	
贷：应付利息——××银行		5 350 000

注：2019 年 1 月 1 日至 6 月 30 日实际发生的借款利息＝10 700 000÷2＝5 350 000（元）

【实务 15-14】湖南沙沙门业有限公司拟在厂区内建造一幢新厂房，有关资料如下：

（1）2018 年 1 月 1 日向银行专门借款 60 000 000 元，期限为 3 年，年利率为 6%，每年 1 月 1 日付息。

（2）除专门付款外，公司只有一笔其他借款，为公司于 2017 年 12 月 1 日借入的长期借款 72 000 000 元，期限为 5 年，年利率为 8%，每年 12 月 1 日付息，假设湖南沙沙门业有限公司在 2018 年和 2019 年均未支付当年利息。

（3）由于审批、办手续等原因，厂房于 2018 年 4 月 1 日才开始动工兴建，当日支付工程款 24 000 000 元。工程建设期间的支出情况如表 15-2 所示：

表 15-2　工程建设期间的支出情况　　单位：元

日期	每期资产支出金额	累计资产支出金额	闲置借款资金用于短期投资金额
2018.4.1	24 000 000	24 000 000	36 000 000
2018.6.1	12 000 000	36 000 000	24 000 000
2018.7.1	36 000 000	72 000 000	占用一般借款
2019.1.1	12 000 000	84 000 000	
2019.4.1	6 000 000	90 000 000	
2019.7.1	6 000 000	96 000 000	
总　计	96 000 000	–	–

工程于 2019 年 9 月 30 日完工，达到预定可使用状态。其中，由于施工质量问题，工程于 2018 年 9 月 1 日至 12 月 31 日停工四个月。

（4）专门借款中未支出部分全部存入银行，假定月利率为 0.25%。假定全年按照 360 天计算，每月按照 30 天计算。

根据上述资料，有关利息资本化金额的计算和账务处理如下：

（1）计算 2018 年、2019 年全年发生的专门借款和一般借款利息费用：

2018 年专门借款发生的利息金额＝60 000 000×6%＝3 600 000（元）

2018 年一般借款发生的利息金额＝72 000 000×8%＝5 760 000（元）

2019 年专门借款发生的利息金额＝60 000 000×6%＝3 600 000（元）

2019 年一般借款发生的利息金额＝72 000 000×8%＝5 760 000（元）

（2）在本例中，尽管专门借款于 2018 年 1 月 1 日借入，但是厂房建设于 4 月 1 日方才开工。因此，借款利息费用只有在 4 月 1 日起才符合开始资本化的条件，计入在建工程成本。同时，由于厂房建设在 2018 年 9 月 1 日至 12 月 31 日期间发生非正常中断 4 个月，该期间发生的利息费用应当暂停资本化，计入当期损益。

（3）计算 2018 年借款利息资本化金额和应计入当期损益金额及其账务处理：

①计算 2018 年专门借款应予资本化的利息金额。

2018 年 1~3 月和 9~12 月专门借款发生的利息费用=60 000 000×6%×210÷360
=2 100 000（元）

2018 年专门借款转存入银行取得的利息收入=60 000 000×0.25%×3+36 000 000×0.25%×2+24 000 000×0.25%×1=690 000（元）

其中，专门借款在资本化期间内取得的利息收入=36 000 000×0.25%×2+24 000 000×0.25%×1=240 000（元）

公司在 2018 年应予资本化的专门借款利息金额=3 600 000−2 100 000−240 000
=1 260 000（元）

公司在 2018 年应当计入当期损益（财务费用）的专门借款利息金额（减利息收入）=3 600 000−1 260 000−（690 000−240 000）=1 890 000（元）

②计算 2018 年一般借款应予资本化的利息金额。

公司在 2018 年占用了一般借款资金的资金支出加权平均数=（24 000 000+12 000 000+36 000 000−60 000 000）×60÷360=2 000 000（元）

公司在 2018 年一般借款应予资本化的利息金额=2 000 000×8%=160 000（元）

公司在 2018 年应当计入当期损益的一般借款利息金额=5 760 000−160 000
=5 600 000（元）

③计算 2018 年应予资本化和应当计入当期损益的借款利息金额。

公司在 2018 年应予资本化的借款利息金额=1 260 000+160 000=1 420 000（元）

公司在 2018 年应当计入当期损益的借款利息金额=1 890 000+5 600 000
=7 490 000（元）

④2018 年有关会计分录。

借：在建工程——××厂房　　1 420 000
　　财务费用　　7 490 000
　　应收利息或银行存款　　690 000
　贷：应付利息——××银行　　9 360 000

（4）计算 2019 年借款利息资本化金额和应计入当期损益金额以及账务处理：

①计算 2019 年专门借款应予资本化的利息金额。

公司在 2019 年应予资本化的专门借款利息金额=60 000 000×6%×270÷360
=2 700 000（元）

公司在 2019 年应当计入当期损益的专门借款利息金额=3 600 000−2 700 000
=900 000（元）

②计算 2019 年一般借款应予资本化的利息金额。

公司在 2019 年占用了一般借款资金的资产支出加权平均数=24 000 000×270÷360+6 000 000×180÷360+6 000 000×90÷360=22 500 000（元）

公司在 2019 年一般借款应予资本化的利息金额=22 500 000×8%=1 800 000（元）

公司在 2019 年应当计入当期损益的一般借款利息金额=5 760 000−1 800 000
=3 960 000（元）

③计算 2019 年应予资本化和应当计入当期损益的借款利息金额。

公司在 2019 年应予资本化的借款利息金额＝2 700 000+1 800 000＝4 500 000（元）

公司在 2019 年应当计入当期损益的借款利息金额＝900 000+3 960 000

＝4 860 000（元）

④2019 年有关会计分录。

借：在建工程——××厂房　　4 500 000

　　财务费用　　4 860 000

　贷：应付利息——××银行　　9 360 000

二、借款辅助费用资本化金额的确定

辅助费用时，企业为了安排借款而发生的必要费用，包括借款手续费（如发行债券手续费）、佣金等，如果企业不发生这些费用，就无法取得借款。因此，辅助费用是企业借入款项所付出的一种代价，是借款费用的有机组成部分。

对于企业发生的专门借款辅助费用，在所购建或者生产的符合资本化条件的资产达到预定可使用或者可销售状态之前发生的，应当在发生时根据其发生额予以资本化。在所购建或者生产的符合资本化条件的资产达到预定可使用或者可销售状态之前发生的，应当在发生时根据其发生额确认为费用，计入当期损益，上述资本化或计入当期损益的辅助费用的发生额，是《企业会计准则第 22 号——金融工具确认和计量》，按照实际利率法所确定的金融负债交易费用对每期利息费用的调整额。借款实际利率与合同利率差异较小的，也可以采用合同利率计算确定利息费用。一般借款发生的辅助费用，也应当按照上述原则确定其发生额。考虑到借款辅助费用与金融负债交易费用是一致的，其会计处理相同。

根据《企业会计准则第 22 号——金融工具确认和计量》的规定，除以公允价值计量且其变动计入当期损益的金融负债之外，其他金融负债相关的交易费用应当计入金额负债的初始确认金额。为购建或者生产符合资本化条件的资产的专门借款或者一般借款，通常属于除以公允价值计量且其变动计入当期损益的金融负债之外的其他金融负债。对于这些金融负债所发生的辅助费用需要计入借款的初始确认金额，即抵减相关借款的初始确认金额，从而影响以后各期实际利息的计算。换句话说，由于辅助费用的发生将导致相关借款实际利率的上升，从而需要对各期利息费用做相应的调整，在确定借款辅助费用资本化金额时可以结合借款利息资本化金额一并计算。

三、外币专门借款汇兑差额资本化金额的确定

在资本化期间内，外币专门借款本金及其利息的汇兑差额应当予以资本化，计入符合资本化条件的资产的成本；除外币专门借款之外的其他外币借款本金及其利息所产生的汇兑差额，应当作为财务费用计入当期损益。

【实务 15-15】湖南沙沙门业有限公司产品已经打入美国市场，为节约生产成本，决定在当地建造生产工厂并设立分公司，2018 年 1 月 1 日，为该工程项目专门向当地银行借

入 10 000 000 美元，年利率为 8%，期限为 3 年，假定不考虑与借款有关的辅助费用，合同约定，湖南沙沙门业有限公司每年 1 月 1 日支付借款利息，到期偿还借款本金。

工程于 2018 年 1 月 1 日开始实体建造，2019 年 6 月 30 日完工，达到预定可使用状态，期间发生的资金支出如下：

①2018 年 1 月 1 日，支出 2 000 000 美元。

②2018 年 7 月 1 日，支出 5 000 000 美元。

③2019 年 1 月 1 日，支出 3 000 000 美元。

公司的记账本位币为人民币，外币业务采用外币业务发生时当日即期汇率即市场汇率折算。相关汇率如下：

①2018 年 1 月 1 日，市场汇率为 1 美元＝6.70 人民币元。

②2018 年 12 月 31 日，市场汇率为 1 美元＝6.75 人民币元。

③2019 年 1 月 1 日，市场汇率为 1 美元＝6.77 人民币元。

④2019 年 6 月 30 日，市场汇率为 1 美元＝6.80 人民币元。

本例中，湖南沙沙门业有限公司计算该外币借款汇兑差额资本化金额如下：

（1）计算 2018 年汇兑差额资本化金额。

①应付利息＝10 000 000×8%×6.75＝5 400 000（元）

账务处理为：

借：在建工程——××工程　　5 400 000

　贷：应付利息——××银行　　5 400 000

②外币借款本金及利息汇兑差额＝10 000 000×（6.75－6.72）＋800 000×（6.75－6.75）＝500 000（元）

账务处理：

借：在建工程——××工程　　500 000

　贷：长期借款——××银行——汇兑差额　　500 000

（2）2019 年 1 月 1 日实际支付利息时，公司应当支付 800 000 美元，折算成人民币为 5 416 000 元，该金额与原账面金额之间的差额 16 000 元应当继续予以资本化，计入在建工程成本。账务处理为：

借：应付利息——××银行　　5 400 000

　　在建工程——××工程　　16 000

　贷：银行存款　　5 416 000

（3）计算 2019 年 6 月 30 日时的汇兑差额资本化金额。

①应付利息＝10 000 000×8%×1/2×6.8＝2 720 000（元）

账务处理为：

借：在建工程——××工程　　2 720 000

　贷：应付利息——××银行　　2 720 000

②外币借款本金及利息汇兑差额＝10 000 000×（6.80－6.75）＋400 000×（6.80－

6.80）= 500 000（元）

账务处理：

借：在建工程——××工程　　500 000

　贷：长期借款——××银行——汇兑差额　　500 000

【本项目工作小结】

借款费用是企业因借入资金所付出的代价，包括借款利息、折价或者溢价的摊销、辅助费用以及因外币借款而发生的汇兑差额等。学生应熟悉借款费用的定义、范围，掌握借款费用的确认条件，掌握专门借款、一般借款的计量以及借款辅助费用资本化金额、外币专门借款汇兑差额资本化金额的确定。

◆仿真操作

根据【实务 15-1】至【实务 15-15】编写有关的记账凭证。

◆岗位业务认知

1. 利用节假日，去当地的一些企业，了解企业的借款费用的资本化和费用化的处理。
2. 参与企业借款费用核算。

◆工作思考

1. 什么是借款费用？借款费用的范围？
2. 如何确定借款费用资本化期间？
3. 如何确定借款费用资本化金额？
4. 如何确定借款辅助费用资本化金额？
5. 如何确定外币专门借款汇兑差额资本化金额？

项目十六　所得税费用业务

企业在同一会计期间按照会计准则计算的会计收益与按照国家税法计算的应税收益之间存在不可避免的差异，因此企业在计算所得税时，不能直接以会计收益为依据，而要根据所得税法的规定对会计收益进行调整后，才能正确地计算出应税收益，因而就产生了调整这一复杂过程的专门的所得税核算业务。本项目涉及的会计岗位是税务会计岗位。

【项目工作目标】

⊙知识目标

了解计税基础与账面价值的概念，掌握各类资产与负债的计税基础的确定，掌握递延所得税资产及负债的确认与计量，掌握所得税费用的计算与账务处理。

⊙技能目标

学生通过本项目的学习，能够确定各类资产与负债的计税基础，能够区别应纳税暂时性差异与可抵扣暂时性差异，能够计量递延所得税资产及负债，能够计算企业所得税费用，并能进行相关的账务处理。

【任务导入】

湖南沙沙门业有限公司2019年税前会计利润为720万元，2019年12月12日向A公司销售一批商品，开出的增值税专用发票上注明的销售价格为200万元，增值税税额为26万元，款项尚未收到；该批商品成本为120万元。湖南沙沙门业有限公司在销售时已知A公司资金周转发生困难，但为了减少存货积压，同时也为了维持与A公司长期建立的商业关系，湖南沙沙门业有限公司仍将商品发往A公司且办妥托收手续。同时计提坏账准备20万元。湖南沙沙门业有限公司适用的所得税税率为25%。不考虑其他纳税调整事项，其应交所得税为多少？

【进入任务】

任务一　所得税核算基本原理

任务二　计税基础与暂时性差异

任务三　递延所得税资产及负债的确认和计量

任务四　所得税费用的确认和计量

任务一　所得税核算基本原理

一、所得税会计概述

我国所得税会计采用资产负债表债务法，要求企业从资产负债表出发，通过比较资产负债表上列示的资产、负债，按照会计准则规定确定的账面价值与按照税法规定确定的计税基础，得出两者之间的差异，区分应纳税暂时性差异与可抵扣暂时性差异，确认相关的递延所得税负债与递延所得税资产，在综合考虑当期应交所得税的基础上，确定每一会计期间利润表中的所得税费用。

资产负债表债务法在所得税的会计核算方面遵循了资产、负债的界定。从资产负债的角度考虑，资产的账面价值代表的是某项资产在持续持有及最终处置的一定期间内为企业带来未来经济利益的总额，而其计税基础代表的是该期间内按照税法规定就该项资产可以税前扣除的总额。资产的账面价值小于其计税基础的，表明该项资产于未来期间产生的经济利益流入低于按照税法规定允许税前扣除的金额，产生可抵减未来期间应纳税所得额的因素，减少未来期间以所得税税款的方式流出企业的经济利益，企业应确认为递延所得税资产。反之，一项资产的账面价值大于其计税基础的，两者之间的差额会增加企业于未来期间的应纳税所得额及应交所得税，对企业形成经济利益流出的义务，企业应确认为递延所得税负债。

二、所得税会计核算的一般程序

在采用资产负债表债务法核算所得税的情况下，企业一般应于每一资产负债表日进行所得税的核算。企业进行所得税核算一般应循以下程序：

（1）按照相关会计准则规定，确定资产负债表中除递延所得税资产和递延所得税负债以外的其他资产和负债项目的账面价值。

（2）按照会计准则中对资产和负债计税基础的确定方法，以适用的税收法规为基础，确定资产负债表中有关资产，负债项目的计税基础。

（3）比较资产、负债的账面价值与其计税基础，对于两者之间存在差异的，分析其性质，除准则中规定的特殊情况外，区分应纳税暂时性差异与可抵扣暂时性差异，确定资产负债表日递延所得税负债和递延所得税资产的应有金额，并与期初递延所得税资产和递延所得税负债的余额相比，确定当期应予进一步确认的递延所得税资产和递延所得税负债金额或应予转销的金额，作为递延所得税。

（4）就企业当期发生的交易或事项，按照适用的税法规定计算确定当期应纳税所得额，将应纳税所得额与适用的所得税税率计算的结果确认为当期应交所得税，作为当期所得税。

（5）确定利润表中的所得税费用。利润表中的所得税费用包括当期所得税（当期应交所得税）和递延所得税两个组成部分。企业计算确定的当期所得税和递延所得税两者之和（或之差），就是利润表中的所得税费用。

所得税核算程序如图 16-1 所示：

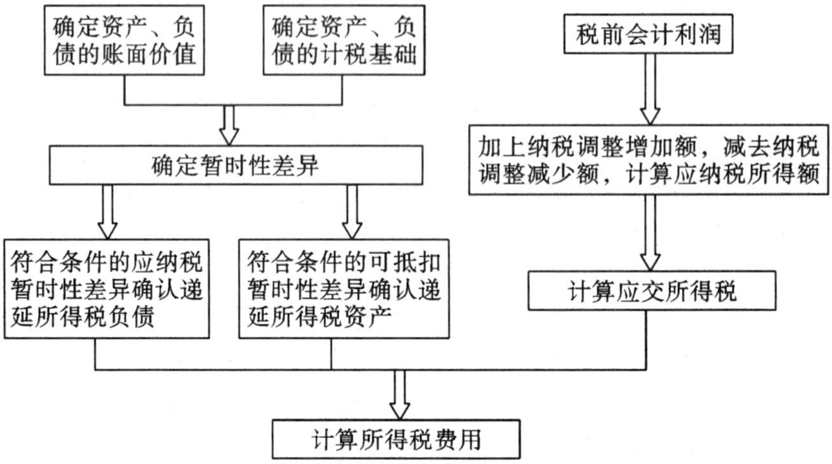

图 16-1　所得税核算程序图

任务二　计税基础与暂时性差异

所得税会计核算的关键在于确定资产、负债的计税基础。资产、负债的计税基础的确定，与税收法规的规定密切关联。

一、资产的计税基础

资产的计税基础，是指在企业收回资产账面价值的过程中，计算应纳税所得额时，按照税法规定可以自应税经济利益中抵扣的金额，即某一项资产在未来期间计税时可以税前扣除的金额。资产在初始确认时，其计税基础一般为取得成本，即企业为取得某项资产支付的成本在未来期间准予税前扣除。

现举例说明部分资产项目计税基础的确定。

（一）固定资产

以各种方式取得的固定资产在初始确认时是被税法认可的，即取得时其账面价值一般等于计税基础。固定资产在持有期间进行后续计量时，由于会计准则与税法规定就折旧方法、折旧年限以及固定资产减值准备的提取等处理方式的不同，可能造成固定资产的账面价值与计税基础的差异。

1. 折旧方法、折旧年限的差异

会计准则规定，企业应当根据与固定资产有关的经济利益的预期实现方式，合理选择折旧方法，如可以按年限平均法计提折旧，也可以按照双倍余额递减法、年数总和法等计提折旧。税法中除某些按照规定可以加速折旧的情况外，基本上可以税前扣除的是按照年限平均法计提的折旧；另外，税法还就每一类固定资产的最低折旧年限做出了规定，而会计准则规定折旧年限是由企业根据固定资产的性质和使用情况合理确定的。如企业进行会计处理时确定的折旧年限与税法规定不同，也会因每一期间折旧额的差异产生固定资产在资产负债表日账面价值与计税基础的差异。

2. 因计提固定资产减值准备产生的差异

企业在持有固定资产的期间内，在对固定资产计提了减值准备以后，因税法规定企业计提的资产减值准备在发生实质性损失前不允许税前扣除，在有关减值准备转变为实质性损失前，也会造成固定资产的账面价值与计税基础的差异。

【实务 16-1】湖南沙沙门业有限公司于 2018 年 1 月 1 日开始计提折旧的某项固定资产，原价为 3 000 000 元，使用年限为 10 年，采用年限平均法计提折旧，预计净残值为 0。税法规定类似固定资产采用加速折旧法计提的折旧可予税前扣除，该企业在计税时采用双倍余额递减法计提折旧，预计净残值为 0。2019 年 12 月 31 日，企业估计该项固定资产的可收回金额为 2 200 000 元。

分析：

2019 年 12 月 31 日，该项固定资产的账面价值 = 3 000 000 − 300 000×2 − 200 000
= 2 200 000（元）

该项固定资产的计税基础 = 3 000 000 − 3 000 000×20% − 2 400 000×20%
= 1 920 000（元）

该项固定资产账面价值 2 200 000 元与其计税基础 1 920 000 元之间的 280 000 元差额，将于未来期间计入企业应纳税所得额，由此造成未来期间应交所得税的增加，产生应纳税暂时性差异。

【实务 16-2】湖南沙沙门业有限公司于 2016 年 12 月 20 日取得某设备，成本为 16 000 000 元，预计使用 10 年，预计净残值为 0，采用年限平均法计提折旧。2019 年 12 月 31 日，根据该设备生产产品的市场占有情况，湖南沙沙门业有限公司估计其可收回金额为 9 200 000 元。假定税法规定的折旧方法、折旧年限与会计准则相同，企业的资产在发生实质性损失时可予税前扣除。

分析：

2019 年 12 月 31 日，湖南沙沙门业有限公司该设备的账面价值 = 16 000 000 − 1 600 000×3 = 11 200 000 元，可收回金额为 9 200 000 元，应当计提 2 000 000 元固定资产减值准备，计提该减值准备后，固定资产的账面价值为 9 200 000 元。

该设备的计税基础 = 16 000 000 − 1 600 000×3 = 11 200 000（元）

该项资产的账面价值 9 200 000 元小于其计税基础 11 200 000 元，在未来期间会减少企业的应纳税所得额，产生可抵扣暂时性差异。

（二）无形资产

除内部研究开发形成的无形资产外，以其他方式取得的无形资产，初始确认时按照会计准则规定而确定的入账价值与按照税法规定确定的计税基础之间一般不存在差异。

（1）对于内部研究开发形成的无形资产，企业会计准则规定有关研究开发支出分为两个阶段，研究阶段的支出应当费用化计入当期损益，而开发阶段符合资本化条件以后达到预定可使用状态前发生的支出作为无形资产的成本。税法规定，企业为开发新技术、新产品、新工艺发生的研究开发费用，未形成无形资产计入当期损益的，在按照规定据实扣除的基础上，按照研究开发费用的75%加计扣除；形成无形资产的，按照无形资产成本的175%摊销。

【实务 16-3】湖南沙沙门业有限公司当期发生研究开发支出共计 10 000 000 元，其中研究阶段支出 2 000 000 元，开发阶段符合资本化条件前发生的支出为 2 000 000 元，符合资本化条件后发生的支出为 6 000 000 元。假定开发形成的无形资产在当期期末已达到预定用途，但尚未进行摊销。

分析：

湖南沙沙门业有限公司当年发生的研究开发支出中，按照会计规定应予费用化的金额为 4 000 000 元，形成无形资产的成本为 6 000 000 元，即期末所形成无形资产的账面价值为 6 000 000 元。

湖南沙沙门业有限公司于当期发生的 10 000 000 元研究开发支出，可在税前扣除的金额为 7 000 000 元。对于按照会计准则规定形成无形资产的部分，税法规定按照无形资产成本的 175%作为计算未来期间摊销额的基础，即该项无形资产在初始确认时的计税基础为 10 500 000（6 000 000×175%）元。

该项无形资产的账面价值 6 000 000 元与其计税基础 10 500 000 元之间的差额 4 500 000 元将于未来期间税前扣除，产生可抵扣暂时性差异。

（2）无形资产在后续计量时，会计与税法的差异主要产生于对无形资产是否需要摊销，无形资产摊销方法、摊销年限的不同以及无形资产减值准备的提取。

税法规定，企业取得的无形资产成本，应在一定期限内摊销。对于使用寿命不确定的无形资产，会计处理时不予摊销，但计税时按照税法规定确定的摊销额允许税前扣除，从而造成该类无形资产账面价值与计税基础的差异。

在对无形资产计提减值准备的情况下，因税法规定计提的无形资产减值准备在转变为实质性损失前不允许税前扣除，即在提取无形资产减值准备的期间，无形资产的计税基础不会随减值准备的提取发生变化，从而造成无形资产的账面价值与计税基础的差异。

【实务 16-4】湖南沙沙门业有限公司于 2019 年 1 月 1 日外购某项无形资产，成本为 6 000 000 元。企业根据各方面情况判断，无法合理预计其带来未来经济利益的期限，作为使用寿命不确定的无形资产。2019 年 12 月 31 日，对该项无形资产进行减值测试表明未发生减值。企业在计税时，对该项无形资产按照 10 年的期间摊销，有关摊销额允许税前扣除。

分析：

会计上将该项无形资产作为使用寿命不确定的无形资产，在未发生减值的情况下，其账面价值为取得成本 6 000 000 元。

该项无形资产在 2019 年 12 月 31 日的计税基础为 5 400 000（6 000 000-600 000）元。

该项无形资产的账面价值 6 000 000 元与其计税基础 5 400 000 元之间的差额 600 000 元将计入未来期间的应纳税所得额，产生未来期间企业所得税税款流出的增加，为应纳税暂时性差异。

（三）以公允价值计量的金融资产

1. 以公允价值计量且其变动计入当期损益的金融资产

按照企业会计准则规定，以公允价值计量且其变动计入当期损益的金融资产于某一会计期末的账面价值为其公允价值。税法规定，以公允价值计量的金融资产、金融负债以及投资性房地产等，持有期间公允价值的变动不计入应纳税所得额，在实际处置或结算时，处置取得的价款扣除其历史成本后的差额应计入处置或结算期间的应纳税所得额。按照该规定，以公允价值计量的金融资产在持有期间，市价的波动在计税时不予考虑，有关金融资产在某一会计期末的计税基础为其取得成本，从而造成在公允价值变动的情况下，对以公允价值计量的金融资产账面价值与计税基础之间的差异。

【实务 16-5】湖南沙沙门业有限公司 2019 年 7 月以 520 000 元取得乙公司股票 50 000 股作为交易性金融资产核算，2019 年 12 月 31 日，湖南沙沙门业有限公司尚未出售所持有乙公司股票，乙公司股票公允价值为每股 12.4 元。税法规定，资产在持有期间公允价值的变动不计入当期应纳税所得额，待处置时一并计算应计入应纳税所得额的金额。

分析：

作为交易性金融资产的乙公司股票在 2019 年 12 月 31 日的账面价值为 620 000 元（12.4×50 000）；按照税法规定，计税基础为原取得成本不变，即 520 000 元。

该交易性金融资产的账面价值 620 00 元与其计税基础 520 000 元之间产生 100 000 元的暂时性差异，该暂时性差异在未来期间转回时会增加未来期间的应纳税所得额。

2. 以公允价值计量且其变动计入其他综合收益的金融资产

企业持有的以公允价值计量且其变动计入其他综合收益的金融资产，其计税基础的确定，与以公允价值计量且其变动计入当期损益的金融资产类似，可比照处理。

（四）其他资产

因企业会计准则规定与税法法规规定不同，企业持有的其他资产，可能造成其账面价值与计税基础之间存在差异。

1. 投资性房地产

企业持有的投资性房地产在进行后续计量时，会计准则规定可以采用两种模式：一种是成本模式，采用该种模式计量的投资性房地产，其账面价值与计税基础的确定与固定资产、无形资产相同；另一种是在符合规定条件的情况下，可以采用公允价值模式对投资性房地产进行后续计量。对于采用公允价值模式进行后续计量的投资性房地产，其账面价值的确定类似于以公允价值计量的金融资产，因税法中没有投资性房地产的概念及专门的税收处理规定，其计税基础的确定类似于固定资产或无形资产的计税基础。

【实务 16-6】湖南沙沙门业有限公司的 C 建筑物于 2017 年 12 月 30 日投入使用并直接出租，成本为 6 800 000 元，湖南沙沙门业有限公司对投资性房地产采用公允价值模式进行后续计量。2019 年 12 月 31 日，已出租 C 建筑物累计公允价值变动收益为 1 200 000 元，其中本年度公允价值变动收益为 500 000 元。根据税法规定，已出租 C 建筑物以历史成本扣除按税法规定计提折旧后作为其计税基础，折旧年限为 20 年，净残值为零，自投入使用的次月起采用年限平均法计提折旧。

分析：

2019 年 12 月 31 日，该投资性房地产的账面价值为 8 000 000 元，计税基础为 6 120 000 元（6 800 000−6 800 000÷20×2）。该投资性房地产账面价值与其计税基础之间的差额 1 880 000 元将计入未来期间的应纳税所得额，形成未来期间企业所得税税款流出的增加，为应纳税暂时性差异。

2. 其他计提了资产减值准备的各项资产

有关资产计提了减值准备后，其账面价值会随之下降，而税法规定，资产在发生实质性损失之前，预计的减值损失不允许税前扣除，即其计税基础不会因减值准备的提取而变化，造成在计提资产减值准备以后，资产的账面价值与计税基础之间的差异。

二、负债的计税基础

负债的计税基础，是指负债的账面价值减去未来期间计算应纳税所得额时按照税法规定可予抵扣的金额。用公式表示为：

负债的计税基础=账面价值−未来期间按照税法规定可予税前扣除的金额

负债的确认与偿还一般不会影响企业的损益，也不会影响其应纳税所得额，未来期间计算应纳税所得额时按照税法规定可予抵扣的金额为零，计税基础即为账面价值。但是，某些情况下，负债的确认可能会影响企业的损益，进而影响不同期间的应纳税所得额，使得其计税基础与账面价值之间产生差额，如按照会计规定确认的某些预计负债。

（一）预计负债

按照《企业会计准则第 13 号——或有事项》的规定，企业应将预计提供售后服务发生的支出在销售当期确认为费用，同时确认预计负债。按照税法规定，与销售产品有关的支出应于发生时税前扣除，由于该类事项产生的预计负债在期末的计税基础为其账面价值与未来期间可税前扣除的金额之间的差额，因此，与之有关的支出实际发生时可全部税前扣除，其计税基础为 0。

【实务 16-7】湖南沙沙门业有限公司 2019 年因销售产品承诺向顾客提供 3 年的保修服务。在当年度利润表中确认 8 000 000 元销售费用，同时将其确认为预计负债，当年度发生保修支出 2 000 000 元，预计负债的期末余额为 6 000 000 元。假定税法规定，与产品售后服务相关的费用在实际发生时税前扣除。

分析：

该项预计负债在湖南沙沙门业有限公司2019年12月31日的账面价值为6 000 000元。

该项预计负债的计税基础=账面价值-未来期间计算应纳税所得额时按照税法规定可予抵扣的金额=6 000 000-6 000 000=0（元）

该项负债的账面价值6 000 000元与其计税基础0之间的暂时性差异可以理解为：未来期间企业实际发生6 000 000元的经济利益流出用以履行产品保修义务时，税法规定允许税前扣除，即减少未来实际发生期间的应纳税所得额。

因其他事项确认的预计负债，应按照税法规定的计税原则确定其计税基础。特殊情况下某些事项确认的预计负债，如果税法规定无论是否实际发生均不允许税前扣除，即未来期间按照税法规定可予抵扣的金额为0，则其账面价值与计税基础相同。

【实务16-8】2019年10月5日湖南沙沙门业有限公司为乙公司银行借款提供担保，乙公司未如期偿还借款，而被银行提起诉讼，要求其履行担保责任；12月31日，该案件尚未结案。湖南沙沙门业有限公司预计很可能履行的担保责任为3 000 000元。假定税法规定，企业为其他单位债务提供担保发生的损失不允许在税前扣除。

分析：2019年12月31日，该项预计负债的账面价值为3 000 000元，计税基础为3 000 000（3 000 000-0）元。该项预计负债的账面价值等于计税基础，不产生暂时性差异。

（二）预收账款

企业在收到客户预付的款项时，因不符合收入确认条件，会计上将其确认为负债。税法对于收入的确认原则一般与会计规定相同，即会计上未确认收入的，计税时一般也不计入应纳税所得额，该部分经济利益在未来期间计税时可予税前扣除的金额为0，计税基础等于账面价值。

如果不符合会计准则规定的收入确认条件，但按照税法规定应计入当期应纳税所得额时，有关预收账款的计税基础为0，即因其产生时已经计入应纳税所得额，未来期间可全额税前扣除，计税基础为账面价值减去在未来期间可全额税前扣除的金额，即其计税基础为0。

【实务16-9】湖南沙沙门业有限公司2019年12月31日收到客户预付的款项500万元。

（1）若该业务为沙沙门业一般业务，预收的款项不计入当期应纳税所得额。

2019年12月31日预收账款的账面价值为500万元；2019年12月31日预收账款的计税基础=账面价值500万元-可从未来经济利益中扣除的金额0=500万元，不存在差异，无须调整当期应纳税所得额。

（2）若该业务为沙沙门业经营的房地产业务，预收的款项应计入当期应纳税所得额。

2019年12月31日预收账款的账面价值为500万元，因按税法规定预收的款项计入当期应纳税所得额，所以在以后年度减少预收账款确认收入时，由税前会计利润计算应纳税所得额时应将其扣除。

2019 年 12 月 31 日预收账款的计税基础＝账面价值 500 万元－可从未来经济利益中扣除的金额 500 万元＝0。

该项负债的账面价值 500 万元与其计税基础 0 之间产生 500 万元暂时性差异。该项暂时性差异的含义为：在未来期间，企业按照会计规定确认收入，产生经济利益流入且在产生期间已经计算缴纳了所得税，未来期间则不再计入应纳税所得额，从而会减少企业于未来期间的所得税税款流出。

（三）其他负债

企业的其他负债项目，如企业应交的罚款和滞纳金等，在尚未支付之前，按照会计准则规定确认为费用，同时作为负债反映。税法规定，罚款和滞纳金不得税前扣除，其计税基础为账面价值减去未来期间计税时可予税前扣除的金额 0 之间的差额，即计税基础等于账面价值。

【实务 16-10】湖南沙沙门业有限公司因未按照税法规定缴纳税金，按规定需在 2019 年缴纳滞纳金 1 000 000 元，至 2019 年 12 月 31 日，该款项尚未支付，形成其他应付款 1 000 000 元。税法规定，企业因违反国家法律、法规规定缴纳的罚款、滞纳金不允许税前扣除。

分析：

因应缴滞纳金形成的其他应付款账面价值为 1 000 000 元，由于税法规定该支出不允许税前扣除，其计税基础＝1 000 000－0＝1 000 000（元）。

对于罚款和滞纳金支出，会计与税收规定存在差异，但该差异仅影响发生当期，对未来期间计税不产生影响，因而不产生暂时性差异。

三、暂时性差异

（一）基本界定

暂时性差异，是指资产或负债的账面价值与其计税基础不同产生的差额。其中账面价值是指按照会计准则规定确定的有关资产、负债在资产负债表中应列示的金额。由于资产、负债的账面价值与其计税基础不同，产生了在未来收回资产清偿负债的期间内，应纳税所得额增加或减少并导致未来期间应交所得税增加或减少的情况，在这些暂时性差异发生的当期，一般应当确认相应的递延所得税负债或递延所得税资产。

除因资产、负债的账面价值与其计税基础不同产生的暂时性差异以外，按照税法规定可以结转以后年度的未弥补亏损和税款抵减，也视同可抵扣暂时性差异处理。

（二）暂时性差异的分类

根据暂时性差异对未来期间应纳税所得额影响的不同，分为应纳税暂时性差异和可抵扣暂时性差异。

1. 应纳税暂时性差异

应纳税暂时性差异，是指在确定未来收回资产或清偿负债期间的应纳税所得额时，将导致产生应税金额的暂时性差异，即在未来期间不考虑该事项影响的应纳税所得额的基础上，由于该暂时性差异的转回，会进一步增加转回期间的应纳税所得额和应交所得税金额，在其产生当期应当确认相关的递延所得税负债。

（1）资产的账面价值大于其计税基础。

资产的账面价值代表的是企业在持续使用及最终出售该项资产时将取得的经济利益的总额，而计税基础代表的是资产在未来期间可予税前扣除的总金额。资产的账面价值大于其计税基础，该项资产未来期间产生的经济利益不能全部税前抵扣，两者之间的差额需要交税，产生应纳税暂时性差异。

例如，一项资产的账面价值为500万元，若计税基础为375万元，两者之间的差额会造成未来期间应纳税所得额和应交所得税的增加，在其产生当期，应确认相关的递延所得税负债。

（2）负债的账面价值小于其计税基础。

负债的账面价值为企业预计在未来期间清偿该项负债时的经济利益流出，而其计税基础代表的是账面价值在扣除税法规定未来期间允许税前扣除的金额之后的差额。负债的账面价值与其计税基础不同产生的暂时性差异，实质上是税法规定就该项负债在未来期间可以税前扣除的金额（即与该项负债相关的费用支出在未来期间可予税前扣除的金额）。负债的账面价值小于其计税基础，则意味着就该项负债在未来期间可以税前抵扣的金额为负数，即应在未来期间应纳税所得额的基础上调增，增加未来期间的应纳税所得额和应交所得税金额，产生应纳税暂时性差异，应确认相关的递延所得税负债。

2. 可抵扣暂时性差异

该差异在未来期间转回时会减少转回期间的应纳税所得额，减少未来期间的应交所得税。在可抵扣暂时性差异产生当期，符合确认条件时，应当确认相关的递延所得税资产。

可抵扣暂时性差异一般产生于以下情况：

（1）资产的账面价值小于其计税基础，意味着资产在未来期间产生的经济利益少，按照税法规定允许税前扣除的金额多，两者之间的差额可以减少企业在未来期间的应纳税所得额并减少所得税，符合有关条件时，应当确认相关的递延所得税资产。

（2）负债的账面价值大于其计税基础，负债产生的暂时性差异实质上是税法规定就该项负债可以在未来期间税前扣除的金额。即：

负债产生的暂时性差异＝账面价值－计税基础

＝账面价值－（账面价值－未来期间计税时按照税法规定可予税前扣除的金额）

＝未来期间计税时按照税法规定可予税前扣除的金额

负债的账面价值大于其计税基础，意味着未来期间按照税法规定与负债相关的全部或部分支出可以自未来应税经济利益中扣除，减少未来期间的应纳税所得额和应交所得税，符合有关确认条件时，应确认相关的递延所得税资产。

（三）特殊项目产生的暂时性差异

1. 未作为资产、负债确认的项目产生的暂时性差异

某些交易或事项发生以后，因为不符合资产、负债的某确认条件而未体现为资产负债表中的资产或负债，但按照税法规定能够确定其计税基础的，其账面价值 0 与计税基础之间的差异也构成暂时性差异。

如企业发生的符合条件的广告费和业务宣传费支出，除税法另有规定外，不超过当年销售收入 15%的部分准予扣除；超过部分准予在以后纳税年度结转扣除。该类支出在发生时按照会计准则规定计入当期损益，不形成资产负债表中的资产，但按照税法规定可以确定其计税基础的，两者之间的差额也形成暂时性差异（可抵扣暂时性差异）。

如根据《企业所得税法实施条例》第四十二条规定："除国务院财政、税务主管部门另有规定外，企业发生的职工教育经费支出，不超过工资薪金总额 8%的部分，准予扣除，超过部分准予在以后纳税年度结转扣除。"该类职工教育经费支出与"符合条件的广告费和业务宣传费支出"的会计处理相同，也会产生可抵扣暂时性差异。

【实务 16-11】湖南沙沙门业有限公司 2019 年发生广告费 10 000 000 元，至 2019 年年末已全额支付给广告公司。税法规定，企业发生的广告费、业务宣传费不超过当年销售收入 15%的部分允许税前扣除，超过部分允许结转以后年度税前扣除。湖南沙沙门业有限公司 2019 年实现销售收入 60 000 000 元。

分析：

因广告费支出形成的资产的账面价值 0 元，其计税基础 = 10 000 000 − 60 000 000 × 15% = 1 000 000（元）。

广告费支出形成的资产的账面价值为 0 元与计税基础 1 000 000 元之间形成 1 000 000 元可抵扣暂时性差异。

2. 可抵扣亏损及税款抵减产生的暂时性差异

对于按照税法规定可以结转以后年度的未弥补亏损及税款抵减，虽不是因资产、负债的账面价值与计税基础不同产生的，但本质上可抵扣亏损和税款抵减与可抵扣暂时性差异具有同样的作用，均能减少未来期间的应纳税所得额和应交所得税，视同可抵扣暂时性差异，在符合确认条件的情况下，应确认与其相关的递延所得税资产。

【实务 16-12】湖南沙沙门业有限公司于 2019 年因政策性原因发生经营亏损 2 000 万元，按照税法规定，该亏损可用于抵减以后 5 个年度的应纳税所得额。

分析：

该经营亏损不是资产、负债的账面价值与其计税基础不同产生的，但从性质上可以减少未来期间企业的应纳税所得额和应交所得税，属于可抵扣暂时性差异。企业预计未来期间能够产生足够的应纳税所得额，利用其可抵扣亏损时，应确认相关的递延所得税资产。

任务三　递延所得税资产及负债的确认和计量

一、递延所得税负债的确认和计量

（一）递延所得税负债的确认

1. 确认递延所得税负债的情况

除企业会计准则中明确规定可不确认递延所得税负债的情况以外，企业对于所有的应纳税暂时性差异均应确认相关的递延所得税负债。除直接计入所有者权益的交易或事项以及企业合并外，企业在确认递延所得税负债的同时，应增加利润表中的所得税费用。

【实务 16-13】湖南沙沙门业有限公司于 2017 年 12 月 6 日购入一台管理用设备，取得成本为 1 000 万元，会计上采用年限平均法计提折旧，预计使用年限为 10 年，预计净残值为 0，因该资产常年处于强震动状态，计税时按双倍余额递减法计提折旧，使用年限及净残值与会计相同。湖南沙沙门业适用的所得税税率为 25%。假定该企业不存在其他会计与税收处理的差异。

要求：编制湖南沙沙门业有限公司 2018 年 12 月 31 日和 2019 年 12 月 31 日与所得税有关的会计分录。

分析：

（1）2018 年 12 月 31 日。

资产账面价值 = 1 000 − 1 000 ÷ 10 × 1 = 900（万元）

资产计税基础 = 1 000 − 1 000 × 20% = 800（万元）

递延所得税负债余额 =（900 − 800）× 25% = 25（万元）

会计分录为：

借：所得税费用　　250 000

　贷：递延所得税负债　　250 000

（2）2019 年 12 月 31 日。

资产账面价值 = 1 000 − 1 000 ÷ 10 × 2 = 800（万元）

资产计税基础 = 1 000 − 1 000 × 20% − 800 × 20% = 640（万元）

递延所得税负债余额 =（800 − 640）× 25% = 40（万元）

借：所得税费用　　150 000

　贷：递延所得税负债　　150 000

2. 不确认递延所得税负债的特殊情况

特殊情况下，虽然资产、负债的账面价值与其计税基础不同，产生了应纳税暂时性差异，但出于各方面考虑，企业会计准则中规定不确认相应的递延所得税负债。

（二）递延所得税负债的计量

递延所得税负债应以相关应纳税暂时性差异转回期间适用的所得税税率计量。在我国，除享受优惠政策的情况以外，企业适用的所得税税率在不同年度之间一般不会发生变化，企业在确认递延所得税负债时，应以现行适用税率为基础计算确定，递延所得税负债的确认不要求折现。

二、递延所得税资产的确认和计量

（一）递延所得税资产的确认

1. 一般原则

资产、负债的账面价值与其计税基础不同产生可抵扣暂时性差异的，在估计未来期间能够取得足够的应纳税所得额用以抵扣该取得可抵扣暂时性差异的应纳税所得额时，应当以很可能取得用来抵扣可抵扣暂时性差异的应纳税所得额为限，确认相关的递延所得税资产。

（1）递延所得税资产的确认应以未来期间可能取得的应纳税所得额为限。在可抵扣暂时性差异转回的未来期间内，企业无法产生足够的应纳税所得额用以抵减可抵扣暂时性差异的影响，使得与递延所得税资产相关的经济利益无法实现的，该部分递延所得税资产不应确认；企业有明确的证据表明其于可抵扣暂时性差异转回的未来期间能够产生足够的应纳税所得额，进而利用可抵扣暂时性差异的，则应以可能取得的应纳税所得额为限，确认相关的递延所得税资产。

【实务 16-14】湖南沙沙门业有限公司于 2017 年 12 月 6 日购入一台管理专用设备，取得成本为 1 000 万元，会计上采用双倍余额递减法计提折旧，预计使用年限为 10 年，预计净残值为 0，税法规定按年限平均法计提折旧，使用年限及净残值与会计相同。湖南沙沙门业有限公司适用的所得税税率为 25%。假定该企业不存在其他会计与税收处理的差异。

要求：编制湖南沙沙门业有限公司 2018 年 12 月 31 日和 2019 年 12 月 31 日与所得税有关的会计分录。

分析：

（1）2018 年 12 月 31 日。

资产账面价值 = 1 000−1 000×20% = 800（万元）

资产计税基础 = 1 000−1 000÷10×1 = 900（万元）

递延所得税资产余额 =（900−800）×25% = 25（万元）

会计分录为：

借：递延所得税资产	250 000	
贷：所得税费用		250 000

（2）2019 年 12 月 31 日。

资产账面价值 = 1 000−1 000×20%−800×20% = 640（万元）

资产计税基础 = 1 000−1 000÷10×2 = 800（万元）

递延所得税资产余额 =（800−640）×25% = 40（万元）

借：递延所得税资产　　150 000
　贷：所得税费用　　150 000

（2）按照税法规定可以结转以后年度的未弥补亏损和税款抵减，应视同可抵扣暂时性差异处理。企业在预计可利用可弥补亏损或税款抵减的未来期间内能够取得足够的应纳税所得额时，应当以很可能取得的应纳税所得额为限，确认相应的递延所得税资产，同时减少确认当期的所得税费用。

【实务 16-15】沿用【实务 16-12】中资料，若预计未来 5 年可实现利润 600 万元。

2019 年 12 月 31 日应确认递延所得税资产＝600×25%＝150（万元）

若未来 5 年无利润，则不确认递延所得税资产。

2. 不确认递延所得税资产的特殊情况

特殊情况下，如果企业发生的某项交易或事项不是企业合并，并且该交易发生时既不影响会计利润也不影响应纳税所得额，且该项交易中产生的资产、负债的初始确认金额与其计税基础不同，产生可抵扣暂时性差异的，企业会计准则中规定在交易或事项发生时不确认相应的递延所得税资产。

【实务 16-16】沿用【实务 16-3】资料。

分析：

湖南沙沙门业有限公司按照会计准则规定资本化的开发支出为 6 000 000 元，其计税基础为 10 500 000（6 000 000×175%）元，该开发支出所形成的无形资产，在初始确认时其账面价值与计税基础即存在差异，因该差异并非产生于企业合并，同时在产生时既不影响会计利润也不影响应纳税所得额，故按照《企业会计准则第 18 号——所得税》规定，不确认其与该暂时性差异相关的所得税影响。

（二）递延所得税资产的计量

确认递延所得税资产时，企业应估计相关可抵扣暂时性差异的转回时间，采用转回期间适用的所得税税率为基础计算确定。无论相关的可抵扣暂时性差异转回期间如何，递延所得税资产均不予折现。

【实务 16-17】沿用【实务 16-12】中资料，湖南沙沙门业有限公司于 2019 年因政策性原因发生经营亏损 2 000 万元，按照税法规定，该亏损可用于抵减以后 5 个年度的应纳税所得额。

假设 2019 年税率 25%，从 2020 年开始税率为 15%，未来 5 年有足够的应纳税所得额弥补该亏损。

分析：

2019 年 12 月 31 日应确认递延所得税资产＝2 000×15%＝300（万元）

资产负债表日，企业应当对递延所得税资产的账面价值进行复核。如果未来期间很可能无法取得足够的应纳税所得额用以利用可抵扣暂时性差异带来的利益，应当减记递延所得税资产的账面价值。递延所得税资产的账面价值减记以后，以后期间根据新的环境和情况判断能够产生足够的应纳税所得额用以利用可抵扣暂时性差异，使得递延所得税资产包含的经济利益能够实现的，应相应恢复递延所得税资产的账面价值。

三、特殊交易或事项涉及递延所得税的确认

与当期及以前期间直接计入所有者权益的交易或事项相关的当期所得税及递延所得税，应当计入所有者权益。如以公允价值计量且其变动计入其他综合收益的金融资产的价值变动。

【实务 16-18】湖南沙沙门业有限公司于 2019 年 4 月自公开市场以每股 6 元的价格取得 A 公司普通股 100 万股，作为以公允价值计量且其变动计入其他综合收益的金融资产（假定不考虑交易费用），2019 年 12 月 31 日，湖南沙沙门业有限公司该股票投资尚未出售，当日市价为每股 9 元。按照税法规定，资产在持有期间的公允价值的变动不计入应纳税所得额，待处置时一并计算应计入应纳税所得额。湖南沙沙门业有限公司适用的所得税税率为 25%，假定在未来期间不会发生变化。

湖南沙沙门业有限公司在期末应进行的会计处理：

借：其他权益工具投资	6 000 000	
贷：其他综合收益		6 000 000
借：其他综合收益	3 000 000	
贷：递延所得税负债		3 000 000

四、适用所得税税率变化对已确认递延所得税资产递延所得税负债的影响

因适用税收法规的变化，导致企业在某一会计期间适用的所得税税率发生变化的，企业应对已确认的递延所得税资产和递延所得税负债按照新的税率进行重新计量。

任务四　所得税费用的确认和计量

所得税会计的主要目的之一是为了确定当期应交所得税以及利润表的所得税费用。在采用资产负债表债务法核算所得税的情况下，利润表中的所得税费用由两个部分组成：当期所得税和递延所得税费用（或收益）。

一、当期所得税

当期所得税是指企业按照税法规定计算确定的针对当期发生的交易和事项，应缴纳给税务机关的所得税金额，即应交所得税。当期所得税应当以适用的税收法规为基础计算确定。

企业在确定当期所得税时，对于当期发生的交易或事项，会计处理与税收处理不同的，应在会计利润的基础上，按照适用税收法的要求进行调整（即纳税调整），计算出当期应纳税所得额，按照应纳税所得额与适用所得税税率计算确定当期应交所得税。

一般情况下，应纳税所得额可在会计利润的基础上，考虑会计与税收规定之间的差异，按照以下公式计算确定：

应纳税所得额=税前会计利润+纳税调整增加额-纳税调整减少额+境外应税所得弥补境内亏损-弥补以前年度亏损

当期所得税=当期应交所得税=应纳税所得额×适用税率-减免税额-抵免税额

二、递延所得税费用（或收益）

递延所得税是指按照所得税准则规定当期应予确认的递延所得税资产和递延所得税负债，即递延所得税资产及递延所得税负债当期发生额的综合结果，但不包括计入所有者权益的交易或事项的所得税影响。用公式表示即为：

递延所得税费用（或收益）= 当期递延所得税负债的增加额+当期递延所得税资产的减少额-当期递延所得税负债的减少额-当期递延所得税资产的增加额

递延所得税资产、递延所得税负债的发生额对应所得税费用的，属于递延所得税费用。

如果某项交易或事项按照企业会计准则规定应计入所有者权益，由该交易或事项产生的递延所得税资产或递延所得税负债及其变化也应计入所有者权益，不构成利润表中的递延所得税费用（或收益）。

三、所得税费用

计算确定当期所得税及递延所得税以后，利润表中应予确认的所得税费用为两者之和，即：

所得税费用=当期所得税+递延所得税费用（或收益）

所得税费用应当在利润表中单独列示。

【实务 16-19】湖南沙沙门业有限公司 20×7 年度利润表中利润总额为 12 000 000 元，该公司适用的所得税税率为 25%。预计未来期间适用的所得税税率不会发生变化，未来期间能够产生足够的应纳税所得额用以抵扣暂时性差异，递延所得税资产及递延所得税负债不存在期初余额。

该公司 20×7 年发生的有关交易和事项中，会计处理与税收处理存在差别的有：

（1）20×6 年 12 月 31 日取得的一项固定资产，成本为 6 000 000 元，使用年限为 10 年，预计净残值为 0，会计处理按双倍余额递减法计提折旧，税收处理按直线法计提折旧。假定税法规定的使用年限及预计净残值与会计规定相同。

（2）向关联企业捐赠现金 2 000 000 元。假定按照税法规定，企业向关联方的捐赠不允许税前扣除。

（3）当期取得作为交易性金融资产核算的股票投资成本为 800 000 元，20×7 年 12 月 31 日的公允价值为 1 200 000 元。根据税法规定，交易性金融资产公允价值变动收益不计入应纳税所得额。

（4）应付违反环保法规定罚款 1 000 000 元。

（5）期末对持有的存货计提 300 000 元的存货跌价准备。

分析：

（1）20×7 年度当期应交所得税。

应纳税所得额 = 12 000 000+600 000+2 000 000−400 000 +1 000 000+300 000

= 15 500 000（元）

应交所得税 = 15 500 000×25% = 3 875 000（元）

（2）20×7 年度递延所得税。

湖南沙沙门业有限公司 20×7 年资产负债表相关项目金额及其计税基础如表 16−1 所示：

表 16−1　公司 20×7 年资产负债表相关项目金额及其计税基础　　单位：元

项　目	账面价值	计税基础	差　异	
			应纳税暂时性差异	可抵扣暂时性差异
存　　货	8 000 000	8 300 000		300 000
固定资产：				
固定资产原价	6 000 000	6 000 000		
减：累计折旧	1 200 000	600 000		
固定资产账面价值	4 800 000	5 400 000		600 000
交易性金融资产	1 200 000	800 000	400 000	
其他应付款	1 000 000	1 000 000		
总　计			400 000	900 000

递延所得税资产 = 900 000×25% = 225 000（元）

递延所得税负债 = 400 000×25% = 100 000（元）

（3）利润表中应确认的所得税费用。

所得税费用 = 3 875 000−225 000+100 000 = 3 750 000（元）

借：所得税费用　　3 750 000

　　递延所得税资产　　225 000

　贷：应交税费——应交所得税　　3 875 000

　　　递延所得税负债　　100 000

【本项目工作小结】

所得税会计是税务会计的一个分支，是反映企业所得税的确认、计量和报告的一整套会计原理、程序和方法。通过本项目的学习，学生要掌握确定各类资产与负债的计税基础方法，能够区别应纳税暂时性差异与可抵扣暂时性差异，能够计量递延所得税资产及负债，掌握计算企业所得税费用的计算，并能进行相关的账务处理。

◆仿真操作

1. 根据【实务 16-1】至【实务 16-19】进行所得税相关计算。
2. 编写有关的记账凭证。

◆岗位业务认知

1. 利用节假日，去当地的一些公司，了解企业所得税计算与调整工作。
2. 参与企业所得税月度申报与年度汇算清缴工作。

◆工作思考

1. 所得税会计核算的一般程序。
2. 什么是计税基础？各类资产与负债的计算基础如何确定？
3. 什么是暂时性差异？如何确定应纳税暂时性差异与可抵扣暂时性差异？
4. 如何计量递延所得税资产及负债？
5. 如何计算所得税费用？

项目十七　财务报告

财务报告是反映企业财务状况和经营成果的书面文件，本项目涉及的会计岗位是总账报表岗位。总账报表岗位在整个会计岗位中处于核心地位，它与其他会计岗位有着信息交流与传递关系。处理各项具体经济业务的各个会计岗位最终都要将会计资料和财务信息汇总于总账报表岗位，所以总账报表岗位在企业中具有非常重要的地位。

【项目工作目标】

⊙知识目标

了解财务报告的概念和内容；掌握资产负债表的概念作用、结构及其编制方法；掌握利润表的概念作用、结构及其编制方法；掌握现金流量表的概念作用、结构及其编制方法；掌握所有者权益变动表的概念作用、结构及其编制方法。

⊙技能目标

学生通过本项目的学习，能够编制相应单位的资产负债表、利润表、现金流量表及所有者权益变动表。

【任务导入】

买一家公司的股票，实际上就是买这家公司的价值，该公司的经济业绩和未来的现金流量就是股票真正的价码。而这方面最有价值的信息来源就是会计信息，即公司定期、不定期发布的财务报告。“股神”巴菲特就是一个典型的注重基本知识分析的积极投资者，他把自己的日常工作概括为“阅读”，而他阅读得最多的就是财务报告。有人对巴菲特1965—2006年的投资业绩进行过统计，发现在此期间巴菲特的财富增长幅度达3 600多倍，是同期美国股市涨幅的55倍。打个比方说，如果你把自己仅有的1万元交给巴菲特打理，42年后巴菲特就会使你拥有3 600多万元的身价。人们惊叹巴菲特拥有一个点石成金的金手指，但巴菲特却说：“我从来不关心股价走势，也没有必要关心，这也许还会妨碍我做出正确的选择。”巴菲特坚持认为，他是在投资企业而不是股票，如果有可能就尽量远离股市。他的投资理念其实很简单，那就是价值投资。价值投资是一种积极的、理性的投资行为。在价值投资理念的指导下，财务报告的作用就显得尤为重要。巴菲特几乎不用电脑，在他的办公室里最多的就是上市公司的年报。巴菲特保存了几乎美国所有上市公司的年报。在他进行投资前，他就已经对目标公司的财务报告进行了非常缜密的分析，通过透视财务报告，对公司的内在价值进行评估，并据以指导投资决策。

从上文中你已了解到有关财务报告的重要性，那什么是财务报告呢？它具体包括哪些内容呢？会计人员应该如何编制财务报告，以使企业的投资者、决策者及信息利用者据此做出正确的决策呢？

【进入任务】

任务一 财务报告概述
任务二 资产负债表
任务三 利润表
任务四 现金流量表
任务五 所有者权益变动表

任务一 财务报告概述

一、财务报告的意义及构成

财务报告是指企业对外提供的反映企业某一特定日期的财务状况和某一会计期间的经营成果、现金流量等会计信息的文件。

编制会计报表是会计循环的最后一个环节，是会计信息对外输出的主要方式、方法和手段。

财务报告是企业会计信息的主要载体，包括会计报表及其附注和其他应当在财务会计报告中披露的相关信息和资料。

（一）会计报表

企业财务部门通过编制记账凭证、登记账簿等会计程序，对日常发生的、数量繁多的、分散的数据资料加以具体地识别、判断，进行选择、归类、整理、汇总。但是，这些记录在凭证、账簿中的会计信息还很分散，它所反映的只是企业生产经营过程中的某一方面的情况，无法满足企业内外部有关人士了解他们所需要的有关信息的要求。因此，需要通过编制会计报表这种会计核算的专门方法，在会计日常核算的基础上，对会计凭证和账簿中所反映的经济内容进行进一步的加工提炼，使其转换成容易为他们接受并符合他们需要的、且能更为综合、系统、全面地反映企业经济活动情况和经营成果的财务信息。

会计报表是对企业财务状况、经营成果和现金流量的结构性表述。

（二）会计报表附注

它是对财务报表的补充说明，是财务会计报告体系的重要组成部分。它主要是对会计报表中不能包括的内容，或者披露不详尽的内容做进一步的解释说明。

二、会计报表的种类

企业的会计报表可以按照其反映的内容、编报时间、编制单位和服务对象进行分类。

（1）按反映的内容不同，会计报表可分为资产负债表、利润表、现金流量表、所有者权益（或股东权益）变动表和报表附注。

（2）按列报时间不同，会计报表可分为年度会计报表和中期会计报表。年度会计报表是指年度终了对外提供的会计报表；中期报表是指一年以内的报表，主要包括月度报表、季度报表和半年度报表。年度报表要求对财务信息揭示完整、反映全面；月度报表是按月编报的报表，要求简明扼要、及时编报；季度报表和半年度报表的详细程度介于年度报表与月度报表之间。

（3）按编制单位的不同，会计报表可分为单位报表和合并报表。单位报表，是在自身会计核算基础上对账簿记录进行加工编制的会计报表，反映企业自身的财务状况、经营成果和现金流量情况；合并报表，是以母公司和子公司组成的企业集团为会计主体，根据母子公司的会计报表，由母公司编制的综合反映企业集团财务状况、经营成果和现金流量情况的会计报表。

（4）按服务对象的不同，会计报表可分为对外报表和内部报表。对外报表一般是按照会计准则所规定的格式和编制要求编制的公开报告的会计报表；内部报表是根据企业内部管理需要而编制的会计报表，一般不需要对外报告，没有统一的编制要求与格式。

三、财务会计报表的编制要求

为了保证会计报表的质量，企业必须按照以下基本要求来编制会计报表：

（一）数字真实，计算准确

编制会计报表的数字来源于各账户，而各账户的数字来源于记账凭证，记账凭证的数字来源于经过确认的原始凭证，因此，为了保证会计报表数字的真实、准确，在报表数字来源正确的前提下，最关键在于对原始凭证数字的确认和计量。不能以估计数代替实际数，更不能弄虚作假、隐瞒谎报。在编制报表之前，应完成以下几项工作：

（1）按期结账，确认会计主体的所有交易和事项是否均已登记入账，是否存在应摊销而未摊销、应计提而未计提的费用。

（2）认真做好对账和财产清查工作，以达到账证相符、账账相符、账实相符。

（3）通过编制试算平衡表，验证总分类账户本期发生额的正确性，为正确编制会计报表提供可靠的数据。

（二）内容完整，说明清楚

按照会计准则规定的编制基础、编制依据、编制原则和方法，按统一规定的报表种类、格式和内容编制会计报表；报表内所涉及的所有的表内项目及补充资料必须填列完整，必要时应对有关事项用文字加以简要说明。

（三）及时编制，及时报送

为了保证会计信息的及时性，要求各单位应及时编制、按国家或上级部门的有关规定的期限和程序及时报送会计报表。

任务二 资产负债表

一、资产负债表概念

资产负债表是指反映企业在某一特定日期（如月末、季末、年末）财务状况的会计报表。该表根据“资产=负债+所有者权益”会计恒等式设计，依据一定的分类标准和顺序，将企业在一定日期的资产、负债和所有者权益各项目予以适当排列，并对日常核算中形成的大量数据进行整理汇总后编制而成，反映企业资产、负债、所有者权益的总体规模和结构，是静态报表。

二、资产负债表的结构

账户式资产负债表的结构可以概括为如下方面：

（1）资产负债表分为左右两方，左方为资产项目，右方为负债和所有者权益项目，左方的资产总计等于右方的负债和所有者权益总计。

（2）资产项目按照各项资产的流动性的大小或变现能力的强弱顺序排列。流动性大、变现能力强的项目排前面，流动性小、变现能力弱的项目排后面，依此，先是流动资产，后是非流动资产。

（3）负债与所有者权益项目按照权益顺序排列。由于负债是必须清偿的债务，属于第一顺序的权益，具有优先清偿的特征，而所有者权益则是剩余权益，在正常经营条件下不需要偿还，所以负债在先、所有者权益在后。

（4）负债内部项目按照偿还的先后顺序排列。按照到期日由近至远的顺序，偿还期近的负债项目排前面，偿还期较远的负债项目排后面，依此，先是流动负债，后是非流动负债。

（5）所有者权益内部项目按照稳定性程度或永久性程度高低顺序排列。稳定性程度或永久性程度高的项目排前面，稳定性程度或永久性程度较低的项目排后面，依此，先是实收资本（或股本），因为实收资本是企业经过法定程序登记注册的资本金，通常不会改变，所以稳定性最好，其次是资本公积、其他综合收益、盈余公积和未分配利润项目。

注：根据2019年4月30日财政部发布的《关于修订印发2019年度一般企业财务报表格式的通知》（财会〔2019〕6号），在执行企业会计准则的非金融企业中，未执行新金融准则、新收入准则和新租赁准则的企业应当按照企业会计准则和本通知附件1（略）的要求编制财务报表；已执行新金融准则、新收入准则和新租赁准则的企业应当按照企业会

计准则和本通知附件 2（本教材所引用财务报告格式）的要求编制财务报表；已执行新金融准则但未执行新收入准则和新租赁准则的企业，或已执行新金融准则和新收入准则但未执行新租赁准则的企业，应当结合本通知附件 1 和附件 2 的要求对财务报表项目进行相应调整。财政部于 2018 年 6 月 15 日发布的《财政部关于修订印发 2018 年度一般企业财务报表格式的通知》（财会〔2018〕15 号）同时废止。本教材依据财政部公布的已执行新金融准则、新收入准则和新租赁准则后的财务报表格式编制。

三、资产负债表的编制方法

资产负债表填写数据的栏目有年初余额栏和期末余额栏。

（一）年初余额的填列方法

资产负债表的“年初余额”栏是根据上年年末资产负债表的“期末余额”栏直接填列。如果本年度资产负债表规定的各个项目的名称和内容同上年度不相一致，应对上年末资产负债表各项目的名称和数字按本年度的规定进行调整，按调整后的数字填入资产负债表“年初余额”栏内。

（二）期末余额的填列方法

“期末余额”栏的填列，可以分为以下几种情况：

1. 根据总账科目余额直接填列

例如：其他权益工具投资、以公允价值模式计量的投产性房地产、递延所得税资产、应付票据、交易性金融负债、短期借款、应付职工薪酬、持有待售负债、预计负债、递延收益、递延所得税负债、实收资本、资本公积、其他综合收益和盈余公积等项目。

2. 根据总账科目的余额计算填列

（1）货币资金：应根据“库存现金”“银行存款”和“其他货币资金”科目的期末余额合计数填列。

（2）存货：反映企业期末在库、在途和在加工中的各项存货的可变现价值。存货应根据“材料采购”“在途物资”“原材料”“库存商品”“发出商品”“委托加工物资”“委托代销商品”“周转材料”“生产成本”等科目的期末借方余额合计，减去“存货跌价准备”“受托代销商品款”科目期末贷方余额后的金额填列。材料采用计划成本核算，以及库存商品采用计划成本核算或者售价核算的企业，还应加或减材料成本差异、商品进销差价后的金额填列。

（3）持有待售资产：应根据“持有待售资产”科目期末余额填列，已计提减值准备的，还应扣减相应的减值准备。

（4）长期股权投资：反映企业不准备在一年内变现的各种股权性质的投资的可收回金额。长期股权投资应根据“长期股权投资”科目的借方余额，减去“长期股权投资减值准备”科目的期末贷方余额后填列。

（5）固定资产：反映资产负债表日企业固定资产的期末账面价值和企业尚未清理完毕的固定资产清理净损益。该项目应根据“固定资产”科目的期末余额，减去“累计折旧”

和“固定资产减值准备”科目的期末余额后的金额，以及“固定资产清理”科目的期末余额填列。

（6）在建工程：反映资产负债表日企业尚未达到预定可使用状态的在建工程的期末账面价值和企业为在建工程准备的各种物资的期末账面价值。该项目应根据“在建工程”科目的期末余额，减去“在建工程减值准备”科目的期末余额后的金额，以及“工程物资”科目的期末余额，减去“工程物资减值准备”科目的期末余额后的金额填列。

（7）使用权资产：反映企业资产负债表日承租人企业持有的使用权资产的期末账面价值。该项目应根据“使用权资产”科目的期末余额，减去“使用权资产累计折旧”和“使用权资产减值准备”科目的期末余额后的金额填列。

（8）以成本模式计量的投资性房地产、无形资产：反映企业投资性房地产、无形资产期末可收回的金额。该项目应根据相关科目期末余额，扣减相关的累计折旧（或摊销、折耗）、已计提的减值准备填列。

（9）长期应收款：应根据“长期应收款”的期末余额，减去相应的“未确认融资收益”科目期末余额后的金额填列，若已计提坏账准备，应减去相应坏账准备后的金额填列。

（10）其他应付款：应根据“应付利息”“应付股利”和“其他应付款”科目的期末余额合计数填列。

（11）未分配利润：反映企业尚未分配的利润。该项目应根据“本年利润”科目期末余额，加上“利润分配”科目的期末余额后的金额填列。未分配利润若为借方余额，为未弥补的亏损，在本项目中以“-”数填列。

3. 根据有关科目所属明细科目余额分析填列

（1）交易性金融资产：反映资产负债表日企业分类为以公允价值计量且其变动计入当期损益的金融资产，以及企业持有的直接指定为以公允价值计量且其变动计入当期损益的金融资产的期末账面价值。该项目应根据“交易性金融资产”科目的相关明细科目期末余额分析填列。自资产负债表日起，超过一年到期且预期持有超过一年的以公允价值计量且其变动计入当期损益的非流动金融资产的期末账面价值，在“其他非流动金融资产”行项目反映。

（2）预付款项：应根据“预付账款”和“应付账款”科目所属的相关明细科目的期末借方余额合计数，减去“坏账准备”科目中有关预付账款坏账准备期末余额后的金额填列填列。

（3）应付账款：反映资产负债表日企业因购买材料、商品和接受服务等经营活动应支付的款项。该项目应根据“应付账款”和“预付账款”科目所属的相关明细科目的期末贷方余额合计数填列。

（4）预收款项：应根据“预收账款”和“应收账款”科目所属的相关明细科目的期末贷方余额合计数填列。

（5）应交税费：应根据“应交税费”所属明细账的贷方余额合计数填列，如“应交税费”科目期末为借方余额，应以“-”填列。需要说明的是，“应交税费”科目下的“应交增值税”“未交增值税”“待抵扣进项税额”“待认证进项税额”“增值税留抵税额”等明细科目期末借方余额应根据情况，在“其他流动资产”或“其他非流动资产”项目列示（根据期限长短）；“应交税费”科目下的“待转销项税额”等科目贷方余额应根据情况，在“其他流动负债”或“其他非流动负债”项目列示。

（6）长期应付款：反映资产负债表日企业除长期借款和应付债券以外的其他各种长期应付款项的期末账面价值。该项目应根据“长期应付款”科目的期末余额，减去相关的“未确认融资费用”科目的期末余额后的金额填列。

（7）租赁负债：反映资产负债表日承租人企业尚未支付的租赁付款额的期末账面价值。该项目根据“租赁负债”科目的期末余额填列。自资产负债表日起一年内到期应予以清偿的租赁负债的期末账面价值，在“一年内到期的非流动负债”项目中反映。

4. 根据总账科目和明细科目余额分析计算填列

（1）应收票据：反映资产负债表日以摊余成本计量的企业因销售商品、提供服务等经营活动收到的商业汇票，包括银行承兑汇票和商业承兑汇票。该项目应根据“应收票据”科目的期末余额，减去“坏账准备”科目中有关应收票据坏账准备期末余额后的金额填列。

（2）应收账款：反映资产负债表日以摊余成本计量的、企业因销售商品、提供服务等经营活动应收取的款项。该项目应根据“应收账款”科目的期末余额，减去“坏账准备”科目中有关应收账款坏账准备期末余额后的金额填列。如果“应收账款”所属明细科目期末为贷方余额，应在本表“预收账款”项目内填列。

（3）其他应收款：反映企业除应收账款、应收票据、预付账款等经营活动以外的其他各种应收、暂付款项。本项目应根据“应收利息”“应收股利”和“其他应收款”科目的期末余额合计数，减去“坏账准备”科目中有关其他应收款坏账准备期末余额后的金额填列。其中的“应收利息”仅反映金融工具已到期可收取，但于资产负债表日尚未收到的利息。基于实际利率法计提的金融工具的利息应包含在相应金融工具的账面余额中。

（4）合同资产、合同负债：企业应按照《企业会计准则第 14 号——收入》（2017 年修订）的相关规定根据本企业履行履约义务与客户付款之间的关系在资产负债表中列示合同资产或合同负债。“合同资产”项目、“合同负债”项目，应分别根据“合同资产”科目、“合同负债”科目的相关明细科目期末余额分析填列。同一合同下的合同资产和合同负债应当以净额列示，其中净额为借方余额的，应当根据其流动性在“合同资产”或“其他非流动资产”项目中填列，已计提减值准备的，还应减去“合同资产减值准备”科目中相关的期末余额后的金额填列；其中净额为贷方余额的，应当根据其流动性在“合同负债”或“其他非流动负债”项目中填列。

（5）债权投资：反映资产负债表日企业以摊余成本计量的长期债权投资的期末账面价值。该项目应根据“债权投资”科目的相关明细科目期末余额，减去“债权投资减值准备”科目中相关减值准备的期末余额后的金额分析填列。自资产负债表日起一年内到期的长期债权投资的期末账面价值，在“一年内到期的非流动资产”行项目反映。企业购入的以摊余成本计量的一年内到期的债权投资的期末账面价值，在“其他流动资产”行项目反映。

（6）其他债权投资：反映资产负债表日企业分类为以公允价值计量且其变动计入其他综合收益的长期债权投资的期末账面价值。该项目应根据“其他债权投资”科目的相关明细科目期末余额分析填列。自资产负债表日起一年内到期的长期债权投资的期末账面价值，在“一年内到期的非流动资产”行项目反映。企业购入的以公允价值计量且其变动计入其他综合收益的一年内到期的债权投资的期末账面价值，在“其他流动资产”行项目反映。

（7）长期待摊费用：反映企业尚未摊销的摊销期限在一年以上的各项费用。该项目应根据“长期待摊费用”科目期末余额减去将于一年内摊销的数额后的金额填列。长期待摊费用中将于一年内摊销的部分，应在本表“一年内到期的非流动负债”项目内填列。

（8）长期借款：反映企业借入尚未归还的一年期以上的借款本息。根据“长期借款”科目的期末余额减去将于一年内到期本息后的余额填列。将于一年以内到期的长期借款部分，合并在本表“一年内到期的非流动负债”项目内填列。

（9）应付债券：反映企业发行的尚未偿还的各种长期债券的本息。根据“应付债券”科目的期末余额减去将于一年内到期债券本息后的余额填列。将于一年以内到期的应付债券本息，合并在“一年内到期的非流动负债”项目内填列。

四、资产负债表的编制举例

【实务 17-1】沙沙门业公司 2018 年 12 月 31 日的资产负债表（年初余额略）及 2019 年 12 月 31 日的科目余额表分别见表 17-1 和表 17-2，假设沙沙门业公司 2019 年度除计提固定资产减值准备导致固定资产账面价值与其计税基础存在可抵扣暂时性差异外，其他资产和负债项目的账面价值均等于其计税基础。假定该公司未来很可能获得足够的应纳税所得额用来抵扣可抵扣暂时性差异，适用的所得税税率为 25%。

表 17-1　资产负债表　　会企 01 表

编制单位：沙沙门业公司　　2018 年 12 月 31 日　　单位：元

资　　产	期末余额	年初余额	负债及所有者权益（或股东权益）	期末余额	年初余额
流动资产：			流动负债：		
货币资金	1 406 300		短期借款	300 000	
交易性金融资产	15 000		交易性金融负债		
衍生金融资产			衍生金融负债		
应收票据			应付票据		
应收账款	545 100		应付账款	1 153 800	

表17-1(续)

资　　产	期末余额	年初余额	负债及所有者权益（或股东权益）	期末余额	年初余额
应收款项融资			预收款项		
预付款项	100 000		合同负债		
其他应收款	5 000		应付职工薪酬	110 000	
存货	2 580 000		应交税费	36 600	
合同资产			其他应付款	51 000	
持有待售资产			持有待售负债		
一年内到期的非流动资产			一年内到期的非流动负债	1 000 000	
其他流动资产	100 000		其他流动负债		
流动资产合计	4 751 400		流动负债合计	2 651 400	
非流动资产：			非流动负债：		
债权投资			长期借款	600 000	
其他债权投资			应付债券		
长期应收款			其中：优先股		
长期股权投资	250 000		永续债		
其他权益工具投资			租赁负债		
其他非流动金融资产			长期应付款		
投资性房地产			预计负债		
固定资产	1 100 000		递延收益		
在建工程	1 500 000		递延所得税负债		
生产性生物资产			其他非流动负债		
油气资产			非流动负债合计	600 000	
使用权资产			负债合计	3 251 400	
无形资产	600 000		所有者权益(或股东权益)：		
开发支出			实收资本（或股本）	5 000 000	
商誉			其他权益工具		
长期待摊费用			其中：优先股		
递延所得税资产			永续债		
其他非流动资产	200 000		资本公积		
非流动资产合计	3 650 000		减：库存股		
			其他综合收益		
			专项储备		
			盈余公积	100 000	

表17-1（续）

资　　产	期末余额	年初余额	负债及所有者权益（或股东权益）	期末余额	年初余额
			未分配利润	50 000	
			所有者权益（或股东权益）合计	5 150 000	
资产总计	8 401 400		负债和所有者权益（或股东权益）总计	8 401 400	

表 17-2　科目余额表

单位：元

账户名称	借方余额	账户名称	贷方余额
库存现金	2 000	短期借款	50 000
银行存款	786 135	应付票据	100 000
其他货币资金	7 300	应付账款	953 800
交易性金融资产		其他应付款	50 000
应收票据	66 000	应付职工薪酬	180 000
应收账款	600 000	应交税费	226 731
坏账准备	-1 800	应付利息	
预付账款	100 000	应付股利	32 215.85
其他应收款	5 000	一年内到期的非流动负债	
材料采购	275 000	长期借款	1 160 000
原材料	45 000	实收资本	5 000 000
周转材料	38 050	盈余公积	124 770.40
库存商品	2 122 400	未分配利润	190 717.75
材料成本差异	4 250		
其他流动资产	90 000		
长期股权投资	250 000		
固定资产	2 401 000		
累计折旧	-170 000		
固定资产减值准备	-30 000		
工程物资	150 000		
在建工程	578 000		
无形资产	600 000		
累计摊销	-60 000		

表17-2(续)

账户名称	借方余额	账户名称	贷方余额
递延所得税资产	9 900		
其他非流动资产	200 000		
合计	8 068 235	合计	8 068 235

根据上述资料，编制沙沙门业 2019 年 12 月 31 日的资产负债表如表 17-3 所示。

表 17-3　资产负债表

会企 01 表

编制单位：沙沙门业　　2019 年 12 月 31 日　　单位：元

资　　产	期末余额	年初余额	负债及所有者权益（或股东权益）	期末余额	年初余额
流动资产：			流动负债：		
货币资金	795 435	1 406 300	短期借款	50 000	300 000
交易性金融资产		15 000	交易性金融负债		
衍生金融资产			衍生金融负债		
应收票据	66 000		应付票据	100 000	
应收账款	598 200	545 100	应付账款	953 800	1 153 800
预付款项	100 000	100 000	预收款项		
其他应收款	5 000	5 000	合同负债		
存货	2 484 700	2 580 000	应付职工薪酬	180 000	110 000
合同资产			应交税费	226 731	36 600
持有待售资产			其他应付款	82 215. 85	51 000
一年内到期的非流动资产			持有待售负债		
其他流动资产	90 000	100 000	一年内到期的非流动负债		1 000 000
流动资产合计	4 139 335	4 751 400	其他流动负债		
非流动资产：			流动负债合计	1 592 746. 85	2 651 400
债权投资			非流动负债：		
其他债权投资			租赁负债		
长期应收款			长期借款	1 160 000	600 000
长期股权投资	250 000	250 000	应付债券		
其他权益工具投资			其中：优先股		
其他非流动金融资产			永续债		
投资性房地产			长期应付款		
固定资产	2 201 000	1 100 000	预计负债		
在建工程	728 000	1 500 000	递延收益		
生产性生物资产			递延所得税负债		

表17-3(续)

资　　产	期末余额	年初余额	负债及所有者权益（或股东权益）	期末余额	年初余额
使用权资产			其他非流动负债		
油气资产			非流动负债合计	1 160 000	600 000
无形资产	540 000	600 000	负债合计	2 752 746.85	3 251 400
开发支出			所有者权益(或股东权益)：		
商誉			实收资本（或股本）	5 000 000	5 000 000
长期待摊费用			其他权益工具		
递延所得税资产	9 900		其中：优先股		
其他非流动资产	200 000	200 000	永续债		
非流动资产合计	3 928 900	3 650 000	资本公积		
			减：库存股		
			其他综合收益		
			盈余公积	124 770.4	100 000
			未分配利润	190 717.75	50 000
			所有者权益（或股东权益）合计	5 315 488.15	5 150 000
资产总计	8 068 235	8 401 400	负债和所有者权益（或股东权益）总计	8 068 235	8 401 400

任务三　利润表

一、利润表的概念

利润表又称损益表、收益表，是指反映企业在一定会计期间经营成果的报表。它是根据“收入-费用=利润”的会计等式设计的，属于动态报表。信息使用者通过利润表，可以了解企业的经营成果以及盈亏形成情况、了解资本的保值增值情况，借以评价企业管理者的经营业绩；通过对不同时期报表数据的对比，进行企业获利能力分析，借以预测企业的未来收益能力及发展趋势。

二、利润表的格式

利润表包括单步式和多步式两种格式。单步式利润表，是将企业本期发生的全部收入和全部支出相抵计算企业损益；多步式利润表，是按照企业利润形成环节，按照营业利润、利润总额、净利润和每股收益的顺序来分步计算财务成果，从而详细地揭示企业的利润形成过程和主要因素。

我国企业会计准则规定，利润表采用多步式。

三、利润表的结构

利润表一般包括表首、正表两部分。其中，表首概括说明报表名称、编制单位、编制日期、报表编号、货币名称和计量单位。

在利润表中，收入按照重要性程度列示，主要包括营业收入、其他收益、投资收益、公允价值变动净收益和资产处置收益、营业外收入；费用则按照性质列示，并与相关收入相配比，主要包括营业成本、税金及附加、销售费用、管理费用、研发费用、财务费用、资产减值损失、信用减值损失、营业外支出和所得税费用等；利润则按照形成过程列示，依次是营业利润、利润总额、净利润和每股收益。

多步式利润表按照四个步骤计算最终成果，即：

第一步，从营业收入出发，减去营业成本、税金及附加、销售费用、管理费用、研发费用、财务费用、资产减值损失和信用减值损失，再加上其他收益、投资收益、公允价值变动净收益和资产处置收益，确定营业利润。

第二步，从营业利润开始，加上营业外收入，减去营业外支出，确定利润总额。

第三步，在利润总额的基础上，扣除所得税费用后，确定企业的净利润。

第四步，以净利润（或净亏损）和其他综合收益为基础，计算综合收益总额。

第五步，以综合收益总额为基础，计算每股收益。

四、利润表的编制说明

利润表中的“上期金额”栏内各项数字，应根据上期利润表的“本期金额”栏所列各项目数字填列。如果上期利润表规定的各项目的名称和内容与本期不相一致，应对上期利润表各项目的名称和数字按本期规定进行调整，填入本表的“上期金额”栏内。

利润表“本期金额”各项目的内容及填列方法说明如下：

（1）营业收入：反映企业经营主要业务和其他业务所确认的收入总额。应根据“主营业务收入”和“其他业务收入”科目的发生额之和填列。

（2）营业成本：反映企业经营主要业务和其他业务发生的实际成本，应根据“主营业务成本”和“其他业务成本”科目的发生额之和填列。

（3）税金及附加：反映企业经营业务应负担的消费税、城市维护建设税、资源税、印花税、教育费附加和地方教育费附加、城镇土地使用税、房产税、车船税等相关税费。应根据“税金及附加”科目的发生额填列。

（4）销售费用：反映企业在销售商品及商品流通企业在购入商品等过程中发生的费用。该项目应根据“销售费用”科目的发生额填列。

（5）管理费用：反映企业发生的管理费用。应根据“管理费用”科目的发生额分析填列。(“管理费用”科目下的“研发费用”明细科目发生额不在本项目填列)

（6）研发费用：反映企业进行研究与开发过程中发生的费用化支出。该项目应根据

“管理费用”科目下的“研发费用”明细科目的发生额分析填列。

（7）财务费用：反映企业发生的财务费用。财务费用中的利息费用，反映企业为筹集生产经营所需资金等而发生的应予费用化的利息支出。利息收入，反映企业确认的利息收入。该项目应根据“财务费用”科目的发生额填列。

（8）资产减值损失：反映企业计提和发生的各类资产减值损失。该项目应根据“资产减值损失”科目的发生额填列。

（9）信用减值损失：反映企业按照《企业会计准则第 22 号——金融工具确认和计量》（2017 年修订）的要求计提的各项金融工具减值准备所形成的预期信用损失。该项目应根据“信用减值损失”科目的发生额分析填列。

（10）其他收益：反映计入其他收益的政府补助等。该项目应根据“其他收益”科目的发生额分析填列。

（11）投资收益：反映企业以各种方式对外投资所取得的收益。该项目应根据“投资收益”科目的发生额分析填列，如为投资损失，以“-”号填列。

（12）净敞口套期收益：反映净敞口套期下被套期项目累计公允价值变动转入当期损益的金额或现金流量套期储备转入当期损益的金额。该项目应根据“净敞口套期损益”科目的发生额分析填列；如为套期损失，以“-”号填列。

（13）公允价值变动收益：反映企业各种以公允价值为计量的资产在持有期间因公允价值变动而形成的收益。如果是净损失，则以“-”填列。

（14）资产处置收益：反映企业出售划分为持有待售的非流动资产（金融工具、长期股权投资和投资性房地产除外）或处置组（子公司和业务除外）时确认的处置利得或损失，以及处置未划分为持有待售的固定资产、在建工程、生产性生物资产及无形资产而产生的处置利得或损失。债务重组中因处置非流动资产产生的利得或损失和非货币性资产交换中换出非流动资产产生的利得或损失也包括在本项目内。该项目应根据“资产处置损益”科目的发生额分析填列；如为处置损失，以“-”号填列。

（15）营业利润：反映企业实现的营业利润。如为亏损，则以“-”列示。

（16）营业外收入：反映企业发生的除营业利润以外的收益，主要包括债务重组利得、与企业日常活动无关的政府补助、盘盈利得、捐赠利得（企业接受股东或股东的子公司直接或间接的捐赠，经济实质属于股东对企业的资本性投入的除外）等。该项目应根据“营业外收入”科目的发生额分析填列。

（17）营业外支出：反映企业发生的除营业利润以外的支出，主要包括债务重组损失、公益性捐赠支出、非常损失、盘亏损失、非流动资产毁损报废损失等。该项目应根据“营业外支出”科目的发生额分析填列。

（18）利润总额：反映企业实现的利润总额。如为亏损则以“-”列示。

（19）所得税费用：反映企业根据所得税准则确认的应从当期利润总额中扣除的所得税费用。应根据“所得税费用”科目的发生额填列。

（20）净利润：反映企业实现的净利润。如为亏损则以“-”列示。

五、利润表的编制举例

【实务 17-2】沙沙门业公司 2019 年度有关损益类科目本年累计发生净额见表 17-4。

表 17-4　沙沙门业公司损益账户累计发生净额　　单位：元

账户名称	借方发生额	贷方发生额
主营业务收入		1 250 000
主营业务成本	750 000	
税金及附加	2 000	
销售费用	20 000	
管理费用	157 100	
其中：研发费用		
财务费用	41 500	
资产减值损失	30 900	
投资收益		31 500
营业外收入		50 000
营业外支出	19 700	
所得税费用	112 596	

根据以上资料，编制沙沙门业公司 2019 年度利润表如表 17-5 所示。

表 17-5　利润表　　企会 02 表

编制单位：沙沙门业公司　　单位：元

项　　目	本期金额	上期金额
一、营业收入	1 250 000	（略）
减：营业成本	750 000	
税金及附加	2 000	
销售费用	20 000	
管理费用	157 100	
研发费用		
财务费用	41 500	
其中：利息费用		
利息收入		
资产减值损失	30 900	
信用减值损失		
加：其他收益		

表17-5(续)

项　　目	本期金额	上期金额
投资收益（损失以“-”号填列）	31 500	
其中：对联营企业和合营业的投资收益	0	
净敞口套期收益（损失以“-”号填列）		
公允价值变动收益（损失以“-”号填列）		
资产处置收益（损失以“-”号填列）		
二、营业利润（亏损以“-”号填列）	280 000	
加：营业外收入	50 000	
减：营业外支出	19 700	
三、利润总额（亏损总额以“-”号填列）	310 300	
减：所得税费用	112 596	
四、净利润（净亏损以“-”号填列）	197 704	
（一）持续经营净利润（净亏损以“-”填列）		
（二）终止经营净利润（净亏损以“-”填列）		
五、其他综合收益的税后净额		
（一）以后不能重分类进损益的其他综合收益		
（二）将重分类进损益的其他综合收益		
六、综合收益总额	197 704	
七、每股收益		
其中：基本每股收益		
稀释每股收益		

任务四　现金流量表

一、现金流量表及其意义

现金流量表是以现金为基础编制的反映企业在一定会计期间的现金及现金等价物（简称为现金）的流入和流出信息的会计报表，属于动态报表。

现金流量表的作用主要表现在：

（1）提供企业的现金流量信息，有助于使用者评估企业的偿还债务能力和对所有者分配股利及利润的能力。

现金流量表反映企业经营活动、投资活动和筹资活动等所引起的现金流动情况，包括现金流入量、现金流出量和现金净流量等情况，从而有利于报表阅读者对该企业的偿债能力和支付能力的了解。企业的偿债能力和支付能力直接取决于企业可用于支付的资产以及能够迅速转化为支付能力的资产数额。现金资产项目是决定一个企业偿债能力和支付能力大小及其变化的关键，企业的现金数额越大，现金净流量越多，其偿债能力和支付能力就越强。所以现金流量表可以提供真实的企业偿债能力和支付能力信息。

（2）提供一个企业的现金流量信息，有助于确定净利润与相关的现金收支产生差异的原因，评价企业的经营质量和真实的盈利能力。

利润表提供的净利润是在权责发生制基础上确定的，不能提供经营活动引起的现金流入和现金流出信息，不是企业具体已收到的现金利润和收益；而现金流量表反映经营活动所实际产生的净现金流量，并在补充资料部分将企业的净利润与经营活动现金净流量进行比较和调整，可以看出差异及差异发生的原因。所以现金流量表有助于确定净利润与相关的现金收支产生差异的原因，评价企业真实的盈利能力。

（3）提供一个企业的现金流量信息，能更好地帮助投资者、债权人和其他人士评价企业未来获取现金流量的能力。

现金流量表所反映的现金流量包括经营活动的现金流量、投资活动的现金流量和筹资活动的现金流量三部分内容，但在这三项内容中，经营活动的现金流量在本质上是最主要的，并具有较强的再生性，对企业未来的现金流量具有极大的预测价值。在企业全部现金流量中，营业活动的现金流量占比越大，企业未来现金流量就越稳定，现金流量的质量就越高。可以根据现金流量表所提供的现金流量信息直接预测企业未来的现金流量，从而预测企业未来获取现金的能力。

（4）提供一个企业的现金流量信息，能够恰当地评估当期的现金与非现金投资和理财事项对企业财务状况的影响。

现金流量表提供一定时期现金流入和流出的动态财务信息，显示企业在报告期内由经营活动、投资活动和筹资活动获得多少现金和现金等价物，以及企业是如何运用这些现金的，揭示企业理财活动对企业资产、负债、所有者权益的影响及影响程度。使报表使用者能够恰当地评估当期的现金与非现金投资和理财事项对企业财务状况的影响。

现金流量表的编制基础是现金及现金等价物。现金，是指企业库存现金以及可以随时用于支付的存款等，具体包括现金、银行存款和其他货币资金等。现金等价物，是指企业持有的期限短（通常为3个月以内）、流动性强、易于转换为已知金额现金、价值变动风险很小的投资，通常不包括股票投资。

二、现金流量的分类

现金流量是指现金和现金等价物的流入和流出，可以分为三类，即经营活动产生的现金流量、投资活动产生的现金流量和筹资活动产生的现金流量。

（一）经营活动产生的现金流量

经营活动是指企业投资活动和筹资活动以外的所有交易和事项，包括销售商品或提供劳务、购买商品或接受劳务、收到的税费返还、支付职工薪酬、支付的各项税费、支付广告费用等。

（二）投资活动产生的现金流量

投资活动是指企业长期资产的购建和不包括在现金等价物范围内的投资及其处置活动，包括取得和收回投资、购建和处置固定资产、购买和处置无形资产等。

（三）筹资活动产生的现金流量

筹资活动是指导致企业资本及债务规模和构成发生变化的活动，包括发行股票或接受投入资本、分派现金股利、取得和偿还银行借款、发行和偿还公司债券等。

三、现金流量表的填列方法

现金流量表主表中各项目的确定，可通过以下途径取得：

（1）根据本期发生的影响现金流量的经济业务确定。

（2）调整法：根据本期发生的全部经济业务，通过对利润表和资产负债表中的全部项目进行调整编制现金流量表。

（一）经营活动产生的现金流量

（1）“销售商品、提供劳务收到的现金”项目。

销售商品、提供劳务收到的现金=当期销售商品、提供劳务收到的现金+当期收回前期的应收账款和应收票据+当期预收的款项-当期销售退回支付的现金+当期收回前期核销的坏账损失

“销售商品、提供劳务收到的现金”项目，反映企业销售商品、提供劳务实际收到的现金（含销售收入和应向购买者收取的增值税额），主要包括：本期销售商品和提供劳务本期收到的现金，前期销售商品和提供劳务本期收到的现金，本期预收的商品款和劳务款等，本期发生销货退回而支付的现金应从销售商品或提供劳务收入款项中扣除。

销售商品、提供劳务收到的现金=销售商品、提供劳务产生的“收入和增值税销项税额”+应收账款本期减少额（期初余额-期末余额）+应收票据本期减少额（期初余额-期末余额）+预收款项本期增加额（期末余额-期初余额）± 特殊调整业务

【实务 17-3】某企业 2019 年度有关报表资料如下：①应收账款项目：年初数 140 万元，年末数 130 万元。②预收款项项目：年初数 80 万元，年末数 90 万元。③主营业务收入 6 000 万元。④应交税费——应交增值税（销项税额）780 万元。⑤其他有关资料如下：本期计提坏账准备 5 万元（该企业采用备抵法核算坏账损失），本期发生坏账回收 2 万元，收到客户用 11. 3 万元商品（货款 10 万元，增值税 1. 3 万元）抵偿前欠账款 12 万元。

销售商品、提供劳务收到的现金=（6 000+780）+（140-130）+（90-80）-5-12 = 6 783 万元。

值得说明的是，若题目中的资料给定的是“应收账款”的余额，而不是报表中“应收账款”项目的余额，则在计算“销售商品、提供劳务收到的现金”项目金额时，应将“本期发生的坏账回收”作为加项处理，将本期实际发生的坏账作为减项处理，本期计提或冲回的“坏账准备”不需做特殊处理。

（2）收到的税费返还。

该项目反映企业收到返还的各种税费，包括收到返还的增值税、消费税、关税、所得税、教育费附加等。本项目可以根据“库存现金”“银行存款”“营业外收入”“其他应收款”等科目的记录分析填列。

（3）收到的其他与经营活动有关的现金。

（4）“购买商品、接受劳务支付的现金”项目。

“购买商品、接受劳务支付的现金”项目，反映企业购买商品、接受劳务支付的现金（包括支付的增值税进项税额），主要包括：本期购买商品接受劳务本期支付的现金，本期支付前期购买商品、接受劳务的未付款项和本期预付款项。本期发生购货退回而收到的现金应从购买商品或接受劳务支付的款项中扣除。

购买商品、接受劳务支付的现金=购买商品、接受劳务产生的“销售成本和增值税进项税额”+应付票据及应付账款本期减少额（期初余额-期末余额）+预付款项本期增加额（期末余额-期初余额）+存货本期增加额（期末余额-期初余额）± 特殊调整业务

【实务 17-4】某企业 2019 年度有关资料如下：①应付账款项目：年初数 140 万元，年末数 130 万元。②预付款项项目：年初数 80 万元，年末数 90 万元。③存货项目的年初数为 100 万元，年末数为 80 万元。④主营业务成本 4 000 万元。⑤应交税费——应交增值税（进项税额）600 万元。⑥其他有关资料如下：用固定资产偿还应付账款 10 万元，生产成本中直接工资项目含有本期发生的生产工人工资费用 100 万元，本期制造费用发生额为 60 万元（其中消耗的物料为 5 万元），工程项目领用的本企业产品 10 万元。

购买商品、接受劳务支付的现金=(4 000+600)+(140-130)+(90-80)+(80-100)-(10+100+55)+10=4 445 万元。

（5）支付给职工以及为职工支付的现金。

这里不包括支付给离退休人员的各项费用及支付给在建工程人员的工资及其他费用。

【实务 17-5】某企业 2019 年度职工薪酬有关资料如表 17-6 所示：

表 17-6　某企业 2019 年度职工薪酬有关资料　　单位：元

项　目		年初数	本期分配或计提数	期末数
应付职工薪酬	生产工人工资	100 000	1 000 000	80 000
	车间管理人员工资	40 000	500 000	30 000
	行政管理人员工资	60 000	800 000	45 000
	在建工程人员工资	20 000	300 000	15 000

本期用银行存款支付离退休人员工资 500 000 元。假定应付职工薪酬本期减少数均以银行存款支付，应付职工薪酬为贷方余额。假定不考虑其他事项。

要求计算：

①支付给职工以及为职工支付的现金。

②支付的其他与经营活动有关的现金。

③购建固定资产、无形资产和其他长期资产所支付的现金。

分析：①支付给职工以及为职工支付的现金=（100 000+40 000+60 000）+（1 000 000+500 000+800 000）-（80 000+30 000+45 000）= 2 345 000 元。

②支付的其他与经营活动有关的现金=500 000 元。

③购建固定资产、无形资产和其他长期资产所支付的现金=20 000+300 000-15 000=305 000 元。

（6）支付的各项税费。

支付的各项税费不包括计入固定资产价值的实际支付的耕地占用税，也不包括本期退回的增值税、所得税。

【实务 17-6】某企业 2019 年有关资料如下：①2019 年利润表中的所得税费用为 500 000 元（均为当期应交所得税产生的所得税费用）。②“应交税费——应交所得税”科目年初数为 20 000 元，年末数为 10 000 元。假定不考虑其他税费。

要求：根据上述资料，计算“支付的各项税费”项目的金额。

支付的各项税费= 20 000+500 000-10 000 =510 000（元）

（7）支付的其他与经营活动有关的现金。

该项目反映企业除上述各项目外所支付的其他与经营活动有关的现金，如经营租赁支付的租金、支付的罚款、差旅费、业务招待费、保险费等。本项目可以根据“管理费用”“库存现金”“银行存款”等科目的记录分析填列。

【实务 17-7】甲公司 2019 年度发生的管理费用为 2 200 万元，其中：以现金支付退休职工统筹退休金 350 万元和管理人员工资 950 万元，存货盘亏损失 25 万元，计提固定资产折旧 420 万元，无形资产摊销 200 万元，其余均以现金支付。

要求：计算“支付的其他与经营活动有关的现金”项目的金额。

“支付的其他与经营活动有关的现金”项目的金额=2 200-950-25-420-200=605 万元。

（二）投资活动产生的现金流量

（1）收回投资收到的现金。

该项目反映企业出售、转让或到期收回除现金等价物以外的对其他企业的权益工具、债务工具和合营中的权益等投资收到的现金。收回债务工具实现的投资收益、处置子公司及其他营业单位收到的现金净额不包括在本项目内。

【实务 17-8】某企业 2019 年有关资料如下：①“交易性金融资产”科目本期贷方发生额为 100 万元，“投资收益——转让交易性金融资产收益”贷方发生额为 5 万元。②“长期股权投资”科目本期贷方发生额为 200 万元，该项投资未计提减值准备，“投资收益——转让长期股权投资收益”贷方发生额为 6 万元。假定转让上述投资均收到现金。

收回投资所收到的现金=（100+5）+（200+6）= 311（万元）

（2）取得投资收益所收到的现金。

该项目反映企业除现金等价物以外的对其他企业的权益工具、债务工具和合营中的权益投资分回的现金股利和利息等，不包括股票股利。本项目可以根据“库存现金”“银行存款”“投资收益”等科目的记录分析填列。

（3）处置固定资产、无形资产和其他长期资产而收到的现金净额。

注意：如所收回的现金净额为负数，则在“支付的其他与投资活动有关的现金”项目反映。

（4）处置子公司及其他营业单位收到的现金净额。

（5）收到的其他与投资活动有关的现金。

如收回购买股票和债券时，支付的已宣告但尚未领取的现金股利或已到付息期但尚未领取的债券利息。

（6）购建固定资产、无形资产和其他长期资产支付的现金。

注意：该项目不包括为购建固定资产而发生的借款利息资本化的部分，以及融资租入固定资产支付的租赁费。

（7）投资支付的现金。

（8）取得子公司及其他营业单位支付的现金净额。

（9）支付的其他与投资活动有关的现金。

如企业购买股票和债券时，实际支付的价款中包含的已宣告但尚未领取的现金股利或已到付息期但尚未领取的债券利息。

（三）筹资活动产生的现金流量

（1）吸收投资收到的现金。

（2）取得借款收到的现金。

（3）收到的其他与筹资活动有关的现金。

（4）偿还债务支付的现金。

该项目的现金只含本金，不含利息部分。

【实务 17-9】某企业 2019 年度“短期借款”账户年初余额为 120 万元，年末余额为 140 万元；“长期借款”账户年初余额为 360 万元，年末余额为 840 万元。2015 年借入短期借款 240 万元，借入长期借款 460 万元，长期借款年末余额中包括确认的 20 万元长期借款利息费用。除上述资料外，债权债务的增减变动均以货币资金结算。

要求计算：

①借款收到的现金。

②偿还债务支付的现金。

分析：①借款收到的现金＝240+460＝700（万元）

②偿还债务支付的现金＝(120+240−140)+[360+460−(840−20)]＝220（万元）

（5）分配股利、利润和偿付利息支付的现金。

该项目反映企业实际支付的现金股利、支付给其他投资单位的利润或用现金支付的借款利息、债券利息等。本项目可以根据“应付股利”“应付利息”“财务费用”“库存现金”“银行存款”等科目的记录分析填列。

【实务 17-10】 某企业 2019 年度“财务费用”账户借方发生额为 40 万元，均为利息费用。财务费用包括计提的长期借款利息 25 万元，其余财务费用均以银行存款支付。“应付股利”账户年初余额为 30 万元，无年末余额。除上述资料外，债权债务的增减变动均以货币资金结算。

要求计算：分配股利、利润和偿付利息支付的现金。

分析：分配股利、利润和偿付利息支付的现金=（40-25）+30=45（万元）

（6）支付的其他与筹资活动有关的现金。

（四）汇率变动对现金的影响额

将企业外币现金流量及境外子公司的现金流量折算成记账本位币，外币现金流量及境外子公司的现金流量，应当采用现金流量发生日的即期汇率，按照系统合理的方法确定的或与现金流量发生日即期汇率近似的汇率折算，汇率变动对现金的影响额应当作为调节项目在本行单独列报。

（五）现金流量表补充资料

净利润+使净利润减少的项目（不影响经营活动现金流量）-使净利润增加的项目（不影响经营活动现金流量）+使经营活动现金流量增加的项目（不影响净利润）-使经营活动现金流量减少的项目（不影响净利润）=经营活动现金流量净额

（1）将净利润调节为经营活动现金流量。

①资产减值准备。

②固定资产折旧、油气资产折耗、生产性生物资产折旧。

③无形资产摊销。

④长期待摊费用摊销。

⑤处置固定资产、无形资产和其他长期资产的损失。

⑥固定资产报废损失。

⑦公允价值变动损失。

⑧财务费用（属于投资活动或筹资活动的财务费用调增，与经营活动有关的财务费用不调整）。

⑨投资损失。

⑩递延所得税资产减少。

⑪递延所得税负债增加。

⑫存货的减少。

⑬经营性应收项目的减少。

⑭经营性应付项目的增加。

（2）不涉及现金收支的重大投资和筹资活动。

（3）现金及现金等价物净变动情况。

四、现金流量表的编制举例

【实务 17-11】沿用【实务 17-1】和【实务 17-2】，沙沙门业公司其他相关资料如下：

1. 2019 年度利润表有关项目的明细资料如下：

（1）管理费用的组成：职工薪酬 17 100 元，无形资产摊销 60 000 元，折旧费 20 000 元，支付其他费用 50 000 元。

（2）财务费用的组成：计提借款利息 21 500 元，支付应收票据贴现利息 20 000 元。

（3）资产减值损失的组成：计提坏账准备 900 元，计提固定资产减值准备 30 000 元。上年年末坏账准备余额为 900 元。

（4）投资收益的组成：收到股息收入 30 000 元，与本金一起收回的交易性股票投资收益 500 元，自公允价值变动损益结转投资收益 1 000 元。

（5）资产处置收益的组成：处置固定资产净收益 50 000 元（其所处置固定资产原价为 400 000 元，累计折旧为 150 000 元，收到处置收入 300 000 元）。假定不考虑与固定资产处置有关的税费。

（6）营业外支出的组成：报废固定资产净损失 19 700 元（其所报废固定资产原价为 200 000 元，累计折旧 180 000 元，支付清理费用 500 元，收到残值收入 800 元）。

（7）所得税费用的组成：当期所得税费用为 122 496 元，递延所得税收益 9 900 元。

除上述项目外，利润表中的销售费用至期末尚未支付。

2. 资产负债表有关项目的明细资料如下：

（1）本期收回交易性股票投资本金 15 000 元、公允价值变动 1 000 元，同时实现投资收益 500 元。

（2）存货中生产成本、制造费用的组成：职工薪酬 324 900 元，折旧费 80 000 元。

（3）应交税费的组成：本期增值税进项税额 42 466 元，增值税销项税额 212 500 元，已交增值税 100 000 元；应交所得税期末余额为 20 097 元，应交所得税期初余额为 0。应交税费期末数中应由在建工程负担的部分为 100 000 元。

（4）应付职工薪酬的期初数无应付在建工程人员的部分，本期支付在建工程人员职工薪酬 200 000 元。应付职工薪酬的期末数中应付在建工程人员的部分为 28 000 元。

（5）应付利息均为短期借款利息，其中本期计提利息 11 500 元，支付利息 12 500 元。

（6）本期用现金购买固定资产 101 000 元，购买工程物资 150 000 元。

（7）本期用现金偿还短期借款 250 000 元，偿还一年内到期的长期借款 1 000 000 元；借入长期借款 400 000 元。

根据以上资料，采用分析填列的方法，编制沙沙门业公司 2019 年度的现金流量表。

沙沙门业公司 2019 年度现金流量表各项目金额，分析确定如下：

（1）销售商品、提供劳务收到的现金 = 主营业务收入 + 应交税费（应交增值税 - 销项税额）+（应收票据年初余额 - 应收票据期末余额）+（应收账款年初余额 - 应收账款期末余额）- 当期计提的坏账准备 = 1 250 000+212 500+（0-66 000）+（545 100-598 200-900）-20 000=

1 322 500（元）

(2)购买商品、接受劳务支付的现金=主营业务成本+应交税费(应交增值税——进项税额)-(存货年初余额-存货期末余额)+(应付票据年初余额-应付票据期末余额)+(应付账款年初余额-应付账款期末余额)+(预付账款期末余额-预付账款年初余额)-当期列入生产成本、制造费用的职工薪酬-当期列入生产成本、制造费用的折旧费和固定资产修理费=750 000+42 466-(2 580 000-2 484 700)+(0-100 000)+(1 153 800-953 800)+(100 000-100 000)-324 900-80 000=392 266（元）

（3）支付给职工以及为职工支付的现金=生产成本、制造费用、管理费用中职工薪酬+(应付职工薪酬年初余额-应付职工薪酬期末余额)-[应付职工薪酬(在建工程)年初余额-应付职工薪酬(在建工程)期末余额]=324 900+17 100+(110 000-180 000)-(0-28 000)=300 000（元）

（4）支付的各项税费=当期所得税费用+税金及附加+应交税费(增值税-已交税金)-(应交所得税期末余额-应交所得税期初余额)=122 496+2 000+100 000-(20 097-0)=204 399（元）

（5）支付其他与经营活动有关的现金=其他管理费用+销售费用=50 000（元）

（6）收回投资收到的现金=交易性金融资产贷方发生额+与交易性金融资产-起收回的投资收益=16 000+500=16 500（元）

（7）取得投资收益所收到的现金=收到的股息收入=30 000（元）

（8）处置固定资产收回的现金净额=300 000+（800-500）=300 300（元）

（9）购建固定资产支付的现金=用现金购买的固定资产、工程物资+支付给在建工程人员的薪酬=101 000+150 000+200 000=451 000（元）

（10）取得借款所收到的现金=400 000（元）

（11）偿还债务支付的现金=250 000+1 000 000=1 250 000（元）

（12）偿还利息支付的现金=12 500（元）

（13）支付其他与筹资活动有关的现金=20 000（元）

将净利润调节为经营活动现金流量各项目计算分析如下：

（1）资产减值准备=900+30 000=30 900（元）

（2）固定资产折旧=20 000+80 000=100 000（元）

（3）无形资产摊销=60 000（元）

（4）处置固定资产、无形资产和其他长期资产的损失（减：收益）=-50 000（元）

（5）固定资产报废损失=19 700（元）

（7）投资损失（减：收益）=-31 500（元）

（8）递延所得税资产减少=0-9 900=-9 900（元）

（9）存货的减少=2 580 000-2 484 700=95 300（元）

（10）经营性应收项目的减少=(246 000-66 000)+(299 100+900-598 200-1 800)=-120 000（元）

（11）经营性应付项目的增加=(100 000-200 000)+(100 000-100 000)+[(180 000-28 000)-110 000]+[(226 731-100 000)-36 600]=32 131（元）

根据上述数据，编制现金流量表（见表17-7）及其补充资料（见表17-8）。

表 17-7　现金流量表　　会企 03 表

编制单位：沙沙门业公司　　2019 年　　单位：元

项　　目	本期金额	上期金额
一、经营活动产生的现金流量：		略
销售商品、提供劳务收到的现金	1 322 500	
收到的税费返还		
收到其他与经营活动有关的现金		
经营活动现金流入小计	1 322 500	
购买商品、接受劳务支付的现金	392 266	
支付给职工以及为职工支付的现金	300 000	
支付的各项税费	204 399	
支付其他与经营活动有关的现金	50 000	
经营活动现金流出小计	946 665	
经营活动产生的现金流量净额	375 835	
二、投资活动产生的现金流量		
收回投资收到的现金	16 500	
取得投资收益收到的现金	30 000	
处置固定资产、无形资产和其他长期资产收回的现金净额	300 300	
处置子公司及其他营业单位收到的现金净额		
收到其他与投资活动有关的现金		
投资活动现金流入小计	346 800	
购建固定资产、无形资产和其他长期资产支付的现金	451 000	
投资支付的现金		
取得子公司及其他营业单位支付的现金净额		
支付其他与投资活动有关的现金		
投资活动现金流出小计	451 000	
投资活动产生的现金流量净额	-104 200	
三、筹资活动产生的现金流量：		
吸收投资收到的现金		
取得借款收到的现金	400 000	
收到其他与筹资活动有关的现金		
筹资活动现金流入小计	400 000	
偿还债务支付的现金	1 250 000	

表17-7(续)

项　　目	本期金额	上期金额
分配股利、利润或偿付利息支付的现金	12 500	
支付其他与筹资活动有关的现金	20 000	
筹资活动现金流出小计	1 282 500	
筹资活动产生的现金流量净额	-882 500	
四、汇率变动对现金及现金等价物的影响	0	
五、现金及现金等价物净增加额	-610 865	
加：期初现金及现金等价物余额	1 406 300	
六、期末现金及现金等价物余额	795 435	

表 17-8　现金流量表补充资料

补充资料	本期金额	上期金额
1. 将净利润调节为经营活动现金流量：		略
净利润	197 704	
加：资产减值准备	30 900	
固定资产折旧、油气资产折耗、生产性生物资产折旧	100 000	
无形资产摊销	60 000	
长期待摊费用摊销		
处置固定资产、无形资产和其他长期资产的损失（收益以“-”号填列）	-50 000	
固定资产报废损失（收益以“-”号填列）	19 700	
公允价值变动损失（收益以“-”号填列）		
财务费用（收益以“-”号填列）	41 500	
投资损失（收益以“-”号填列）	-31 500	
递延所得税资产减少（增加以“-”号填列）	-9 900	
递延所得税负债增加（减少以“-”号填列）		
存货的减少（增加以“-”号填列）	95 300	
经营性应收项目的减少（增加以“-”号填列）	-120 000	
经营性应付项目的增加（减少以“-”号填列）	32 131	
其他	10 000	
经营活动产生的现金流量净额	375 835	
2. 不涉及现金收支的重大投资和筹资活动：		
债务转为资本		
一年内到期的可转换公司债券		
融资租入固定资产		

表17-8(续)

补充资料	本期金额	上期金额
3. 现金及现金等价物净变动情况:		
现金的期末余额	795 435	
减:现金的期初余额	1 406 300	
加:现金等价物的期末余额		
减:现金等价物的期初余额		
现金及现金等价物净增加额	-610 865	

任务五 所有者权益变动表

一、所有者权益变动表的内容及结构

所有者权益变动表,应当反映构成所有者权益的各组成部分当期的增减变动情况。当期损益、直接计入所有者权益的利得和损失,以及与所有者(或股东,下同)的资本交易导致的所有者权益的变动都应当分别列示。

所有者权益变动表至少应当单独列示反映下列信息的项目:

(1)净利润;

(2)直接计入所有者权益的利得和损失项目及其总额;

(3)会计政策变更和差错更正的累积影响金额;

(4)所有者投入资本和向所有者分配利润等;

(5)按照规定提取的盈余公积;

(6)实收资本(或股本)、资本公积、盈余公积、未分配利润的期初和期末余额及其调节情况。

二、所有者权益变动表的填列方法

(一)所有者权益变动表项目的填列方法

所有者权益变动表各项目均需填列“本年金额”和“上年金额”两栏。

1.“上年金额”栏的填写

所有者权益变动表“上年金额”栏内各项数字,应根据上年度所有者权益变动表“本年金额”栏内所列数字填列。

2.“本年金额”栏的填写

所有者权益变动表“本年金额”栏内各项数字,一般应根据“实收资本(或股本)”“资本公积”“其他综合收益”“盈余公积”“利润分配”“库存股”“以前年度损益调整”科目的发生额分析填列。

（二）所有者权益变动表主要项目说明

1.“上年年末余额”项目

“上年年末余额”项目，反映企业上年资产负债表中实收资本（或股本）、资本公积、库存股、其他综合收益、盈余公积、未分配利润的年末余额。

2.“会计政策变更”“前期差错更正”项目

“会计政策变更”“前期差错更正”项目，分别反映企业采用追溯调整法处理的会计政策变更的累积影响金额和采用追溯调整重述法处理的会计差错更正的累积影响金额。

3.“本年增减变动额”项目

（1）“综合收益总额”项目，反映净利润和其他综合收益扣除所得税影响后的净额相加后的合计金额。

（2）“所有者投入和减少资本”项目，反映企业当年所有者投入的资本和减少的资本。

①“所有者投入资本”项目，反映企业接受投资者投入形成的实收资本（或股本）和资本溢价或股本溢价，并对应列在“实收资本（或股本）”和“资本公积”栏。

②“其他权益工具持有者投入资本”项目，反映企业除发行的除普通股以外的归类为权益工具的各种金融资产持有者投入的资本。

③“股份支付计入所有者权益的金额”项目，反映企业处于等待期中的权益结算的股份支付当年计入资本公积的金额，并对应列在“资本公积”栏。

（3）“利润分配”下各项目，反映当年对所有者（或股东）分配的利润（或股利）金额和按照规定提取的盈余公积金额，并对应列在“未分配利润”和“盈余公积”栏。

①“提取盈余公积”项目，反映企业按照规定提取的盈余公积。

②“对所有者（或股东）的分配”项目，反映对所有者（或股东）分配的利润（或股利）金额。

（4）“所有者权益内部结转”下各项目，反映不影响当年所有者权益总额的所有者权益各组成部分之间当年的增减变动。

①“资本公积转增资本（或股本）”项目，反映企业以资本公积转增资本或股本的金额。

②“盈余公积转增资本（或股本）”项目，反映企业以盈余公积转增资本或股本的金额。

③“盈余公积弥补亏损”项目，反映企业以盈余公积弥补亏损的金额。

④“设定受益计划变动额结转留存收益”项目，反映企业设定受益计划变动额结转留存收益的金额。

⑤其他综合收益结转留存收益，主要反映包括两方面：一是企业指定为以公允价值计量且其变动计入其他综合收益的非交易性权益工具投资终止确认时，之前计入其他综合收益的累计利得或损失从其他综合收益中转入留存收益的金额；二是企业指定为以公允价值计量且其变动计入当期损益的金融负债终止确认时，之前由企业自身信用风险变动引起而计入其他综合收益的累计利得或损失从其他综合收益中转入留存收益的金额等。该项目应根据“其他综合收益”科目的相关明细科目的发生额分析填列。

三、所有者权益变动表编制示例

【实务 17-12】沿用【实务 17-1】和【实务 17-2】和【实务 17-11】，沙沙门业公司其他相关资料为：提取盈余公积 24 770.4 元，向投资者分配现金股利 32 215.85 元。

根据上述资料，编制沙沙门业公司 2019 年的所有者权益变动表，见表 17-9。

表 17-9　所有者权益变动表

编制单位：沙沙门业公司　　　　2019 年度　　　　单位：元

项　目	本年金额							上年金额						
	实收资本（或股本）	资本公积	减：库存股	其他综合收益	盈余公积	未分配利润	所有者权益合计	实收资本（或股本）	资本公积	减：库存股	其他综合收益	盈余公积	未分配利润	所有者权益合计
一、上年年末余额	5 000 000	0	0		100 000	50 000	5 150 000							
加：会计政策变更														
前期差错更正														
其他														
二、本年年初余额	5 000 000	0	0		100 000	50 000	5 150 000							
三、本年增减变动金额（减少以“-”号填列）														
（一）综合收益总额						197 704	197 704							
（二）所有者投入和减少资本														
1.所有者投入资本														
2.其他权益工具持有者投入资本														
3.股份支付计入所有者权益的金额														
4.其他														
（三）利润分配														
1.提取盈余公积					24 770. 4	-24 770. 4	0							
2.对所有者（或股东）的分配						-32 215. 85	-32 215. 85							
3.其他														
（四）所有者权益内部结转														
1.资本公积转增资本（或股本）														
2.盈余公积转增资本（或股本）														
3.盈余公积弥补亏损														
4.设定受益计划变动额结转留存收益														
5.其他综合收益结转留存收益														
6.其他														
四、本年年末余额	5 000 000	0	0		124 770. 4	190 717. 75	5 315 488. 15							

【本项目工作小结】

本项目讲述个别财务报表的编制，是本书前面各章节的阶段性成果总结。企业应当按年（月）编制财务报表，年度财务报表涵盖的期间短于一年的，应当披露年度财务报表的涵盖期间，以及短于一年的原因。财务报表至少应当包括：①资产负债表；②利润表；③现金流量表；④所有者权益（股东权益）变动表；⑤附注。学生要掌握资产负债表、利润表、现金流量表、所有者权益变动表的编制方法及计算依据，并按照《企业会计准则》相关规定在报表附注中披露相关信息，对外提供真实、准确的财务状况和经营成果。

◆仿真操作

根据【实务 17-1】编制资产负债表，根据【实务 17-2】编制利润表，根据【实务 17-11】编制现金流量表，根据【实务 17-12】编制所有者权益变动表。

◆岗位业务认知

利用节假日，去当地的一些企业（工商企业），了解企业资产负债表、利润表、现金流量表等财务报表方面的基本情况，对一般企业财务报表编制方面的情况有初步的认识和掌握。

◆工作思考

1. 什么是财务报告？主要包括哪些内容？
2. 概括资产负债表的结构。
3. 多步式利润表由哪几个步骤构成？
4. 在资产负债表中，具体有哪些科目是根据所属明细科目余额分析填列的？
5. 简述现金流量表包含的内容。

参考文献

[1] 财政部会计资格评价中心. 中级会计实务 [M]. 北京：经济科学出版社，2019.

[2] 中国注册会计师协会. 会计 [M]. 北京：中国财政经济出版社，2019.

[3] 财政部会计资格评价中心. 初级会计实务 [M]. 北京：中国财政经济出版社，2007.

[4] 中华人民共和国财政部. 企业会计准则应用指南2019版 [M]. 北京：立信会计出版社，2019.

[5] 中国注册会计师协会. 税法 [M]. 北京：中国财政经济出版社，2019.